Wieland Vagts

Der Geburtstag bestimmt den Menschen

Wieland Vagts

Der Geburtstag bestimmt den Menschen

Was Sie schon immer über sich, Ihre Freunde und Feinde wissen wollten

Edition Tau

Für meinen Neffen
Torsten Höllerich

Druck-, Verlags- und Handelsges. m b. H.
A-7202 Bad Sauerbrunn
Satz und Innengestaltung: Tau Type, A-7202 Bad Sauerbrunn
Druck: Wiener Verlag, Himberg

ISBN: 3-900977-91-7

Steinbock

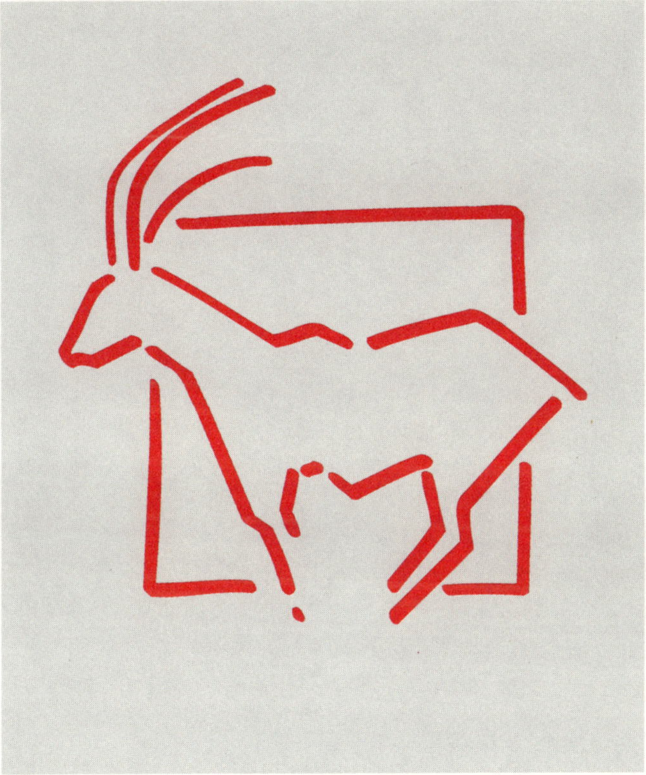

1. JANUAR
Steinbock

VERANLAGUNG: Weil Sie schon sehr früh in Ihrem Leben für etwas eintreten wollen, suchen Sie nach übergeordneten Maßstäben, die ein Engagement wert sein könnten. Aber da die Bedingtheiten des Lebens auf Sie eher beängstigend chaotisch als verteidigungswürdig wirken, fällt es Ihnen nicht leicht, die richtigen Werte zu finden. Deshalb entscheiden Sie sich, Ihre Talente in solchen Gemeinschaften anzubringen, die für klare Strukturen eintreten und in Ihren Augen zukunftsfähige Maßstäbe zu entwickeln versuchen. Dabei richten Sie Ihr Bestreben immer daraufhin aus, das verwirrende Gestrüpp von vielfach verwobenen Zusammenhängen zu entflechten. Sie wollen alles so übersichtlich strukturieren, daß Sie es mitgestalten können. Sie überwinden also Ihr Unbehagen vor dem freien Spiel der Kräfte, indem Sie dieses kanalisieren und damit rigoros einengen. So setzen Sie sich eigentlich immer und überall für die Durchsetzung von Grundsätzlichem ein. Sie unterschätzen dabei aber sehr leicht die vielen positiven Möglichkeiten, die Vielfalt und Chaos haben können. So kann die Gefahr entstehen, daß Sie zwar für das Richtige kämpfen wollen, aber auf zu starr eingefahrenen Schienen landen, die kein spontanes Abbiegen mehr erlauben.

HAUPTMERKMAL: Prinzipientreu

LEBENSPRINZIP: Was gestern richtig für alle war, muß auch morgen noch seine Gültigkeit haben

UNTER DIESEM DATUM HATTEN UND HABEN AUSSERDEM GEBURTSTAG:
Ulrich Zwingli, schweiz. Theologe u. Reformator (1484–1531) – *William Fox,* US-Filmmagnat (1879–1952) – *Wilhelm (Franz) Canaris,* dtsch. Admiral, Schlüsselfigur i. Widerstand gegen Hitler (1887–1945) – *Edgar Hoover,* von 1924 bis zu seinem Tod FBI-Direktor (1895–1972) – *Catherine (Shober) Bowen,* US-Autorin von (haupts. Musiker-) Biographien (1897–1973) – *Jules Gregory Charney,* US-Meteorologe (1917–1981) – *J(erome) D(avid) Salinger,* US-Schriftsteller, *1919 – *Maurice Bejart,* franz. Tänzer, Choreograph u. Ballettdirektor, *1927

2. JANUAR
Steinbock

VERANLAGUNG: Jede sinnvolle Entwicklung im Leben muß in Ihren Augen einen strengen Aufbau haben. Gleichgültig wie der vorgefundene Zustand auch sein mag, immer ist es Ihr Bestreben, losgelöst von Alltäglichkeiten, zu verfeinern und zu veredeln. Da Ihnen die Verarbeitung von seelischen Vorgängen eher schwerfällt, wenden Sie sich mehr den äußeren Strukturen zu. Dort verläuft die von Ihnen gewollte Entwicklung vom Gröberen zum Feineren, vom Häßlichen zum Schöneren, vom Wilden zum Gebändigten und vom Urwald zum Garten. So sehen Sie Ihr Eingreifen in das Werden des Ganzen immer als erforschend und pflegend, als ordnend und fürsorglich. Nie käme es Ihnen in den Sinn, die Dinge einfach schleifen oder absichtslos geschehen zu lassen. Mensch und Natur bilden in Ihren Augen auf lange Sicht nur dann eine wirkliche Einheit, wenn der Mensch immer und überall seine schöpferischen Fähigkeiten zur Schaffung von Eleganz und Schönheit, von Ausgleich und Verträglichkeit kontrolliert einsetzt. So gehen Sie durch das Leben mit einem ständigen Blick für das veredelnde Gestalten einer in Ihren Augen ungeordneten und damit unfertigen Welt.

HAUPTMERKMAL: Kontrolliert

LEBENSPRINZIP: Jede Möglichkeit nutzen, das Werden des Ganzen durch eigenes Eingreifen zu veredeln

UNTER DIESEM DATUM HATTEN UND HABEN AUSSERDEM GEBURTSTAG:
Charles Hatchett, engl. Chemiker, (1765–1847) – *Emile Ollivier,* franz. Justizminister unter Napoleon III. u. Schriftsteller (1825–1913) – *Henry Kingsley,* engl. Schriftsteller (1830–1876) – *Martha Carey Thomas,* US-Pädagogin u. Feministin (1857–1935) – *Ernst Barlach,* herausragender dtsch. Bildhauer des Expressionismus (1870–1938) – *Roger Adams,* amer. Chemiker (1889–1971) – *Sir Michael Tippett,* führender engl. Komponist d. 20. Jahrh., 1966 geadelt, *1905 – *Isaak Asimov,* US-Biochemiker, Science-Fiction Bestsellerautor (1920–1992)

3. JANUAR
Steinbock

VERANLAGUNG: Ihr erster bewußter Blick auf die chaotisch wirkenden Lebenszusammenhänge verwirrt und beunruhigt Sie so stark, daß Sie daran gehen, Ordnung zu schaffen und dem Prinzip Zufall den Kampf ansagen. Der Einzelne soll eine Vorbereitungschance gegen die Unwägbarkeiten des Daseins bekommen. Deshalb versuchen Sie, alle Formen, Vorgänge und Entwicklungen als erstes genauestens zu erfassen, um sie dann zu strukturieren. Ihr Hauptbestreben ist es, die vielen undurchschaubar wirkenden Einzelaspekte des Lebens, der Geschichte, der Technik oder des Wissens so übersichtlich und verstehbar darzustellen, daß sie nicht nur für sich selbst, sondern für viele zugänglich werden. Sie versuchen, das aus dem Gestern herauszuziehen, was nötig erscheint, um das Heute zu verstehen und um den Nachfolgenden eine überschaubare Zukunft anbieten zu können. Ihr Talent liegt in der Fähigkeit, das Wesen einer Sache schnell zu erkennen und manchmal auch komplizierte Zusammenhänge sehr stark vereinfacht darstellen zu können. Da bei Ihnen jeder Schritt wohlüberlegt und zuverlässig organisiert ist, vernachlässigen Sie dadurch zwangsläufig die Fähigkeit, aus dem Augenblick zu reagieren, impulsiv sein zu können.

HAUPTMERKMAL: Systematisch

LEBENSPRINZIP: Die Bewußtwerdung aller Lebensvorgänge und die geordnete Weitergabe dieser ist Sinn des Daseins

UNTER DIESEM DATUM HATTEN UND HABEN AUSSERDEM GEBURTSTAG:
Robert Whitehed, brit. Ingenieur, Schöpfer des mod. Torpedos (1823–1905) – *Konrad Duden,* Philologe, Lehrer, begründete die dtsch. Einheitsrechtschreibung (1829–1911) – *August Macke,* expressionistischer dtsch. Maler (1887–1914) – *James Bridie,* schott. Dramatiker (1888–1951) – *J(ohn) R(onald) R(euel) Tolkien,* engl. Schriftsteller u. Sprachwissenschaftler (1892–1973) – *Sergio Leone,* ital. Filmregisseur (1929–1989) – *Mel Gibson,* austral. Schauspieler u. Regisseur, *1956 – *Michael Schumacher,* dtsch. Formel-I-Rennfahrer, *1969

4. JANUAR
Steinbock

VERANLAGUNG: Sie beobachten, daß sich offenbar viele mit dem Vergnügen zufriedengeben, allgemeines Wissen über das Leben anzuhäufen. Das ist Ihnen persönlich zu schal, in Ihnen brennt das Feuer des Abenteurers. Eines Abenteurers im Bewußtwerden grundsätzlicher Offenbarungen des Geistes. Für Sie liegen Leben und Sterben als geistige Idee sehr nahe beieinander und bedingen sich gegenseitig. Und gerade weil Sie auf jede mögliche Niederlage zugehen, auf das Sterben einer Hoffnung zum Beispiel, erwacht in Ihnen ständig neues Leben. So ist Ihr Denken offen für eine mystische Kraft des Geistes, die nicht wirklich erklärbar ist. Oder ist es mit normalen Maßstäben zu verstehen, warum Menschen trotz aller Widerstände ein Ziel am Ende doch erreichen, wenn sie es nur intensiv genug wollen. Daß Sie selbst sich schöpferisch engagieren und doch in der Form unaufgeregt gelassen bleiben, fasziniert Ihre Mitmenschen um so mehr, weil Ihr Nachdenken und Ihre Analysen um Begriffe gehen wie Bewußtsein, Können, Kultur, Ethik, Funktionalität oder Schönheit. Für Sie bedeutet diese Auseinandersetzung jenseits der Oberflächlichkeit jedesmal den Kampf um das innere Überleben und Wachsen. Für Sie ist es dabei geistig lebensnotwendig, Grenzen der Vorstellung zu überschreiten, sonst wäre die Beschäftigung mit diesen Geheimnissen und Weisheiten des Lebens bloßer Zeitvertreib. Für Sie fängt geistiges Leben da an, wo Sie den Schritt über das rational Erklärbare hinauswagen.

HAUPTMERKMAL: Unaufgeregte Risikofreude

LEBENSPRINZIP: Nur das bewußt eingegangene Abenteuer der geistigen Grenzüberschreitung schafft neues Leben

UNTER DIESEM DATUM HATTEN UND HABEN AUSSERDEM GEBURTSTAG:
Sir Isaak Newton, engl. Mathematiker u. Physiker, fand d. Gesetze d. Schwerkraft (1643–1727) – *Johann Jakob Griesbach,* prot. Theologe (1745–1812) – *Jakob Ludwig Grimm,* Märchensammler, Mitbegründer der dtsch. Philologie (1785–1863) – *Wilhelm Beer,* dtsch. Banker u. erfolgr. Amateurastrologe (1797–1850) – *Louis Braille,* franz. Entwickler der Braille-Blindenschrift (1809–1852) – *Sir Isaak Pitman,* engl. Pädagoge, Vater einer nach ihm benannten Kurzschrift (1813–1897) – *Grace Bumbry,* US Opernsängerin, Mezzosopran, *1937

5. JANUAR
Steinbock

VERANLAGUNG: Sie haben ein untrügliches Gefühl für langfristige Perspektiven, deshalb ist für Sie der Bestand einer Wertegemeinschaft und die Fortentwicklung einer kulturellen Ethik immer und überall in großer Gefahr. Insbesondere dann, wenn es dem Einzelnen gelingt, seinen kurzfristigen Eigennutz und seine manchmal moralisch verhüllte Habgier über die Grundlagen zu stellen, die als Voraussetzung einer dauerhaften Fortentwicklung des menschlichen Miteinanders angesehen werden können. So sehen Sie Ihre Hauptaufgabe darin, immer wieder zu neuem Leben zu erwecken, was einen wirklichen Wert darstellt, und radikal anzuprangern und zu bekämpfen, was man den Wildwuchs von Egoismen bezeichnen könnte. Für Sie ist eine freiheitlich selbstbestimmte Individualentwicklung nur dann möglich, wenn Regeln erstellt und eingehalten werden, die die Grenzen des Jeder-Gegen-Jeden aufzeigen. Sie selbst haben bei Ihren Überlegungen und Taten immer die langfristige Perspektive im Auge und kämpfen mutig und unbeirrbar für wahre Qualität. So könnte man Sie als einen Wertkonservativen mit dem Blick für das Zukünftige ansehen.

HAUPTMERKMAL: Wesentlich

LEBENSPRINZIP: Der weitsichtige Kampf für die gemeinschaftlichen Grundwerte ermöglicht erst das freie Individuum

UNTER DIESEM DATUM HATTEN UND HABEN AUSSERDEM GEBURTSTAG:
Konrad Adenauer, (von 1949–1967) erster Bundeskanzler der BRD (1876–1967) – *Thomas Pringle,* schott.-südafrik. Poet, „Vater d. schott.-südostafr. Poesie" (1789–1834) – *King Camp Gillette,* US-Erfinder d. Sicherheitsrasierer mit austauschbaren Klingen (1855–1932) – *Friedrich Dürrenmatt,* schweiz. Dramatiker (1921–1990) – *Walter Mondale,* US-Politiker, 1977–81 Vice-Präsident der US, *1928 – *Umberto Eco,* ital. Schriftsteller u. Literaturkritiker, *1932 – *Juan Carlos I,* (seit 1975) König v. Spanien, *1938 – *Diane Keaton,* US-Schauspielerin, *1946

6. JANUAR
Steinbock

VERANLAGUNG: Sie sehen sich ganz bewußt als Teil einer Generationenreihe, die auf vielfältigste Art miteinander verknüpft ist. Für Sie besteht deshalb kein Zweifel daran, daß der Mensch immer das Produkt vergangener persönlicher oder gesellschaftlicher Entwicklungen ist. Es gibt also Grundwerte, von denen Sie überzeugt sind, und Ahnungen, von denen man Sie nur schwer oder überhaupt nicht abbringen kann. Sie setzen sich deshalb vehement dafür ein, daß jeder dazu verpflichtet ist, das behindernde Negative aus der Vergangenheit zu bekämpfen, damit der nachfolgende Mensch die Chance erhält, in ein besseres Leben hineinzuwachsen. Sie untersuchen ganz genau, was im Zusammenleben der Menschen schlecht war und vielleicht noch ist. Sie analysieren, was aus der früheren Geschichte der Menschheit bis heute wirkt und was aus seinen vergangenen Lebensabschnitten den Menschen oft bis ins hohe Alter prägt. Ihrer Meinung nach läßt nur das genaue Wissen um Vergangenes eine sinnvolle Planung der zukünftigen Entwicklung zu. Die oft unsinnig gewordenen althergebrachten Strukturen der bestehenden Gesellschaft sollten soweit zurückgedrängt werden, daß der Einzelne behutsam in seinen Bemühungen unterstützt wird, das Gute in sich freizuschaufeln und sich anlagengemäß für ein selbstbestimmtes Leben in der Zukunft entscheiden zu können.

HAUPTMERKMAL: Gründlich

LEBENSPRINZIP: Nach der Analyse des Vergangenen Unsinniges zurückdrängen und eine selbstbestimmte Zukunft ermöglichen

UNTER DIESEM DATUM HATTEN UND HABEN AUSSERDEM GEBURTSTAG:
Jaques-Etienne Montgolfier, franz. Miterbauer u. Flieger d. I. Heißluftballons (1745–1799) – *Heinrich Schliemann,* dtsch. Archäologe, Entdecker Trojas (1822–1890) – *Max Bruch,* dtsch. Komponist u. Dirigent (1838–1920) – *Gustav (Adolf) Bauer,* von 1919–1920 Reichskanzler d. Weimarer Republik (1870–1944) – *Kahil Gibran,* libanesisch-amer. Philosoph u. Schriftsteller (1883–1931) – *Sun Myung Moon,* Gründer der Moon-Sekte, * 1920 – *Emil Steigenberger,* schweiz. Kabarettist, *1933 – *Rolf M. Zinkernagel,* schweiz. Immunologe u. Pathologe, Nobelpreisträger, *1944 – *Henry Maske,* dtsch. Halbschwergewichtsmeister, *1964

7. JANUAR
Steinbock

VERANLAGUNG: Sie fühlen sich immer dann wie ohne Verankerung hin- und hergetrieben und von Zweifeln geplagt, wenn Sie keine neuen Herausforderungen, körperlich oder geistig, angehen können. Da Sie mit einer ungewöhnlich starken Energie ausgestattet sind, treibt Sie eine ständige und nur schwer zurückzuhaltende Unrast. Da für Sie oft die Grenzen zwischen spielerischer Auseinandersetzung und glasharter Durchsetzung der eigenen Interessen verschwimmen, könnte man Sie ein schon immer erwachsenes Kind oder einen ewig verspielten Erwachsenen nennen. Was Sie machen, wollen Sie gut machen, am liebsten der Beste sein, auf welchem Gebiet auch immer. Sie fühlen instinktiv, daß Sie nur dann wirklich gesund bleiben, wenn Sie nach geistigen Anstrengungen immer wieder auch eine körperliche Erschöpfung erreichen. Direkt und irgendwie todesmutig werfen Sie sich fortwährend in das Abenteuer neuer Herausforderungen und lassen dadurch manchmal die Rückbesinnung, das Nachfragen und die Trauer außer acht. Sollten Sie doch einmal einer melancholischen Nachdenklichkeit nachgeben, dann geschieht das meist mit einem nach außen gerichteten Demonstrationsbedürfnis.

HAUPTMERKMAL: Unter Druck

LEBENSPRINZIP: Nur das energische Herangehen an neue Herausforderungen läßt die eigene Lebendigkeit spürbar werden

UNTER DIESEM DATUM HATTEN UND HABEN AUSSERDEM GEBURTSTAG:
Johann Christian Fabricius, dän. Insektenkundler von Weltrang (1745–1808) – *Francois Dumont,* weltweit bewunderter französischer Miniaturmaler (1751–1831) – *Steven Groombridge,* englischer Astronom (1755–1832) – *Joseph Kirkland,* amerik. Schriftsteller des Realismus (1830–1894) – *Johann Philipp Reis,* dtsch. Physiker, einer d. Väter d. Telefons (1834–1874) – *Bernadette Soubrious,* franz. Ordensschwester, 1933 heiliggespr. (1844–1879) – *Ludwig III.,* von 1912–1918 (der letzte) König v. Bayern (1845–1921) – *Charles Peguy,* franz. Poet u. Philosoph (1873–1914) – *Rolf Nesch,* norw. expressionistischer Maler dtsch. Herkunft (1893–1975) – *Paul Keres,* estonischer Schachgroßmeister (1916–1975) – *Jean-Pierre Rampal,* franz. Flötist, *1922

8. JANUAR
Steinbock

VERANLAGUNG: In Ihren Augen haben die gesellschaftlichen Maßregelungen zu einer ungesunden Trennung von Seele und Körper geführt. Sie selbst sehen eine große Scheinheiligkeit in der ‚erlaubten' Kultur. Und die schlimmsten Einengungen durch die Gesellschaft sind für Sie die, die sich zwanghaft aus Äußerlichkeiten eines Menschen ergeben sollen. Sie wehren sich dagegen, daß in der Zuordnung von Hautfarbe, Größe, Alter, Geschlecht oder Geschlechtsorientierung schon von vornherein dieses oder jenes möglich oder unmöglich sein soll. Sie wollen sich all diesen künstlich aufgerichteten Barrieren widersetzen und sich einer Fremdbestimmung in keinem Fall unterordnen. So wollen Sie immer und überall das Gegenteil einer Erwartungshaltung beweisen. Mit der Einengung des körperlich Möglichen beginnt für Sie die Einschränkung des Denkens und damit das Absterben der Lebendigkeit. So ignorieren Sie einfach die verlangte Unterwerfung unter äußerliche Bedingtheiten und leben das aus, was Sie sich vorstellen und umgekehrt. Daß diese Sicht manchmal die Grenze der körperlichen oder seelischen Erschöpfung überschreitet, nehmen Sie in Kauf. In Ihren Augen lernt nur der die wahren Naturgesetze kennen, der sich traut, einen Schritt über den Abgrund der Erwartungsängste zu gehen.

HAUPTMERKMAL: Nicht angepaßt

LEBENSPRINZIP: Sich von Erwartungshaltungen befreien heißt, die eigenen Möglichkeiten wirklich entdecken

UNTER DIESEM DATUM HATTEN UND HABEN AUSSERDEM GEBURTSTAG:
Johannes Fabricius, holl. Astronom, 1. Beobachter d. Sonnenflecken (1587–1615) – *Franz Marc,* dtsch. Maler, Gründungsmitgl. d. Künstlergruppe der Blaue Reiter (1880–1916) – *Carl-Gustav Hempel,* dtsch.-stämm. US-Philosoph, *1905 – *Rudolf Escher,* holl. Komponist u. Musikwissenschaftler spezial. auf Kammermusik (1912–1980) – *Elvis Presley,* Rock'n Roll Megastar u. Megalegende (1935–1977) – *Graham Chapman,* engl. Schauspieler u. Satiriker, Teil d. „Monthy Python"-Teams (1941–1989) – *Stephen William Hawking,* brit. Physiker u. Mathematiker, *1942 – *David Bowie,* innovativer engl. Rockmusiker, Sänger, Gitarrist u. Saxophonist, *1947

9. JANUAR
Steinbock

VERANLAGUNG: Für Sie ist die Auseinandersetzung mit der Macht ein wesentlicher Teil Ihres Lebens. Ihre tiefe Empfindungsfähigkeit und Verletzlichkeit läßt Sie ständig und überall die Einschränkung individueller Freiheiten vermuten. Gerade aus Ihrem Schutzbedürfnis heraus, aus dem Gefühl, eigentlich machtlos zu sein, wollen Sie die Rechte des Einzelnen vor den Übergriffen des Ganzen geschützt sehen. Doch Sie müssen erkennen, daß es fließende Grenzen sind, wo das Überwachen der Gesellschaft den Einzelnen noch schützt und wo es anfängt, seine Freiheit einzuschränken. So kann es Ihnen geschehen, daß Sie den Schutz der Gemeinschaft einem radikal Andersdenkenden gegenüber mit Machtlosigkeit verwechseln oder daß Ihnen selbst die Macht einer privilegierten Gruppe immer dann willkommen ist, wenn diese Ihnen das Recht einzuräumen scheint, moralisierend und maßstabsetzend in die Entscheidungen anderer einzugreifen. So spüren Sie, daß Macht immer eine Zweischneidigkeit beinhaltet und diese nur mit Mitgefühl und Kontrolle ausbalanciert werden kann. Daß auch Sie in diesem Prozeß lernen müssen, keinen absoluten Anspruch auf die Durchsetzung Ihrer Sehensweise zu haben, läßt Sie leicht unduldsam werden oder vielleicht sogar verbittert reagieren.

HAUPTMERKMAL: Überzeugungsrigoros

LEBENSPRINZIP: Jede Inanspruchnahme von Macht muß immer an der individuellen Freiheit des anderen bemessen werden

UNTER DIESEM DATUM HATTEN UND HABEN AUSSERDEM GEBURTSTAG:
Johannes Fabricius, holl. Astronom, 1. Beobachter d. Sonnenflecken (1587–ca. 1615) – *Ferdinand Petrovitch Wrangel,* russ. Sibirienforscher (1797–1870) – *Kurt Tucholsky,* dtsch. satir. Gesellschaftskritiker u. Poet (1890–1935) – *Simone de Beauvoir,* franz. Schriftstellerin, Feministin, Lebensgefährtin Sartres (1908–1986) – *Evelyn Wood,* US-Pädagogin, Entwicklerin eines Schnellesesystems (1909–1995) – *Rudolf (Georg) Escher,* holl. Komponist u. Musikwissenschaftler (1912–1980) – *„Gypsy Rose“ Lee,* niveauvolle US-Stripperin (1914–1970) – *Kenny Clarke,* bedeutsamer US-Jazz-Schlagzeuger d. 40er Jahre (1914–1985) – *Heiner Müller,* dtsch. Schriftsteller (1929–1995) – *Joan Baez,* polit. engagierte US-Folksängerin u. Gitarristin, *1941

10. JANUAR
Steinbock

VERANLAGUNG: Üblicherweise hat der Mensch Zeit, alle neuen Erfahrungen erst einmal zu verdauen und vorbereitet zu sein auf das, was die Gesellschaft noch alles von ihm erwartet. Doch Ihr ausgeprägter Sinn für Selbstbestätigung und das tiefe Bedürfnis nach Aufmerksamkeit hat Sie früh in Situationen getrieben, in denen Sie Ihrer natürlichen Entwicklung vorgreifen mußten. Dabei sind Aufgaben fast zwangsweise auf Sie zugekommen, die Sie zwar einerseits überfordert haben, die aber andererseits auch Gelegenheit boten, schneller die Ziele vor Augen zu haben, die andere erst sehr viel später und oft auch viel erschöpfter erreichen. So wird durch Ihre frühe Verantwortlichkeit nicht nur Ihr Blick für den Ablauf von gesellschaftlichen Vorgängen geschärft, sondern es wächst in Ihnen auch ein Gespür für Trends und Möglichkeiten, was einen immer größeren Abstand zu Gleichaltrigen schafft. Durch Ihre frühe Reife finden Sie in einer Zeit, in der Ihnen Abkehr, Umkehr oder Neuorientierung noch leicht erscheint, den Mut, an Schneidepunkten nötigenfalls immer wieder neu zu beginnen. Die Fähigkeit zum Gegensteuern und zur eigenen Anschauung behalten Sie bis ins hohe Alter. Wenn zum Beispiel alle anderen schon dem vermeintlichen Zeitgeist hinterherjagen, beweisen Sie Mut, indem Sie, der immer das Neue gesucht hat, am Bewährten festhalten. So wirken Sie oft in jungen Jahren frühreif verantwortungsvoll und später sehr oft jugendlich begeisterungsfähig.

HAUPTMERKMAL: Aufgeschlossen

LEBENSPRINZIP: Der natürlichen Entwicklung manchmal überfordert vorauszueilen, schafft auch große Möglichkeiten

UNTER DIESEM DATUM HATTEN UND HABEN AUSSERDEM GEBURTSTAG:
Simon Marius, dtsch. Astronom, rivalisierte mit Galileo Galilei (1573–1624) – *Nikolaus Steno,* herausragender dän. Geologe u. Anatom (1638–1686) – *Heinrich Zille,* herausragender dtsch. Zeichner u. Karikaturist (1858–1929) – *Robert Woodrow Wilson,* US-Radioastronom, Nobelpreis für Physik *1936 – *Jim Croce,* US-Rockmusiker, *1943 – *Rod Stewart,* brit. Rocklegende, *1945 – *George Foreman,* US-Boxer, Olympiasieger, zweim. Weltmeister im Schwergewicht, *1949

11. JANUAR
Steinbock

VERANLAGUNG: Gleichgültig, wie vielschichtig sich das Leben Ihnen darbietet, immer werden Sie versuchen, Erfüllung durch Herstellung von Harmonie zu erreichen. Immer werden Sie daran arbeiten, hinter den vielen vergangenen und gegenwärtigen Geschehnissen die Strukturen zu erkennen und festzuschreiben. Alles, was sich im Leben durch Unruhe, Widersprüchlichkeiten oder Gegensätze ausdrückt und vielleicht entwickelt, wird von Ihnen aufgenommen und zu einem in sich geschlossenen Gesamtwerk verknüpft. Was Sie dabei einmal für richtig erachtet haben, bleibt dann für Sie unumstößlich so bestehen, und Sie gehen mit ausgeprägtem Widerstandsgeist und manchmal trotziger Besserwisserei auf alle zu, die das Leben eher aus dem Augenblick heraus leben und begreifen wollen. In diesen Auseinandersetzungen können Sie bisweilen sarkastisch verletzend sein. Das Gefühl, das Ihre Bereitschaft, überall belehrend und formierend einzugreifen, oft mißverstanden wird, läßt Sie manchmal in eine erschöpfte Melancholie verfallen, die Sie dann auch sehr deutlich vermitteln. Sie sind immer bereit, Ihren Egoismus für die Teilnahme an Gruppenleistungen zurückzustellen. Sollten aber wegen Ihrer manchmal starren Haltung die äußeren Widerstände zu groß werden, ist die Gefahr gegeben, daß Sie sich in ein Weltbild oder persönliches Verhalten flüchten, das wirklichkeitsfremd ist.

HAUPTMERKMAL: Vereinfachend

LEBENSPRINZIP: Das Leben erfüllt sich in der Möglichkeit, prägender Teil eines harmonischen Gruppendaseins zu sein

UNTER DIESEM DATUM HATTEN UND HABEN AUSSERDEM GEBURTSTAG:
J. C. Arthur, amerik. Botanist, erforschte pflanzliche Parasiten (1850–1942) – *Gustav Falke,* dtsch. Dichter u. Novellist, (1853–1916) – *Frederick Archer,* brit. Jockey, dreizehnmaliger Nationalsieger hintereinander (1857–1886) – *Harry Gordon Selfridge,* Gründer d. Londoner „Selfriges“ Warenhauses, (1858–1947) – *Elena Gerhardt,* beliebte dtsch. „Liedersängerin“, Mezzosopran (1883–1961) – *Francis Xavier Ford,* amerik. röm.-kath. China-Missionar u. Märtyer (1892–1952) – *Jean Chretien,* kand. Anwalt, wurde 1993 Kanadas Premierminister, *1934

12. JANUAR
Steinbock

VERANLAGUNG: Im Mittelpunkt Ihres Interesses steht der Wettkampf als Entwicklungsmöglichkeit auf allen Gebieten. Dabei gibt Ihnen nicht die direkte persönliche Auseinandersetzung mit einem Gegenspieler die dringend benötigte Sicherheit eines Selbstwertgefühls. Für Sie ist es wichtig, sich mit einer Gemeinschaft identifizieren zu können, in der Sie sich zusammen mit Gleichgesinnten gegen andere Gruppen durchsetzen können. Hierbei können Gleichgesinnte die Familie, die Arbeitsgemeinschaft, die Partei oder der Staat sein. Sie messen jede eigene Bemühung und jede Einzelleistung anderer an der Auswirkung auf die Gesamtheit und versuchen in diesem Sinne zu bündeln oder auszugrenzen. Ihrer Meinung nach bringt der Wettbewerb kompetenter Individuengruppen innerhalb einer Gesellschaft diese immer weiter voran, erhöht somit ständig die Leistungsfähigkeit im generationsübergreifenden Überlebenskampf. So stehen Sie der Idee vom natürlichen Recht der stärkeren Gruppe nahe und glauben an die durch Auswahl geschaffene Elite, die die Masse mitreißen und emporheben soll. Die Gefahr hierbei ist groß, daß das Einzelschicksal dem großen Ganzen zu sehr untergeordnet wird. Es kann auch geschehen, daß für den Zweck, daß sich die eigene Gruppe durchsetzt, fast jedes Mittel recht ist.

HAUPTMERKMAL: Gruppenorientiert

LEBENSPRINZIP: Die Identifizierung mit der eigenen Gruppe und der Wettbewerb mit anderen verschafft Selbstwertgefühl

UNTER DIESEM DATUM HATTEN UND HABEN AUSSERDEM GEBURTSTAG:
John Hancock, US-Revolutionär, 1. Unterzeichner d. Unabhängigkeitserklärung (1737–1793) – *Johann Heinrich Pestalozzi,* Wegbereiter der heutigen Volksschule (1746–1827) – *Ermanno Wolf-Ferrari,* ital. Komponist komischer als auch ernster Opern (1876–1948) – *Jack London,* amerik. Schriftsteller (1876–1916) – *Molnár, Ferenc (Franz),* ungarischer Schriftsteller (1878–1952) – *Georges Carpentier,* franz. Boxer, zweimal Welt-, viermal Europameister (1894–1975) – *Morton Feldman,* US-Komponist, inspiriert von John Cage (1926–1987) – *Joe Frazier,* von 1970–73 US-Schwergewichtsboxchampion, *1944

13. JANUAR
Steinbock

VERANLAGUNG: Ihrer Erfahrung nach hat Siegen oder Verlieren nicht automatisch mit der Entwicklung von Stärke oder Schwäche zu tun. Nur selten nimmt der sogenannte Sieger das Siegen zum Anlaß, über die Kompromisse und Versäumnisse seines Weges nachzudenken. Es ist viel eher wahrscheinlich, daß der Durchsetzungsfähige die innere Integrität und wahre Wertmaßstäbe verliert. Meist bemerkt er dies nicht einmal. Sie haben dadurch erkannt, daß oft erst die Begegnung mit den eigenen Abgründen einen Menschen stark macht. Manchmal kann also Verlieren Gewinnen bedeuten und umgekehrt. So hat Sie erst das Eingeständnis eines persönlichen Fehlverhaltens die Notwendigkeit erkennen lassen, ein Hilfsgerüst von Regeln und Warnsystemen aufbauen zu müssen, das einen Rückfall in Ihre innere Überheblichkeit verhindern hilft. So steigen Sie durch das Erkennen der wahren Qualitäten von Verlieren und Gewinnen wie Phönix aus der Asche zu einer inneren Stärke und Integrität auf, die sogar die Menschen fasziniert, denen Ihre vorherigen Qualitäten eigentlich nicht erstrebenswert erscheinen. Doch neben Ihrer inneren Kraft entwickelt sich eine Angst, daß Sie sich wieder in den alltäglichen Fallen verlieren und von Ihren Erkenntnissen wegdriften könnten. Das läßt Sie als eine Art Anker in ein unablässiges Sozialhandeln fliehen und läßt Sie fast demonstrativ ‚gut' sein.

HAUPTMERKMAL: Gutsein-Wollen

LEBENSPRINZIP: gerade äußerliche Niederlagen und die Einsicht in innere Abgründe läßt Stärke entstehen

UNTER DIESEM DATUM HATTEN UND HABEN AUSSERDEM GEBURTSTAG:
Jan Josephszoon van Goyen, holl. Pionier d. naturalist. Landschaftsmalerei (1596–1656) – *Christoph Graupner,* dtsch. Komponist (1683–1760) – *Friedrich Müller,* dtsch. Dichter, Dramatiker, Maler (1749–1825) – *Felix Tisserand,* heute noch maßgeblicher franz. Astronom (1845–1896) – *Charlotte E. Ray,* 1. schwarze Anwältin der USA (1850–1911) – *Sophie Tucker,* legendäre US-Musikhallen- u. Nachtclubsängerin (1884–1964) – *Elmer Davis,* im 2. Weltkrieg Leiter der Informationsabt. d. Kriegsministeriums (1890–1958) – *Villy Sorensen,* dän. Schriftsteller und führender Literaturkritiker, * 1929

14. JANUAR

Steinbock

VERANLAGUNG: Sie haben schon von frühester Jugend an Verantwortung übernehmen müssen oder manchmal auch wollen. Ob es nun für das Erwerbsleben der Familie, für das Umsorgen der Geschwister oder für eine soziale Aufgabe war, immer fiel fast automatisch die Wahl auf Sie, wenn jemand eine Aufgabe übernehmen sollte, für die er eigentlich noch zu jung war. Sie fühlten und fühlen sich zwar einerseits ständig leicht überfordert, lernen aber auch die Belohnung zu genießen, die Ihre Umgebung in Form von Anerkennung und Bewunderung für diese außergewöhnlichen Leistungen bereithält. So ist es Teil Ihrer Persönlichkeit geworden, im Zweifelsfall den schwierigeren und leistungsfordernden Weg einzuschlagen, da Sie nur auf diesem das Vertrauen gewinnen, der Zuneigung Ihrer Mitmenschen sicher zu sein. Es geht manchmal sogar soweit, daß Ihnen ein Weg schon deshalb verdächtig ist, wenn er nicht mit Hingabe, Leiden oder Entbehrung verbunden ist. Das einfach Genießen, das absichtslose Da-Sein fällt Ihnen so schwer, daß es Ihnen schon deshalb falsch vorkommt.

HAUPTMERKMAL: Opferbereit

LEBENSPRINZIP: Nur wer zur Übernahme von Verantwortung bereit ist, kann auf wirkliche Anerkennung hoffen

UNTER DIESEM DATUM HATTEN UND HABEN AUSSERDEM GEBURTSTAG:
Alberico Gentili, Ital., Begründer der internat. Rechtswissenschaften (1552–1608) – *Gottfried Silberman,* herausragender dtsch. Instrumentenbauer (1683–1753) – *Art Young,* amerik. Zeichner satirischer Cartoons (1866–1943) – *Albert Schweitzer,* elsäss.-dtsch. ev. Theologe, Philosoph. Organist u. afrik. Missionsarzt, Friedensnobelpreisträger (1875–1965) – *Martin Niemöller,* ev. Theologe, aktiv im Widerstand gegen d. Nazis (1892–1984) – *Sir Cecil Walter Hardy Beaton,* Photograph, Bühnenbildner, Zeichner (1904–1980) – *Joseph Losey,* eigenwilliger u. kreativer US-Filmdirektor (1909–1984) – *Faye Dunaway,* amerik. Schauspielerin, *1941

15. JANUAR
Steinbock

VERANLAGUNG: Durch allzu frühe Verantwortungsübernahme und andere Anforderungen haben Sie nie die Gelegenheit oder den Mut gefunden, Ihr Innerstes ungehindert nach außen fließen zu lassen. So entstand ein tiefes Bedürfnis, sich den banalen Anforderungen des Alltags zu entziehen und sich dem Wunder der eigenen sensiblen Innenwelt zu widmen. Doch dieser Wunsch gerät automatisch in einen immer größeren Widerspruch zu den Ansprüchen der Gesellschaft. Da Sie gegen Ihren Willen immer wieder in die Pflicht genommen werden, verfolgen Sie die äußeren Vorgänge und Abläufe mit tiefer Melancholie und weltschmerzgeprägter Entfremdung. Da Sie also das Bedürfnis einer Flucht nach innen nicht ausleben können oder dürfen, versuchen Sie ständig, Ihr Gefühlschaos dadurch nicht an die Oberfläche kommen zu lassen, daß Sie strenge äußere Verhaltensstrukturen errichten. So entwickeln Sie eine grundsatzbetonte Ordnung um sich herum, lösen berufliche Probleme betont sachbezogen und entwickeln insgesamt eine an Selbstverleugnung grenzende Professionalität. Das läßt Sie zwar einerseits berechenbar erscheinen, bringt aber Ihr Inneres in immer größeren Widerspruch zum äußeren Gebaren. Ihre Art, wegen fremdbestimmter Ansprüche echten Gefühlen zu entsagen, stürzt Sie in immer schwieriger zu lösende Lebenskrisen.

HAUPTMERKMAL: Gefühlsverleugnung

LEBENSPRINZIP: Die äußere sachbezogene Handlungsfähigkeit darf nicht durch innere Konflikte beeinträchtigt werden

UNTER DIESEM DATUM HATTEN UND HABEN AUSSERDEM GEBURTSTAG:
Molière, franz. Jurist, Schauspieler u. bedeutender Dramatiker (1622–1673) – *Franz Grillparzer,* herausragender öster. Dramatiker d. 19. Jahrhunderts (1791–1872) – *Abigail Kelley Foster,* amerik. Feministin u. Dozentin (1810–1887) – *Josef Breuer,* v. Sigmund Freud anerkannter österr. „Vorvater“ d. Psychoanalyse (1842–1925) – *Aristotele Onassis,* griech. Reeder, Geschäftsmann u. Multimilliardär (1906–1975) – *Gene Krupa,* USA, einer d. berühmtesten US-Jazzdrummer d. Swingära (1909–1973) – *Martin Luther King,* US- Baptistenpfarrer, Bürgerrechtler, Friedensnobelpreisträger (1929–1968) – *Maria Schell,* schweiz. Schauspielerin („das Seelchen“), * 1926

16. JANUAR
Steinbock

VERANLAGUNG: Ihre ausgesprochen künstlerischen Begabungen und Ihr Hang zu phantastischen Ausflügen ins Spirituelle stoßen schon früh auf die dazu entgegengesetzten gesellschaftlichen Anforderungen. So fühlen Sie sich ständig gezwungen, die eigene Sensibilität der Härte des Alltages zu opfern. Das gelingt Ihnen äußerlich gerade deswegen überraschend gut, da Sie innerlich eigentlich nicht wirklich beteiligt sind und streng sachbezogen reagieren können. Als Ausgleich für den Mangel an schöngeistiger Beschäftigung lernen Sie notgedrungen die materiellen Annehmlichkeiten zu genießen, die die Gemeinschaft jemandem zu bieten hat, der scheinbar virtuos die Strukturen versteht, durchschaut und ausnutzt. Doch die derben Schuhe, die Sie plötzlich an den Füßen spüren, stehen im krassen Gegensatz zu Ihrem feinfühligen, oft chaotisch erlebten Innenleben. So dringt Ihr wirkliches Selbst selten nach außen und Sie versuchen, dieses Dilemma dadurch auszugleichen, daß Sie in Anekdoten, Gleichnissen, Wortspielereien und Utopien schwelgen, die den anderen nichts wirklich verraten und Ihnen selbst doch Freiräume eröffnen.

HAUPTMERKMAL: Wortgewandt (eloquent)

LEBENSPRINZIP: Der eigenen Sensibilität Freiräume erkämpfen, ohne das alltägliche Funktionieren in Frage zu stellen

UNTER DIESEM DATUM HATTEN UND HABEN AUSSERDEM GEBURTSTAG:
Niccolo Piccinni, ital. Komponist ernster u. komischer Opern, Rivale von Gluck (1728–1800) – *Franz Brentano,* dtsch. Philosoph u. Psychologe (1838–1917) – *George Kelly,* US-Drehbuchautor, Schauspieler u. Regisseur (1887–1974) – *Ethel Merman,* US-Schauspielerin u. vielbeschäftigter Broadway-Musical-Star (1909–1984) – *Dizzy Dean,* schillernder US-Profibaseballspieler (1911–1974) – *Johannes Rau,* SPD-Politiker, 1978–98 Ministerpräs. v. Nordrhein-Westf., *1931 – *Dian Fossey,* US-Zoologin, weltberühmt für ihre Gorilla-Forschungen (1932–1985) – *Susan Sontag,* intellektuelle US-Schriftstellerin, *1933 – *Gregor Gysi,* umstrittener PDS-Politiker, *1948 – *John Carpenter,* US-Horrorfilm-Regisseur u. Drehbuchautor, *1948

17. JANUAR
Steinbock

VERANLAGUNG: Sie sind viel zu neugierig auf das, was das Mensch-Sein im tiefsten Inneren ausmacht als daß es Ihnen wie so vielen Angst machen könnte. Im Gegenteil: Sie wollen jegliche Naturkräfte in sich stimulieren und frei an die Oberfläche fließen lassen. Der Mensch und seine Antriebskräfte, der Mensch und seine Blockaden, der Mensch und seine Möglichkeiten, der Mensch und seine Abgründe stehen im Mittelpunkt jeder Ihrer Handlungsmaximen. Indem Sie sie freilegen, wollen Sie die scheinbar unwägbaren Energien, die wir in uns erfahren, für alle berechenbarer machen. So sehen Sie immer auch sich selbst als lebendiges Versuchsbeispiel, um das Sein im Kern verstehen zu lernen. Alles ist ein einziger großer Kreislauf und Sie versuchen in ihm auf natürlichste Art mitzufließen und sich nicht dagegen zu wehren. Sie nehmen die Weisheit eines Flusses an: Dieser ist an der Quelle und der Mündung gleichzeitig, er wird geboren und stirbt doch zur gleichen Zeit, und er fließt noch dazu immer und überall mit ungezügelter Kraft.

HAUPTMERKMAL: Selbstorientiert

LEBENSPRINZIP: Die tief verborgenen Energien freilegen, neugierig betrachten lernen und ungehindert fließen lassen

UNTER DIESEM DATUM HATTEN UND HABEN AUSSERDEM GEBURTSTAG:
Antoine Duprat, franz. Kanzler u. Kardinal, Vertrauter König Franz I. (1463–1535) – *Leonhard Fuchs,* maßgeblicher dtsch. Botaniker (1501–1566) – *John Fielden,* brit. Reformer, Befürworter besserer Bedingungen für Fabrikarbeiter (1784–1849) – *Eilhard Mitcherlich,* herausragender dtsch. Chemiker (1794–1863) – *Mrs. Henry Wood,* vielübersetzte Autorin engl. Novellen (1814–1887) – *Catherine Booth,* Predigerin, Sozialarbeiterin, Frau des Heilsarmeegründers (1829–1890) – *George Fuller,* amerik. Maler traumähnlicher Bilder (1822–1884) – *Eugene Carriere,* franz. Maler, Bildhauer u. Portraitmaler berühmter Zeitgenossen (1849–1906) – *Al Capone,* gen. „Scarface", ital-amerik. Gangster zur Zeit der Prohibition (1899–1947) – *Nora Kaye,* US-Ballerina, die „Duse des Tanzes" (1920–1987) – *Tom Dooley,* „Dschungel-Doktor" und Schriftsteller (1927–1961) – *Muhammed Ali,* US-Profiboxer, dreimaliger Schwergewichtsweltmeister, *1942

18. JANUAR
Steinbock

VERANLAGUNG: Sie haben eine sehr feste Vorstellung von dem, was Sie irgendwann im Leben erreichen wollen, und Sie wissen, wo Ihre Position dann sein wird: an der Spitze! So verfolgen Sie schon früh die Leistungen der für Sie wichtigen Vorbilder, eignen sich Erhaltenswertes an und folgen den von diesen erkämpften Wegen. Wenn Sie Ihr angestrebtes Etappenziel dann irgendwann erreicht haben, glauben Sie, trotz der Orientierung an Vorhandenem, Ihren ureigensten Weg erkämpft zu haben. So ist ja auch das Erreichen eines innigst erhofften Zieles immer auch eine sehr persönliche Offenbarung der eigenen Kraft. Kaum am Gipfel des bisher Erreichbaren angelangt, brennt in Ihnen der Ehrgeiz, weiter zu gehen, das Bisher-Mögliche auf neue Höhen zu führen. So arbeiten Sie an sich, studieren und trainieren so unbedingt, daß Sie es dann auch schließlich riskieren, einen eigenen Stil, eine völlig neue Sehensweise oder eine völlig losgelöste Denkweise der Welt entgegenzuschleudern. Da Sie während Ihres Vorgehens völlig von sich selbst überzeugt sind, gelingt Ihnen die äußerst seltene Mischung, streitbar konsequent Ihre Vorstellungen durchzusetzen und dabei gleichzeitig äußerlich charmant und lässig zu wirken.

HAUPTMERKMAL: Ehrgeizige Lässigkeit

LEBENSPRINZIP: Jeder sollte versuchen, Bewährtes zu lernen, das Beste aus sich herauszuholen und dann weiterzugehen

UNTER DIESEM DATUM HATTEN UND HABEN AUSSERDEM GEBURTSTAG:
Montesquieu, franz. Jurist, Schriftsteller und Staatsphilosoph (1689–1755) – *Peter Mark Roget,* Arzt u. Philologe, Verf. d. 1. engl. Synonymlexikons Thesaurus (1779–1869) – *Joseph Dixon,* US-Fabrikant, Erfinder u. Pionier d. industr. Nutzung von Graphit (1799–1869) – *Hans Goldschmidt,* innovater u. herausragender dtsch. Chemiker (1861–1923) – *Franz Blei,* österr. Schriftsteller u. Philosoph (1871–1942) – *A. A. Milne,* engl. Humorist, Vater von „Christopher Robin" und „Winnie-the-Pooh" (1882–1956) – *Oliver Hardy,* Teil d. US-Komikerduos „Laurel and Hardy" (1892–1957) – *Danny Kaye,* US-Komiker, Sänger, Tänzer, Musiker, Broadway-Star (1913–1987) – *Cary Grant,* Hollywoodlegende brit. Herkunft (1904–1986) – *Hans Aeschbacher,* schweiz. Bildhauer, *1906 – *Arno Schmidt,* dtsch. Schriftsteller (1914–1979)

19. JANUAR
Steinbock

VERANLAGUNG: Sie sind extrem hellhörig und offen für alle schöpferischen Gedankenspiele. Und da Sie ständig bereit sind, sich neu inspirieren und damit auch ablenken zu lassen, haben Sie sich an die Faszination der freien Assoziation gewöhnt. Doch ähnlich wie einer, der eine Hochebene im Gebirge erreicht hat, haben Sie den vollkommenen geistigen Rundumblick und wissen doch nicht wirklich wohin, wozu und warum überhaupt. Es fehlt die Zielrichtung, die durch eine Gefühlsbindung klarwerden würde. So bleibt in Ihren Augen von der Theorie des Gedankens zur Praxis des Lebens nur der Abstieg in die eigene Gefühlsverworrenheit. So haben Sie im Alltag Angst vor allzu unvorbereiteter Spontaneität und flüchten vor dem emotionalen Chaos in Ihrem Inneren in eine äußere Ordnung, um so wenigstens einen systematischen Rhythmus in die notwendigen Handlungen zu bekommen. So wollen Sie oft das Beste, verstehen viel und wissen doch eigentlich nicht, wie das Wollen konkret umzusetzen ist. So haftet trotz Ihres schöpferischen Ideenreichtums und Ihrer inspirierenden gedanklichen Anstöße etwas Tragischen an Ihnen, das man mit „möchte-gern" und „weiß-nicht-so-recht" umschreiben könnte.

HAUPTMERKMAL: Hin- und hergerissen

LEBENSPRINZIP: Versuchen, der eigenen ideenreichen Offenheit durch äußere Strukturen zum Erfolg zu verhelfen

UNTER DIESEM DATUM HATTEN UND HABEN AUSSERDEM GEBURTSTAG:
Paul Cezanne, einer d. einflußreichsten franz. Maler d. 20. Jahrh. (1839–1906) – *Edgar Allan Poe,* US-Dichter, Urheber u. Vater kultivierter Gruselgeschichten (1809–1849) – *Olafur Thors,* fünfmaliger isländ. Premierminister (1892–1964) – *Lilian Harvey,* unvergessene „Grande Dame" des engl. Films (1906–1968) – *Javier Pérez de Cuéllar,* peruan. Diplomat, 1982–1991 5. Generalsek. d. UNO, *1920 – *Patricia Highsmith,* eine d. meistgelesenen US-Kriminalschriftstellerinnen (1921–1995) – *Janis Joplin,* US-Rocksängerin u. beste weiße Interpretin des Rhythm & Blues (1943–1970) – *Dolly Parton,* US-Sängerin und Schreiberin von Countrymusik, *1946

20. JANUAR
Steinbock / Wassermann

VERANLAGUNG: Die oft banalen Notwendigkeiten des Alltags dringen nur sehr bedingt in Ihr Inneres vor. Das soll für Sie organisieren, wer will, Hauptsache, es enststeht überhaupt eine äußere Ordnung. Viel eher sind Sie fasziniert von der verborgenen inneren Wirklichkeit, die Sie hinter dem äußeren Erscheinungsbild vermuten. Für Sie ist deshalb ein Traum, eine Zukunftsvorstellung oder eine phantastische Reise in Ihr Inneres genauso real wie für andere das Essenkochen. Um sich von Ihrer Angst vor unklaren Abläufen und vor Abgründen zu befreien, wollen Sie unbedingt eine Verbindung zwischen dem Bewußten und Unbewußten herstellen. Sie versuchen das dadurch zu erreichen, indem Sie das alles voraussehen und in Erfahrung bringen, was noch verborgen scheint. Sie wollen die klare Reinheit der Natur aufnehmen, jeder schmutzigen Nebensächlichkeit entfliehen und sich, wenn möglich, nicht in den Verstrickungen emotionaler Abgründe verheddern. Bilder, Gestaltung, Formen, Licht, die Schönheit des Details, die Unendlichkeit der Phantasie, das alles ist Mittelpunkt Ihrer ständig kreisenden Gedanken und läßt Sie seltsam abwesend erscheinen. So birgt für Sie Ihre Einbildungskraft die Möglichkeit zur Flucht aus den Ansprüchen an Sie und läßt Sie die Einengung der täglichen Anforderungen ertragen.

HAUPTMERKMAL: Nie ganz da

LEBENSPRINZIP: Versuchen, den alltäglichen Verstrickungen zu entrinnen und der Realität der eigenen Phantasien folgen

UNTER DIESEM DATUM HATTEN UND HABEN AUSSERDEM GEBURTSTAG:
Johann Hermann Schein, dtsch. Kirchenmusikkomponist (1586–1630) – *Jean-Jacques Barthelmi,* franz. Archäologe, Autor von Novellen a. d. griech. Antike (1716–1795) – *Yvette Guilbert,* franz. Schauspielerin u. Interpretin gewagter Chansons (1867–1944) – *Johannes V(ilhelm) Jensen,* dän. Poet u. Autor, Literaturnobelpreisträger (1873–1950) – *Joeph Casimir Hofmann,* US-Pianist poln. Herkunft m. Vorliebe f. Chopin (1876–1957) – *Frederico Fellini,* stilistisch unverkennbarer ital. Filmregisseur (1920–1993) – *Edwin Eugene Aldrin,* betrat 1969 (nach Neil Armstrong) als zweiter Mensch den Mond, *1930 – *David M. Lee,* US-Physiker, mit R. C. Richardson u. D. D. Osheroff Nobelpreis für Physik, *1931 – *John Nabaor,* US-Schwimmer, 1976 in Monteal viermaliger Goldmedaillengewinner; *1956

Wassermann

21. JANUAR
Wassermann

VERANLAGUNG: Die Ablehnung von niederen Instinkten, die Entspanntheit eines Augenblicks und das Sich-Nicht-Verfangen in Begrenzungen entsprechen Ihrer tiefen Sehnsucht nach völliger Losgelöstheit. Zwischenmenschliche Emotionen würden Sie Ihrer Meinung nach nur dabei stören, einem menschlichen Urideal nachzueifern, das Sie befähigt, sich so vollkommen den schöpferischen Leistungen hinzugeben, daß es andere nur bewundernd anerkennen können. Ständig auf der Suche nach neuen Außenweltreizen verharren Sie nie wirklich lange an einem Ort. Sie wollen Fesseln zerreißen, ständig abflugbereit sein und bloß nicht plötzlich wirklich festgenagelt werden können, egal wo und durch wen. So werden durch Sie und in Ihnen Hochleistungsfähigkeiten, spirituelle Lehren oder auch idealistische Vorstellungen in eine menschliche Form gegossen. Dabei fällt Ihnen diese Möglichkeit der dauerhaften Wirkung ohne erkennbaren Ehrgeiz irgendwie zu. Ihr gesamtes Lebensgefühl erscheint schwerelos, oft verträumt und manchmal von kindlicher Reinheit. So sind Sie für viele eine Konkretisierung der Wunschvorstellung, wie man sein könnte.

HAUPTMERKMAL: Schwerelos

LEBENSPRINZIP: Losgelöst von emotionalen Verstrickungen versuchen, einem schöpferischen Ideal nahezukommen

UNTER DIESEM DATUM HATTEN UND HABEN AUSSERDEM GEBURTSTAG:
Peter de Wint, auf Wasserfarben spezialisierter engl. Landschaftsmaler (1784–1849) – *Moritz von Schwind,* dtsch. Maler und Zeichner relig., literar. und fiktiver Stoffe (1804–1871) – *Horace Wells,* US-Dentist und Pionier a. d. Gebiet der Anästhesie (1815–1848) – *Sophia-Louisa Jex-Blake,* brit. Ärztin u. Feministin (1840–1912) – *John Moses Browning,* Hersteller autom. Handwaffen, Desinger der „Browning" (1855–1926) – *Ludwig Thoma,* einer d. bekanntesten dtsch. Regionalschriftsteller (1867–1921) – *Rene-Louis Baire,* herausragender franz. Mathematiker (1874–1932) – *Egon Fridell,* österr. Autor, Kabarettist, Schauspieler, Kulturkritiker u. Philosoph (1878–1938) – *Wolfgang Köhler,* dtsch. Arzt, maßgeblich i. d. Entwicklung d. Gestalt-Therapie (1887–1967) – *Christian Dior,* franz. Modeschöpfer (1905–1957) – *Konrad Bloch,* dtsch.-stämm. US-Biochemiker, mit F. Lynen Nobelpreisträger f. Medizin, *1912 – *Placido Domingo,* einer d. berühmtesten Tenöre unserer Zeit, *1941

22. JANUAR
Wassermann

VERANLAGUNG: Sie haben sich so weit wie möglich freigekämpft von persönlichen Eitelkeiten, konventionellen Verhaltensmustern und emotionalen Verstrickungen. Und doch müssen Sie die schmerzliche Erfahrung machen, daß Ihr sehnsüchtiges Verlangen, dem Ideal eines wirklichen Mensch-Seins nachzueifern, immer und überall von Gefahren bedroht wird. Ihr Bedürfnis, sich nicht kleinkriegen zu lassen, großen Maßstäben zu genügen und große Lebensentwürfe vorbildhaft vorzuleben, scheitert immer wieder an den gesellschaftlichen oder natürlichen Begrenzungen. Entweder ist die Umgebung nicht bereit oder der Zeitpunkt ist ungünstig oder die eigene Natur macht nicht mit. Immer kann die Mühe jahrelanger Kleinstarbeit mit einem Schwung weggespült werden. Immer wenn das für Sie überraschend geschieht, versuchen Sie, diese Zeiten persönlich integer zu überleben, indem Sie sich um so trotziger in idealistische Wunschbilder hineinsteigern. Doch das ständige Kämpfen läßt in Ihnen den Wunsch nach Flucht immer stärker werden. Sie träumen davon, die Fesseln des Alltags zu durchtrennen und irgendwie schwerelos den Begrenzungen zu entschweben.

HAUPTMERKMAL: Integer

LEBENSPRINZIP: Obwohl ständig Gefahren lauern, sich immer an dem gemeinschaftlichen Ideal des Mensch-Seins messen

UNTER DIESEM DATUM HATTEN UND HABEN AUSSERDEM GEBURTSTAG:
Iwan III. Wassiljewitsch „der Große“, 1462–1505 Großfürst von Moskau (1440–1505) – *John Winthrop,* Zentralfigur unter d. puritanischen Gründern New Englands, USA (1588–1649) – *Nicolas Lancret,* franz. Maler, dessen Werke den Zeitgeist widerspiegeln (1690–1743) – *Gotthold Ephraim Lessing,* herausragender dtsch. Dichter und Philosoph (1729–1781) – *William S(eward) Burroughs,* USA, erfand d. „mitschreibende“ Rechenmaschine (1855–1898) – *Grigorij Jefimowitsch Rasputin,* russ. Bauer, Mystiker, „Wunderheiler“ u. Lebemann (1864–1916) – *August Strindberg,* weltweit bedeutsamer schwed. Schriftsteller (1898–1904) – *Bruno Kreisky,* österr. Politiker (SPÖ), von 1970–83 Bundeskanzler (1911–1990) – *Heinrich Albertz,* dtsch. ev. Pfarrer u. SPD-Politiker (1915–1993) – *Howard Moss,* 40 Jahre Leiter des Feuilletons beim US-Magazin „The New Yorker“ (1922–1987) – *J.J. Johnson,* herausragender US-Jazzkomponist und Trombonist *1924.

23. JANUAR
Wassermann

VERANLAGUNG: Es entspricht Ihrer Grundveranlagung als Blockadebrecher, daß Sie die erwartete Übernahme von kulturellen Mustern nur widerwillig ertragen. Fast könnte man sagen, daß jeglicher gesellschaftlicher Anspruch an Sie Beengungspsychosen auslöst. Sie weigern sich, per Geburt und Herkunft fast automatisch gezwungen zu sein, Rollenklischees zu entsprechen. So versuchen Sie, durch die vollkommene Ablehnung aller bewußten oder unbewußten Maßstäbe und Ideale, eine Art Nullpunkt der Gewißheit zu erreichen, von dem aus Sie wirklich zu sich selbst finden können. Dieser strikte, manchmal aggressiv vorgetragene Befreiungswille läßt Sie experimentierfreudig und spielerisch alle Tabus und sogenannten ewigen Wahrheiten in Frage stellen. Mutig gehen Sie dabei immer neue Wagnisse ein. Sie sind davon überzeugt, daß es besser ist, zu probieren, vielleicht zu scheitern und so die eigene Individualität zu entdecken als in scheinbarem gesellschaftlichem Gleichklang dahinzuvegetieren. So lernt Sie Ihre Umgebung zwar als anstrengend kennen, aber auch als unbestechlich, originell denkend und immer humanitär.

HAUPTMERKMAL: Nichts ist unmöglich

LEBENSPRINZIP: Sich von jeglichem vorgegebenem Muster befreien, um so die eigene Individualität zu entdecken

UNTER DIESEM DATUM HATTEN UND HABEN AUSSERDEM GEBURTSTAG:
John Landon, herausragender brit. Mathematiker (1719–1790) – *Karl Kalovitch Klaus,* russ. Chemiker dtsch. Abst., entdeckt 1744 d. Ruthenium (1796–1864) – *William Page,* US-Maler u. Porträtmaler vieler berühmter Zeitgenossen (1811–1885) – *Edouard Manet,* bedeutsamer franz. Maler (1832–1883) – *Otto Paul Hermann Diels,* dtsch. Chemiker, Physiknobelpreisträger (1876–1955) – *Ralph de Palma,* legendärer US-Autorennfahrer ital. Herkunft (1884–1956) – *Django Reinhardt,* unvergessener belg.-franz. Jazzgitarrist und -komponist (1910–1953) – *Georgia Coleman,* brillante US-Taucherin, mehrfache Olympiamedaillengewinnerin (1912–1940) – *Gertrude Belle Elion,* US-Pharmakologin, teilt mit Kollegen den Nobelpreis für Medizin, *1918 – *Gottfried Böhm,* dtsch. Architekt und Bildhauer, *1920 – *Jeanne Moreau,* franz. Theater- und Filmschauspielerin (*1928) – *Georg Baselitz,* neoexpressionistisch-figurativer dtsch. Maler und Bildhauer *1938

24. JANUAR
Wassermann

VERANLAGUNG: Sie spüren instinktiv, daß in Ihren Erbanlagen Kräfte gespeichert sind, die aus der Aneinanderkettung von Entscheidungen vergangener Generationen entstanden sein müssen. Das Wissen um diese geballte, tief in Ihnen schlummernde Urkraft läßt Sie mutig entschlossen völlig ungewohnte Wege gehen. Gleichzeitig jedoch fühlen Sie auch die Fesseln, die das Vertrauen auf althergebrachte Reaktionsmechanismen in sich bergen. So wollen Sie einerseits Ihre ererbte Kraft benutzen, anderseits aber auch das Neue, noch nie Gedachte, denken dürfen. Die Freiheit des Gedankens, die Sie auch jedem anderen zubilligen, ist für Sie der höchste menschlich-schöpferische Akt, den Sie sich vorstellen können. Sie wollen Ihre Phantasie schweifen lassen und auch nach unorthodox-verspielten Ideen handeln dürfen, ohne darüber nachdenken zu müssen, was denn Ihre Umwelt davon hält. Diese freiheitsliebende, unbedingte Spontaneität läßt Sie sich absichtslos, ja fast schwerelos einem Lebensgefühl hingeben, das gegen jeden Versuch der Eingrenzung vorgeht und sich das Recht des Spielerischen nimmt.

HAUPTMERKMAL: Sprunghaft

LEBENSPRINZIP: Mit Vertrauen auf die in einem vorhandenen positiven Erbanlagen, spielerisch mutig, Neues zu tun wagen

UNTER DIESEM DATUM HATTEN UND HABEN AUSSERDEM GEBURTSTAG:
Friedrich II., bek. als „der Große", und „der alte Fritz", 1740–86 König von Preußen (1712–1786) – *E(rnst) T(heodor) A(madeus) Hoffmann*, dtsch. Dichter, Komponist, Zeichner (1776–1822) – *Leo von Klenze*, Architekt, wichtige Figur d. dtsch. Neoklassizismus (1784–1864) – *Karl George Christian von Staudt*, dtsch. Mathematiker, Genie in Geometrie (1798–1867) – *Hermann Ebbinghaus*, dtsch. Physiologe mit d. Spezialgebiet „lernen und erinnern" (1850–1909) – *Kate Harwood Waller Barrett*, US-Ärztin, gründete Zufluchtsstätten f. ledige Mütter (1857–1925) – *Ernst Zahn*, schweiz. „Heimatkunst"-Maler (1867–1952) – *Vicki Baum*, österr.-ungar. Bestseller-Schriftstellerin (1888–1960) – *Eugen Roth*, dtsch. Schriftsteller, „ein Mensch ..." heiter-besinnlichen Humors (1895–1976) – *Oskar Morgenstern*, dtsch.-stämm. US-Ökonom (1902–1977) – *Mark Goodson*, amerik. TV-Game-Show Erfinder und Produzent (1915–1992) – *Nastassja Kinski*, intern. erfolgr. dtsch. Schauspielerin, Tochter von Klaus Kinski, *1961

25. JANUAR
Wassermann

VERANLAGUNG: Sie haben schon sehr früh das Gefühl, von Eindrücken und Handlungsmustern überflutet zu werden, ohne darin wirklich ein System entdecken zu können. So wächst in Ihnen der Wunsch, wenigstens hier und da die offenbar lange vor Ihnen entstandenen Regeln zu verletzen und immer wieder aus scheinbar willkürlichen Zusammenhängen auszubrechen. Ihnen kommt das Handeln der Menschen eher instinktiv als vorausschauend planend vor, und es fällt Ihnen auf, daß jeder eine Maske zu tragen scheint und die ihm zugewiesene Rolle auszufüllen versucht. So sehen Sie auch sich persönlich eher als Erfüllungsgehilfen einer mystischen Kraft aus dem Kosmos, dem Jenseits oder der Vergangenheit. Dieses Weltbild, das die Verantwortlichkeit des Einzelnen auf unbekannte übergeordnete Zusammenhänge schiebt, ermöglicht es Ihnen, vor zu persönlichen Eingeständnissen zu fliehen und sich so stets eine Hintertür offenzuhalten. Meist sehr sympathisch offen wirkend, ist Ihr liebster Platz der zwischen den Stühlen und über tiefe Gefühle anderer eher spottend, lassen Sie sich auch durch eigene tiefe Emotionen nicht zu sehr einengen und wirken deshalb trotz des nach außen getragenen Engagements seltsam unbeeindruckt.

HAUPTMERKMAL: Sympathisch

LEBENSPRINZIP: Keiner entscheidet wirklich frei, jeder kann nur versuchen, seine Rolle bestmöglich auszufüllen

UNTER DIESEM DATUM HATTEN UND HABEN AUSSERDEM GEBURTSTAG:
Leo IV., byzantischer Herrscher (749–780) – *Heinrich IV.* 1454–1474 König v. Kastilirn u. Léon, gen. „Heinrich der Schwache“ (1425–1475) – *Giovanni Morone,* ital. Kardinal u. letzter Präsid. d. Konzils von Trient (1509–1580) – *Rufus Matthew Jones,* christl. Mystiker u. führender Quäker seiner Zeit (1863–1948) – *Emile Vandervelde,* belg. Staatsmann u. bedeutsamer Sozialist (1866–1938) – *Somerset Maugham,* engl. Schriftsteller, im brit. Geheimdienst im 1. Weltkrieg (1874–1965) – *Wilhelm Furtwängler,* herausragender dtsch. Dirigent, Kapellmeister u. Komponist (1886–1954) – *Theodosius Dobzhansky,* russ.-amerik. Zoologe u. bahnbrechender Genetiker (1900–1975) – *Eduard Schewardnadse,* Außenmin. d. UdSSR, ab 1992 Präs. d. unabh. Rep. Georgien, *1928 – *Dorothy Wandsworth,* Verf. engl. Prosa, Schwester von William Wandsworth (1771–1855)

26. JANUAR
Wassermann

VERANLAGUNG: Normalerweise haben wir uns daran gewöhnt zu glauben, daß der Mensch das Produkt seiner Ahnen und das seiner direkten Umgebung ist. Dieser Denkansatz trifft jedoch auf Sie überhaupt nicht zu: In Ihnen leistet sich der kosmische Rhythmus einen Entwicklungssprung, der offenbar völlig losgelöst ist von der Trägheit der Entwicklung aus Vergangenem und auch unabhängig von Tradition und bisheriger Kultur. Sie erscheinen Ihrer Umwelt, auf welchem Gebiet Sie auch immer tätig sind, als eine völlige Neuerscheinung, als etwas bisher so nie Dagewesenes. Will man Sie in eine altbekannte Schublade pressen oder glaubt man gerade noch, Sie irgendwie fassen zu können, entschlüpfen Sie schon wieder mit einer vollkommen unerwarteten Reaktion in völlig überraschender Richtung. So streben Sie ein spielerisches Ideal des Mensch-Seins an, das, losgelöst von zu starken emotionalen Verstrickungen, eine vielfältige Kombinationsmöglichkeit auf hohem Niveau offenläßt. Dabei sind Sie trotz Ihrer neuen Wertmaßstäbe und Darstellungsformen eigentlich nie wirklich bis ins tiefste Innere engagiert. Sie erscheinen in Ihrer neugierigen unkonventionellen Art meist charmant, ausgeglichen und überwiegend Herr der Lage.

HAUPTMERKMAL: In keine Schublade passend (überraschend)

LEBENSPRINZIP: Sich losgelöst von Althergebrachtem auf das Leben immer wieder völlig neu einstellen

UNTER DIESEM DATUM HATTEN UND HABEN AUSSERDEM GEBURTSTAG:
Giovanni Lanfranco, herausragender ital. Freskenmaler des Hochbarock (1582–1647) – *Francois Coppee,* franz. Dichter mit Hang zur Sentimentalität (1842–1908) – *Douglas MacArthur,* US-General, im 2. Weltkrieg u. danach in Schlüsselpositionen (1880–1964) – *Frank Costello,* gen. „Lucky Luciano“, berühmt-berüchtigter ital.-amerik. Gangster (1891–1973) – *Sir Henry Cotton,* überragender brit. Golfspieler f. drei Dekaden nach d. 1. Weltkrieg (1907–1987) – *Nicolae Ceausescu,* 1965 bis zum Putsch 1989 Staatspräsident von Rumänien (1918–1989) – *Morita Akio,* japan. Geschäftsmann, Mitgründer u. führender Manager von/bei Sony, *1921 – *Paul Newman,* US-Schauspieler, Salatsaucen- u. Popkornspezialist, *1925 – *Angela Davis,* schwarze amerik. Aktivistin, Kämpferin gegen Rassendiskriminierung, *1944

27. JANUAR
Wassermann

VERANLAGUNG: Wie viele Menschen leiden auch Sie unter schöpferischen Einengungen, kleingeistigen Alltäglichkeiten und mangelnden Entfaltungsmöglichkeiten. Die emotionalen Verstrickungen, die materiellen Notwendigkeiten oder die ganz normale Angst vor dem Ausgesondertwerden lassen dabei viele zurückweichen oder sogar resignieren. Doch nicht so Sie. Da Sie sich schon früh jeder wirklichen emotionalen Abhängigkeit entzogen haben, werden Sie für die Mutlosen in Ihrer Umgebung zu einer Art Symbol der freien Selbstbestimmung. Ihre Art, Blockaden zu durchbrechen, Begrenzungen zu entfliehen und Widersprüche zu überwinden, macht Sie zu einem Menschen, den viele nachahmen möchten, dem viele zu folgen bereit wären. Zwar haben Sie Visionen vom freien Mensch-Sein, doch eigentlich sind Ihnen diese nicht wirklich wichtig. Im Grunde reizt Sie viel eher das meist unverbindliche Spiel des prinzipiellen Blockadebrechers. So kann es geschehen, daß Sie zwar große Gefühle und Bewegungen mit leichter Hand und überzeugenden Worten in Gang setzen, selbst aber schon wieder ganz woanders sind, wenn dann wirkliche Kämpfe ausgetragen werden müssen.

HAUPTMERKMAL: Unbeständig

LEBENSPRINZIP: Begrenzungen sind dazu da, mit Mut zur Erneuerung durchbrochen zu werden, zumindest vom Denken her

UNTER DIESEM DATUM HATTEN UND HABEN AUSSERDEM GEBURTSTAG:
Wolfgang Amadeus Mozart, österr. Komponist – der bedeutendste aller (1756–1791) – *Friedrich Wilhelm Joseph von Schelling,* führender dtsch. Philosoph (1775–1854) – *Lewis Carroll,* überaus phantasievoller engl. Logiker, Mathematiker, Schriftsteller (1832–1898) – *Carl William Blegen,* amerik. Archäologe, machte phänomenale Funde (1887–1971) – *Wilhelm II.,* 1859–1941 dtsch. Kaiser und König von Preußen (1888–1918) – *Sir John Carew Eccles,* austr. Physiologe, mit A. Hodgkin/A. Huxley Medizinnobelpreis *1903 – *E. Simms Campbell,* der 1. schwarze US-Cartoonist mit festen Arbeitsverträgen (1906–1971) – *Hans Modrow,* SED/PDS-Politiker, Nov. 1989-Apr. 90 DDR-Ministerpräsident, *1928 – *Edith Cresson,* erste Premierministerin (15.5.1991–2.4.1992) i. d. Geschichte Frankreichs *1934 – *Mairéad Corrigan-Maguire,* nordir. Friedensaktivistin, *1944

28. JANUAR
Wassermann

VERANLAGUNG: Es gibt immer wieder Menschen, die Althergebrachtes vom Denkansatz her in Frage stellen und neue gesellschaftspolitische oder kulturelle Ideale anstreben. Doch diese Visionen blieben reine Theorie, wenn da nicht auch Handelnde wären wie Sie, die eine Art vorwärtsstürmende Verkörperung dieser neuen Werte sind. Ihre Sehnsucht nach der Reinheit des Lebens, der Freiheit des Denkens und der Einheit von Absicht und Handeln läßt Sie zum Vorreiter einer mutigen Risikobereitschaft werden. Sie wollen nicht nur theoretische Vorstellungen durch Neuansätze durchbrechen, sondern durch Ihr Tun auch gleich ein Beispiel geben. Sollte Sie dabei jemand von Ihrer Unbedingtheit abzubringen versuchen, könnte Sie das in tiefe Krisen stürzen. Es könnte geschehen, daß Sie sich aus dem direkten gesellschaftlichen Kontakt zurückziehen, in die innere Abgeschiedenheit kulturellen Schaffens begeben und keine Rückantwort aus Ihrer Umgebung mehr erwarten. Sollten Sie sich jedoch mit Ihrem Tatendrang durchsetzen können, werden Sie zu einem sichtbaren Symbol dafür werden, wie weit ein Mensch kommen kann, wenn er es wagt, vertrauten Grund zu verlassen und gedanklich befreit umherzufliegen.

HAUPTMERKMAL: Originell

LEBENSPRINZIP: Nicht nur Althergebrachtes gedanklich in Frage stellen, sondern auch mutig Neues tun

UNTER DIESEM DATUM HATTEN UND HABEN AUSSERDEM GEBURTSTAG:
Anna (Ivanova). v. 1730–1740 russ. Zarin (1693–1740) – *Johannes Hevelius,* dtsch.-poln. Astronom, erstellte Mondatlas u. Sternenkatalog (1611–1687) – *Friedrich VI.,* 1808–1839 König v. Dänemark, 1808–1814 König v. Norwegen (1768–1839) – *T(homas) F(anshow) Middleton,* engl. anglik. Missionar u. 1. Bischof von Kalkutta (1769–1822) – *Moritz Schiff,* dtsch. Physiologe, erforschte die Schilddrüse (1823–1896) – *Otto Braun,* dtsch. SPD-Politiker, zwölf Jahre Ministerpräsident von Preußen (1872–1955) – *Auguste Piccard,* schweiz. Physiker, Höhenweltrekord (15 787 m) im Ballonfahren (1884–1962) – *Arthur Rubinstein,* herausragender US-Pianist poln. Herkunft (1887–1982) – *Ernst Lubitsch,* herausragender dtsch. amerik. Hollywoodregisseur (1892–1947) – *Jackson Pollock,* US-Maler, führender Vertreter d. abstrakten Expressionismus (1912–1956)

29. JANUAR
Wassermann

VERANLAGUNG: Für Sie sind viele als unumstößlich hingestellte Grundsätze nicht wirklich überzeugend. So nehmen Sie schon sehr früh sogenannte Realitäten nicht wirklich als gegeben und finden so zu einer eher distanziert-belustigten Sehensweise des Lebens. Für Sie haben viele Einschränkungen ihre Ursache in den emotionalen Verstrickungen, denen sich die Menschen aussetzen. Und so verweigern Sie sich einer zu starken emotionalen Einbindung in das Umfeld und versuchen lieber, es anders als die meisten zu machen, als gleich zu wissen, woran man scheitern wird. Das führt zu Ihrer eigenen Überraschung nicht ins fast schon erwartete Chaos, sondern läßt Sie am Anfang ein schwereloses und unabhängiges Lebensgefühl entwickeln. Ihre Assoziations- und Kombinationsfähigkeit erhöht sich ebenso wie Ihr Überblick. Doch die in Jahren gewachsene Erwartung anderer an Ihren Widerspruchsgeist, an Ihre Sorglosigkeit und Ihren Mut hat immer weniger mit Ihrem wirklichen Selbst zu tun. Sein und Schein driften immer weiter auseinander. So spüren Sie immer dringender die Notwendigkeit, Ihre Rolle und Ihre Selbsteinschätzung neu zu überdenken. Doch eine tiefe Erfahrung bleibt Ihnen: Der Versuch der Infragestellung von sogenannten Grundsätzen hat immer auch konkrete Freiheiten zur Folge.

HAUPTMERKMAL: Unabhängig

LEBENSPRINZIP: Sich von sogenannten grundsätzlichen Erkenntnissen abwenden und den eigenen Weg finden

UNTER DIESEM DATUM HATTEN UND HABEN AUSSERDEM GEBURTSTAG:
Emanuel Swedenborg, schwed. Philosoph u. christl. Mystiker (1688–1772) – *Thomas Paine,* engl.-amerik. Schriftsteller m. großem Einfluß a. d. amerik. Revolution (1737–1809) – *William Ferrell,* wegweisender amerik. Meteorologe (1817–1891) – *John Calcott Horsley,* engl. Maler. Erfinder der Weihnachtskarte (1817–1903) – *Anton Pawlowitsch Tschechow,* einer d. bedeutendsten russ. Schriftsteller (1860–1904) – *Romain Rolland,* Dramatiker, herausragender Mystiker d. franz. Literatur (1866–1944) – *Luigi Nono,* führender ital. Komponist v. elektronischer u. Serialmusik (1924–1990) – *Germaine Greer,* Schriftstellerin u. Feministin, forderte d. sex. Freiheit f. Frauen, *1939

30. JANUAR
Wassermann

VERANLAGUNG: Fast jeder Mensch ist Produkt, Opfer oder auch Nutznießer seiner Herkunft und der ihm damit gegebenen Möglichkeiten. So sind auch Sie geprägt von diesen äußerlichen Umständen und kollektiv vorgegebenen Beweggründen. Weil Sie sich gefühlsmäßig nicht zu sehr beeindrucken lassen, nutzen Sie anders als andere die Ihnen dargebotenen Chancen virtuos aus. Hinzu kommt bei Ihnen aber, daß Sie in stillen Stunden auch der Kraft vertrauen, die vollkommen losgelöst von Ihrem sonstigen Umfeld tief in Ihrem Inneren Ihre Entscheidungen wesentlich mitprägt. So wirken Sie oft regelrecht befreit von den vorgegebenen Maßstäben, die so viele vom Mut zum eigenen Leben trennt, und Sie gehen Ihren ureigensten Weg, charmant im Umgang, doch gleichwohl unbeirrbar. Weil Sie offen und ständig neu beeindruckbar sein können, sind Sie für Einsichten auch dann noch offen, wenn Ihre gesellschaftliche Position Ihnen eigentlich ein anderes Denken vorzuschreiben versucht. Trotz aller Talente und ausgebildeten Fähigkeiten wirken Sie überraschend leicht und schwerelos und sind immer ein Pol, an dem sich die Geister scheiden: Niemand jedoch spricht Ihnen Ihre unabhängige Integrität ab.

HAUPTMERKMAL: Experimentierfreudig

LEBENSPRINZIP: Sich trotz aller äußeren Umstände auf die Inspiration durch eine innere Kraft verlassen

UNTER DIESEM DATUM HATTEN UND HABEN AUSSERDEM GEBURTSTAG:
Adalbert von Chamisso, dtsch. Dichter u. Naturforscher (1781–1838) – *F(rancis) H(erbert) Bradley,* von Hegel inspirierter einflußreicher engl. Philosoph (1846–1924) – *Charles Martin Loeffler,* impressionistischer US-Komponist (1861–1935) – *Franklin Delano Roosevelt,* 1933–1945 d. 32. Präsident der Vereinigten Staaten (1882–1945) – *Roy (David) Eldrige,* US-Trompeter, einer d. kreativsten Musiker der 30er Jahre (1911–1989) – *Barbara Tuchman,* hochgeschätzte US-Historikerin u. Autorin (1912–1989) – *Rosella Hightower,* US-Ballerina u. Ballettlehrerin, *1920 – *Sven Olof Palme,* 1969–76 u. 1982–86 Ministerpräsident von Schweden (1927–1986) – *Alfred Herrhausen,* Vorsitzender der Deutsche Bank AG u. RAF-Opfer (1930–1989) – *Gene Hackman,* US-Filmstar und Oskarpreisträger, *1931 – *Vanessa Redgrave,* intern. anerkannte engl. Bühnen- u. Filmschauspielerin, *1937

31. JANUAR
Wassermann

VERANLAGUNG: Eigentlich glauben Sie an den Grundsatz, daß alle Menschen gleich sind. Und doch haben Sie erleben müssen, daß das Leben manchmal einem Menschen durch Zufall, Herkunft oder frühen Erfolg die Möglichkeit eröffnet, Entwicklungsstufen zu überspringen, die andere erst viel später oder nie erreichen. Oft ist es für solche vorwärtskatapultierten Menschen schwer, die Meilenschritte geistig nachzuvollziehen. Gerade durch Ihre eigenen ähnlichen Erfahrungen, empfinden Sie es deshalb als unbedingt notwendig, daß sich jeder Mensch bewußt macht, wo genau er wann im gesellschaftlichen Spektrum steht. Dann sollte er Menschen, die offensichtlich eine Stufe weiter sind, als ermutigendes Vorbild nehmen, um sich geistig zu orientieren. Und gleichzeitig sollte sich Ihrer Meinung nach jeder fürsorglich um die bemühen, für die er jeweils selbst Vorbild ist. Denn Ihre persönliche Erfahrung hat Ihnen gezeigt, daß ohne die Möglichkeit zu kleinen Schritten bald jeglicher Bezug fehlen kann. Verweigert die Umwelt also die Zeit der Verarbeitung, besteht die Gefahr, daß der Mensch irgendwann mit allen Mitteln aus den Zusammenhängen ausbrechen will. Diese Ausbruchsversuche und das Sich-Langsam-Wieder-Eingliedern haben auch Sie geprägt, und man sieht Ihnen diese Kämpfe an.

HAUPTMERKMAL: Ausbruchsgeneigt

LEBENSPRINZIP: Sich die Zeit und die Vorbilder nehmen, die es braucht, die eigenen Schritte mental nachzuvollziehen

UNTER DIESEM DATUM HATTEN UND HABEN AUSSERDEM GEBURTSTAG:
Andre Jacques Garnerin, franz. Astron., konnte als 1. „richtig" Fallschirmspringen (1769–1823) – *Charles Green,* herausragender engl. Ballonfahrer mit vielen Rekorden (1785–1870) – *Franz (Peter) Schubert,* bedeutsamer österreichischer Komponist (1797–1828) – *Sam Loyd,* US-Puzzlehersteller u. Spieleerfinder (1841–1911) – *Henri Beer,* herausragender franz. Historiker u. Philosoph (1863–1954) – *Theodor Heuss,* Politiker, Publizist, 1949–54 1. Bundestagspräs. der BRD (1884–1963) – *Marie Luise Kaschnitz,* dtsch. Schriftstellerin (1901–1974) – *Rudolf Ludwig Mössbauer,* dtsch. Physiker, mit R. Hofstädter Physiknobelpreisträger. *1929 – *Mailer,* Norman einer d. wichtigsten US-Schriftsteller, *1931 – *Beatrix Wilhelmina Armgard,* s. 1980 Königin der Niederlande *1938

1. FEBRUAR
Wassermann

VERANLAGUNG: Wenn Vorgänge in der eher vordergründigen Welt nicht logisch schlüssig erklärbar scheinen, fühlen Sie sich verunsichert und eingeschränkt. Für Sie bedeutet es, der Gefühlsduselei verfallen zu sein, wenn Menschen eine solche zukünftige Entwicklung beschreiben, die nach Ihren Überlegungen so nicht kommen kann. Es macht Sie fast krank, wenn Vorgänge, Gedanken und Analysen emotional so überlagert sind, daß sie keinerlei Nachprüfung standhalten könnten und Menschen dennoch daran glauben. Sie wollen die nahe Zukunft mit Weitsicht und Überblick rational planen und heute schon die richtigen Schritte für das Morgen unternehmen. Wo fast jeder eine rosarote Brille aufzusetzen scheint, kommen Sie mit Vergrößerungsglas und Scheinwerfer, um die verborgene Wirklichkeit aufzuzeigen. Dabei berücksichtigen Sie alle Ihnen zugänglichen Aspekte, kombinieren mit einer großen Assoziationsfähigkeit und verfügen über einen hohen Grad Realismus. Es kann aber leicht geschehen, daß Sie von den vielen zu bedenkenden Kleinigkeiten so abgelenkt sind, daß Ihnen die Perspektive und der Blick für das Wesentliche abhanden kommen. Und beides ist notwendig, wenn man auf lange Sicht einer Vision folgen möchte.

HAUPTMERKMAL: Realistisch

LEBENSPRINZIP: Alle Vorgänge heute möglichst emotionsfrei analysieren, um für das Morgen gewappnet zu sein

UNTER DIESEM DATUM HATTEN UND HABEN AUSSERDEM GEBURTSTAG:
Joseph Keppler, US-Karikaturist österr. Herkunft, Gründ. d. engl. Satiremag.„Puck" (1838–1894) – JAMES A. HERNE, amerik. Schriftsteller (1839–1901) – *Hugo von Hoffmansthal*, österr. Dichter, Mitbegr. d. Salzburger Festspiele (1874–1929) – *Thomas Frederock Dunhill*, brit. Komponist leichter Operetten u. Lieder (1877–1946) – *Clark Gable*, amerik. Schauspieler, Hollywoodlegende (1901–1939) – *James Langston Hughes*, amerik. Schriftsteller (1902–1967) – *Günter Eich*, dtsch. Schriftsteller, „eigentlicher" Begünder. d. poetischen Hörspiels (1907–1972 – *Boris Jelzin*, russ. Politiker, (ab 1991) erster frei gewählter Präsident Russlands, *1931 – *Margot („Margaux") Hemingway*, US-Model, Schauspielerin, Ernest H.'s Enkelin (1955–1996)

2. FEBRUAR
Wassermann

VERANLAGUNG: Da Sie auf der ständigen Flucht vor den verwirrenden Emotionen im eigenen Inneren sind, versuchen Sie ein hilfreiches Ordnungsprinzip dadurch zu erreichen, daß Sie Ihren Schaffensbereich ständig ausdehnen. Sie haben eine festumrissene Idee davon, wie Ihr persönliches Da-Sein und das der anderen beschaffen sein müßte, um daraus ein wirkliches Mensch-Sein werden zu lassen. Und so haben Sie sich schon früh das nötige Rüstzeug angeeignet, um im richtigen Moment mit Geschicklichkeit den in Ihren Augen zu gemächlich verlaufenden Entwicklungsprozeß voranbringen zu können. Sie sind diszipliniert und in Ihnen ist ein wirkliches Wollen. Deshalb lassen Sie sich bei dem Versuch, Ihre eigenen Maßstäbe durchzusetzen, von Rückschlägen nicht beirren. Sie vertrauen auf das Ineinandergreifen von psychischer Stärke, handwerklichem Können, realitätsbezogenem Einfallsreichtum und dem Auge für das Mögliche. Für viele sieht der von Ihnen zurückgelegte Weg wie von langer Hand geplant aus, doch in Wahrheit hatten Sie sich nur so gut vorbereitet, daß Sie die sich bietenden Gelegenheiten angstfrei und konsequent ergreifen konnten.

HAUPTMERKMAL: Organisiertes Leben

LEBENSPRINZIP: Das Durchsetzen eigener Ideen verlangt Einfallsreichtum, Können und organisiertes Handeln

UNTER DIESEM DATUM HATTEN UND HABEN AUSSERDEM GEBURTSTAG:
Nell Gwynn, eng. Schauspielerin u. Mätresse Karl II. (1650–1687) – *Hannah More*, engl. Schriftstellerin u. Philantropin (1745–1833) – *Charles Maurice de Taylleránd*, franz. Staatsmann (1754–1838) – *George Engelmann*, herausragender US-Botaniker, Arzt u. Meteorologe (1809–1884) – *Friedrich Bechtel*, klass. dtsch. Gelehrter, der sich hauptsächl. mit Homer befaßte (1855–1924) – *Havelock Ellis*, engl. Essayist u. Arzt, einer d. ersten Sexualkundler (1859–1939) – *Fritz Kreisler*, österr. Geiger u. Komponist (1875–1962) – *Antonio Segni*, 1955–57 u. 1959–60 ital. Premierminister, 1962–64 ital. Präsident (1891–1972) – *Ayn Rand*, US-Kultschriftstellerin russ. Abst., die die Moral auf d. Kopf stellte (1905–1982) – *Valéry Giscard d'Estaing*, 1974–81 Staatspräsident von Frankreich, *1926 – *Stan Getz*, herausragender US Jazzer (Tenorsaxophon) mit unverkennbarem Stil (1927–1991) – *Graham Nash*, eine Hälfte des engl. Quartetts „Crosby, Stills, Nash & Young" (1942)

3. FEBRUAR
Wassermann

VERANLAGUNG: Sie beschäftigt der scheinbare Widerspruch zwischen dem Wollen der Menschen und dem häufigen Scheitern in diesen Bemühungen. Sie beobachten, daß viele Menschen mal dieses, mal jenes ausprobieren und meist unzufrieden sind mit dem, was dann wirklich ist. Die meisten scheinen nicht zu verstehen, warum vielleicht auch das Scheitern notwendig ist, und sehen daher keinen wirklichen Sinn, immer wieder aufzustehen und erneut anzufangen. Im Gegensatz zu dieser etwas verzweifelten Haltung haben Sie sich nie entmutigen lassen und deshalb die Fähigkeit entwickelt, die befruchtende Ergänzung von Wunschdenken und wirklichem Sein zu erkennen. Für Sie wurde klar, daß es im Leben nie das eine ohne das dazu scheinbar gegensätzliche andere geben kann: Phantasievolle Ausbrüche nicht ohne tatsächliche Einengungen, geistige Zufriedenheit nicht ohne körperliche Anstrengung, Glücksmomente nicht ohne die Erfahrung von Trostlosigkeit. So stecken Sie sich gerade deshalb neue Ziele, weil Sie in Ihrem bisherigen Tun gescheitert sind. Und Sie empfinden Zufriedenheit, manchmal sogar Glück, wenn Sie sich mit intensiver Arbeit aus der Enge eines Zustandes befreien können. So hat Ihr einfallsfreiches schöpferisches Handeln zwar immer zuerst einen sehr persönlichen Antrieb, wird dann aber durch Ihre Gelassenheit und erkennbare Rundheit zu einem gesellschaftlichen Vorbild eines wirklichen Mensch-Seins.

HAUPTMERKMAL: Glücksbegabt

LEBENSPRINZIP: Glück bedeutet, den scheinbaren Widerspruch von Wunschdenken und Sein als Ergänzung zu erkennen

UNTER DIESEM DATUM HATTEN UND HABEN AUSSERDEM GEBURTSTAG:
Felix Mendelssohn-Bartholdy, dtsch. Komponist, Maler, Pianist, Dirigent (1809–1847) – *Paul Scherrer*, schweiz. Physiker, der d. Röntgenstrahlen weiter erforschte (1890–1969) – *Hugo Junckers*, dtsch. Flugzeugkonstrukteur, baute die „Ju" (1859–1935) – *Georg Trakl*, maßgeblicher österr.-ungar. Dichter d. Expressionismus (1887–1914) – *Helen Stephens*, US-Läuferin, der „Blitz von Fulton", gewann 1936 zwei Goldmed. (1918–1994) – *Johnny „Guitar" Watson*, einflußreicher Gitarrist, Rhythm & Blues Sänger (1935–1996)

4. FEBRUAR
Wassermann

VERANLAGUNG: Sie haben eigentlich nie gelernt, sich innerlich mit Ihrer Umwelt zu identifizieren und haben sich deshalb gegen allzu persönlich werdende Einengungen zur Wehr gesetzt. Quasi aus der Vogelperspektive die Umgebung anschauend, hat sich für Sie immer wieder bestätigt, daß das Miteinander der Menschen und der Umgang mit der Erde gerechter und fürsorglicher organisiert werden muß, sollten die Errungenschaften nicht in den gemeinsamen Untergang führen. Sie spüren, daß jede große Entscheidung, ob im persönlichen oder im gesellschaftlichen Bereich, umfangreicher und genauer geplant werden muß, um wirkliche Perspektiven zu eröffnen. So sind Sie einer der Menschen, die man als typische Vertreter der Gruppe der Manager des Lebens ansehen muß: Gerade Ihre emotionale Unabhängigkeit ermöglicht das wirklich organisch wachsende Fortkommen. Unabhängig und mit viel Überblick greifen Sie auf ungeahnte Kombinationsmöglichkeiten zurück und wagen in überlegener Neutralität experimentierfreudige Schritte beim Weiterkommen des Menschen und seiner Lebensumstände. Schwierig wird es nur, wenn Sie die Rolle des Ratgebers verlassen und sich direkt persönlich beteiligen müssen.

HAUPTMERKMAL: Vermittelnd

LEBENSPRINZIP: Der Umgang des Menschen mit sich und der Erde bedarf eines alles umfassenden Managements

UNTER DIESEM DATUM HATTEN UND HABEN AUSSERDEM GEBURTSTAG:
Thomas Earnshaw, engl. Uhrmacher, d. „dem Volk“ Uhren zugänglich machte (1749–1829) – *Ludwig Prantl*, dtsch. Physiker, „Vater der Aerodynamik“ (1845–1953) – *Hermann Collitz*, herausragender dtsch-stämm. US-Linguist (1855–1935) – *Friedrich Ebert*, dtsch. SPD-Politiker, 1919–1925 Reichspräsident (1871–1925) – *Richard Boleslawski*, Bühnen- u. US-Filmregisseur von Epen (1889–1937) – *Ludwig Erhard*, dtsch. Politiker. „Vater des dtsch. Wirtschaftswunders“ (1897–1977) – *Dietrich Bonhoeffer*, dtsch. ev. Theologe, aktiv im Widerstand gegen Hitler (1906–1945) – *Charles Lindbergh*, US-Pilot, flog 1927 als erster nonstop über den Atlantik (1902–1974) – *Betty Freedan*, weltweit bekannte US-Schriftstellerin u. Feministin, 1921 – *Don Quayle*, 1989–1993 US-Vizepräsident, *1947

5. FEBRUAR
Wassermann

VERANLAGUNG: Durch Ihre innere Unabhängigkeit erkennen Sie schon früh, daß die notwendige freie Entfaltungsmöglichkeit des Einzelnen immer wieder durch gesellschaftliche Übergriffe beschnitten wird. Sie spüren durch Ihren distanzierten Überblick, daß Ihr eingefordertes Recht auf ein selbstbestimmtes Leben ständig durch drei wesentliche Gesellschaftskräfte in Gefahr ist: Erstens durch den gnadenlosen Wettbewerb, dann durch den menschenverachtenden Ehrgeiz und drittens durch das Erfolgreich-Sein-Wollen um jeden Preis. In diesem nie endenden Kampf um den vermeintlichen Platz an der Sonne setzen Sie sich äußerlich und innerlich zur Wehr. Sie wollen sich einerseits nicht dieselben Zielsetzungen zu eigen machen und anderseits für das Wohl aller gegen die Entmenschlichung kämpfen. So prangern Sie an, verweigern sich und üben den aufrechten Gang auch dann, wenn es gefährlich zu werden scheint. Doch gerade Ihr Mut, einer eigenen inneren Wertigkeit zu folgen und nicht mit den Wölfen zu heulen, läßt Sie Siege erringen, die nicht mit vergänglichen materiellen Gütern zu bemessen sind.

HAUPTMERKMAL: Idealistisch

LEBENSPRINZIP: Auf die eigene Kraft vertrauend, das Recht auf individuelle Freiheit gegen Übergriffe schützen

UNTER DIESEM DATUM HATTEN UND HABEN AUSSERDEM GEBURTSTAG:
Carl Spitzweg, herausragender dtsch. Maler u. Zeichner (1808–1885) – *William S(eward) Burroughs*, US-Kultschriftsteller zu Themen wie Sex u. Drogen (1914–1997) – *Andreas Papandreou*, 1981–1989 u. 1993–1996 Ministerpräs. v. Griechenland (1919–1996) – *Fred Sinowatz*, österr. Politiker, 1983–1986 Bundeskanzler von Österr., *1929 – *Robert Hofstädter*, US-Wissenschaftler, mit R. Mössbauer Physiknobelpreisträger (1915–1990) – *Sir Alan Hodgkin*, engl. Physiologe u. Biophysiker, Physiknobelpreisträger, 1972 geadelt *1914 – *John Carradine*, vielbeschäftiger US-Schauspieler (1906–1988) – *Andre Gustave Citroen*, franz. Ingenieur u. Automobilhersteller (1878–1935)

6. FEBRUAR
Wassermann

VERANLAGUNG: Das Sie prägende Thema ist die Auseinandersetzung des Einzelnen mit den in Ihren Augen ungerechtfertigten Ansprüchen der Gesellschaft. Auf der einen Seite überzeugter Individualist mit dem Anspruch auf freie Entfaltung suchen Sie doch Ihre Zuordnung in der Sie umgebenden Welt. So wollen Sie zwar in alle Vorgänge so viel Einblick wie möglich haben, doch für die anderen nicht gleichzeitig vollkommen gläsern sein. Es macht Sie krank, wenn offizielle Stellen jederzeit und überall alles von Ihnen wissen wollen und Sie sich dann hilflos gegenüber den Machtansprüchen eines anonymen Apparates fühlen. Immer wenn man Sie in einen unveränderbaren Rahmen pressen will, prägt Sie die tiefe Sehnsucht, einfach aus den sogenannten Notwendigkeiten zu springen. Da Sie im Angesicht der Flut von vielen Einzelaspekten des Lebens und der Gesellschaft nicht den Gesamtüberblick verlieren wollen, neigen Sie dazu die Zusammenhänge so zu vereinfachen, daß Ihnen eine individuell überblickbare Entscheidungsfreiheit bleibt. Sollte Sie jemand einnebeln wollen, um Sie meinungsunfähig zu machen, haben Sie die Angewohnheit, fast wütend das verwirrende Blattwerk um sich herum niederzureißen, um den eigentlichen Baumstamm darunter erkennen zu können.

HAUPTMERKMAL: Trotzig das Gegenteil tun

LEBENSPRINZIP: Individualrechte mit allen Mitteln gegen Übergriffe der Gesellschaft zu verteidigen suchen

UNTER DIESEM DATUM HATTEN UND HABEN AUSSERDEM GEBURTSTAG:
Eric Partrigde, engl. (Slang-) Lexikonverf. neuseeländ. Abstammung (1894–1979) – *Luis Nizer*, engl.-stämm. US-Scheidungsanwalt der Reichen u. Berühmten (1902–1994) – *Ronald Reagan*, US-Schauspieler, TV-Moderator u. v. 1981–1989 40. Präsident der USA, *1911 – *Eva Braun*, zunächst die Geliebte, dann die Frau Adolf Hitlers (1912–1945) – *Lothar-Günther Bucheim*, Schriftsteller, Maler, Universalgenie, *1917 – *Art Taylor*, herausragender U.S. Jazzschlagzeuger u. Bandleader (1929–1995) – *François Truffaut*, franz. Filmregisseur, Drehbuchautor u. Filmkritiker (1932–1984) – *Bob Marley*, jamaikan. Musiker, der den Reggae berühmt machte (1945–1981)

7. FEBRUAR
Wassermann

VERANLAGUNG: Gesellschaftliche Einmischungsversuche, Naturkatastrophen oder persönliche Schicksalsschläge werden sich Ihrer Meinung nach nicht prinzipiell verhindern lassen. Sie sind aber immer eine Gelegenheit, die eigene Stärke, Stabilität oder Reaktionsfähigkeit zu erfahren. So ist es also wichtig, mit welcher inneren Einstellung der Einzelne den Konflikten gegenübertritt. Und die ist in Ihren Augen oft erschreckend unvorbereitet. Die Menschen achten offenbar zu sehr darauf, was sie materiell darstellen können und wie sie sich äußerlich präsentieren sollen, als daß sie sich mit den inneren Fähigkeiten und Entwicklungsprozessen beschäftigen. Sie selbst halten jedoch diese Werte für ausschlaggebend im Sinne einer erfolgreichen Lebensführung. Ganz bewußt lehnen Sie daher für sich selbst Statussymbole und glamouröses Verhalten rigoros ab. Schon sehr früh wird Ihnen bewußt, daß es nur möglich ist, ein freies, selbstbestimmtes Leben zu führen, wenn der Einzelne für die Möglichkeit kämpft, sein natürliches Urvertrauen in seine innere Stärke aufrechtzuerhalten. Nur wenn sich jeder um diese Kräfte bemüht und wenn dies auch durch die Umgebung gefördert wird, kann ein Mensch im Augenblick der Herausforderung alle Energiereserven angstfrei fließen lassen.

HAUPTMERKMAL: Bewußt uneitel

LEBENSPRINZIP: Nur durch die Bewußtwerdung und Pflege der inneren Stärke sind Herausforderungen zu bewältigen

UNTER DIESEM DATUM HATTEN UND HABEN AUSSERDEM GEBURTSTAG:
Sir Thomas More, engl. Staatsmann u. Humanist (1478–1535) – *Johann Philipp Krieger*, dtsch. Kirchenmusikkomponist (1649–1725) – *Henry Fuseli*, engl. Maler schweiz. Abst. mit Vorliebe für exotische Motive (1741–1825) – *Charles Dickens*, humoristischer engl. Schriftsteller, Begr. des sozialen Romans (1812–1870) – *Karl August Möbius*, dtsch. Zoologe mit großen Verdiensten i. d. Marinebiologie (1825–1908) – *Alfred Adler*, österr. Psychologe u. Psychiater (1870–1937) – *Max Bense*, dtsch. Philosoph, Mathematiker, Physiker u. Schriftsteller (1910–1990) – *Ruth Sager*, herausragende US-Genetikerin (1918–1997) – *Claudia Nolte*, dtsch. CDU-Politikerin, seit 1994 Bundesmin. f. Familie, Senioren, Jugend, *1966

8. FEBRUAR
Wassermann

VERANLAGUNG: Ihre Hauptwut richtet sich gegen jede Form von Beengung, Einschränkung oder zwanghafte Festlegung. Immer dann, wenn Sie zu spüren glauben, daß Sie in eine Schublade gepreßt werden sollen, entziehen Sie sich mit allen Konsequenzen dieser Situation, sollten die Auswirkungen auch noch so unerträglich sein. So müssen Sie durch Ihren unbestechlichen Mut immer wieder schwere Krisen durchleben. Obwohl Sie eigentlich auf Kumpanei und Ausgleich bedacht sind, müssen Sie sich trotzdem immer dann zur Wehr setzen, wenn etwas von Ihnen verlangt wird, was Sie allerhöchstens freiwillig zu geben bereit wären. Können Sie aus einer Situation äußerlich nicht entfliehen, flüchten Sie in die Position einer ironischen Distanz, die Ihnen erlaubt, alles wie mit dem Blick auf einen Ameisenhaufen zu betrachten. Das wird von denjenigen in Ihrer Umgebung als Arroganz ausgelegt, die nicht verstehen können, daß Sie in solchen Momenten in höchster Not sind und Ihr Verhalten nur Schutz bedeutet. Aus Angst vor Festlegung und aus Liebe zu Ihrer Freiheit haben Sie sich emotional nie zu sehr festzurren lassen. Sie können sich deshalb mit allem und jedem identifizieren und sind schnell begeisterungs- und kontaktbereit.

HAUPTMERKMAL: Verletzlich

LEBENSPRINZIP: Nur wer sich mutig gegen einschränkende Festlegungen zur Wehr setzt, kann selbstbestimmt leben

UNTER DIESEM DATUM HATTEN UND HABEN AUSSERDEM GEBURTSTAG:
Jean Andre Duluc, herausragender brit. Geologe u. Meteorologe schweiz. Abst. (1727–1817) – *Karl Theodor Reichsfreiherr von Dalberg*, Kurfürst v. Mainz (1744–1817) – *H(enry) W(alter) Bates*, engl. Naturalist, Forscher u. Darwinanhänger (1825–1892) – *Jules Verne*, franz. Schriftsteller u. Begr. d. modernen Science-Fiction-Literatur (1828–1905) – *Kate Chopin*, US-Schriftstellerin u. Feministin (1851–1904) – *Martin Buber*, jüd. Religionsphilosoph österr. Herkunft, Kultfigur (1878–1965) – *King Vidor*, US-Filmregisseur u. Star der 20er u. 30er Jahre (1894–1982) – *Rudolf Dreikurs*, US-Psychiater der Alfred Adlers Methoden weiterentwickelte (1897–1972) – *Artur Balsam*, US-Pianist poln. Herkunft, Solist u. Begleiter f. Violine u. Cello (1906–1994) – *James Dean*, US-Filmschauspieler u. Jugendidol, Hollywoodlegende (1931–1955) – *Jack Lemmon*, US-Schauspieler, *1925

9. FEBRUAR
Wassermann

VERANLAGUNG: Festlegungen, Einengungen, Vorgegebenes oder auch nur der Satz: ‚Das kann so nicht gehen!' lassen in Ihnen eine Kette von Reaktionen ablaufen, an deren Ende panikgeprägtes Aufbäumen gegen das scheinbar Unmögliche steht. Sie rasten und ruhen in solchen Augenblicken nicht, bevor Sie Lösungs- oder besser Befreiungsmöglichkeiten gefunden haben. All Ihr Erfindungsreichtum und Ihre Charakterstärke werden verlangt, wenn es heißt, neue Wege zu finden. In klarsichtigen Augenblicken der Ent-Täuschung bleibt Ihnen manchmal nur, die Hoffnung auf wirkliche Selbstbestimmtheit als das zu entlarven, was sie für Sie dann ist: eine Illusion. In Momenten, wo Sie das Vergebliche in dem Freiheitsanspruch des Menschen zu erkennen glauben, stürzen Sie in tiefe Krisen. Alles, was Ihnen dann immer wieder bleibt, ist die sich aufbäumende Kraft, immer wieder aufzustehen und es wider besserer Einsicht weiter zu versuchen. So sind Sie meist ein typischer Vertreter des Typs: himmelhochjauchzend begeistert das Neue suchen oder zu Tode betrübt dem offenbar Unausweichlichen ins Auge schauen.

HAUPTMERKMAL: Himmelhochjauchzend – zu Tode betrübt

LEBENSPRINZIP: Trotz der Ahnung, daß es keine wirkliche Selbstbestimmtheit gibt, immer wieder eigene Wege suchen

UNTER DIESEM DATUM HATTEN UND HABEN AUSSERDEM GEBURTSTAG:
Gregor XV., 1621–1623 Papst von Rom (1554–1623) – *Angiolini Gasparo*, wegweisender ital. Choreograph u. Komponist (1731–1803) – *Wilhelm Maybach*, dtsch. Ingenieur, 1900–01 Chef des. d. ersten Mercedes Benz (1846–1929) – *Erich Dagobert von Drygalski*, brillanter dtsch. Kartograph u. Antarktikforscher (1865–1949) – *Alban Berg*, österr. Komponist atonaler Stücke (1885–1935) – *Carole King*, amerik. Songschreiberin u. Sängerin (1943) – *Alice Walker*, US-Schriftstellerin u. Pulizerpreisträgerin, *1944 – *Mia Farrow*, US-Schauspielerin, Exfau von Frank Sinatra u. Woody Allen, *1946

10. FEBRUAR
Wassermann

VERANLAGUNG: Ihre Kernsätze könnten lauten: ‚Alles hat einen tieferen Sinn. Alles, was geschieht, muß geschehen, ehe sich etwas ändern kann.' Sie wollen mehr vom Leben als die meisten: Sie wollen mehr leisten, mehr erfahren und mehr verstehen. Und mit der in den beiden Kernsätzen zum Vorschein kommenden Verständnisfähigkeit sind Sie in der Lage, die Härte von Auseinandersetzungen, die Rückschläge und Behinderungen in Ihrem streitbaren Leben so weit abzumildern, daß Sie weiterschreiten können auf dem Weg zu einer reifen Persönlichkeit. Doch selbst Ihnen kommt das Geschehen um Sie herum manchmal so sinnlos und grotesk vor, daß Sie eigentlich nicht wissen, warum Sie den Glauben an das Gute und Wahre nicht verlieren und warum Sie noch den schlimmsten Vorkommnissen eine gute Seite abgewinnen können. Doch das fast gelassene Abnehmen von einer manchmal gnadenlosen Wirklichkeit läßt Ihr Ideal vom freibestimmten Mensch-Sein um so klarer vor Ihren Augen entstehen. So suchen Sie sich die großen Gefühle in kleinen Nischen des schöpferischen Tuns und berauschen sich an der Freiheit, immerhin gedanklich alle Möglichkeiten erträumen zu können. Da Sie sich unter Menschen, die keine Visionen haben, eher einsam fühlen, wirken Sie trotz Ihres Engagiertseins auf viele herablassend und innerlich entfernt.

HAUPTMERKMAL: Versuchte Gelassenheit

LEBENSPRINZIP: Man muß jede Herausforderung im Leben zu verstehen versuchen und an ihr wachsen

UNTER DIESEM DATUM HATTEN UND HABEN AUSSERDEM GEBURTSTAG:
Boris Pasternak, einer d. bedeutendsten russ. Schriftsteller (1890–1960) – *Harold MacMillan*, brit. Politiker, 1957–1963 engl. Premierminister (1894–1986) – *John Franklin Enders*, US-Mikrobiologe mit s. Mitarbeitern Medizinnobelpreisträger (1897–1985) – *Bertolt Brecht*, einer d. wichtigsten dtsch. Lyriker u. Erzähler, Theaterreformer (1898–1956) – *Alex Comfort*, führender engl. Gerontologe, Sexualkundler u. Schriftsteller, *1920 – *Alex Haley*, US-Schriftsteller, auf d. Geschichte d. Schwarzen spezialisiert (1921–1992) – *Leontyne Price*, US-Sopranistin, sang an allen großen Opernhäusern der Welt, *1927 – *Mark Andrew Spitz*, US-Schwimmer, 1972 in München sieben Goldmedaillen, *1950

11. FEBRUAR
Wassermann

VERANLAGUNG: Je entwickelter eine Gesellschaft ist, desto schwieriger wird es für den Menschen, seine Individualität zu bewahren, eigene Ideen zu entwickeln und diese abseits vom Hauptstrom durchzusetzen. Sie selbst haben schon früh die Möglichkeit erhalten, nicht nur Ihre lebensbestimmende Neugier wachzurufen, sondern diese auch durch immer neu erlebte Herausforderungen aufrechtzuerhalten. Wenn Sie einmal kein bestimmtes Ziel vor Augen haben, untersuchen Sie einfach das, was schon da ist, sehr genau. Dabei bedeutet für Sie, jeder Lebensvorgang des Menschen ist eine Trainingssituation für das Verstehenlernen im allgemeinen. Haben Sie sich dann eine besondere Problemstellung als Aufgabe herausgesucht, gehen Sie mit äußerster Disziplin und detailorientierter Genauigkeit daran, das Vorhandene zu verbessern. Dabei ist Ihnen die Größe der Aufgabe eher gleichgültig, Hauptsache Ihre Lösung ist augenscheinlich neu oder wenigstens anders als die bisherigen. Für andere sieht das oft so aus, als ob Ihnen das Neue nur so zufließt, als ob Sie jeder Herausforderung gewachsen sind. Sie selbst aber wissen, wieviel Mühe, Charakterstärke und Feinarbeit nötig ist, um etwas leicht aussehen zu lassen.

HAUPTMERKMAL: Das Neue suchend

LEBENSPRINZIP: Das, was da ist, auf seine Möglichkeiten untersuchen und dann mit Disziplin weiterentwickeln

UNTER DIESEM DATUM HATTEN UND HABEN AUSSERDEM GEBURTSTAG:
Louis-Tullius-Joachim Visconte, franz. Designer u. a. des Sargs Napoleon I., (1791–1853) – *Thomas Alva Edison*, US-Erfinder, u. a. der Glühbirne (1847–1931) – *Else Lasker-Schüler*, herausragende dtsch. Schriftstellerin (1869–1945) – *Francis Xavier Ford*, amerik. kath. (China-) Missionar und Märtyrer (1892–1952) – *Leo Szilard*, US-Physiker ungar. Abst., Mitinitiator d. Entwicklung d. Atombome (1898–1964) – *Sir Vivian Ernest Fuchs*, engl. Geologe, 1957–58 Leiter einer Trans-Antarktik-Expedition, *1908 – *Max Baer*, US-Profiboxer, 1934 Weltmeister im Schwergewicht (1909–1959) – *Farouk I.*, 1936–1952 König v. Ägypten (1920–1965) – *Paul Bocuse*, franz. Koch, etablierte die „Neue französische Küche" (*1926) – *Mary Quant*, engl. Designerin, Erfinderin des Minirocks u. der „hot pants", *1934

12. FEBRUAR
Wassermann

VERANLAGUNG: Sie machen alles im Leben mit einer solchen Leidenschaftlichkeit, daß Sie oft die wachsame Kontrolle aus den Augen verlieren. Ihre innere Überzeugtheit, Ihre klare Ausrichtung macht Sie überall, wo das Schicksal Sie hinstellt und ganz gleich, was Sie tun, immer auch zu einem Botschafter einer Idee. Sie beziehen Stellung, wehren sich, beurteilen und verurteilen und das in nicht sehr verbreiteter Deutlichkeit. Manchmal fallen Sie selbst freiwillig in ein Rollenklischee, nur um verstehbar zu sein. Denn das Schlimmste, was Ihnen geschehen könnte, ist, wenn Ihre oft schmerzlich erlittenenen Erfahrungen nicht vermittelbar wären; wenn Sie den Weg, wie Sie sich selbst durch gedankliche Klarheit und unbestechlicher Selbsteinschätzung in den Griff bekommen haben, Nachfolgenden nicht nutzbar machen könnten. So sind Sie geprägt von der inneren Notwendigkeit, sich anderen Menschen mitzuteilen. Sie wollen diejenigen, die diese Erfahrungen noch machen müssen, aufklären. Sie wollen reden über Ihre Siege und Ihre Rückschläge, Ihre Überzeugungen und Zweifel, Ihre Liebe und Ihren Hass. So ist Ihr Leben viel mehr geprägt von der Verantwortung, Ihren leidenschaftlichen Irrläufen und das, was Sie daraus gelernt haben, mitzuteilen, als selbst eine wirkliche Zufriedenheit zu erlangen.

HAUPTMERKMAL: Mitteilungsbedürftig

LEBENSPRINZIP: Die Verantwortung ernstnehmen, leidenschaftlich erlittene Erfahrung für andere verfügbar zu machen

UNTER DIESEM DATUM HATTEN UND HABEN AUSSERDEM GEBURTSTAG:
Daniello Bartoldi, ital. jesuit. Historiker, humanist. Schriftsteller (1608–1685) – *Charles Darwin*, brit. Naturforscher, Begr. d. modernen Evolutionstheorie (1809–1882) – *Abraham Lincoln*, 1861–1865 d. 16. Präsident der USA (1809–1865) – *Edward Forbes*, brit. Naturalist, Pionier auf d. Gebiet der Biogeographie (1815–1854) – *Max Beckmann*, dtsch. Maler u. Graphiker, emigrierte 1937 (1884–1950) – *Franco Zeffirelli*, herausragender ital. Regisseur, Film- Opern-, Theater- u. TV-Produzent, *1923 – *Anita Wachter*, österr. Skiläuferin; Olympiasiegerin u. Gesamtweltcup-Gewinnerin, *1967 – *Petra Kronberger*, überragende österr. Skirennläuferin, Gesamtweltcup, *1969

13. FEBRUAR

Wassermann

VERANLAGUNG: Jeder Mensch erlebt von Zeit zu Zeit eine Phase in seinem Leben, in der er sich als Opfer seiner Gefühle, Leidenschaften oder sogar seiner inneren Abgründe empfindet. Bei Ihnen persönlich kommt hinzu, daß Sie häufiger als andere instinktgeprägt handelten und darin ausschließlich die negative Erfahrung einer vollkommenen Steuerlosigkeit sehen konnten. Sie versuchen deshalb fortan jede Regung und jedes Detail Ihres Lebens fest in den Griff zu bekommen. So unterordnen Sie Ihre geballte Gefühlskraft unter die Kontrolle rational begründbarer Handlungen. Dadurch empfinden Sie sich nicht mehr so stark an eine überwältigende Spontanität ausgeliefert. Sie versuchen ganz bewußt, Ihre Leidenschaften in schöpferische Bahnen umzulenken und in gesellschaftlich akzeptierten Bandbreiten auszuleben. So handeln Sie zwar stets ganz bewußt und lassen keinen Platz für unerklärbare Absichtslosigkeit und reines Instinktverhalten, spüren aber doch ständig den Vulkan unter der Oberfläche brodeln. Ihre Umgebung läßt sich meist dadurch täuschen, daß Sie jede Ihrer Handlungen genau analysieren können und alles, zumindest im Rückblick, durchdacht wirkt. So entsteht der Eindruck, daß Sie Ihre Gefühle im Griff haben. Sie jedoch wissen es besser.

HAUPTMERKMAL: Abgedeckter Vulkan

LEBENSPRINZIP: Nicht Opfer geballter Emotionalität werden, sondern diese Energien rational um- und einsetzen

UNTER DIESEM DATUM HATTEN UND HABEN AUSSERDEM GEBURTSTAG:
Alexander VII., 1655–1667 Papst von Rom (1599–1667) – *Johann Joseph Fuchs,* österr. Komponist und Musikwissenschaftler (1660–1741) – *Johan Ludvig Emil Dreyer,* dän. Astronom, dessen Werk heute noch gilt (1852–1926) – *Alfonse Bertillon,* herausragender innovativer franz. Kriminologe (1853–1914) – *Leopold Godowsky,* berühmter US-Pianovirtuose u. Komponist russ. Herkunft (1870–1938) – *Kate Roberts,* herausragende walisische Verf. von Kurzgeschichten, Dramatikerin (1891–1985) – *Pauline Frederick,* die erste weibl. US-Fernsehkorrespondentin (1906–1990) – *Patty Berg,* US-Gewinnerin von über 80 Golfturnieren, *1918 – *Charles E(lwood) Yeager,* US-Testpilot, flog als erster mit Überschallgeschwindigkeit, *1923 – *Ernst Fuchs,* österr. Maler u. Graphiker, *1930

14. FEBRUAR
Wassermann

VERANLAGUNG: Je komplizierter die Technik wird, die der Mensch erdenkt, um sich das Leben zu erleichtern, desto umfangreicher müssen die Sicherungen werden, die Unglücke verhindern sollen. Jedem leuchtet noch ein, daß ein sehr schnelles Auto eine flexibel reagierende Steuerung und sofort einsetzende Bremsen haben muß. Was Sie persönlich aber verwundert, ist, daß nicht jeder gleich stark spürt, wie wichtig es ist, die immer schneller wechselnden gesellschaftlichen Vorgänge gedanklich handhaben zu lernen. Jede Entwicklung im politischen, sozialen oder zwischenmenschlichen Bereich kann Ihrer Meinung nach gefährlich werden, gehen die Betroffenen nicht mit entsprechender analytischer Kraft an sie heran. So wie das Bremsen oder Nichtbremsen den Unterschied zwischen Tod oder Leben ausmachen kann, so beschwört mangelnde Planung und ungenügende Auseinandersetzung Krisen herauf, die dann möglicherweise nicht mehr bewältigbar sind. So liegt Ihr Hauptaugenmerk darauf, Zusammenhänge aufzuzeigen und Perspektiven der Handhabung zu entwickeln. Das kann bei anderen manchmal den Eindruck entstehen lassen, Sie dächten, Sie wüßten alles.

HAUPTMERKMAL: Belehrend

LEBENSPRINZIP: Jeder muß versuchen, die gesellschaftlichen Zusammenhänge zu begreifen und handhaben zu lernen

UNTER DIESEM DATUM HATTEN UND HABEN AUSSERDEM GEBURTSTAG:
Leon Battista Alberti, ital. Humanist, Architekt u. Universalgelehrter (1404–1472) – *John Hadley*, brit. Mathematiker u. Weiterentwickler d. Teleskops (1682–1744) – *Claude Monet*, franz. Maler d. Impressionismus (1840–1926) – *Alice Henry*, austr. Journalistin und Feministin (1857–1943) – *Jack Benny*, US-Unterhalter, US-Radio- und TV-Legende (1894–1974) – *Max Horkheimer*, dtsch. Philosoph u. Soziologe (1895–1973) – *Fritz Zwicky*, wegweisender schweiz. Astronom u. Physiker (1898–1974) – *Heide Ecker-Rosendahl*, dtsch. Leichtathletin, u. a. zweifache Olympiasiegerin, *1947 – *Hans Krankl,* österr. Fußballer u. Trainer, Europapokalsieger, *1953

15. FEBRUAR

Wassermann

VERANLAGUNG: Sie stehen der alltäglichen Hetze und dem totalen Leistungsstreß instinktiv befremdlich gegenüber. Es ist eher die grandiose Vielfalt der Landschaft, die Reinheit der Natur oder das Ideelle einer Vision, dem Sie sich innerlich verbunden fühlen. Und gerade im Angesicht der Größe der Schöpfung empfinden Sie Ihren eigenen Beitrag im Leben als kaum erwähnenswert. Doch Sie spüren, daß diese Art von Demut und Bescheidenheit in die gesellschaftlichen Rahmenbedingungen passen muß, um eine entsprechende Anerkennung zu erfahren. Überwiegend sind die Zeiten aber so, daß derjenige in seiner Lebensführung als erfolgreich gilt, der sich zum Mittelpunkt erhebt und dann ohne große Zurückhaltung durchzusetzen vermag. So stehen Sie persönlich oft ein wenig abseits vom Zeitgeist. Sie wirken dabei auf viele etwas weltfremd und entrückt, obwohl Sie in Wahrheit derjenige sind, der sein Gespür für wahre Werte nie verloren hat. So werden Sie trotz aller Widerstände oft zu einem Leitbild einer inneren Stärke und stehen im Kontrast zu der verbreiteten Oberflächlichkeit, weil Sie eine wissende Unaufgeregtheit und eine lässige Klugheit ausstrahlen.

HAUPTMERKMAL: Bescheidene Klugheit

LEBENSPRINZIP: Den Mut bewahren, sich dem Zeitgeist zu widersetzen und den intuitiven Empfindungen zu folgen

UNTER DIESEM DATUM HATTEN UND HABEN AUSSERDEM GEBURTSTAG:
Gelileo Galilei, ital. Physiker, Mathematiker, Philosoph u. weitsichtiger Astronom (1564–1642) – *Ludwig XV.*, 1715– 1774 König von Frankreich, beschwor d. franz. Revolution herauf (1710–1774) – *Henry Engelhard Steinway*, US Flügelbauer dtsch. Abst., Gründ. d. Firma Steinway (1797–1871) – *Charles Lewis Tiffany*, US-Juwelier, Gründer von „Tiffany's" (1812–1902) – *William Henry Pickering*, US-Astronom, entdeckte d. 9. Satelliten von Saturn (1858–1938) – *Joseph Hergesheimer*, US-Romanautor, Thema: das dekadente Milieu d. Reichen (1880–1954) – *Helmut Schön*, dtsch. Fußballspieler, 1964–78 Trainer d. dtsch. Nationalmannschaft (1915–1996) – *Graham Hill*, brillanter brit. Automobilrennfahrer, 1962 u. 1968 Weltmeister (1929–1975)

16. FEBRUAR

Wassermann

VERANLAGUNG: Sie machen schon früh die Erfahrung, daß Sie Ihren ausgeprägten Instinkten vertrauen können. Denn obwohl es oft den Anschein hat, daß Sie zu unbekümmert schwierige Wege einschlagen, zeigt sich meist im nachhinein, daß Sie gerade wegen Ihrer körperlichen Kraft oder geistigen Erfindergabe immer neue Herausforderungen in der Außenwelt brauchen. Und das nicht nur, um sich selbst zu beweisen, sondern auch, um nicht an der Monotonie des Alltags einzugehen, die Sie häufig auch deshalb als so spröde empfinden, weil Ihnen die Beschäftigung mit dem eigenen Inneren eher fremd ist. Da es immer wieder Phasen im Leben gibt, in denen nur wenige Durchsetzungsschwierigkeiten, äußere Widerstände oder Problemstellungen vorhanden sind, entwerfen Sie freiwillig Zukunftsvisionen, die Sie so unter Druck setzen sollen, daß ständig neue Dimensionen von Lösungen zu finden sind. Dabei wollen Sie Ihre instinktive Handlungsfreiheit einerseits behalten, andererseits sollen aber von Ihnen einmal getroffene Entscheidungen mit fast ritualisierter Ordentlichkeit ausgeführt werden. Auf der einen Seite reizt Sie also die Herausforderung des nicht Vorhersehbaren, auf der anderen Seite will der Perfektionist in Ihnen für jede Eventualität gewappnet sein. So stellt sich für Sie immer die Frage, ob individuelle Freiheit im Denken und Tun mit Ihrem Ordnungsbedürfnis einhergehen kann.

HAUPTMERKMAL: Überlegenheitsgestik (Arroganz)

LEBENSPRINZIP: Intuition und Können so weit entwickeln, daß jeder Herausforderung präzise begegnet werden kann

UNTER DIESEM DATUM HATTEN UND HABEN AUSSERDEM GEBURTSTAG:
Carl Theodor Ernst von Siebold, herausragender dtsch. Zoologe (1804–1885) – *Henry Wilson*, 1873–75 US-Senator u. Vizepräsid. d. USA (1812–1875) – *Joseph Viktor von Scheffel*, einer d. meistgelesenen Autoren seiner Zeit (1826–1886) – *Charles Taze Russell*, US-Religionsführer, Gründ. d. „Zeugen Jehovas" (1852–1916) – *Katharine Cornell*, US-Schauspielerin, „the first lady of the American theatre" (1893–1974) – *Sony Bono*, US-Singer, Songwriter, Hälfte des Duos „Sony & Cher", Politiker (1935–1998) – *John McEnroe*, exzellenter US-Tennisspieler mit schlechten Court-Manieren, *1959

17. FEBRUAR
Wassermann

VERANLAGUNG: Zuerst folgt Ihr Leben scheinbar geordneten Bahnen. Einem Vogel gleich beobachten Sie spöttisch und eher amüsiert die Kämpfe um sich herum. Sie selbst halten sich aus zu großem emotionalem Engagement heraus und sichern dabei kontinuierlich Ihre Position ab. Doch plötzlich befinden Sie sich in einem Lebensabschnitt, in dem Sie scheinbar Ihren Weg gemacht haben und doch irgendwie nichts stimmt. Alles scheint sich zu wiederholen, und es ist kein erkennbarer Außenreiz vorhanden. Sie spüren instinktsicher die Gefahr der inneren Verkarstung und ändern durch einen freien Entschluß Ihr alltägliches Leben radikal. Obwohl Sie zuerst nicht genau einschätzen können, auf was Sie sich mit diesem Wechsel einlassen, sind Sie trotzdem vollkommen sicher, daß Ihr Bedürfnis, gefordert zu werden und zu wachsen, nur durch eine totale Umwälzung Ihres Lebensweges befriedigt werden kann. So stellen Sie sich instinktiv dort hin, wo der Sturm am heftigsten weht, um durch den Widerstand den eigenen Standort und das eigene Mensch-Sein zu erspüren. Und Sie beweisen damit anderen, daß jeder in ein höheres Bewußtsein wachsen kann, wenn er denn nur den Mut für einen Wechsel aufbringt.

HAUPTMERKMAL: Unerwartete Haltungen

LEBENSPRINZIP: Jeder hat die Möglichkeit, durch einen radikalen Lebenswechsel ein höheres Bewußtsein zu erlangen

UNTER DIESEM DATUM HATTEN UND HABEN AUSSERDEM GEBURTSTAG:
Karl III., 1381–86 König v. Neapel, 1385–86 (als Karl II.) König v. Ungarn (1345–1386) – *Jean-Antoine Dubois*, franz. Gelehrter u. Priester – wollte die Hindus katholizisieren (1765–1848) – *Alfred Krupp*, dtsch. Industrieller (1812–1887) – *Thomas Watson J. sen.*, USA, machte IBM zur weltweit größten Firma ihrer Art (1874–1956) – *H(aroldson) L(afayette) Hunt*, ultrakonservativer Öl-Multimillionär (1889–1974) – *Hans J. Morgenthau*, herausragender dtsch.-stämm. US-Politikwissenschaftler (1904–1980) – *Arthur Kennedy*, amerik. Charakterschauspieler, fünf Oskarnominierungen (1914–1990) – *Guy Laroche*, franz. Courturier, entwarf elegante Mode zu günstigen Preisen (1921–1989) – *Rita Süssmuth*, CDU-Politikerin, seit 1988 Präsid. d. Deutschen Bundestags, *1937 – *Michael Jordan*, US-Profibasketballspieler, „der größte aller Zeiten", *1963

18. FEBRUAR
Wassermann

VERANLAGUNG: Sie haben einen großes Grad innerer Unabhängigkeit erreicht und sich weitgehend von Gefühlen wie Konkurrenz, Berechnung oder Neid abgenabelt. Für Sie bedeuten die vielen verschiedenen Individualitäten in Ihrem Umfeld keine Bedrohung, sondern eher das Gegenteil. Sie fühlen sich diesen einmaligen Menschen verbunden, da Sie mit Ihnen eine Art Einheit des Bewußtseins empfinden. Denn da Sie für sich selbst eine unbedingte Selbstbestimmung und Freiheit beanspruchen, können Sie sich im wahrsten Sinne des Wortes mit jedem identifizieren, der Ähnliches fühlt und fordert. Einige sehen zum Beispiel in jedem Stern am Nachthimmel einen eigenen Kosmos, andere sehen das gesamte Firmament ausschließlich als Gesamtheit, Sie jedoch sehen in jedem einzelnen Licht die Idee, die dem Ganzen innewohnt. So empfinden Sie gerade wegen der Vielfalt und der Unterschiede überwiegend das Einigende. Für Sie will auf einer höheren Stufe des Bewußtseins jeder Mensch auf vielen verschiedenen Wegen am Ende eigentlich doch dasselbe. Er will seine geistige Vereinsamung überwinden und sein persönlich geglaubtes Schicksal meistern, indem er sich schöpferisch in einer gleichgesinnten Gruppe wiedererkennt.

HAUPTMERKMAL: Einfühlsam

LEBENSPRINZIP: Sich trotz unterschiedlicher Wege und Individuen der Gemeinsamkeit des Da-Seins bewußt sein

UNTER DIESEM DATUM HATTEN UND HABEN AUSSERDEM GEBURTSTAG:
George Peabody, exzellenter engl. Kaufmann u. Finanzier amerik. Herkunft (1795–1869) – *Lev Ivanov*, russ. Tänzer u. zweiter Choreograph am Kaiserlich Russ. Ballett (1834–1901) – *Hedwig Courths-Mahler*, dtsch. Schriftstellerin, absoluter Star d. Trivialliteratur (1867–1950) – *Sir George Henschel*, engl. Sänger, Dirigent, Komponist, führend in seiner Zeit (1850–1934) – *Max Klinger*, führender dtsch. Maler, Bildhauer u. Kupferstecher (1857–1920) – *Henri Laurens*, führender franz. Bildhauer des Cubismus (1885–1954) – *André Breton*, franz. Autor u. Kritiker, einer d. Initiatoren des Pariser Dadaismus (1896–1966) – *Enzo Ferrari*, ital. Automobilhersteller, Designer, Rennfahrer (1898–1988) – *Nikolay Podgorny*, 1975–77 Staatsoberhaupt d. UdSSR (1903–1983) – *Milos Forman*, bedeutender US-Regisseur tschech. Herkunft, *1932

19. FEBRUAR

Wassermann

VERANLAGUNG: Für Sie ergibt sich jeder Schritt im Leben eher zufällig. Eigentlich lassen Sie Ihre Entwicklung treiben und sehen nicht wirklich ein, warum Sie sich für ein Ziel anstrengen sollen, wenn es Ihnen möglicherweise auch per Fügung zufallen kann. Für Sie hat das Abmühen und Kämpfen in Ihrer Umgebung eigentlich eher etwas Lächerliches an sich, und Sie bleiben lieber distanzierter Beobachter der Vorgänge. Und gerade diese Position ermöglicht es Ihnen häufig, die in Ihnen schlummernden Talente mit den vorbeiströmenden Möglichkeiten zu vergleichen und immer dann zuzugreifen, wenn die Gelegenheit günstig erscheint. Um Ihre Sehnsucht nach Anerkennung dann doch noch zu befriedigen, können Sie in solchen Augenblicken alles, was Sie durch Beobachtung erfahren und gelernt haben, erfolgbringend einsetzen. Sollte etwas dann doch nicht so vielversprechend laufen, fehlt Ihnen aber auch wieder die Bereitschaft, wirklich ordnend in Ihr Leben einzugreifen. Es kann dann ein ebenso faszinierender Absturz erfolgen wie der Aufstieg überraschend möglich war. Beiden Prozessen schauen Sie eher belustigt zu und warten ein wenig schmollend darauf, daß die Umwelt schon wieder nach dem verlangen wird, was in Ihnen steckt.

HAUPTMERKMAL: Amüsiert distanziert

LEBENSPRINZIP: Nichts wirklich erzwingen wollen, besser abwarten, bis alle Faktoren auf einen zulaufen

UNTER DIESEM DATUM HATTEN UND HABEN AUSSERDEM GEBURTSTAG:
Nikolaus Kopernikus, Astronom, Arzt u. Autor (1473–1543) – *Richard Cumberland*, wesentlicher engl. Dramatiker (1732–1811) – *Wilhelm III.*, 1849–1890 König d. Niederlande u. Großherzog v. Luxemburg (1817–1890) – *August Schleicher*, dtsch. zunächst v. Hegel dann Darwin beeinflußter Linguist (1821–1868) – *Blondin*, Hochseilkünstler, überquerte in 480 m Höhe über 335 m die Niagarafälle (1824–1897) – *Felippe Pedrell*, span. Komponist u. Musikwissenschaftler (1841–1922) – *Adelina Petty*, Ital., eine d. größten Colloratursopranistinnen aller Zeiten (1843–1919) – *Rudolf Stammler*, maßgeblicher dtsch. Jurist u. Philosoph d. frühen 20. Jahrh. (1856–1938) – *Gabriele Munter*, dtsch. Malerin, Mitglied d. Künstlergruppe der Blaue Reiter (1877–1962) – *Lee Marvin*, US-Filmschauspieler (1924–1987)

20. FEBRUAR

Wassermann / Fische

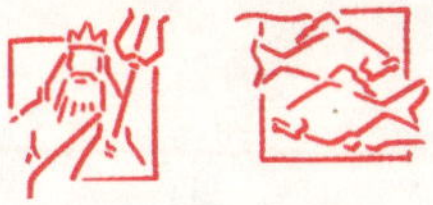

VERANLAGUNG: Phantasiebegabt und mit tausend Antennen ausgestattet, wollen Sie eigentlich nur genügend Raum, um sich frei und ungehindert entwickeln zu können. Da aber Ihr soziales Umfeld von Mißgunst, Sozialneid, Habgier und knallhartem Konkurrenzneid geprägt ist, verlangen diese negativen Begleiterscheinungen des Individualismus von Ihnen erhöhte Wachsamkeit. Obwohl Ihnen diese Gefühle eher fremd sind und Sie Ihnen eigentlich ausweichen wollen, müssen Sie sich doch nach Abwehrmöglichkeiten umschauen. Denn Sie sind zwar in der Lage, sich innerlich über die niederen Beweggründe anderer zu erheben, sehen aber dennoch Ihre Handlungsfreiräume so ungeschützt, daß Sie aktiv alle sozialen Systeme unterstützen, die es dem Einzelnen ermöglichen, in ihrem Schutz zu überleben, ohne zu viel von der freien Selbstbestimmung wegzugeben. Sie wollen eigentlich in Ihrem schöpferischen Tun vollkommen unabhängig sein, was die Gesellschaft aber oft mit vollkommener Ablehnung quittiert. So müssen Sie unter Schmerzen zusehen, wie Sie innerlich härter und desillusionierter werden, um Ihre äußeren Möglichkeiten wenigstens zum Teil bewahren zu können.

HAUPTMERKMAL: Umgängliche Härte

LEBENSPRINZIP: Persönliche und soziale Schutzmechanismen sind nötig, um Übergriffe der Mächtigen zu verhindern

UNTER DIESEM DATUM HATTEN UND HABEN AUSSERDEM GEBURTSTAG:
Heinrich Voss, dtsch. Dichter u. Homerübersetzer (1751–1826) – *Carl Czerny*, österr. Pianist, Klavierpädagoge u. Komponist (1791–1857) – *Ludwig Eduard Boltzmann*, herausragender österr. Physiker (1844–1906) – *Joshua Slocum*, kanad. Seemann u. Abenteurer, umsegelte die Welt einhändig (1844–1909) – *Pieter Cornelis Boutens*, einflußreicher holl. Poet, Mystiker u. klass. Gelehrter (1870–1943) – *Elie Nadelman*, von Rodin beeinflußter US-Bildhauer poln. Herkunft (1882–1946) – *Kurt Paul Richter*, US-Biologe, leistete Pionierarbeit a. d. Gebiet d. Biorhythmus (1894–1988) – *Sidney Poiter*, US-Schauspieler, Oskarpreisträger, s. 1994 Leiter d. Disney Productions, *1924 – *Robert Altman*, führender US-Filmregisseur, Produzent u. Drehbuchautor, *1925 – *Patty Hurst*, Erbin des William Randolph Hearst Zeitungsimperiums, *1954

Fische

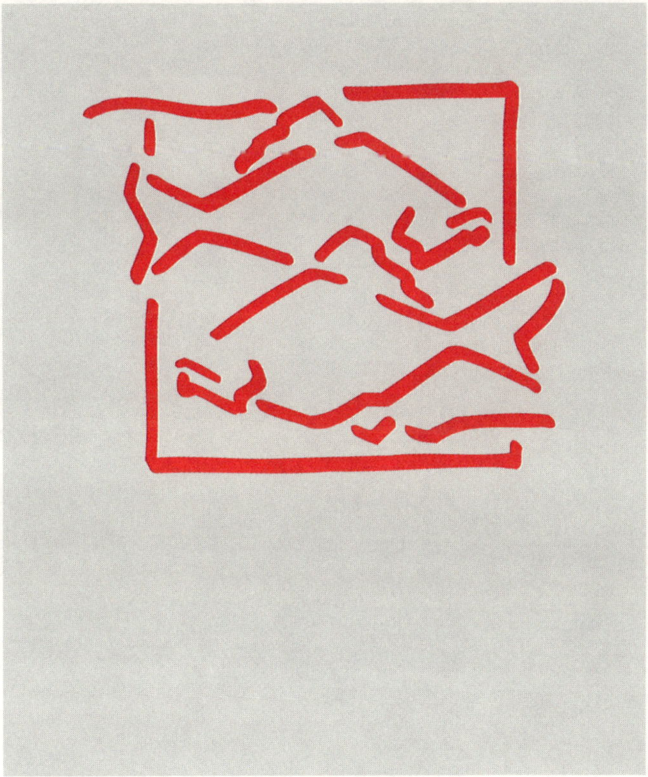

21. FEBRUAR
Fische

VERANLAGUNG: Obwohl Ihnen die Technik des Ausweichens nicht fremd ist, verabscheuen Sie nichts mehr als die bewußte Lüge. Bei allem, was Sie mit schöpferischem Elan angehen, liegt Ihr Hauptaugenmerk darauf, mit Mythen, Vorurteilen, Mißverständnissen und Unwissenheiten kompromißlos aufzuräumen. Sie wollen so wahrheitsgetreu wie möglich von dem Zeugnis ablegen, was Sie an Schwingungen, Stimmungen und Eindrücken wahrnehmen, und Sie wollen Vorgänge aus der Vergangenheit möglichst detailgetreu an die Nachfolgenden übermitteln. Für Sie besteht eines der wesentlichen Übel in der Menschheitsgeschichte darin, daß von großen Errungenschaften immer nur Bruchstücke und kärgliche Übermittlungen übrigbleiben. Sie wollen es besser machen und von jedem alles wissen. Deshalb entwickeln Sie sich zu einem alles registrierenden Ansprechpartner für alle diejenigen, die ein lebendes Beispiel dafür zu sein scheinen, was ist und warum es so ist. Dabei löst jedoch Ihr Bemühen um konsequente Ehrlichkeit oft Unmut aus. Ihre Umgebung sieht unberechtigterweise in Ihrer absichtslosen Direktheit ein Ablehnen oder Verurteilen, was wiederum dazu führt, daß Sie sich verletzt zurückziehen.

HAUPTMERKMAL: Beeindruckbar

LEBENSPRINZIP: Um Gegenwärtiges verstehen und wahrheitsgetreu vermitteln zu können, muß man genau hinsehen

UNTER DIESEM DATUM HATTEN UND HABEN AUSSERDEM GEBURTSTAG:
Pierre Lafitte, franz. Philosoph, Jünger von Auguste Comte (1823–1903) – *Charles-Marie Widor*, franz. Organist, Komponist u. Musiklehrer (1844–1937 – *August von Wassermann*, dtsch. Bakteriologe, entwickelte d. Syphilis-Test (1866–1925) – *Sacha Guitry*, franz. Dramatiker, spielte teils auch seine eigenen Stücke (1885–1957) – *Anaïs Nin,* US-Autorin sensibel-erotischer Weltliteratur, Psychotherapeutin (1903–1977) – *Sam Peckinpah*, US-Filmregisseur u. Drehbuchautor spektakulärer Western (1925–1984) – *Hubert de Givenchy*, international geschätzter franz. Modeschöpfer, *1927 – *Barbara C. Jordan*, US-Anwältin, erste schwarze Kongressabgeordn. a. d. Süden (1936–1996) – *Margarethe von Trotta*, dtsch. Regisseurin u. Schauspielerin, *1942

22. FEBRUAR

Fische

VERANLAGUNG: Da Sie nur selten von Absichten oder einem zielgerichteten Wollen getrieben sind, prägt Sie schon sehr früh auf allen Gebieten eine sensible Neugierde und eine aufnahmebereite Reizempfänglichkeit. Das, was Sie ständig und überall mit Ihren tausend ausgefahrenen Antennen empfangen, ist eigentlich so vielfältig und dabei oft erschreckend sinnlos, daß es mit keiner Ihrer Grundideen koordinierbar erscheint. Je genauer Sie die erkennbaren Realitäten, wie gesellschaftliche Prozesse, persönliche Austauschvorgänge oder ethische Grundsätze, untersuchen, desto verwirrender werden die daraus zu folgernden Denkableitungen. Alles scheint bei genauerer Betrachtung miteinander irgendwie verwoben und sich gegenseitig zu bedingen, und gerade das widerstrebt Ihrem natürlichen Hang, Abhängigkeiten zu vermeiden. Dennoch versuchen Sie einen Schritt nach dem anderen in Richtung Klarwerdung zu gehen. So versuchen Sie eigene Erkenntnisse und die anderer so zu ordnen und zusammenzufassen, daß sie damit wenigstens ansatzweise darstellbar sind. Doch sehr häufig verlieren Sie sich dann wieder im Gestrüpp zu vieler Informationen und Phantasien. Am Ende bleibt Ihnen oft nur der Rückgriff auf die Erkenntnis, daß nicht alles menschlich erfaßbar und manchmal nur dadurch zu erklären ist, daß wohl vieles einfach Schicksal ist.

HAUPTMERKMAL: Neugierig

LEBENSPRINZIP: Für die vielen verwirrenden Verwobenheiten des Lebens eine befreiende Erklärung zu finden versuchen

UNTER DIESEM DATUM HATTEN UND HABEN AUSSERDEM GEBURTSTAG:
George Washington, 1789 z. 1. Präsid. d. USA gewählt, 1792 im Amt bestätigt (1732–1799) – *Arthur Schopenhauer,* dtsch. Philosoph – einer d. wichtigsten (1788–1860) – *Heinrich Hertz*, dtsch. Physiker, Entdecker der Frequenzeinheit „Hertz", HZ (1857–1894) – *Luis Buñuel,* span. Filmregisseur mit Vorliebe für Surrealistisches (1900–1983) – *Nikolaus (Niki) Lauda*, österr. dreif. Formel-1-Weltmeister, Airlinebesitzer *1949 – *Edward Moore Kennedy*, US-Politiker, jüngster Bruder von John F. Kennedy, *1932 – *Manfred Deix,* österr. Zeichner – einer d. populärsten unserer Zeit, *1949

23. FEBRUAR

Fische

VERANLAGUNG: Sie wehren sich heftig und bei jeder Gelegenheit gegen das tägliche Lügen. Sie verweigern sich den oft sinnlosen Triebfedern menschlichen Schaffens und Sie ignorieren die gesellschaftlich eingeforderten Abhängigkeiten. Da Sie im wahrsten Sinne des Wortes absichtslos und ohne wirkliches Wollen leben, sind Sie frei von der verbreiteten Angst, was denn der Nachbar denken könnte. Sie sehen nicht ein, warum Sie nicht in einem alten Auto vor ein nobles Hotel fahren sollen oder warum ein ungebügeltes Hemd unpassend ist. Sie sind immer und überall echt – und das nimmt man Ihnen oft übel. Sie versuchen nach Maßstäben zu leben, die die Grundidee des Mensch-Seins in noch so kleinen Handlungen wiedererkennen lassen. Ihrer Meinung nach verlangt wirklich gelebte Humanität, daß man sich alles traut, äußerlich genauso wie innerlich. Sie wollen denken dürfen. Bis über die Grenze dessen, was bisher denkbar war, und Sie wollen rigoros sein, in Ihrer unbestechlichen, wahrheitsfanatischen Direktheit.

HAUPTMERKMAL: Rigoros

LEBENSPRINZIP: Das Kleinliche in sich bekämpfen und jenseits des Gewohnten das wahre Mensch-Sein entdecken

UNTER DIESEM DATUM HATTEN UND HABEN AUSSERDEM GEBURTSTAG:
Paul II., 1664–1471 Papst von Rom (1417–1471) – *Georg Friedrich Händel*, engl. Barock-Komponist dtsch. Abst., einer d. wichtigsten (1685–1759) – *Carl Menger*, herrausragender österr. Ökonom (1840–1921) – *Eduard von Hartmann*, dtsch. Metaphysiker, der „Philosoph des Unbewußten" (1842–1906) – *Cesar Ritz*, Gründer des Pariser Nobelhotels (1850–1918) – *Franz von Stuck*, dtsch. Maler, Graphiker u. Bildhauer (1863–1928) – *Victor Fleming*, einer d. beliebtesten US-Hollywoodregisseure d. 30er (1883–1949) – *Karl Jaspers*, dtsch. Jurist u. Philosoph, Vertreter der Existenzphilosophie (1883–1969) – *Erich Kästner*, herausragender dtsch. Satiriker, Lyriker, Erzähler, Kinderbuchautor (1899–1974)

24. FEBRUAR
Fische

VERANLAGUNG: Da Ihr Denken und Handeln von emotionalen Triebfedern weitgehend unabhängig ist, können Sie Ihre Umwelt unbestechlich genau und abstrakt sachlich beobachten und analysieren. Obwohl Sie also eine Art innerer Distanz gegenüber gefühlsgeprägten Gemeinschaften empfinden, wollen Sie dennoch gerade von diesen für Ihre Leistungen anerkannt werden. Das erreichen Sie meist dadurch, daß Sie die selbstgewählte Funktion in Ihrer Gruppe disziplinierter und loyaler auszufüllen versuchen als andere. Nie, auch nicht in herausgehobener Stellung, vergessen Sie dabei Ihre eigenen Anfänge, und Sie fühlen sich immer eher für das Ganze verantwortlich als für Ihr eigenes Wohlergehen. Diese aufopfernde Hingabe an ein Team, eine soziale Gruppe oder eine Interessengemeinschaft läßt Sie die Anerkennung erfahren, die Sie sich erhoffen, für die Sie aber nie Ihre innere Unabhängigkeit opfern würden. So geht die Unbestechlichkeit Ihrer Betrachtungsweise manchmal so weit, daß Betroffene dahinter zu Unrecht persönliche Überheblichkeit vermuten. In einem solchen Fall ziehen Sie sich eher verwundert und verletzt zurück, als aktiv dieses Mißverständnis zu bekämpfen. Dann erwarten Sie, daß die anderen schon irgendwann selbst einsehen werden, was sie davon haben.

HAUPTMERKMAL: Soziale Empfindlichkeit

LEBENSPRINZIP: Wer sich für seine Gruppe einsetzt und sich für das Ganze verantwortlich fühlt, wird auch anerkannt

UNTER DIESEM DATUM HATTEN UND HABEN AUSSERDEM GEBURTSTAG:
Johann Clauberg, dtsch. Philosoph u. Theologe, Jünger René Descartes (1622–1665) – *Klemens VIII.*, 1592–1605 Papst von Rom (1536–1605) – *Charles le Brun*, seinerzeit trendsetzender franz. Maler und Designer (1619–1690) – *Wilhelm Carl Grimm*, Märchensammler, Mitbegründer der dtsch. Philologie (1786–1859) – *Arrigo Boito*, ital. Dichter u. Komponist, u. a. Operntexter f. Guiseppe Verdi (1842–1918) – *Rudolph Ganz*, Komponist, Pianist u. Dirigent, vorzugsw. v. Bartók u. Ravel (1877–1972) – *Benedetto (Bettino) Craxi*, 1983–1987 Ministerpräs. v. Italien, *1934 – *John Neumeier,* amerik. Tänzer, Choreograph u. Ballettdirektor , *1942 – *Alain Prost*, franz. Automobilrennfahrer, viermaliger Formel-I-Sieger, *1955

25. FEBRUAR
Fische

VERANLAGUNG: Obwohl eher ein Spätstarter, haben Sie schon früh Ihr Recht auf freibestimmte Eigenentwicklung eingefordert. Jedes Zurechtstutzen empfinden Sie als einen unerträglichen Eingriff in Ihre natürliche Entwicklung. Für Sie gelten gemeinschaftlich akzeptierte Wertvorstellungen, Traditionen oder Denkungsgrenzen nicht. Sie wollen alles in sich wuchern lassen: Ihre Vorstellungen, Ideale und auch Ihre Alpträume. Den Satz: „Das darfst Du nicht, das wird nicht gutgehen!“, mißachten Sie mit bis an Sturheit grenzendem Selbstbewußtsein. Sie wissen, was Sie alles in der Lage sind zu tun, und Sie sagen das auch. Zuallererst wollen Sie sich selbst und Ihrem Tun treu bleiben, und Sie sind bereit, dafür auf materiellen Wohlstand zu verzichten. Sie nehmen auch in Kauf, vielleicht nicht geliebt zu werden. Aber beachtet werden und möglicherweise sogar respektiert, das möchten Sie dann doch schon. Ein Leben, das sich überwiegend an Gruppenvorstellungen orientiert und das so gelebt wird, weil immer so gelebt wurde, ist für Sie kein Leben. So durchschauen und begreifen Sie vieles schneller und direkter als andere und sind dennoch für viele lebensunklug, weil Sie aus Ihren Erkenntnissen scheinbar keinen Vorteil zu ziehen vermögen. Andererseits reißen Sie mit Ihrer inneren Kraft sehr oft andere mit und überzeugen durch Ihr Beispiel.

HAUPTMERKMAL: Alles ist möglich

LEBENSPRINZIP: Sich selbst trotz aller Anfeindungen treu zu bleiben, wird mit einem lebenswerten Leben belohnt

UNTER DIESEM DATUM HATTEN UND HABEN AUSSERDEM GEBURTSTAG:
Pierre-Auguste Renoir, herausragender franz. impressionistischer Maler (1841–1919) – *Karl May*, dtsch. Schriftsteller u. populärster Verfasser v. Indianerromanen (1842–1912) – *Karl Gottfried Lamprecht*, herausragender dtsch. Historiker (1856–1915) – *Meher Baba*, ind. Guru, schwieg vom 10. Juli 1925 bis zu seinem Tod (1894–1969) – *Marcel Paul Pagnol*, franz. Autor u. Regisseur, Mitglied d. French Acadamy (1895–1974) – *Domingo Ortega*, span. Matador, einer der waghalsigsten (1906–1988) – *Anthony Burgess*, engl. Kultschriftsteller u. Kritiker mit Hang zum Bizarren (1917–1993) – *George Harrison*, Gründungsmitglied der engl. Popgruppe „The Beatles“. *1943

26. FEBRUAR
Fische

VERANLAGUNG: Im Gegensatz zu der verbreiteten Rastlosigkeit sind Sie jemand, der an einem Ort oder bei einem Gedankengang absichtslos verweilen kann. Sie spüren in sich eine Ahnung vom wirklichen Mensch-Sein, von der Gelassenheit, das Leben von einer höheren Warte aus zu betrachten als es der Alltag manchmal zuzulassen scheint. Obwohl Sie Ihre ureigenste Individualität unter jeder Bedingung behaupten wollen, spüren Sie doch auch gleichzeitig in sich die Verantwortung für das Gemeinschaftliche. Sie haben die Gewißheit in sich, daß die von Ihnen schemenhaft erkannten Werte die Zukunft des Menschen prägen müssen, will er nicht an sich selbst zugrunde gehen. So wollen Sie Ihre schöpferischen Fähigkeiten, Ihre unbestechliche Urteilskraft, Ihre fürsorgliche Mitmenschlichkeit und Ihre visionären Perspektiven der Gesamtheit zugänglich machen, und Sie fügen damit einer kurzatmigen Konkurrenzgesellschaft den Aspekt der Solidarität und Selbsterneuerung hinzu. Dabei sind Sie trotz Ihres Selbstbewußtseins eher der Typ, der darauf wartet, daß Ihre Umgebung Ihre Qualitäten entdeckt und wertschätzt als daß Sie sich vordrängelnd um Anerkennung bemühen.

HAUPTMERKMAL: Heiter gelassen

LEBENSPRINZIP: Versuchen, die eigenen menschlichen Werte und Erneuerungsmöglichkeiten der Umgebung zu vermitteln

UNTER DIESEM DATUM HATTEN UND HABEN AUSSERDEM GEBURTSTAG:
Francois Arago, herausragender franz. Physiker (1786–1853) – *Victor Hugo,* einer d. wichtigsten franz. Schriftsteller d. franz. Romantik (1802–1885) – *William Frederick Cody, „Buffulo Bill“*, US-Kundschafter, Offizier u. Schausteller (1846–1917) – *John Harvey Kellog,* ernährungsbewußter amerik. Arzt, Erfinder der Cornflakes (1852–1943) – *Emmy Destinn*, weltweit geschätzte tschech. Sopranistin (1878–1930) – *Giulio Natta*, ital. Chemiker, teilt mit K. Ziegler Nobelpreis für Chemie (1903–1979) – *Paul Newman,* Schauspieler u. Popcorn-u. Salatdressing-Spezialist, *1925 – *Fats Domino*, herausragender US-Rock'n-Roll-Sänger, Pianist, Komponist, *1928 – *Johnny Cash,* stets schwarz gekleideter US-County and Western Singer/Songwriter, *1932

27. FEBRUAR

Fische

VERANLAGUNG: Ihr Gefühl für Unabhängigkeit läßt Sie sich immer dann verweigern, wenn verlangt wird, vorgeformten Wegen zu folgen. Neugierig beobachtend und begierig hinter die Oberfläche schauend, wollen Sie die Zusammenhänge bis ins letzte Detail analysieren und kommen danach oft zu überraschenden Erkenntnissen. So durchschauen Sie mit Verachtung die von der Gesellschaft angebotenen Möglichkeiten einer künstlichen Individualität. Diese angebotenen materiellen Unterscheidungsmöglichkeiten, deren Erwerb so viele als lohnenswertes Ziel einer lebenslangen Anstrengung ansehen, ist für Sie nur benutzbares Mittel und weit entfernt von der Idee eines wahren Mensch-Seins. Für Sie ist nur echt und damit anstrebenswert, was aus sich selbst heraus gedeiht, mit sowenig äußerem Einfluß wie möglich. So sehen Sie vieles als natürlich an, was andere verdrängen wollen. Sie sehen zum Beispiel die Notwendigkeit von Gegensätzen: Für Sie gibt es keinen Humor ohne Melancholie, keine Leistung ohne Konkurrenz und eben auch keine Individualität ohne Mut zur inneren Abgrenzung. Wenn Sie selbst ein Ziel als sinnvoll erachten, wenn Sie sich wirklich festgebissen haben, entwickeln Ihre Fähigkeiten eine kaum zu stoppende Eigendynamik, und es entsteht meist Großes oder zumindest Ungewöhnliches.

HAUPTMERKMAL: Sich selbst treu

LEBENSPRINZIP: Herkömmliche Wege verlassen, alles genau analysieren und dann unbeirrbar das eigene Ziel ansteuern

UNTER DIESEM DATUM HATTEN UND HABEN AUSSERDEM GEBURTSTAG:
Franz Mehring, Politiker, Historiker, Publizist, führender Sozialist u. Marxanhänger (1846–1919) – *Rudolf Steiner*, österr. Philosoph u. Pädagoge, Begr. d. Antroposophie (1861–1925) – *Alice Hamilton*, US.-Pathologin, engagiert im Kampf für gesunde Arbeitsplätze (1869–1970) – *John Ernst Steinbeck*, herausragender amerik. Schriftsteller (1902–1968) – *Lawrence George Durrell*, in Indien aufgewachsener engl. Schriftsteller (1912–1990) – *Hermann Karl Lenz*, herausragender zeitgenössischer dtsch. Schriftsteller, *1913 – *Irvin Shaw*, produktiver US-Bestsellerschriftsteller und Drehbuchautor (1913–1984) – *Alfred Hrdlicka*, österr. Bildhauer, Maler u. Graphiker, *1928 – *Elisabeth Taylor*, im Kampf gegen Aids engagierter engl. Megastar, *1932

28. FEBRUAR
Fische

VERANLAGUNG: Wenn es nach den natürlichen oder gesellschaftlich geprägten Möglichkeiten ginge, wären Sie eigentlich nicht dafür geschaffen, höchste Könnerschaft auf dem selbstgewählten Gebiet zu erlangen. Da Sie aber schon sehr früh extremen Wert auf Ihre Selbstbehauptung und Unabhängigkeit gelegt haben, verlagern Sie Ihren ausgeprägten Ehrgeiz darauf, mit viel Fleiß und Schweiß Ihre Einschränkungen zu überwinden und so doch an Zielen anzukommen, die für Sie vorher unerreichbar schienen. Sie verlassen sich dabei auch auf die erlebte Sicherheit eines inneren Ratgebers, der Sie zum richtigen Zeitpunkt, am richtigen Platz das Richtige tun läßt. Und das, gerade weil Sie ein Mensch sind, der unabhängig von emotionalen Verstrickungen ist und deshalb schneller, unbestechlicher und selbstehrlicher als andere die Situation erkennen und entsprechend handeln kann. Wobei Ihnen die indirekte Lösung immer lieber ist als die direkte. Sie haben also gelernt, mit ehrgeiziger Anstrengung und unerschütterlichem Urvertrauen, Aufgabenstellungen zu bewältigen, und Sie können sich gerade deswegen schier unerschöpflich daran begeistern, ja, sich fast darin verlieren. Im persönlich privaten Bereich jedoch sind Sie dagegen eher nachlässig und lassen die Entscheidungen schleifen.

HAUPTMERKMAL: Gewitzt

LEBENSPRINZIP: Sich auf die Intuition verlassen und mit Willenskraft und Fleiß über sich hinauswachsen

UNTER DIESEM DATUM HATTEN UND HABEN AUSSERDEM GEBURTSTAG:
Gabriele Rossetti, herausragender ital. Poet, Revolutionär u. Gelehrter (1783–1854) – *Ernest Renan,* Orientalist u. Religionshistoriker, Mitglied der Akademie Francaise (1823–1892) – *John Olden Carpenter*, US-Komponist, der Jazzrhythmen in Tanzmusik aufnahm (1876–1951) – *Ben Hecht,* US-Romanschriftsteller, der u. a. die Ethik d. Journalisten thematisierte (1894–1964) – *Marcel Pagnol,* franz. Schriftsteller, Dramatiker u. Filmemacher (1895–1974) – *Vincente Minelli,* genialer US-Filmregisseur von insbes. Musicals (1910–1986) – *Alfred Graf von Schlieffen*, preuß. Generalfeldmarschall, schuf d. „Schlieffenplan" (1833–1913) – *Brian Jones,* Originalmitglied d. engl. Rockgruppe „The Rolling Stones" (1944–1969)

29. FEBRUAR
Fische

VERANLAGUNG: Sie sind durch nichts aufzuhalten, für Sie gibt es nur eine Richtung und das ist die nach vorne. Überall um sich herum vermuten Sie neue ungeahnte Möglichkeiten zu lernen, zu wachsen und höhere Bewußtseinsstufen zu erlangen. Dabei gehen Sie, fast kindlich naiv und altersweise offen, auf alles zu, was Ihre durch keine Vorsicht getrübte Neugierde weckt. Sie beobachten aufmerksam und ohne falsche Eitelkeit, wie andere vor Ihnen Lösungen finden, eifern diesen Vorbildern nach, um dann schließlich ganz natürlich weiterzuwachsen und ureigenste Wege zu finden. Äußerlichkeiten sind Ihnen dabei vollkommen unwichtig. Ihnen geht es um die Substanz einer Aussage, einer Form oder eines Vorhabens. Da Sie versuchen, sich privat nicht in zu persönliche Gefühle verstricken zu lassen, entwickeln Sie für Ihr Tun eine Begeisterungsfähigkeit und eine mitreißende Unbekümmertheit, die Sie oft weiter tragen als andere, die Sie aber auch leicht von beiden Enden anbrennen lassen. Doch gerade weil Sie so lichterloh brennend an Ihre schöpferischen Handlungen gehen und das auch noch überraschend lässig und leicht wirkt, werden Sie oft Wegweiser für andere, die Sie dann zum Vorbild nehmen.

HAUPTMERKMAL: Nie direkt

LEBENSPRINZIP: Sehr bewußt und offen die Möglichkeiten wahrnehmen und dann versuchen, unbekümmert weiterzugehen

UNTER DIESEM DATUM HATTEN UND HABEN AUSSERDEM GEBURTSTAG:
Paul III., 1534–49 Papst von Rom, berief 1545 das Konzil von Triest (1468–1549) – *Ann Lee*, engl. religiöser Führer, brachte die Shaker von England in die USA (1736–1784) – *Thomas Tooke*, herausragender brit. Finanzier u. Ökonom (1774–1858) – *Louis Francis Baron Lejeune*, franz. General, Maler u. wegweisend als Litograph (1775–1848) – *Gioaccino Rossini*, ital. Komponist d. mit berühmtesten Opern (1792–1868) – *John Philip Holland*, USA, Vater des modernem U-Bootes (1840–1914) – *Arthur Giry*, franz. Historiker spezialisiert auf das franz. Mittelalter (1848–1899) – *Tom MacInnes*, kanad. Romanschriftsteller u. Lao-tzu-Übersetzer u. Kommentator (1867–1951) – *William (Augustus Wellman)*, US-Regisseur v. über 80 Filmen u. Dokumentationen (1896–1975) – *Fyodor Abramov*, russ. nicht regimekonformer Schriftsteller u. Literaturkritiker (1920–1983)

1. MÄRZ
Fische

VERANLAGUNG: Eigentlich wissen Sie schon früh, welchem Ideal Sie nacheifern wollen. Weil es Ihnen jedoch eher unnatürlich und würdelos erscheint, sich für die Erreichung eines Zieles einer Gruppe aufzudrängen oder dafür ‚über Leichen zu gehen', kommen Sie oft vom Wege ab und verzetteln sich in Seitenarmen des Lebensflusses. Wegen Ihrer außergewöhnlichen Fähigkeiten erreichen Sie trotz dieser karrierefeindlichen Haltung schließlich doch die Position im Leben einer Gemeinschaft und in Ihrem schöpferischen Handeln, von der Sie wissen, daß es die Ihre ist und sie ausfüllen wird. Sie müssen nicht mehr weiter suchen, Sie sind angekommen. Von diesem Augenblick an besteht Ihre selbstverordnete Aufgabe und die Erwartung der Umgebung darin, Ihre Qualifikation für die eingenommene Position immer wieder neu zu beweisen. So werden Sie immer sicherer in dem, was Sie tun. Sie können Ihre Ideen schöpferisch frei um den Kern herumwuchern lassen, ohne die Angst, die Linie Ihrer Grundüberzeugung verlassen zu müssen. Das macht Sie so überzeugend und mitreißend, daß Ihnen oft große Bewunderung entgegenschlägt. Doch auch dann, wenn Ihre Rolle nur untergeordnet sein sollte, geben Sie sich damit zufrieden, daß da immer ein paar wissen, was Sie für das Gesamte zu leisten vermögen.

HAUPTMERKMAL: Bescheidene Könnerschaft

LEBENSPRINZIP: Wissen, wann man seinen Platz gefunden hat und dann versuchen, diesen qualifiziert auszufüllen

UNTER DIESEM DATUM HATTEN UND HABEN AUSSERDEM GEBURTSTAG:
Frédéric Chopin, poln. Komponist u. Pianist - einer der wichtigsten (1819–1849) – *Sir Isaak Shoenberg,* russ. stämm. genialer Weiterentwickler des TVs (1880–1963) – *Oskar Kokoschka,* österr. expressionist. Maler u. Multitalent (1886–1980) – *Glenn Miller,* genialer u. vielseitiger US-Jazzer, Tanzorchesterchef (1904–1944) – *David Niven,* engl. Gentleman u. weltweit beliebter Hollywoodstar (1909–1983) – *Itzhak Rabin,* 1974–77 u. 92–95 israel. Premiermin, Friedensnobelpreis (1922–1995) – *Harry Belafonte,* US-Sänger, Schauspieler, Prod., Bürgerrechts-Aktivist, *1927 – *Roger Daltrey,* engl. Rocksänger, Leadsänger der Who, *1944

2. MÄRZ
Fische

VERANLAGUNG: Da Sie in der Lage sind, Ihr Denken von persönlichen Gefühlen freizuhalten, sind Ihre Beobachtungen, Analysen und die daraus abgeleiteten Erkenntnisse unbestechlich mutig und nur wenig subjektiv gefärbt. Sie haben Ihre persönlichen Schwierigkeiten immer allein durch Ihre Willenskraft in den Griff bekommen und sind deswegen davon überzeugt, daß das auf jedem anderen Gebiet auch möglich sein muß. So gibt es auch Augenblicke, da fühlen Sie sich sogar von der Vorstellung getragen, vielleicht einen höheren Willen zu erfüllen und wachsen dabei über sich hinaus. Generell wirkt Ihre zurückhaltende Art immer ausgleichend auf Gegensätzliches und kann harmonisch zusammenführen. Doch da in Ihren Augen nur echt ist, was aus sich selbst heraus kommt, wollen Sie zu gern den ‚Dingen' ihren scheinbar natürlichen Lauf lassen. Deshalb kann es allzu leicht geschehen, daß in Situationen, in denen Sie aktiv handelnd in die Geschehnisse eingreifen müßten, Sie es bei der guten Absicht, dem guten Willen, bewenden lassen. Setzt sich das von Ihnen Beabsichtigte dann nicht gegen die Widersacher durch, resignieren Sie, warten darauf, irgendwann wieder gerufen zu werden. Kommt dieser Ruf nicht, verharren Sie verwundert.

HAUPTMERKMAL: Ausgleichend

LEBENSPRINZIP: Wo ein Wille ist, da muß auch ein Weg sein

UNTER DIESEM DATUM HATTEN UND HABEN AUSSERDEM GEBURTSTAG:
Susanna Rowson, engl.-geb. US-Schauspielerin, Autorin d. ersten US-Bestsellers (1762–1824) – *Leo XIII.,* 1878–1903 Papst von Rom, Gründ. d. neuzeitl. Katholizismus (1810–1903) – *Paul Kretschmer,* dtsch. Linguist, spezialisiert auf Etruskisch (1866–1956) – *Pius XII,* 1939–58 Papst von Rom mit umstrittener Rolle im 2. Weltkrieg (1876–1958) – *Kurt Weill,* herausragender dtsch. Komponist v. insbes. Brechtopern (1900–1950) – *Henry Dreyfuss,* herausragender US-Industriedesigner (1904–1972) – *Ernst Haas,* US-Fotograf austr. Abst., half d. Farbfotografie aus d. Kinderschuhen (1921–1986) – *Michail Gorbatschow,* 1988–91 UdSSR-Staatspräsident, *1931 – *Lou Reed,* US-Rockmusiker, Gründ. d. Kultgruppe Velvet Underground, *1943

3. MÄRZ
Fische

VERANLAGUNG: Sie sind ungewöhnlich ehrgeizig. Für sich selbst, aber noch mehr für das Team, die Gruppe oder die Gemeinschaft, der Sie sich zugehörig fühlen. Sie durchschauen Strukturen so genau, daß Sie auch mühelos allein erfolgreich sein könnten, würden Sie dieses Wissen einfach nur ausnutzen. Das wäre Ihnen aber zu billig. Ihre ehrgeizige Willenskraft zwingt Sie dazu, stattdessen verfestigte Formen jedweder Art aufweichen zu wollen, damit sie in Ihrem Sinne gerechter werden und so ein Ausgleich im Zusammenleben entsteht. Dabei erweckt Ihre Durchsetzungskraft und Ihre Leistungsenergie bei denen starke Reaktionen und oft sogar offene Feindseligkeiten, die alles so lassen wollen, wie es ist. Instinktiv spüren Sie, daß Sie deshalb Ihre Absichten und Ziele, Ihr Gewinnenwollen hinter einer intelligent gewählten Tarnung verstecken müssen, um erfolgreich zu sein. So wählen Sie ein sehr deutliches Auftreten, Verkleiden oder Reden, das nicht unbedingt etwas mit Ihren Zielsetzungen zu tun hat, um damit Wege zu öffnen, die Ihnen sonst verschlossen blieben. Sie gebrauchen also ein von Ihrer Gruppe unterstützte Art listiger Intelligenz, um von Ihrem Wollen abzulenken und sich doch durchzusetzen.

HAUPTMERKMAL: Zielorientiert

LEBENSPRINZIP: Den eigenen Willen zur Veränderung dadurch schützen, daß man sich durch intelligente List tarnt

UNTER DIESEM DATUM HATTEN UND HABEN AUSSERDEM GEBURTSTAG:
William Godwin, engl. Philosoph, Verfechter v. Atheismus u. Anarchismus (1756–1836) – *George M(ortimer) Pullman,* US-Industrieller u. Erfinder d. Pullman-Schlafwagens (1831–1897) – *Alexander Graham Bell,* US-Audiologe schott. Abst., Erfinder des Telefons (1847–1922) – *Willie Wee Keeler,* US-Profibaseballspieler, mit 5 Fuß 4 1/2 inches einer d. größten (1872–1932) – *Jean Harlow,* US-Filmschauspielerin u. Sexsymbol d. 30er (1911–1937) – *Jörn Asger,* dän. Maler, stark von Paul Klee beeinflußt (1914–1973) – *Leopold Jessner,* dtsch. Theaterproduzent, dem expressionist. Theater verbunden (1878–1945) – *Emil Artin,* herausragender österr.-dtsch. Mathematiker (1898–1962) – *Ronald Searle,* herausragender brit. Satirezeichner, *1920

4. MÄRZ
Fische

VERANLAGUNG: Sie sind nicht bereit, aus welchen Gründen der Anpassung auch immer, einer Konfrontation auszuweichen und Vorgegebenes einfach hinzunehmen. Sie fühlen sich stark genug, verlorenen Hoffnungen, fremden Erwartungshaltungen oder sozialen Konflikten selbstehrlich und unbestechlich ins Auge zu schauen. Auch wenn es gefährlich werden könnte, ist es für Sie wichtiger, sich selbst in der Auseinandersetzung mit der Wahrheit zu finden, als der natürlichen Angst nachzugeben. Sie können sich nur in die Augen schauen, wenn Sie wenigstens immer wieder versuchen, auf Auseinandersetzungen zuzugehen. Dabei spielen für Sie Eitelkeit, Unversehrtheit oder Abgesichertheit überhaupt keine Rolle. Im Gegenteil: In Ihren Augen ist es sogar besser, nützlicher und menschlich aufwertend, wenn Sie sich selbst oder jemand anderer sich opfert, um vorhandene Schwächen im System durchschaubar und damit vielleicht bekämpfbar zu machen. So sind Sie lieber konkret ein Unterliegender und dabei in Gedanken ein moralischer Sieger, als daß Sie eingeengt in bequemen Strukturen das Leben absitzen.

HAUPTMERKMAL: Konfrontationsbereit

LEBENSPRINZIP: Vorbereitet sein auf Auseinandersetzungen und lieber verlieren als es gar nicht erst zu versuchen

UNTER DIESEM DATUM HATTEN UND HABEN AUSSERDEM GEBURTSTAG:
Heinrich der Seefahrer, Prinz von Portugal, „Vater der Seefahrt u. der Navigation" (1394–1460) – *Antonio Lucio Vivaldi,* ital. Komponist u. bedeutendster Violinist seiner Zeit (1678–1741) – *Samuel Colman,* heute noch populärer US-Landschaftmaler (1832–1920) – *Robert Emden,* innovativer schweiz. Physiker u. Astrophysiker (1862–1940) – *Bernhard Kellermann,* dtsch. Journalist mit Hang zum Technisch-Utopischen (1879–1951) – *Pearl Fay White,* eine d. erfolgreichsten frühen US-Filmschauspielerinnen (1889–1938) – *Hans Jürgen Eysenck,* brit. Psychologe dtsch. Abst., Persönlichkeitsforscher, *1916 – *Miriam Makeba,* eine d. berühmtesten afrik. Sängerinnen d. 20. Jahrh., *1932 – *James Clark,* herausragender brit. Automobilrennfahrer, tödl. verunglückt (1936–1968)

5. MÄRZ
Fische

VERANLAGUNG: Die sich scheinbar ewig wiederholenden Abläufe, die die Organisation des Alltags mit sich bringen, interessieren Sie eher wenig, wenn sie Sie nicht sogar verunsichern. Ihre Selbstfindung hat viel mehr mit den Strömungen zu tun, die Sie um sich herum wahrnehmen. Man könnte Sie einen Seismographen (Erdbebenmeßgerät) von menschlichen Strömungen nennen. Viele denken, daß schöpferische Ausdrucksformen eines Menschen aus seinem tiefsten Inneren kommen. Sie spüren, daß das zumindest bei Ihnen anders ist. Das in Ihrer Umgebung erst unbewußt Vorhandene bekommt in Ihrem Denken die richtigeren Worte und in Ihren Handlungen die überzeugenden Taten. Die in Ihnen gewachsene Überzeugung, daß Sie Ihrer inneren Inspiration und Ihren äußeren Antennen vertrauen können, führt dazu, daß Sie Ihre schöpferischen Fähigkeiten, die mit einem unbestechlich klaren Denkvermögen gepaart sind, dafür einsetzen wollen, daß endlich der Mensch und seine Bedürfnisse in den Mittelpunkt aller gemeinschaftlichen Anstrengungen gerückt werden. Dabei kann sich Ihr Anspruch, zu wissen, was die Menschen wollen und brauchen, manchmal zur Anmaßung auswachsen. Sie sind dann nicht mehr wirklich offen für die Erfahrungen anderer und versuchen alles in Ihr geschlossenes Weltbild zu pressen. Aber auch in Ihren zeitweiligen Verirrungen bleiben Sie sich treu und für die übrigen eigentlich auch einschätzbar.

HAUPTMERKMAL: Anmaßend

LEBENSPRINZIP: Der eigenen Inspiration vertrauen und daraus ideenreich und gekonnt Grundsätzliches ableiten

UNTER DIESEM DATUM HATTEN UND HABEN AUSSERDEM GEBURTSTAG:
Ludwig I., von 1342 König v. Ungarn, v. 1370 (als Ludwig) auch König v. Polen (1326–1382) – *Friedrich IV.*, „Friedrich der Aufrichtige", seit 1583 Kurfürst (1574–1610) – *Rosa Luxemburg*, die „rote Rosa", poln.-stämm. dtsch. Sozialistin u. Revolutionärin (1870–1919) – *Claude-Louis Mathieu*, herausragender franz. Astronom u. Mathematiker (1783–1875) – *Karl Rahner*, dtsch. Jesuit, mit d. wichtigste röm. kath. Theologe d. 20. Jahrh. (1904–1984) – *Pier Paolo Pasolini*, ital. Filmregisseur u. Autor (1922–1975) – *Felipe González Márquez*, 1982–1996 Ministerpräs. v. Spanien, *1942

6. MÄRZ
Fische

VERANLAGUNG: Eigentlich fühlen Sie sich wohl in der Gemeinschaft, die Sie umgibt. Sie wollen die Menschen und die Zustände um sich herum eher so lassen wie sie sich entwickelt haben, als wirklich verändernd einzugreifen. Deshalb können Sie alles um sich herum wertfrei und objektiv analysieren, um die gewonnenen Erkenntnisse dann schöpferisch umzusetzen. Das kann durch neue Erfindungen genauso sein wie durch Hineinschlüpfen in verschiedene Rollen oder einfach durch genaue Beobachtungswiedergaben. Da Ihr Bedürfnis, sich und Ihr persönliches Erleben in den Mittelpunkt zu stellen, sehr ausgeprägt ist, gibt Ihnen die Fähigkeit, geistig oder wirklich in neue Rollen zu schlüpfen, die Möglichkeit, ein Scheitern nicht allzu persönlich zu nehmen. Sie stehen wieder auf und nehmen Ihre zweite Chance dadurch wahr, daß Sie eine neue Identität annehmen. Diese können Sie der staunenden Umwelt deshalb so glaubhaft vermitteln, weil Sie es durch Ihre genaue Beobachtungsgabe fast besser als die vorher beobachteten Menschen wissen, wie diese sich verhalten oder wenigstens verhalten sollten. So wird die zuerst nur aus Not angenommene Rolle schnell zur zweiten Identität und hilft so zu neuen Lebenserfahrungen und zu einer sonst vielleicht schmerzlich vermißten Anerkennung.

HAUPTMERKMAL: Rollentypisch

LEBENSPRINZIP: Fremde Verhaltensweisen genau beobachten, verinnerlichen und als Möglichkeit zum Neustart begreifen

UNTER DIESEM DATUM HATTEN UND HABEN AUSSERDEM GEBURTSTAG:
Johannes II., 1406–1454 König v. Kastilien, Schutzpatron d. Dichter (1405–1454) – *Michelangelo Buonarroti*, einer d. bedeutendsten ital. Maler, Universalgenie (1475–1564) – *Cyrano de Bergerac Savinien*, herausragender franz. Satiriker u. Dramatiker (1619–1655) – *Joseph von Fraunhofer*, dtsch. Physiker, Wegbereiter d. Spektroskopie (1787–1826) – *Elisabeth Barrett-Browning*, engl. Dichterin insbes. berührender Liebesgedichte (1806–1861) – *Sarah Caldwell*, innovative US-Operndirigentin, Produzentin und Impressario, *1924 – *Gabriel García Márquez*, herausragender kolumb. Schriftsteller u. Drehbuchauto, *1928 – *Lorin Maazel*, bedeutsamer amerik. Dirigent u. Geiger, *1930

7. MÄRZ
Fische

VERANLAGUNG: Sie sind ein Mensch, der sich selbst und andere ohne gefühlsmäßige Verklärungen betrachten und analysieren kann. Sie wissen genau, was Sie wollen, und Sie wissen, wie Sie es erreichen. Da Sie zum Erreichen Ihrer Ziele Ihre Persönlichkeit wie eine Uniform übergestreift haben, leiden Sie nicht wirklich an Ihrem Sein. Sie stellen den Menschen, der Sie für andere sind, eigentlich eher dar, als so wirklich innerlich zu sein. So sind Sie in jeder Geste und Äußerung genau der, den man in Ihnen sieht oder sehen soll: Stoisch und schweigsam, beredet und kämpferisch oder lieb und gut. Da es für Sie wichtig ist, im Mittelpunkt des Interesses zu stehen und Sie deshalb Ihr Tun ständig öffentlich machen wollen, sind Sie eher Clown vor einem Publikum als der Nachdenkliche im stillen Kämmerlein. Sie nutzen Ihr Können, um zu begeistern, zu beeindrucken und zu unterhalten. Was die Gefahr mit sich bringt, daß Sie zu sehr auf das eigene Auftreten in der Öffentlichkeit achten und so die Wirklichkeit in Ihrer direkten Umgebung übersehen und vernachlässigen. Sie sind der geborene Menschenverführer, ein Mensch, dem man alles abnimmt, und doch bleibt in Ihnen selbst die Angst, nicht wirklich zu leben.

HAUPTMERKMAL: Überzeugendes Auftreten

LEBENSPRINZIP: Die eigenen Talente nicht unter den Scheffel stellen, sondern Mut zur Selbstdarstellung haben

UNTER DIESEM DATUM HATTEN UND HABEN AUSSERDEM GEBURTSTAG:
Ewald Christian von Kleist, mit dem Stil seiner Poesie wegweisender dtsch. Dichter (1715–1759) – *Klemens VIII.*, 1758–1769 Papst von Rom (1693–1769) – *Joseph Maurice Ravel*, herausragender franz. Komponist (1875–1937) – *Avery Milton*, US-Maler, bekannt f. seine Liebe zu kräftigen, leuchtenden Farben (1893–1965) – *Heinz Rühmann*, unvergessener dtsch. Filmschauspieler (1902–1994) – *Reinhard Heydrich*, 1931 unehrenhaft aus d. Marine entlassener SS-Funktionär (1904–1942) – *Anna Magnani*, herausragende ital. Theater- u. Filmschauspielerin (1908–1973) – *Rudolf (Rudi) Dutschke*, dtsch. Studentenführer, Kultfigur d. 60er (1940–1979) – *Walter Röhrl*, dtsch. Automobilrennfahrer; u. a. zweifacher Rallye-Weltmeister, *1947 – *Ivan Lendl*, tschech. Tennisspieler, Gewinner von acht Grand-Slam-Titeln, *1960

8. MÄRZ
Fische

VERANLAGUNG: Da Sie von jeder noch so alltäglichen Handlung persönlich überzeugt sein müssen, sind Sie eigentlich nicht geschaffen für die leichte Bewältigung des normalen Lebensablaufs. So lehnen Sie die automatische Annahme des Vordergründigen ab und machen aus der Not, daß Sie der Alltag und seine angeblichen Notwendigkeiten ängstigt, eine Tugend, indem Sie sich in die Nachdenklichkeit zurückziehen. Sie schwelgen in Gedanken, wollen überall genauer hinschauen und den Vorgängen auf den Grund gehen. Dabei kann es geschehen, daß Sie sich bei dem Versuch, Ihren zuhörenden Anhängern alles auch rational begründen und erklären zu wollen, manchmal in gedanklich-wortreiche Wucherungen verirren, die dann kaum noch einer nachvollziehen kann. Trotz dieser Gefahr, daß Sie sich leicht in der Begeisterung verlieren, sind Sie stets um Objektivität bemüht und dank Ihrer emotionsfreien Nichteitelkeit zu einem unverfälschten Blick auf Zusammenhänge fähig. Was Ihnen dabei oft als Besserwisserei ausgelegt wird, entspringt nur Ihrer tiefen Überzeugung, daß alles, wovon der Mensch überzeugt ist, er auch unbeirrt weitergeben muß. Sollten Sie sich also nicht irgendwann unverstanden zurückziehen, bleiben Sie für viele ein Initialzünder von großen menschlich-schöpferischen Impulsen.

HAUPTMERKMAL: Uneitle Autorität

LEBENSPRINZIP: Sich vom Augenscheinlichen nicht verführen lassen, den Kern zu erkennen versuchen und das vermitteln

UNTER DIESEM DATUM HATTEN UND HABEN AUSSERDEM GEBURTSTAG:
John Fothergill, engl. Arzt, d. als erster die Koronararteriosklerose erkannte (1712–1780) – *John Elder*, innovativer schott. Marineing., der d. Benzinverbrauch drastisch senkte (1824–1869) – *Frederic Masson*, franz. Historiker, analysierte Napoleon I. (1847–1923) – *Frank Albert*, herausragender u. wegweisender US-Ökonom (1863–1949) – *Otto Hahn*, dtsch. Chemiker u. Nobelpreisträger, Spezialgebiet Radioaktivität (1879–1968) – *Edward Calvin Kendall*, US-Chemiker, mit Kollegen Nobelpreis für Medizin (1886–1972) – *Eric Linklater*, brit. Romanschriftsteller, Poet u. satirischer Geschichtsschreiber (1899–1974) – *Walter Jens*, brillanter dtsch. Schriftsteller, Kritiker u. Literaturwissenschaftler, *1923 – *Anselm Kiefer*, kontrovers diskutierter dtsch. Maler, Beuys-Schüler, *1945

9. MÄRZ
Fische

VERANLAGUNG: Sie haben ein tiefes Verständnis für alles, was man als natürliche Vorgänge oder Zustände bezeichnen könnte. Sie wollen nichts mehr wirklich verändern und können deshalb lässig, locker und losgelöst von zu persönlich geprägten Emotionen das Wesen der Dinge am Himmel und auf der Erde erkennen. Und da Sie so angenommen werden wollen, wie das Schicksal Sie gedacht hat, nehmen Sie grundsätzlich alle anderen auch erst einmal so an, wie sie sich geben. Diese tolerante Haltung kann dazu führen, daß Sie oft mißverstanden werden, daß Sie anderen zu spät Grenzen setzen und daß Sie von Situationen, in die Sie mit Urvertrauen gestolpert sind, überfordert werden. Grundsätzlich fühlen Sie sich jedoch durch Ihren Glauben an die Weisheit des Lebens und an die Selbstheilungskräfte der Natur bestätigt. So leben Sie ein innerlich erfülltes Leben und genießen jede Ihrer Erinnerungen und zehren von der Reichhaltigkeit Ihrer Erkenntnisse. Wobei Ihnen immer der Kern einer Weisheit wichtiger ist als die Benennung durch ein ideologisch geprägtes Wort: Wenn etwas ausgezeichnet schmeckt, ist es für Sie eine Delikatesse, auch wenn es dem Namen nach keine sein kann. Das einzige, was sie aus der gelassenen Zufriedenheit reißen kann, ist, wenn Sie auf Positionen, Orte oder Wesensmerkmale festgezurrt werden sollen. Das hat meist panikartige Fluchtmechanismen zur Folge.

HAUPTMERKMAL: Zufriedenheit

LEBENSPRINZIP: Sich selbst und das Leben annehmen wie es ist und dabei das Glück jenseits der Alltagsangst erleben

UNTER DIESEM DATUM HATTEN UND HABEN AUSSERDEM GEBURTSTAG:
Franz Joseph Gall, dtsch. Anatom u. Physiologe, Schöpfer d. Phrenologie (1758–1828) – *Wilhelm Pfeffer*, dtsch. Botaniker, Pionier auf dem Gebiet d. Pflanzenphysiologie (1845–1920) – *Jurij Gagarin*, sowj. Kosmonaut, flog 1961 als erster Mensch in den Weltraum (1934–1968) – *Mickey Spillane*, weltweit einer d. (zurecht) meistgelesenen Kriminalautoren, *1918 – *Ornette Coleman*, US-Jazzsaxophonist, Komponist, Bandleader, Initiator d. „free jazz“, *1930 – *John Cale*, einflußreicher walis.-amerik. Rockmusiker; Sänger, Pianist u. Bratschist, *1940 – *Bobby Fischer*, amerik. Schachgroßmeister, einer d. besten Spieler aller Zeiten, *1943

10. MÄRZ
Fische

VERANLAGUNG: Gerade weil Ihnen von außen vorgegebene Regeln oft nicht einleuchten und Sie auch nur schwer überzeugbar sind, fällt Ihnen die Bewältigung des Alltags mit seinen vielen Automatismen eher schwer. So verhalten Sie sich fast absichtlich nachlässig und schieben täglich wiederkommende Probleme oft bewußt von sich. Sie wollen Ihre Kräfte eher dafür einsetzen, das eigene Selbst in fast naiv zu nennenden Gedankenprozessen zu finden. Die Dualität des Lebens, das Yin und Yang, das Passive und Aktive, das Vergehen und Werden des Daseins interessiert Sie, und Sie empfinden das Absterben von alten Mustern als richtig, da es Platz schafft für Neues, oft Besseres. Deshalb faszinieren Sie die verborgenen Sinnzusammenhänge, die Strukturen, die hinter den von Menschen geschaffenen stecken könnten. Das Heute moralisch zu bewerten langweilt Sie, wo doch das erahnte Morgen der Menschheit um so vieles klarer und reiner sein könnte. Allein schon, daß diese Hoffnung Wirklichkeit werden könnte, gibt Ihnen immer wieder die schöpferische Kraft, weiterzudenken und weiterzuträumen. Dabei genügt es Ihnen, Ihre Gedanken und Empfindungen in eine künstlerische Form zu gießen, und Sie vernachlässigen dabei die Auseinandersetzung mit der realen Umwelt. So ziehen Sie sich eher in sich zurück als für Ihre Visionen zu kämpfen.

HAUPTMERKMAL: Nicht im Hier und Jetzt

LEBENSPRINZIP: Die phantasievolle Ahnung von dem, was sein könnte und wird, erhebt über die Sinnlosigkeit des Alltags

UNTER DIESEM DATUM HATTEN UND HABEN AUSSERDEM GEBURTSTAG:
Henry Thornton, herausragender engl. Ökonom, Bankier u. Philantrop (1760–1815) – *Friedrich von Schlegel,* hochintellektueller Dichter, Literaturkritiker u. Philosoph (1772–1829) – *Alexander III.,* 1881–1894 Zar von Russland (1845–1894) – *H(enry) W(atson) Fowler,* herausragender engl. Lexikograph u. Philologe (1858–1933) – *Joseph Freiherr von Eichendorff,* spätromantischer dtsch. Schriftsteller (1788–1857) – *Jakob Wassermann,* oft m. Dostoyecsky verglichener dtsch. Schriftsteller (1873–1934) – *Josef (Jupp) Derwall,* dtsch. Fußballer, 1978–84 Trainer d. dtsch. Nationalmannschaft, *1927 – *Bix Beiderbecke,* US-Jazzcornettist, herausragender Improviseur u. Komponist, *1931

11. MÄRZ
Fische

VERANLAGUNG: Bei Ihnen kann man von dem endgültigen Sieg des Freiheitsgedankens gegen die Anpassung reden. Der Alltag und seine Gesetze von Berechnung, Durchsetzung und Umgangsformen sind für Sie nicht sehr überzeugend. Deshalb halten Sie das alles für vernachlässigbar. Sie haben eine Ahnung oder sogar schon ein festes Wissen von dem in Ihren Augen wirklich Wichtigen. Durch Ihre souveräne Haltung zu Gefühlsvorgängen, Ihr unbestechliches Beobachtenkönnen und durch Ihre innere Unabhängigkeit haben Sie eine Erfahrung gemacht, die man früher göttlich genannt hat und heute vielleicht als wirklichen Durchblick ansehen könnte. Jetzt stellt sich jedoch die Frage: Ist Platz für ein Leben nach Grundsätzen, die im Alltag nicht sehr gefragt, oft sogar hinderlich sind? Und wenn da kein Raum sein sollte, wie könnten Sie dann die Welt um sich herum in Ihrem Sinn verändern? Trotz Ihrer inneren Unaufgeregtheit bei Dingen, die fast alle anderen bewegen, entsteht deshalb eine Art Sendungsbewußtsein. Sie müssen einfach versuchen, die Menschen von den unendlichen Möglichkeiten zu überzeugen, die in allen schlummern und Ihrer Meinung nach nur geweckt werden müssen.

HAUPTMERKMAL: Unbeirrbar

LEBENSPRINZIP: Die sich einem offenbarten Einsichten müssen Einzug ins alltägliche Leben der Menschen finden

UNTER DIESEM DATUM HATTEN UND HABEN AUSSERDEM GEBURTSTAG:
Ibn al-Farid, herausragender arab. Dichter u. Sufi-Mystiker (1181 oder 82–1235) – *Leo X.,* 1513–1521 Papst von Rom, einer der extravagantesten d. Renaissance (1475–1521) – *Jan Frans Willems*, fläm.Schriftsteller, Polemiker u. herausragender Philotologe (1793–1846) – *Marius Petipa*, brillanter wegweisender russ. Tänzer u. Choreograph (1818–1910) – *Carl Ruggles*, extravaganter u. extraordinärer US-Komponist (1876–1971) – *Dorothy Elisabeth Gish*, US-Bühnenschauspielerin u. Star d. frühen Stummfilme (1898–1968) – *Nicolaas Bloembergen,* US-Physiker holl. Abst., mit Kollegen Nobelpreis f. Physik, *1920 – *Zino Davidoff,* franz. Zigarren-, Zigaretten- u. Herrenparfumhersteller, *1906 – *Rupert Murdoch*, austral.-stämm. Medienmagnat mit sicherem Gespür f. d. Masse, *1931 – *Al Jarreau,* US-Jazzsänger, beherrscht den v. L. Armstrong ersonnenen scat perfek,t *1940

12. MÄRZ
Fische

VERANLAGUNG: Sie sind keiner, der mit herkömmlichen Maßstäben einzuschätzen ist. Im Gegensatz zu den meisten Menschen sind Ihnen verlogene Äußerlichkeiten lästig, und Sie wehren sich vehement gegen alles, was Sie nicht überzeugt und keine Substanz aus sich selbst heraus hat. Ihr unbedingter Freiheitsdrang und Ihr Bestehen auf Echtheit führen dazu, daß Sie immer und überall einen Teil von sich selbst geben, wenn Sie denn endlich nach schwerem Anlauf tätig werden. Das tun Sie eigentlich überhaupt nur, weil Sie glauben, Erkenntnisse, Talente oder Möglichkeiten zu haben, die nicht viele besitzen. Sie fühlen sich deshalb verpflichtet, diese auch anzuwenden und den Menschen zugänglich zu machen. Da Sie aber einmal in Fahrt nichts ohne innere Überzeugung tun können, ist die totale Erschöpfung meist Ihre einzige Bremse, nachdem Sie sich einer freiwillig übernommenen Aufgabe völlig hingegeben haben. Dabei ist Ihnen bei Entscheidungen oft die eigene Sensibilität im Wege: Sie können anderen nur schlecht Grenzen setzen und verlieren deshalb oft im Gestrüpp alltäglicher Anforderungen den Überblick. Obwohl Sie nichts so sehr verabscheuen wie die direkte Lüge von Menschen, die nicht zu ihrer Verantwortlichkeit stehen wollen, entziehen auch Sie sich oft selbst den zu großen Anforderungen durch die indirekte Lüge des Ausweichens.

HAUPTMERKMAL: Total oder gar nicht

LEBENSPRINZIP: Die eigenen besonderen Möglichkeiten unter Einsatz aller Kräfte anderen Menschen zugänglich machen

UNTER DIESEM DATUM HATTEN UND HABEN AUSSERDEM GEBURTSTAG:
William Buckland, Geologe u. Geistlicher, wollte Darwin widerlegen (1784–1856) – *Luitpold,* 1886–1912 König v. Bayern, machte München z. europ. Kulturzentrum (1821–1912) – *Adolph Simon Ochs,* US-Verleger, Besitzer d. renommierten „New York Times" (1858–1935) – *Mustafa Kemal Atatürk,* Gründer d. Republik Türkei u. 1923–1938 ihr 1. Präsident (1881–1938) – *Hans Knappertsbusch,* dtsch. Orchester- u. Operndirigent, bes. v. Wagner, Strauß (1888–1965) – *Jack Kerouac,* vom Zen-Buddhismus beeinflußter US-Kultschriftsteller d. 50–70er (1922–1969) – *Andrew Young,* jr., US-Politiker, Bürgerrechtler u. Geistlicher aus New Orleans *1932

13. MÄRZ

Fische

VERANLAGUNG: In Ihren Augen ist jeder Mensch eine Insel im weiten Meer der Menschheit. Deshalb ist für Sie die Voraussetzung einer eigenen freien Entwicklung die Erforschung und das Annehmen der Grenzen des eigenen Selbst, der eigenen ‚Insel'. Ihrer Überzeugung nach kann erst derjenige, der innerhalb seiner ursprünglichen Möglichkeiten alles erfahren und probiert hat, den Schritt wagen, eine Ausdehnung der eigenen Begrenzungen zu wagen. Erst ein Mensch, der für sich das Wunder ‚Leben', die Entwicklung des ureigensten Charakters und den Ursprung des Selbst entdeckt hat, wird sich offen mit der Außenwelt identifizieren und auseinandersetzen können. Zuerst also muß jeder die Grenzen des eigenen Ichs ertasten, dann kann der Kontakt zu anderen erfolgen, um schließlich die Empfindung zu ermöglichen, Mittelpunkt eines Einheitsgefühls mit Natur und Kosmos zu sein. Sie sind der festen Überzeugung, daß Sie den richtigen Weg gehen und daß es für Sie am Ende keine Begrenzung des Gefühls und der Möglichkeiten geben wird. Das läßt Sie einerseits absichtslos die Dinge geschehen lassen und gleichzeitig für andere unwiderstehlich überzeugend wirken. Sie setzen sich den Dingen aus und warten in fester, manchmal eitler Selbstüberzeugung darauf, was geschieht.

HAUPTMERKMAL: Sich selbst treu

LEBENSPRINZIP: Nur wer das eigene Selbst bis an die Grenze erkundet und angenommen hat, kann nach außen gehen

UNTER DIESEM DATUM HATTEN UND HABEN AUSSERDEM GEBURTSTAG:
Innozenz XII., 1691–1700 Papst v. Rom (1615–1700) – *Charles Bonnet*, brillanter schweiz. Naturalist u. philosoph. Schriftsteller (1720–1793) – *Joseph II.*, 1765–80 mit s. Mutter , 1780–90 allein Kaiser d. Heilig. Röm. Reiches (1741–1790) – *Karl Friedrich Schinkel*, führender dtsch. Architekt u. Maler (1781–1841) – *Karl Lachmann*, dtsch. Begründer d. philologischen Textkritik (1793–1851) – *Joseph Priestley*, engl. Geistl. u. Chemiker, entdeckte d. Sauerstoff in Reinform (1833–1804) – *Hugo Wolf*, österr. Komponist (1860–1903) – *Sir Hugh Walpole*, brit. Romanautor, Kritiker u. Dramatiker, glänzender Erzähler (1884–1941) – *Janet Flanner*, amerik., 45 Jahre lang Pariser „New Yorker" Korrespondentin (1892–1978) – *William J. Casey*, 1981–1987 unter Reagan mächtiger u. kontroverser CIA-Direktor (1913–1987)

14. MÄRZ
Fische

VERANLAGUNG: Gerade weil Ihr gesamtes Ich ursprünglich sehr rational geprägt ist und weil Sie von Ihrer eigenen Urteilskraft so überzeugt sind, nehmen Sie keinerlei Dogmen (vorgeschriebene Überzeugungen) ungeprüft an. Sie können phantastische Phänomene, schöpferische Entstehungsprozesse oder emotionale Bedingtheiten unbestechlich beobachten und auf den Punkt genau analysieren. Sie fühlen sich aber gerade wegen dieser Sicht, die der eines Vogels auf Ameisen gleicht, anderen leicht überlegen und geraten dadurch in Gefahr, in ihren Reaktionsweisen genauso sinnentleert automatisch zu werden wie die Beobachteten. Davor bewahrt Sie nur die ausgeprägte Fähigkeit, daß Sie es erkennen, wenn Sie am Ende einer Sackgasse im Denken angekommen sind. Sie verlieren nie wirklich den Kontakt zu Ihrem äußerst sensiblen und schöpferischen Selbst und wehren sich instinktiv gegen das Starrwerden in liebgewordenen Gewohnheiten. Sie gehen lieber das Risiko eines Neuanfanges ein als seelisch zu verfetten. Als eine Art Schutz dagegen suchen Sie immer wieder die Spontaneität und Ursprünglichkeit der eigenen Kindlichkeit. Dadurch erreichen Sie nach einem überwundenen roten Punkt innerlich größere Höhen als zuvor. So führt Ihre stetige Suche nach der eigenen Mitte zu immer neuen Wegen und läßt Sie ein ungeheuer kreatives Leben führen, wobei Ihnen offenbar nie das wichtig erscheint, wofür andere alles geben würden.

HAUPTMERKMAL: Kindlicher Ausdruck

LEBENSPRINZIP: Immer wieder die eigene Bequemlichkeit im Denken überwinden und zu neuer Spontaneität zurückfinden

UNTER DIESEM DATUM HATTEN UND HABEN AUSSERDEM GEBURTSTAG:
Paul Ehrlich, genialer dtsch. Bakteriologe, Nobelpreis f. Physiologie (1854–1908) – *Casey Jones,* US-Eisenbahn-Ingenieur, sein Tod machte ihn zum Volkshelden (1864–1900) – *Alfred Redl*, österr. Generalstabsoffizier, zugleich Spion d. zaristisch. Rußlands (1864–1913) – *Albert Einstein*, genialer dtsch.-amerik. Physiker, Begründer d. Relativitätstheorie (1879–1955) – *Adolph Gottlieb*, beachtlicher Maler aus d. Schule d. Abstrakten Expressionismus (1903–1974) – *Michael Caine,* engl. international geschätzter Schauspieler, *1933 – *Quincy Jones Delight jun.*, begnadeter US-Jazzmusiker u. Plattenproduzent, *1933

15. MÄRZ

Fische

VERANLAGUNG: Sie sind emotionalen Verstrickungen gegenüber immer sehr wachsam. Instinktiv fühlen Sie, daß Sie nicht nur unbegründete Gesellschaftsnormen und überkommene Traditionen in ungeliebte Anpassungsprozesse zwingen, sondern auch die zu große Nähe zu Menschen, die glauben, daß Zuneigung durch Gleichartigkeit ausgedrückt werden muß. Sie verstehen dieses Bedürfnis nach Übereinstimmung nicht: Sie bestehen auf Ihre freie Entwicklung und auf das Recht zu ureigensten Reaktionen. Für Sie mag es zwar noch angehen, daß das Leben im Grundsatz viel Ähnlichkeiten in sich birgt. Sie sehen aber nicht ein, warum Selbstverwirklichung nur in dem engen Rahmen stattfinden darf und soll, den irgendwer oder irgendwas vorschreiben. Da Sie aber bei Widerständen eher ausweichen als sich direkt zu wehren, findet man Sie häufig fern der ursprünglichen Heimat oder sonst weit weg von den in Ihren Augen unangemessenen Erwartungshaltungen. So führt Ihr eigener Freiheitsdrang dazu, daß Sie ein Mensch sind, der lebt und leben läßt. Einer, der selbst zu nichts gezwungen werden will und der deswegen auch andere nicht mit Schablonen oder Verurteilungen einengen möchte. Sie gewöhnen sich daran, auf neue Herausforderungen immer wieder überraschend zu reagieren und immer wieder ungewöhnliche Wege einzuschlagen. Läßt man Sie dabei gewähren, sind Sie für die meisten ein angenehmer Zeitgenosse.

HAUPTMERKMAL: Freundlicher Granit

LEBENSPRINZIP: Den Platz suchen, wo man selbst leben kann und andere dort ebenso selbstbestimmt leben lassen

UNTER DIESEM DATUM HATTEN UND HABEN AUSSERDEM GEBURTSTAG:
Georg Bahr, dtsch. Architekt, Erbauer der Dresdner Frauenkirche (1666–1738) – *Emil von Behring,* genialer Bakteriologe, Begr. d. Immunologie, Nobelpreisträger (1854–1917) – *Paul Ehrlich,* brillianter dtsch. Bakteriologe, Nobelpreis f. Physiologie (1854–1908) – *Christian Michelsen*, norw. Politiker, erkl. d. Trennung Dänemarks v. Schweden (1857–1925) – *Zarah Leander*, schwed. Schauspielerin u. Sängerin mit unverkennbarer Stimme (1907–1981) – *Joe Louis*, legendärer US-Boxer 1937–1949 Weltmeister im Schwergewicht (1914–1981) – *Ruth Bader Ginsberg*, überdurchschnittlich erfolgreiche US-Anwältin u. Feministin, *1933

16. MÄRZ
Fische

VERANLAGUNG: Die Angst vor seelischer Verausgabung und die Absicherung gegen alle emotionalen Unwägbarkeiten haben Sie lange Zeit innerlich distanziert die Dinge treiben lassen. Anstatt wirklich engagiert vorzugehen, haben Sie lieber genau beobachtet und wegen des gefühlsfreien Überblicks ungewöhnliche Erfolge einfahren können. Erfolge, die zwar in Ihren Augen wegen Ihrer Leistung berechtigt waren, die sie aber dennoch eher intellektuell genossen haben, als daß diese Sie innerlich ausgefüllt hätten. Trotzdem gibt Ihnen das Erreichte die Kraft, endlich den seelischen Mut zum inneren Engagement zu entwickeln und die Angst vor wirklicher Nähe zu verlieren. Sie wollen weg von der Oberflächlichkeit hin zu Taten, die Ihnen wahre Lebendigkeit offenbaren sollen. Sie fühlen sich wie ein Stein, der am Hang liegt und sich nur noch rollen lassen muß, um seine gefangene Energie freizusetzen. So ist das Erreichen irgendeines Erfolges oft die Voraussetzung für Sie, um endlich impulsiv und vom Augenblick begeistert durchstarten zu können.

HAUPTMERKMAL: Auf der Suche

LEBENSPRINZIP: Nur der wirklich Erfolgreiche kann den Mut aufbringen, alles zu hinterfragen und alles zu riskieren

UNTER DIESEM DATUM HATTEN UND HABEN AUSSERDEM GEBURTSTAG:
James Madison, 1809–17 d. 4. Präsident der USA u. einer deren Gründerväter (1751–1836) – *Georg Simon Ohm*, dtsch. Physiker, Entdecker d. elektr. Maßeinheit Ohm (1789–1854) – *Petrovitch Mussorgski*, herausragender russ. Komponist (1839–1881) – *Heinrich Gustav,* dtsch. Physiker, entdeckte d. Helium i. d. Erdatmosphäre (1853–1840) – *Aleksandr Popov*, russ. Physiker u. Elektroingenieur, einer d. Väter d. Radios (1859–1905) – *Maxim Gorki,* wichtiger russ. Romanschriftsteller u. Verfasser v. Kurzgeschichten (1868–1936) – *Reza Shah Pahlevi*, iran. Armeeoffizier, 1925–41 Schah von Persien (1878–1944) – *Bernardo Bertolucci*, ital. Filmregisseur mit Hang zu erotischen Darstellungen (1940–1972) – *Jerry Lewis*, amerik. Schauspieler, Regisseur u. Produzent, *1926

17. MÄRZ
Fische

VERANLAGUNG: Aus intellektueller Angst, sich emotionell zu stark auszuliefern, haben Sie sich daran gewöhnt, genauer, unbestechlicher und auch analytischer als andere die Vorgänge um sich herum zu beobachten. Da Ihnen die Hingabe an eine zu persönliche Bindung als Verlust Ihrer Individualität erscheint, setzen Sie Ihre ungenutzten Kräfte dafür ein, Ihre Fähigkeiten bis zur Perfektion zu entwickeln, um diese dann für die vielfältigen Bedürfnisse der Gesellschaft einzusetzen. Wobei es Ihnen gleichgültig ist, ob diese nun künstlerisch sind, technisch, materiell oder geistig, Hauptsache Sie persönlich tragen Wesentliches bei. Sie spüren, daß Sie dieses Engagement brauchen, um der inneren Heimatlosigkeit zu entgehen. Das erreichen Sie, indem Sie konzentriert immer und überall für die unterschiedlichsten menschlichen Wünsche Lösungen suchen. Und einer wie Sie, der so auf seine eigene Individualität pocht, achtet natürlich in seinen Taten auch auf die freie Entwicklung jedes Einzelnen. So kämpfen Sie für andere, um Sie selbst bleiben zu können.

HAUPTMERKMAL: Aufgabenorientiert

LEBENSPRINZIP: Das eigene Streben nach freier Selbstentfaltung mit engagiertem Können auch in anderen fördern

UNTER DIESEM DATUM HATTEN UND HABEN AUSSERDEM GEBURTSTAG:
Francesco Albani, herausragender ital. Maler, Assistent Guido Renis (1578–1660) – *Carsten Niebuhr,* Dtsch., einzig Überlebender der ersten Arabienexpedition (1733–1815) – *Karl Guthkow*, Dramatiker u. Pionier d. modernen Gesellschaftsromans (1811–1878) – *Gottlieb Wilhelm Daimler*, dtsch. Ing., 1887 Patent auf d. Daimler-Motor (1834–1900) – *Joseph Weinberger*, dtsch. Komponist brillianter Orgelsonaten (1839–1901) – *Kate Greenaway,* mit ihrer Arbeit bezaubernde engl. Kinderbuchillustratorin (1846–1901) – *Clara Morris,* US-Schauspielerin, d. ideale Besetzung v. Melodramen (1848–1925) – *Henry Taylor*, brit. Schwimmer, fünf olymp. Goldmedaillen u. div. Weltrekorde (1885–1951) – *Gloria Swanson,* glamouröse Hollywood-Schauspielerin d. 20er bis 50er (1899–1983) – *Nat King Cole*, herausragener Jazzpianist u. Sänger v. Schmuseballaden (1919–1965) – *Siegfried Lenz*, einer d. erfolgreichsten dtsch. Nachkriegsschriftsteller, *1926 – *Rudolf Nurejew*, russ.-österr. Tänzer u. Choreograph mit enormem Charisma (1938–1993)

18. MÄRZ
Fische

VERANLAGUNG: Ihr Selbstdarstellungsbedürfnis der Außenwelt gegenüber ist nur sehr gering entwickelt, und Sie finden im realen Leben eigentlich auch nur wenig, was Ihren absoluten Ansprüchen genügt. So ziehen Sie sich häufig in eine analytisch geprägte Wunschwelt zurück, in der Sie mit viel Vorstellungskraft ein Gesamtgebilde erdenken, das ineinandergreift und eine befriedigende Einheitlichkeit bildet. Nur in solchen Augenblicken der Hoffnung auf Harmonie haben Sie die Kraft, auch im wirklichen Leben für die Überzeugung zu kämpfen, daß die verschiedensten Lebensprozesse, individuelle Forderungen und sonstige Unterschiedlichkeiten zumindest dann zusammenführbar sind, wenn man nur entsprechend willensstark an eine Gesamtlösung herangeht. Obwohl Sie sich nur ungern aus Ihren Träumen reißen lassen, läßt Ihr Realitätssinn Sie dennoch immer wieder einsehen, daß es unvermeintlich ist, daß aus der vorstellbaren oder manchmal auch erreichten Einheitlichkeit wieder Unterschiedlichkeiten und Gegensätze erwachsen. Und tief in Ihrem Inneren spüren Sie intuitiv, daß das richtig so ist: Genau wie sich auch aus der Urmasse der Erde Millionen unterschiedliche Lösungen ein- und desselben Überlebenskampfes entwickelt haben.

HAUPTMERKMAL: Willensgeprägt

LEBENSPRINZIP: Jede irgendwann erreichte Einheitlichkeit muß im Sinne der Weiterentwicklung wieder zerfallen

UNTER DIESEM DATUM HATTEN UND HABEN AUSSERDEM GEBURTSTAG:
Johannes IV., 1630–40 d. 8. Herzog, ab 1640 König v. Portugal (1604–1656) – *Friedrich Nikolai,* dtsch. Schriftsteller, führende Figur i. d. deutschen Aufklärung (1733–1811) – *Friedrich Hebbel,* hochintellektueller u. maßgeblicher dtsch. Lyriker u. Dramatiker (1813–1863) – *Rudolf Christian Karl Diesel,* dtsch. Ingenieur, Erfinder des Dieselmotors (1858–1913) – *Christa Wolf,* eine d. bedeutendsten zeitgenöss. dtsch. Literatinnen, *1929 – *John Updike,* vielfach ausgezeichneter US-Bestsellerautor, *1932 – *Rudi Altig,* dtsch. Radrennfahrer, in den 60ern einer der weltbesten, *1937 – *Melina Mercouri,* griech. Sängerin, v. 1981–89 u. 1993–94 griech. Kultusministerin (1925–1994)

19. MÄRZ
Fische

VERANLAGUNG: Sie sehen in Figuren der Gegenwart oder der Geschichte die Menschwerdung von Idealvorstellungen, denen Sie folgen wollen. Und Sie spüren, daß Sie es sind, der die Kraft und die Energie in sich hat, diesen Idealen zum Durchbruch zu verhelfen. Ihrer Meinung nach haben nur Sie die Qualifikation, die notwendig ist, und Sie warten nur darauf, loszulegen. Dieses Selbstbewußtsein, das fast an Sendungsbewußtsein erinnert, fällt irgendwann derart auf, daß Sie wirklich immer dann gerufen werden, wenn neue Wege beschritten werden sollen. Da Sie immer und überall die Zeit für einen Neuanfang kommen sehen, stellen Sie für Ihre Umgebung eine Art Grundmuster dar, das sich durch Visionen auszeichnet, durch Können, Organisationstalent oder Analysefähigkeit. Da Sie sich selbst nur schwer verstellen können und auch zu dem stehen, was Sie tun oder getan haben, hängt Ihr Lebensweg, der Sinn oder Unsinn, Erfolg oder Mißerfolg allein davon ab, für welche Idee oder für welchen Idealtypus Sie kämpfen. Man könnte auch sagen, davon, welche Realität Ihrem Idealismus folgt.

HAUPTMERKMAL: Selbstgerecht

LEBENSPRINZIP: Von einer Person oder einem Ideal überzeugt zu sein, gibt einem die Kraft, alles dafür einzusetzen

UNTER DIESEM DATUM HATTEN UND HABEN AUSSERDEM GEBURTSTAG:
Johannes Magnus, schwed. röm.-kath. Erzbischof, Historiker u. Gelehrter (1499–1544) – *Johann Peter Frank,* dtsch. Arzt, Pionier d. sozialen Gesundheitswesens (1745–1821) – *Elias Kicks*, liberaler US-Quäker, kämpfte gegen die Sklaverei (1748–1830) – *David Livingstone,* schott. Missionar, Afrikaforscher und Schriftsteller (1813–1873) – *Wyatt Earp*, amerik. Wild-West-Held, der sich als furchtlosen Gesetzesvertreter sah (1848–1929) – *Takamura Koun*, japan. Bildhauer, dessen Arbeit d. Kunst d. Holzschnitzens erhält (1852–1934) – *Hans Küng*, kontrovers diskutierter schweiz. röm.-kath. Kirchenkritiker, *1928 – *Egon Krenz*, SED-Politiker, Okt.–Dez. 1989 Staatsratsvorsitzender der DDR, *1937

20. MÄRZ
Fische

VERANLAGUNG: Da für Sie das Globale immer im kleinen persönlichen Los stattfindet, blicken Sie mit sehr viel Einfühlungsvermögen auf das Schicksal des Einzelnen in der Gesellschaft. Dabei gibt es in Ihren Augen für niemanden eine bewußt gelebte Gegenwart oder hoffnungsvolle Zukunft, der nicht Rechenschaft über seine Vergangenheit abgelegt hat. Mit dieser Anforderung stellen Sie hohe Ansprüche an sich und an die Umgebung, was bisweilen zu einer gnadenlosen Wahrheitsfanatik führen kann. Da sich Ihrer Meinung nach jede Verdrängung in Handlungen widerspiegelt, wollen Sie nicht herumreden, sondern alles direkt ansprechen. Dabei verabscheuen Sie jegliche Scheinmoral, Verlogenheit oder Feigheit aus Konvention. So sind Sie ein nach vorne stürmender Mensch, mit manchmal traurig rückblickendem Erinnerungsvermögen, der dem eigenen Kreislauf von Erwartung und Resignation, von Hoffnung und Realität oft nur seinen Mut zum Wiederaufstehen entgegenzusetzen hat.

HAUPTMERKMAL: Streitbar

LEBENSPRINZIP: Grundlage eines jeden Neustarts ist das Begreifen der Vergangenheit und der Mut zur Wahrheit heute

UNTER DIESEM DATUM HATTEN UND HABEN AUSSERDEM GEBURTSTAG:
Friedrich Hölderlin, dtsch. Lyriker, einer d. wichtigsten (1770–1843) – *Henrik Ibsen*, norw. Dramatiker u. Begründer d. modernen Gesellschaftsromans (1828–1906) – *Beniamino Gigli*, ital. Tenor, Nachfolger von Enrico Caruso (1890–1957) – *B. F. Skinner*, einer d. wichtigsten US-Psychologen u. Verhaltensforscher (1904–1990) – *Sir Michael Redgrave*, herausragender brit. Bühnen- und Filmschauspieler (1908–1985) – *Sviatoslav Richter*, russ. Pianist mit herausragender Technik, *1915 – *Frank Stanton*, innovativer US-Funk- und TV-Manager, 1946–71 CBS-Präsident, *1908 – *Erwin Neher*, dtsch. Physiker, mit B. Sakmann Nobelpreis f. Medizin, *1944

Widder

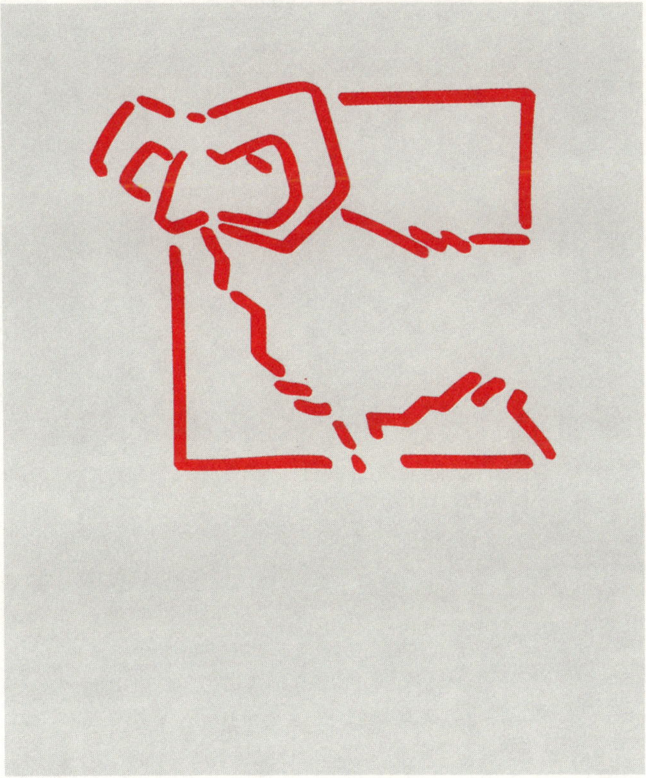

21. MÄRZ
Widder

VERANLAGUNG: Zwei vollkommen gegensätzliche Kräfte kämpfen in Ihnen miteinander. Zum einen neigen Sie dazu, das Leben auf sich zukommen zu lassen, es eher erklären als selbst gestalten zu wollen. Anderseits steckt tief in Ihnen schon das Saatkorn eines völligen Neuanfangs. Dieser Impuls, der seine Kraft aus der Bewußtwerdung des eigenen Ichs, der ureigensten Individualität erhält, ist aber noch sehr schwach und birgt eher die Möglichkeit in sich als die wirkliche Tat. Trotzdem öffnet dieser Keim in Ihnen das Wollen, daß das, was Sie gedanklich erkannt und eingeordnet haben, auch in der äußeren Welt sichtbar wird. Das können Sie dann mit außerordentlich starkem Engagement verfechten, aber auch genauso schnell wieder wollen Sie manchmal in den bequemen Zustand des Laufenlassens abtauchen. Erfolgreicher Neustart mit engagiertem Tun oder verunsicherter Rückzug hängen von der Kraft ab, mit der der Aufbruch in die Außenwelt gelingt und mit wieviel mutiger Energie Sie den inneren Schweinehund überwinden. Aus diesem stetigen inneren Widerstreit bekommen Sie leicht das Gefühl, sich ständig wehren zu müssen und Sie tun das auch: Manchmal sehr direkt und ohne Rücksicht auf Folgen.

HAUPTMERKMAL: Kämpferische Unsicherheit

LEBENSPRINZIP: Trotz des wiederkehrenden Zweifels dem inneren Impuls folgen und seinen Platz suchen und erobern

UNTER DIESEM DATUM HATTEN UND HABEN AUSSERDEM GEBURTSTAG:
Johann Sebastian Bach, einer d. wichtigsten dtsch. Komponisten (1685–1750) – *Jean Paul,* dtsch. Autor mit Hang zum Phantastischen (1763–1825) – *Alice Henry,* austral. Journalistin u. Feministin m. Aktionsgebiet Austral. u. d. USA (1857–1943) – *J. Paul Weiss,* brill. US-Biologe österr. Abst., Spezialgebiet Nervenregeneration (1898–1989) – *John D. Rockefeller III.,* ältester Sohn d. reichsten Mannes d. Welt u. Wohltäter (1906–1978) – *Dietrich Genscher,* dtsch. FDP-Politiker, 1974–92 Außenminister, *1927 – *Mohammed Jasir Arafat*, seit 1989 1. Präs. des Staates Palästina u. Chef d. PLO, *1929 – *Hubert Fichte*, dtsch. Schriftsteller autobiographisch geprägter Romane (1935–1986) – *Ayrton Senna*, bras. Automobilrennfahrer, u. a. dreimaliger Formel-I-Weltmeister (1960–1994) – *Lothar Matthäus*, dtsch. Fußballer, u. a. Weltmeister 1990 u. Europameister 1980, *1961

22. MÄRZ
Widder

VERANLAGUNG: Sie sind sich der eigenen Individualität bewußt geworden und tauchen auf aus dem träge Dahinfließen des Daseins. Dabei gelingt der Versuch der Orientierung durch genaue Beobachtung und durch Provokation von Widerständen. Sie wollen nicht dumpf vor sich hinleben, Sie wollen mit allen Sinnen wahrnehmen und diese möglichst auch nutzen. So kommt es zu einer unbedenklichen Initiativhaltung und einer meist erfrischenden Sicht der Dinge des Lebens. Ihre Fähigkeit, nicht nur das Verhalten anderer genau zu sehen, sondern darin auch einen Spiegel des eigenen Verhaltens zu erkennen, führt zu einer humorvollen Haltung gegenüber den eigenen Unzulänglichkeiten und einer objektiven Sicht der Möglichkeiten. Dabei hassen Sie Stillstand oder Rückschritt. Tatenlose Ruhe wird von Ihnen als Einengung empfunden und Hindernisse als Stimulanz. So scheinen Sie mühelos in der Lage zu sein, Ihre Umwelt ständig herauszufordern, zu überraschen oder wenigstens zu beunruhigen. Da Sie den Mut zur Individualität und zur Selbsterkenntnis von jedem erwarten, gehen Sie in wahrheitsliebender Taktlosigkeit auf Menschen zu und widersetzen sich so den erwarteten Spielregeln der Gesellschaft.

HAUPTMERKMAL: Aktivitätsdrang

LEBENSPRINZIP: Versuchen, sich und andere objektiv zu erkennen und daraus Möglichkeiten des Handelns ableiten

UNTER DIESEM DATUM HATTEN UND HABEN AUSSERDEM GEBURTSTAG:
Adam Sedgwick, herausragender u. wegweisender engl. Geologe (1785–1873) – *Pierre-Joseph Pelletier*, US-Chemiker, isolierte u. a. mit Kollegen das Chlorophyll (1788–1842) – *Wilhelm I.*, 1871–88 1. Kaiser des neuen dtsch. Reiches,1861–88 König v. Preußen (1797–1888) – *Randolph Caldecott*, engl. Satirezeichner u. Buchillustrator (1846–1886) – *Ruth Page*, US-Tänzerin u. Choreographin, „Grande Dame des Tanzes" i. Chicago (1899–1991) – *Marcel Marceau*, „Bip" (halb Pierrot, halb Charlie Chaplin), franz. Pantomime, *1923 – *Bruno Ganz*, herausragender schweiz. Charakterschauspieler, *1941 – *André Heller*, österr. Sänger, Liedermacher, Aktionskünstler u. Schriftsteller *1946 – *Andrew Lloyd Webber*, d. erfolgreichste engl. Musical-Komponist aller Zeiten, *1948

23. MÄRZ
Widder

VERANLAGUNG: Sie glauben, daß die Sinn- und Ziellosigkeit deshalb so weit verbreitet ist, weil der Mensch, der sich seiner Individualität bewußt geworden ist, sich nur noch als Einzelwesen erkennt und so verlernt hat, sich mit dem Geschehen um sich herum zu identifizieren. Sie selbst beobachten diese Erscheinungen, da Sie sich aber mit der Uridee des Daseins auf magische Weise verbunden fühlen, spüren Sie selbst diese Entfremdung nicht. Sie erspüren und erkennen die Übereinstimmung jedes noch so kleinen Vorganges mit dem Rhythmus des gesamten Weltgeschehens oder sogar des Universums. In Ihnen verströmt sich das Gefühl, Teil der Schöpfung und Handelnder der menschlichen Evolution zu sein. So sehen Sie eher als andere und auch umfassender Zusammenhänge von als unvereinbar geltenden Dingen, und Sie empfinden sich immer als Teilnehmer eines größeren Sinnzusammenhanges. So entsteht in Ihnen in allem, was Sie tun, auch ein Gefühl der Identität mit dem Da-Sein, das Ihnen ein Zufriedenheitsgefühl beschert, aus dem heraus Sie zu ungewöhnlichen schöpferischen Leistungen fähig werden.

HAUPTMERKMAL: Selbstsicher

LEBENSPRINZIP: Sich immer als Teil der Gesamtevolution sehen und daraus die Kraft zu Ungewöhnlichem ziehen.

UNTER DIESEM DATUM HATTEN UND HABEN AUSSERDEM GEBURTSTAG:
Nicolas Fouquet, Staatsgelder veruntreuender franz. Finanzmin. unter Louis XIV. (1615–1680) – *Ludwig Quidde*, Historiker, Politiker, dtsch. Pazifist u. Friedensnobelpreisträger (1858–1941) – *Hermann Staudinger*, eminenter dtsch. Chemiker, Nobelpreis für Chemie (1881–1965) – *Erich Fromm*, dtsch.-stämm. US-Psychoanalytiker u. wichtiger Schriftsteller (1900–1980) – *Daniel Bovet*, schweiz.-ital. Pharmakologe, Nobelpreis für Physiologie (1907–1992) – *Joan Crawford*, launische Hollywooddiva u. bösartige Adoptivmutter (1908–1977) – *Wernher von Braun*, dtsch.-stämm. US-Ingenieur, Entwickler d. Flüssigkeitsrakete (1912–1977) – *Donald Campbell*, brit. Motorboot- u. Automobilrennfahrer, div. Weltrekorde (1921–1967)

24. MÄRZ
Widder

VERANLAGUNG: Durch die Erkenntnis, Teil eines größeren Ganzen zu sein und im kleinsten Detail das Prinzip erkennen zu können, entwickelt sich in Ihnen ein Drang, ganz genau hinzuschauen. So setzt schon sehr früh ein differenzierender Intellekt ein, der die mannigfaltigen Eindrücke umfassend zu verarbeiten sucht, ehe diese zu tief in die Seele eindringen können und sie vielleicht unvorbereitet erreichen. Das läßt Sie in ständiger Anspannung leben und deshalb das Bedürfnis entwickeln, sich immer wieder einmal von der Alltagsroutine der Abwägungen zurückzuziehen und den Weg in die Einsamkeit einzuschlagen. Sie tun dies ganz bewußt, um in sich das Ganzheitsgefühl nicht zu verlieren und um danach wieder im seelischen Gleichklang zu sein und dynamisch mit den Energien der Außenwelt umgehen zu können. Dieses häufige Wechselspiel von allumfassender Aufnahme und dem vorübergehenden Verarbeitungs-Rückzug bildet für Sie eine natürliche Einheit. Sollte Ihnen dieser Wechsel mal nicht gelingen, birgt das die Gefahr von Erschöpftheit in sich und einer damit einhergehenden Aggressivität, die sich an Kleinigkeiten festmacht. Sie können dabei direkt und verletzend wirken, sind jedoch nicht heimtückisch. In solchen Phasen polarisieren Sie die Ihnen zuhörenden Menschen und argumentieren eher wie ein Elefant im Porzellanladen als vorsichtig diplomatisch.

HAUPTMERKMAL: Aggressiv

LEBENSPRINZIP: Das Erkennen und die Identifizierung mit der Umgebung verlangt ein zeitweiliges Zurückziehen

UNTER DIESEM DATUM HATTEN UND HABEN AUSSERDEM GEBURTSTAG:
Rufus King, einer d. Gründerväter der USA (1755–1827) – *Harry Houdini*, berühmtester amerik. Entfesselungskünstler ungar. Abst. (1874–1926) – *Fatty Artbuckle*, in Totschlagsprozesse verwickelter früher US-Stummfilmkomiker (1887–1933) – *Wilhelm Reich*, US-Psychoanalytiker ung. Herkunft, Vater der sex. Revolution (1897–1957) – *Dario Fo*, politisch engagierter ital. Dramatiker, Schauspieler, Regisseur, Theaterleiter, *1926 – *Martin Walser*, dtsch. Schriftsteller, schuf den bundesrepublik. Gesellschaftsroman, *1927 – *Steve McQueen*, herausragender amerik. Schauspieler (1930–1980) – *Joseph H. Taylor jr.*, US-Astronom u. Physiker, mit R. Hulse Nobelpreis f. Physik, *1941

25. MÄRZ
Widder

VERANLAGUNG: Sie haben sich als ein von anderen unterscheidbares Individuum wahrgenommen und beobachten deshalb genau, was sich um Sie herum abspielt und erkennen die von Ihnen eingenommene Rolle. Doch das allein befriedigt Sie in keinster Weise, es ist Ihnen alles viel zu eng und voraussehbar. Sie spüren das unbedingte Bedürfnis, eine höhere Ebene des Daseins zu erlangen. Sie wollen quasi völlig losgelöst von den irdischen Zwängen, dem tief erspürten Ideal eines Menschseins auf einer viel weiterentwickelten Ebene nacheifern. Dabei versinnbildlichen Sie in diesem Wunsch das urschöpferische Prinzip eines kindlichen Wollens, das nicht nach realer Machbarkeit fragt und so entgegen allen Erwartungen Energien mobilisieren kann. Sollte es Ihnen jedoch nicht gelingen, als Person eine neue Dimension im alltäglichen Leben zu erreichen, versuchen Sie der Enttäuschung zu entgehen, indem Sie das tiefe Bedürfnis nach Selbstüberhöhung in schöpferisches Bemühen umzuleiten versuchen. Unduldsam mit sich und anderen lassen Sie dann Ihr Mensch-Sein völlig in Ihrem Werk aufgehen.

HAUPTMERKMAL: Leicht enttäuschbar

LEBENSPRINZIP: Schon das reine Streben nach einer höheren Ebene des Daseins kann schöpferische Energien freisetzen

UNTER DIESEM DATUM HATTEN UND HABEN AUSSERDEM GEBURTSTAG:
Arturo Toscanini, der herausragendste ital. Dirigent seines Jahrhunderts (1867–1957) – *Bela Bartók*, herausragender ungar. Komponist d. Moderne (1881–1945) – *Helmut Käutner*, dtsch. Schauspieler, Regisseur u. Kabarettgründer (1908–1980) – *Sir David Lean*, engl. Filmregisseur u. einer d. führenden Filmcutter der 30er (1908–1991) – *Simone Signoret*, franz. Charakterschauspielerin, Ehefrau Yves Montands (1921–1985) – *Gloria Steinem*, US-Feministin, politische Aktivisten u. Schriftstellerin, *1934 – *Aretha Franklin*, herausragende amerik. Soulsängerin, *1942 – *Sir Elton John*, einer d. erfolgreichsten engl. Rockmusiker (Sänger, Pianist, Komponist), *1947

26. MÄRZ
Widder

VERANLAGUNG: Sie entwickeln schon sehr früh ein ausgeprägtes Gefühl für Ihre Einmaligkeit und spüren das Verlangen, diese als individuell erkannte Existenz zu festigen und sich dabei weiter vorzuwagen als die meisten anderen, die Sie kennen. Doch immer ist da auch der unterschwellige Wunsch, sich zurück in die Sicherheit einer wie auch immer gearteten Gemeinschaft zu flüchten. Immer wieder durchströmt Sie, neben der Gewißheit, ein eigener Kosmos zu sein, das Bedürfnis zurückzugehen in ein weniger forderndes Dasein, zurück in eine nicht so persönlichkeitsgeprägte Form der Lebensauseinandersetzung. Diese innere Hin- und Hergerissenheit bekämpfen Sie mit der für Sie typischen stoßweise auftretenden Heftigkeit und Unbedingtheit, die an ein Pfeifen im Wald erinnert. So wird von Ihnen eigentlich aus Furcht, sich vielleicht nicht selbst verwirklichen zu können, alles ausgeschlossen, was Ihnen in dieser Hinsicht gefährlich vorkommt. Es gibt deshalb für Sie nur eine Art von Stabilität, nämlich ein Entweder-Oder, ein Für-oder GegenSie. Die Gefahr ist hierbei groß, daß Sie aus Angst, sich am Schluß nicht durchzusetzen, auch Partner und Freunde überwiegend als Gefahr sehen und dabei in ein Nützlichkeitsdenken verfallen. Wie weit das geht und wieviel Nähe Sie wirklich zulassen, hängt davon ab, wieviel Freiraum Ihr Gegenüber Ihnen läßt.

HAUPTMERKMAL: Ichbetonte Abgrenzung

LEBENSPRINZIP: Individuelle Selbstverwirklichung setzt eine mutige Loslösung von der Gruppensicherheit voraus

UNTER DIESEM DATUM HATTEN UND HABEN AUSSERDEM GEBURTSTAG:
Conrad Gesner, bedeutender schweiz. Physiker u. Naturalist (1516–1565) – *Ludwig Uhland,* dtsch. Schriftsteller, wichtiges Mitglied d. schwäb. Dichterkreises (1787–1862) – *Ernst Engel*, herausragender dtsch. Statistiker (1821–1896) – *Wilhelm Backhaus,* dtsch. Pianist, einer d. versiertesten Beethoven-Interpreten (1884–1969) – *Tennessee Williams,* einer d. wichtigsten US-Dramatiker u. Drehbuchautoren (1911–1983) – *Pierre Boulet*, wichtiger franz. Komponist, Dirigent u. Musikwissenschaftler, *1925 – *Diana Ross,* herausragende US-Soul- u. Popsängerin, *1944 – *Patrick Süßkind,* dtsch. Schriftsteller, *1949

27. MÄRZ
Widder

VERANLAGUNG: Sie haben eigentlich den Hang, die eigene Individualität zu entwickeln, indem Sie sich rigoros gegen das für andere Selbstverständliche wehren. Für Sie fängt Selbstverwirklichung schon mit dem puren, manchmal ziellosen Durchsetzungsbedürfnis an. Ihr Hauptaugenmerk ist also auf die Absicherung durch permanente Skepsis gerichtet und nicht so sehr auf die Verankerung in irgendwelchen Gemeinschaften. Doch Sie müssen immer stärker feststellen, daß diese Haltung soviel Kraft beansprucht, daß Sie nur noch stoßweise wirklich schöpferisch aktiv werden können und kaum Kraft bleibt für emotionale Bindungen. Sie fühlen sich im Alltag gefangen und haben doch Visionen eines sinnvollen Daseins. Das läßt in Ihnen den Wunsch entstehen, die Ebenen vollkommen voneinander zu trennen: Sie fangen an, zwei getrennte Leben zu leben: Eines ist ausgerichtet auf die eher rational-analytische Beobachtung und Beschreibung der Außenwelt, das davon völlig losgelöste andere Leben soll die heftigen emotionalen Wünsche befriedigen. Doch der Ausgleich zwischen beiden Extremen findet nur unzureichend statt, und Sie sind in der Gefahr, zum Pendler zu werden, der die eigene Mitte immer wieder verliert. Menschen, die Sie emotional an sich binden, müssen sehr oft einen Ausgleich Ihrer Persönlichkeit herbeiführen, den Sie alleine nicht bewältigen.

HAUPTMERKMAL: Trennung von Kopf und Gefühl

LEBENSPRINZIP: Schöpferische Leistungen sind nur möglich, wenn emotionale Verstrickungen ausschaltbar sind

UNTER DIESEM DATUM HATTEN UND HABEN AUSSERDEM GEBURTSTAG:
Andrew Bell, herausragender u. weitsichtiger schott. Geistlicher u. Pädagoge (1753–1832) – *Louis XVII.*, Sohn Louis XVI. u. Marie Antoinettes, ab 1793 König v. Frankreich (1785–93) – *Wilhelm Conrad Röntgen*, dtsch. Physiker, erster Nobelpreisträger Physik (1845–1923) – *Heinrich Mann*, Schriftsteller u. Essayist, Bruder von Thomas Mann (1871–1950) – *Erich Ollenhauer*, dtsch. Politiker, ab 1933 Parteivorstand d. SPD, 1938 ins Exil (1901–1963) – *Ben Webster*, innovativ herausragender US-Jazztenorsaxophonist holl. Abst. (1909–1973) – *Annemarie Moser-Pröll*, österr. Skiläuferin; u. a. Olympiasiegerin, zweif. Weltmeisterin, *1953

28. MÄRZ
Widder

VERANLAGUNG: Schon früh in Ihrem Leben fühlen Sie den starken Wunsch, eine intellektuell gesteuerte Ordnung in die auf Sie einströmenden Empfindungen und Ahnungen zu bringen. Dieser Wunsch führt zu einem für Sie typischen Untersuchungszwang. Sie wollen zum Beispiel die Knospe einer Blume nicht nur betrachten und genießen, sondern sie gleich öffnen und beim Auseinandernehmen die Wirklichkeit entdecken. Dabei fühlen Sie sich in Ihrem Sagen und Tun immer der Wahrheit verpflichtet. Ihre sensitive Neugierde macht Sie also offen für alle geistigen und natürlichen Lebenserweiterungen. Sie müssen aber manchmal schmerzlich lernen, daß Ethik und Moral nicht nur Vorgehensweisen einengen, sondern die Freiheit der Entwicklung auch sehr oft schützen. Sollte sich also Ihr schöpferisch originelles Denken nicht den schützenden Formen Ihres Kulturkreises bedienen, sollten Sie Ihren „gesunden Menschenverstand“ vernachlässigen, besteht die Gefahr der ausufernden Verwirbelung von gedanklichen Spielereien und neuen Denkansätzen, die allzu leicht im Extremen enden können.

HAUPTMERKMAL: Der Wahrheit verpflichtet

LEBENSPRINZIP: Denkerische und schöpferische Experimente sollten ihre Grenzen innerhalb einer Ethik haben

UNTER DIESEM DATUM HATTEN UND HABEN AUSSERDEM GEBURTSTAG:
Aristide Briand, franz. Staatsmann mit 26 Ministerposten zwischen 1906 u. 1932 (1862–1932) – *Willem Mengelberg*, herausragender holl. Dirigent v. Symphonieorchestern (1871–1951) – *Martin Sheridan,* US-Athlet irisch. Abst, elf Olympiamedallien, sechsmal Gold (1881–1918) – *Corneille Heymans,* belg. Äztin, Nobelpreisträgerin f. Physiologie (1892–1968) – *Sepp Herberger*, unvergessener dtsch. Fußballspieler u. Trainer (1897–1977) – *Rudolf Serkin*, US-Pianist österr. Abst. mit Vorliebe f. u. a. Bach, Mozart, Brahms (1903–1991) – *John Langshaw Austin,* brit. Philosoph aus d. Schule d. Analytischen Philosophy (1911–1960) – *Dirk Bogarde*, brit. Bühnen- u. Filmschauspieler belg. Abst., zuvor Bühnenbildner, *1921 – *Freddie Bartholomew*, unvergessener US-Kinderstar der 30er (1924–1992) – *Jerome Isaak Friedman*, US-Quantenphysiker, mit Kollegen Physiknobelpreisträger, *1930

29. MÄRZ
Widder

VERANLAGUNG: Sie nehmen schon sehr früh sehr viele Eindrücke wahr. Die daraus entstehende seelische Unruhe läßt Sie in großer persönlicher Distanz sehr stark aus dem Verstand leben und macht Sie eigentlich grundsätzlich skeptisch gegenüber jeder emotionalen Verankerung. Das läßt Sie zwar im Persönlichen unentschieden wirken, versetzt Sie als sehr bewußtes Individuum aber in die Lage, alle inneren Antriebe und äußeren Entwicklungen als Ganzheit zu betrachten und zu analysieren. Für Sie ist alles miteinander verwoben und durcheinander bedingt. Und Sie unterliegen nicht der Versuchung, sich die Erkenntnisse aus persönlicher Eitelkeit zurechtzulegen. So haben Sie die Fähigkeit entwickelt, ähnlich wie eine Lupe das Sonnenlicht, alle Informationen, ob von tief innen oder weit außen, zu bündeln und umfassend auf den Punkt zu bringen. Ihre ständige, alles abwägende Aufmerksamkeit kann dabei eine so starke Beunruhigung oder Verunsicherung Ihrer Umwelt nach sich ziehen, daß andere leicht das Gefühl bekommen, Sie selbst seien immer irgendwie „außen vor" und Sie würden sich nie wirklich persönlich identifizieren.

HAUPTMERKMAL: Persönliche Distanz

LEBENSPRINZIP: Da die Außenwelt das eigene Innere prägt und umgekehrt sollte man beides immer ganzheitlich sehen

UNTER DIESEM DATUM HATTEN UND HABEN AUSSERDEM GEBURTSTAG:
John Tyler, 1841–45 d. 10. Präsident der USA (1770–1862) – *Eugene Schneider*, einer d. größten franz. Industriellen d. 19. Jahrh. u. Politiker (1805–1875) – *Wilhelm Liebknecht*, dtsch. Sozialist, enger Verbündeter von Karl Marx (1826–1900) – *Cy Young*, einer der erfolgreichsten US-Profibaseballspieler aller Zeiten (1867–1955) – *Ales Hrdlicka*, herausragender österr.-ungar. physischer Anthropologe (1869–1943) – *Ernst Jünger*, umstrittener dtsch. Schriftsteller (1895–1995) – *Hanna Reitsch*, die führende dtsch. Pilotin d. 20. Jahrh. (1912–1979) – *John Major*, engl. Politiker, 1990–1997 brit. Premierminister, *1943 – *Walt Frazier*, einer d. talentiertesten schwarzen US-Basketballspieler d. 60er u. 70er, *1945

30. MÄRZ
Widder

VERANLAGUNG: Sie haben schon sehr früh sehr heftig auf alles reagiert, was sich in Ihrer Umwelt abspielte. Dabei haben Sie immer die gesellschaftlich vorgeprägten Ausrichtungen, wie man zu sein hat, hinterfragt und oft auch bekämpft. Sie fanden, daß die gesellschaftlichen Regeln und Werte mehr ausschlossen, als daß Sie Freiräume schufen. So haben Sie sich emotional noch weitgehend ungeschützt und intellektuell wenig abgesichert in alles eingemischt. Ihre ungebremsten Energien, denen Sie fast blind ausgeliefert gewesen sind, haben Sie dann oft in ausweglose Situationen ohne Fluchtmöglichkeit geführt. So wächst in Ihnen der Wunsch, sich auf einer überlegteren Ebene gegen das zu wehren, was scheinbar von den meisten anderen widerstandslos hingenommen wird. Zwar akzeptieren auch Sie, daß jede Gesellschaft nur mit einer Grundübereinstimmung funktioniert, Sie sind aber nicht bereit, die in Ihren Augen zu engen Grenzen zu akzeptieren. Da Sie sich in diesem Bewußtwerdungsprozeß oft alleingelassen fühlen, versuchen Sie, eine Einheit mit anderen dadurch wiederherzustellen, daß Sie Ihre inneren Widerstände und Zweifel am Bestehen schöpferisch vermitteln.

HAUPTMERKMAL: Widerstandsorientiert

LEBENSPRINZIP: Bestehendes immer wieder neu hinterfragen und im Sinne einer Weiterentwicklung wenn nötig bekämpfen

UNTER DIESEM DATUM HATTEN UND HABEN AUSSERDEM GEBURTSTAG:
Ivan II., Großprinz von Moskau u. Vladimir (1326–1359) – *Francisco de Goya*, herausragender span. Maler, Zeichner, Kupferstecher (1746–1828) – *Antoine Jerome Balard*, franz. Chemiker, entdeckte d. Bromin (1802–1876) – *Vincent van Gogh*, nach Rembrandt d. größte holl. Maler, Genie nahe d. Wahnsinn (1853–1890) – *Warren Beatty*, US-Hollywoodstar – Schauspieler, Produzent –, Shirley MacLaines Bruder, *1938 – *Eric Clapton*, US-Rockmusiker, einer d. genialsten Gitarristen, Komponisten u. Texter, *1945 – *Sonny Boy Williamsen*, Tenn., US-Blues-Vokalist, einflußreicher Harmonikavirtuose, *1948 – *Melanie Klein*, austral. engl.-stämm. Psychoanalytikerin spezialisiert auf Kinder (1882–1960)

31. MÄRZ
Widder

VERANLAGUNG: Sie fühlen sich teilweise steuerlos Ihren emotionalen und instinktiven Antrieben ausgeliefert und versuchen eine Handhabemöglichkeit zu finden. Dabei wollen Sie einerseits Ihren Freiraum zur individuellen Entwicklung behalten, andererseits erkennen Sie, daß das keine hilfreiche Grundlage für eine Gemeinschaftsordnung sein kann. Sie lösen diesen Konflikt zwischen dem eigenen egoistischen Führungsanspruch und dem Zwang zum Miteinander, indem Sie vehement Ihr eigenes „So-Sein“ als ethische Norm, als Ordnungsprinzip für alle einsetzen und sich damit willentlich in die Gesellschaft integrieren. Dabei kann es leicht geschehen, daß man sich fragen könnte, was war zuerst da: Ihre individuelle Persönlichkeitsentwicklung oder eine von Ihnen in der Gesellschaft vorgefundene Ethik, nach der sich Ihr Ich automatisch ausgerichtet hat? Ihr etwas starrer Grundsatz könnte also lauten: Was für mich und meine Verwirklichung gut ist, ist auch gut für alle anderen. Sie geben damit den persönlich empfundenen Druck, Ihre Instinkte im Zaum zu halten, an alle weiter und leben so, daß Ihnen immer bewußt ist, daß die Öffentlichkeit Sie an Ihren eigenen Maßstäben messen wird.

HAUPTMERKMAL: Durchsetzungsbegabt

LEBENSPRINZIP: Was für die eigene individuelle Entwicklung gut ist, muß als Ethik auch gut für die Gesellschaft sein

UNTER DIESEM DATUM HATTEN UND HABEN AUSSERDEM GEBURTSTAG:
Pius IV., 1559–65 Papst von Rom, beschloß das Konzil von Trient (1499–1565) – *René Descartes,* franz. Philosoph, Mathematiker u. Naturwissenschaftler (1596–1650) – *Marin Marais,* franz. Komponist u. gefeierter Violinenvirtuose (1656–1728) – *Franz Joseph Haydn*, einer d. wichtigsten österr. Komponisten (1732–1809) – *Jules Pascin,* bulg. Maler, bekannt f. seine sensitiven Studien v. Frauen (1885–1930) – *John Fowles,* engl. Romanautor zwischen Sex u. Liebe u. sozialphilosoph. Debatten, *1926 – *Volker Schlöndorff*, dtsch. Filmregisseur, Vertreter des dtsch. Autorenfilmes, *1939 – *Al Gore*, US-Politiker, seit 1993 d. 45. Vizepräsident der USA, *1948

1. APRIL
Widder

VERANLAGUNG: Wenn Sie ihre persönlichen Vorstellungen von Recht und Unrecht, von Freiheit und Unterdrückung, von Entwicklung und Stillstand mit dem vergleichen, was um Sie herum dafür angesehen wird, spüren Sie eine vehemente Abwehr in sich. Sie glauben nicht so recht an die Weisheit der von Menschen geschaffenen Ordnung und wollen sich lieber einem von Ihnen instinktiv erfühlten höheren Prinzip anvertrauen. Für Sie lernt nur der fliegen, der einen Schritt über die konventionellen Grenzen hinauswagt und den freien Fall riskiert. Für Sie hat sich der Mensch zu weit von den Rhythmen der Natur entfernt und dabei verlernt, Idealen zu folgen, die nicht durch enge Gesetze definiert werden. So ist für Sie schon jede Art von selbstverständlich übernommener hierarchischer Ordnung fragwürdig, und Sie stehen im ständigen Konflikt mit Machtanmaßungen. Da Ihre tiefe Sehnsucht nach einem ethisch höher angesiedelten Zusammenleben kaum oder nur sehr mühselig in kleine Realitäten umgesetzt wird, ersatzbefriedigen Sie sich mit der rigorosen Anwendung des Prinzips ‚Wahrheit': Wenn der Mensch schon nicht so sein kann, wie es Sie erhoffen, dann soll wenigstens die Verlogenheit aufgedeckt werden.

HAUPTMERKMAL: Kampf gegen Verlogenheit

LEBENSPRINZIP: Gesellschaftlichen Ordnungsprinzipien stets mißtrauen und den Mut haben, einer höheren Ethik zu folgen

UNTER DIESEM DATUM HATTEN UND HABEN AUSSERDEM GEBURTSTAG:
Otto v. Bismark, Gründ. u. 1871–90 1. Kanzler des Dtsch. Reiches (1815–1898) – *Edgar Wallace*, weltweit berühmter brit. Kriminalschriftsteller (1875–1932) – *Carl Sternheim*, dtsch. satirischer Dramatiker (1878–1942) – *Alberta Hunter*, in den 30ern weltweit berühmte US-Bluessängerin (1895–1984) – *Milan Kundera*, tschech. Romanschriftsteller, Bestsellerautor, *1929 – *Rolf Hochhuth*, dtsch. Autor, i. d. 60ern wichtiger Vertreter d. Dokumentartheaters, *1931 – *Toni Innauer*, österr. Skispringer u. ab 1989 Cheftrainer, u. a. Olympiasieger, *1958 – *Sandra Völker*, dtsch. Schwimmerin, u. a. dreifache Olympiasiegerin, *1974

2. APRIL
Widder

VERANLAGUNG: Sie haben ein natürliches und neugieriges Verhältnis zum Leben. Sie hinterfragen deshalb, geistig und emotional unverdorben, sehr kritisch die Grundlagen des Zusammenlebens Ihrer Umwelt und holen sich dabei nicht nur einmal einen blutigen Kopf. Sie haben eine so tiefe Sehnsucht nach dem Aufstieg des Menschen aus den Niederungen der Verlogenheit und verängstigten Dumpfheit, daß Sie körperlich darunter leiden, daß sich nichts schnell und vieles überhaupt nicht ändert. Sie wollen kämpfen und wissen nicht genau gegen wen. Sie verstehen nicht, warum es gut sein soll, sich anzupassen und nicht gerade das zu tun, was ‚man' nicht tut. Sie wollen Begrenzungen mit Vorwärtsdrang durchbrechen und verzweifeln immer wieder an Ihrer offenbar werdenden Machtlosigkeit. So schreien Sie Ihre Wahrheiten heraus und machen sich damit selbst zur Zielscheibe – und landen nur wieder in der Sackgasse. Mit Ihrem unbedingten Freiheitsdrang bleiben Sie innerhalb des mächtigen Anpassungsdrucks der Gesellschaft unverstanden. Sie sind für viele nur eine Störung ihres Harmoniebedürfnisses und deshalb ein bestenfalls geduldeter Paradiesvogel.

HAUPTMERKMAL: Unangepaßt

LEBENSPRINZIP: Gegen alle Widerstände eigene Ideale und Selbstverwirklichungsvorstellungen durchzusetzen versuchen

UNTER DIESEM DATUM HATTEN UND HABEN AUSSERDEM GEBURTSTAG:
Giacomo Casanova, ital. Schriftsteller u. Frauenheld (1725–1798) – *Aug. Heinr. Hoffmann v. Fallersleben*, textete d. deutsche Nationalhymne (1798–1874) – *Hans Christian Andersen*, brillianter dän. Märchenerzähler (1805–1875) – *Frederic-Auguste Bartholdi*, franz. Erbauer der US-Freiheitsstatue (1834–1904) – *Émile Zola,* franz. Schriftsteller, Begr. d. europäischen Naturalismus (1840–1902) – *Walter P. Chrysler*, USA, Gründer der Chrysler- (Automobil-) Werke (1875–1940) – *Max Ernst,* innovativer dtsch.-franz. Maler, Graphiker u. Bildhauer (1891–1976) – *Sir Alec Guinness*, herausragender brit. Schauspieler 1959 geadelt. *1914

3. APRIL
Widder

VERANLAGUNG: Gerade Ihr tiefes Empfinden der eigenen Individualität, des eigenen So-Seins läßt Sie das Anders-Sein der anderen erkennen und darauf eingehen. Das kann manchmal etwas zu ritualisiert vor sich gehen, aber nichtsdestotrotz geschieht es. Sie nehmen die persönlichen Wesensmerkmale der Menschen und die unumstößlichen Gesetzmäßigkeiten der Natur an und durchbrechen so Ihr manchmal aufkeimendes Isolationsgefühl, das zur Egozentrik führen könnte. Im Gegenzug erwarten Sie aber auch vom Gegenüber oder von der Gruppe, daß Ihre eigene Individualität und Ihre Selbstverwirklichungsrechte anerkannt werden. Denn Ihrer Meinung nach wird erst durch eine ständige Auseinandersetzung verschieden geprägter Individuen persönliche und gesellschaftliche Weiterentwicklung möglich. Gerade die Unterschiede, insbesondere die Polarität der Geschlechter, schaffen die Voraussetzung, eine Ergänzung der eigenen Halbheit in anderen Menschen zu finden. So kommt es, daß Sie sehr gut mit Widerspruch, anderen Ansichten oder vollkommen anderen Lebensweisen in Ihrer Umgebung umgehen können: Hauptsache man schränkt Ihre Freiheiten nicht zu sehr ein und ist aufrichtig zu Ihnen.

HAUPTMERKMAL: Angstfrei

LEBENSPRINZIP: Die Furcht vor der Individualisierung überwinden, indem man die Unterschiedlichkeiten annimmt

UNTER DIESEM DATUM HATTEN UND HABEN AUSSERDEM GEBURTSTAG:
Mary Carpenter, brit. Philantropin u. Sozialreformerin (1807–1877) – *Karl Hermann Vogel*, herausragender dtsch. Astronom (1842–1907) – *Henry van de Velde*, belg. Architekt, Mitinitiator der Art Nouveau (1863–1957) – *Otto Weininger*, österr. Philosoph, Wegbereiter antisem. Propaganda (1880–1903) – *Leslie Howard*, brit. Gentleman-Theater- u. Filmschauspieler (1893–1943) – *Reinhard Gehlen*, General u. Geheimdienstchef, baute den BND auf (1902–1979) – *Marlon Brando*, begnadeter US-Schauspieler u. Menschenrechtler, *1924 – *Doris Day*, unvergessene US-Schauspielerin u. Sängerin, *1924 – *Helmut Kohl*, dtsch. Bundeskanzler s. 1982 u. „Vereinigungskanzler", *1930 – *Hanna Suchocka*, 1992–1993 erste Premierministerin Polens *1946

4. APRIL
Widder

VERANLAGUNG: Sie sind für das einfache Leben aufgeschlossen und haben ein ausgeprägtes Feingefühl für die Einheit von Mensch und Natur. Nur findet das in den vororganisierten Erlebniswegen der Leistungsgesellschaft mit ihren künstlichen Wertbegriffen wenig Platz, sich zu entwickeln. So fangen Sie an, in den kleinsten Ansätzen schon das große Prinzip der vollkommenen Harmonie und der gegenseitigen Liebe zu sehen oder manchmal auch sehen zu wollen. Wie gering die Erfüllung und wie klein die Übereinstimmung Ihrer Wünsche mit der vorgefundenen Umgebung auch sein mögen, für Sie ist es jedesmal die Befriedigung Ihres Verlangens nach Schönheit. In ungünstigen Fällen kann diese tiefe Sehnsucht zur Projektion der eigenen Vorstellungen auf die Umwelt führen und zur Abkehr von einer erkennbaren Wirklichkeit. Die Gefahr ist dann sehr groß, seelisch zu vereinsamen und in der realen Auseinandersetzung verloren zu sein. Doch meist verhilft Ihnen Ihre Fähigkeit, die kleinen Wunder wahrzunehmen, zu einer tieferen Einsicht in das Mensch-Sein und zu einem Leben jenseits der verbreiteten inneren Leere.

HAUPTMERKMAL: Positiv denken

LEBENSPRINZIP: Im Kleinen die Schönheit des Ganzen erkennen, indem man sehen will und auch genau hinschaut

UNTER DIESEM DATUM HATTEN UND HABEN AUSSERDEM GEBURTSTAG:
Nicola Antonio Zingarelli, ital. Komponist v. Opern u. sakraler Musik (1752–1837) – *John Hoppner*, herausragender engl. (vorrangig Portrait-) Maler (1758–1810) – *Bettina von Arnim*, dtsch. Literatin, ihr Bild ziert den DM 5.– Schein (1785–1859) – *Sir Walter Siemens*, dtsch.-stämm. engl. Ingenieur u. Erfinder (1823–1883) – *Arthur Murray*, US-Tanzlehrer, Erfinder d. Tanzschulen (1895–1991) – *Hans Richter*, dtsch.-ungar. Dirigent, inbes. von Wagner u. Brahms (1843–1916) – *Muddy Waters*, genialer US-Bluesmusiker (1915–1983) – *Marguerite Duras*, franz. Schriftstellerin, Drehbuchautorin, Regiss. (1914–1996) – *Maya Angelou*, schwarze Dichterin u. Menschenrechtlerin, *1928 – *Anthony Perkins*, amerik. Schauspieler, weltweit bekannt als „Psycho“ (1932–1992)

5. APRIL
Widder

VERANLAGUNG: Da Ihr Gespür für die mögliche Empfindlichkeit anderer Menschen nur mangelhaft ausgeprägt ist, läßt Sie Ihre unschuldige Impulsivität oft taktlos und schroff sein. Daß Sie dabei immer meinen, was Sie sagen, bedeutet nicht, daß Sie jemanden absichtlich verletzen wollen, sondern daß für Sie die Spielregeln der Gesellschaft nur sehr schwer einsehbar sind. Sowieso ist in Ihren Augen das Denken und Handeln der Menschen zu sehr auf oberflächliche Nützlichkeitserwägungen ausgerichtet. Sie selbst hingegen haben aus verschiedenen Gründen gelernt, die Sie umgebende Welt als einen natürlich ineinander verwobenen Organismus zu erkennen und die Urantriebskraft hinter den Dingen wahrzunehmen. Die Gründe für Ihre intuitive Wahrnehmungsfähigkeit liegen in frühen Widerständen, einer Krankheit, in willkürlichen Einengungen oder starkem Verlustgefühl und der daraus folgenden Selbstzurücknahme. Nur wenige können wie Sie jenseits von Alltäglichkeiten und Personen Energien erspüren, die die Grundlage aller Lebensprozesse bilden. Nur wenige haben wie Sie daraus ein Urvertrauen entwickelt, das alles ‚schon in Ordnung gehen wird', wenn Sie nur Sie selbst bleiben und sich nicht verbiegen lassen. Durch diese intuitive Sicherheit eröffnet sich für Sie die Möglichkeit, dem Leben ganzheitlicher und wieder kindlich neugierig zu begegnen. Es findet ein immer wieder neuer Start auf einer höheren Ebene statt.

HAUPTMERKMAL: Ungewollt taktlos

LEBENSPRINZIP: Harmonische Kräfte der Lebensprozesse kindlich intuitiv wahrnehmen und deshalb mutig handeln.

UNTER DIESEM DATUM HATTEN UND HABEN AUSSERDEM GEBURTSTAG:
Spencer Tracy, Hollywoodlegende, bekam 2 Oskars hintereinander (1900–1967) – *Bette Davis*, US-Hollywoodlegende, bis zu ihrem Tod aktiv (1908–1989) – *Herbert von Karajan*, herausragender österr. Dirigent (1908–1989) – *Annie Fischer*, ung. Pianist mit Vorliebe für u. a. Mozart u. Schubert (1914–1995) – *Roger Corman*, US-Gruselfilm-Kultregisseur u. Drehbuchautor, *1926 – *Roman Herzog*, dtsch. Jurist, Politier, seit 1994 Bundespräsid. der BRD, *1934 – *Franziska van Almsick*, dtsch. Schwimmerin, u. a. Weltmeisterin, *1978

6. APRIL
Widder

VERANLAGUNG: Ihr impulsiver Start ins Leben wurde schon früh durch verschiedenste Einengungen behindert. Gerade wegen dieser erzwungenen Selbstzurücknahme und der daraus entstandenen hypersensiblen Wahrnehmungsfähigkeit haben Sie immer wieder versucht, die erspürte und erahnte Kraft des Lebens in der Liebe und in der biologischen Erfüllung zu erfahren. So haben Sie schon früh die Polarisierung der Geschlechter angenommen und dadurch Ihre Rolle zu bestimmen versucht. Sie mußten dabei aber schmerzlich erkennen, daß Ihnen die Lebensluft und Ihre Selbstverwirklichungsmöglichkeit genommen wurden. Trotzdem haben Sie immer wieder von vorne angefangen, immer wieder vollkommen neu und sehr oft unkonventionell. Bis sich schließlich bei Ihnen die Einsicht durchsetzt, daß Sie offenbar zu stark etwas wollten. Und genauso stark wie der Drang, etwas erzwingen zu wollen, wurde dann der Widerstand gegen die eigene Rolle, die Sie am Schluß nur noch formal-dekorativ erfüllten. So wenden Sie sich von den Gegensätzen Mann-Frau ab und richten Ihr Leben darauf aus, sich mit der Dualität von Mensch und Mystik, Augenscheinlichem und Nichtfaßbarem oder Yin und Yang auseinanderzusetzen. So können Sie in Anbetracht dieser inneren Erlebnismöglichkeiten dem Alltag mit eher gelassener Heiterkeit begegnen.

HAUPTMERKMAL: Absprungbereit

LEBENSPRINZIP: Sich gelassen aus den kraftraubenden Alltagskämpfen zurückziehen und Größeres zulassen

UNTER DIESEM DATUM HATTEN UND HABEN AUSSERDEM GEBURTSTAG:
Raphael, herausragender ital. Maler u. Architekt d. Hochrenaissance (1483–1520) – *Jean-Baptiste Rousseau,* franz. Dramatiker u. Dichter (1671–1741) – *Gustave Moreau,* franz. Maler erotischer, myst. u. relig. Motive (1826–1898) – *Anthony Herman Gerard Fokker,* holl. Pilot, Erbauer d. Fokker (1890–1939) – *Kurt Georg Kiesinger,* dtsch. Politiker, 1966–69 Bundeskanzler (1904–1988) – *Andre Previn,* dtsch.stämm. US-Musikmultitalent, u. a. vier Oscars, *1929 – *Art Taylor,* herausragender US-Jazzdrummer u. Bandleader (1929–1995) – *Merle Haggard,* eine d. größten US-Countrysängerinnen d. 20. Jahrh., *1937

7. APRIL
Widder

VERANLAGUNG: Sie fühlen den starken Antrieb, alle Probleme und Herausforderungen durch vorwärtsdrängende Aktionen spontan und unkonventionell zu lösen. Doch neben diesem Drang, voranzukommen und an Einfluß zu gewinnen, beobachten Sie die allgemeine geschäftige Gehetztheit der zum Erfolg strebenden Mitmenschen analytisch genau. Das, was Sie da täglich sehen und auch Ihr eigenes Verhalten läßt Sie unbefriedigt zurück. Gerade weil Sie schon früh die gelassene Gesetzmäßigkeit der Natur erspürt haben, den Wechsel der Jahreszeiten, die gegenseitige Notwendigkeit von Wachstum und Absterben. Sie nehmen sich deshalb immer wieder die Zeit, sich aus dem veräußerlichten Treiben zurückzuziehen, um dieses aus der kritischen Distanz auf sich einwirken zu lassen. Um dann wieder mit neuen Überzeugungen und verstärkter Kraft für die Verwirklichung Ihrer ideelen, schöpferischen oder soziopolitischen Vorstellungen zu kämpfen. Diese rhythmisch-natürliche Abwechslung zwischen Aktivität und Rückzug, zwischen gesellschaftlichem Tun und Entspannung läßt Sie sich selbst treu bleiben und Mißstände mit eigenwilliger Distanz aufdecken.

HAUPTMERKMAL: Eigenwillig

LEBENSPRINZIP: Sich immer wieder aus der alltäglichen Gehetztheit zurückziehen, um schöpferisch zu bleiben

UNTER DIESEM DATUM HATTEN UND HABEN AUSSERDEM GEBURTSTAG:
Klemens XII., 1730–1740 Papst von Rom (1652–1740) – *W(ill) K(eith) Kellogg*, US-Industrieller u. Philanthrop, Gründer d. Kellogswerke (1860–1951) – *Gino Serverini*, ital.-franz. Maler im Stil d. Futurismus u. Cubismus (1883–1966) – *John Bernard Flannagan*, US-Bildhauer mit Vorliebe f. Tiermotive (1895–1942) – *Billie Holiday*, eine der größten amerik. Jazzsängerinnen aller Zeiten (1915–1959) – *Ravi Shankar*, ind. Sitarspieler u. Komponist, Superstar i. d. 60ern u. 70ern, *1920 – *Johannes Mario Simmel*, dtsch. Schriftsteller, Auflagenmultimillionär, *1924 – *Alfred B. Mullett*, brit.-stämm. US-Architekt u. a. des Washingtone-State-Buildings (1934–1890) – *Francis Ford Coppola*, US-Filmregisseur, Drehbuchautor u. Produzent, *1937 – *Gerhard Schröder*, SPD-Politiker u. 1998 Kanzlerkandidat (1944) – *Norbert Schramm*, dtsch. Eiskunstläufer u. a. zweimal. Europameister, *1960

8. APRIL
Widder

VERANLAGUNG: Sie lehnen die Ausrichtung der Industriegesellschaft auf den Erwerb von materiellen Gütern ab. Deshalb erschüttert Sie der Erwerb oder Verlust von angeblich lebensnotwendigen Prestigeobjekten nicht. Unkonventionell wie Sie das Leben sehen, gestehen Sie sich ebenso leicht ein, daß Sie lieber satt werden wollen, als in ein Drei-Sterne-Restaurant gesehen zu werden. So wie Sie alles intuitiv erfassen, erkennen Sie auch, wohin die gesellschaftliche Ausrichtung auf eine unkontrollierte Konsumgesellschaft führt. Daher nabeln Sie sich von dem in Ihren Augen kollektiven Wahnsinn ab und werden frei für weite Gedankenflüge, in denen Sie sich dem von der Natur abgeguckten Rhythmus von Vergänglichkeit und Wiederkehr hingeben. Obwohl Sie immer mit beiden Beinen auf der Erde stehen, können Sie sich träumerisch so stark von Ihrer alltäglichen Wirklichkeit entfernen, daß Sie, wie aus der Vogelperspektive, das Geschehen von oben in seiner Gesamtheit erfassen und in einen höheren Zusammenhang stellen können. So entwickeln Sie eine immer originelle Sicht und eine von kleinlichen Streitereien völlig unbeeinflußte Einstellung zum Leben. Dabei kommt Ihnen zugute, daß Sie zumeist das Talent in sich freischaufeln können, Ihre Vorstellungen schöpferisch genau umzusetzen.

HAUPTMERKMAL: Intuitives Erfassen

LEBENSPRINZIP: Sich von der hektischen Jagd nach materiellen Gütern loslösen, um wirklich zu verstehen

UNTER DIESEM DATUM HATTEN UND HABEN AUSSERDEM GEBURTSTAG:
Admiral John Byron, brit. Admiral, im „Don Juan“ s. Enkels Lord Byron verewigt (1723–1786) – *Edmund Husserl*, dtsch. Philosoph, Begr. d. Phrämenologie (1859–1938) – *Mary Pickford,* US-Schauspielerin, Produzentin, einer d. ersten Hollywoodstars (1893–1979) – *Martin Julian Buerger*, herausragender US-Kristallograph, *1903 – *Sonja Henie*, US-Eiskunstläuferin norw. Abst., u. a. drei Olympiagoldmed. (1912–1969) – *Carmen McRae,* hochtalentierte u. innovative US-Jazzvokalistin (1920–1994) – *Jacques Brel,* herausragender belg. Chansonnier u. Lyriker (1929–1978 – *Herbert Spencer Jennings*, wegweisender US-Zoologe (1868–1947)

9. APRIL
Widder

VERANLAGUNG: Was ‚man' tut und was ‚man' nicht tut, interessiert Sie herzlich wenig. Nicht angelegt als Herdentier, bringen Sie sehr früh den Mut zur ureigenen Persönlichkeit auf. Initiative und Vorwärtsdrang können dabei zu einer eher ruppigen Auseinandersetzung mit den Mitmenschen führen. Das Prinzip des Stärkeren, der sich immer und überall durchsetzt, wird von Ihnen zeitweilig sehr stark verinnerlicht. Und Sie stellen manchmal erst zu spät fest, daß Sieg und Niederlage, Gewinn und Verlust, Glorienschein und Verunstaltung sich immer gegenseitig bedingen und auch immer wieder abwechseln. Doch Ihr innerer Drang zum Aufbruch und zur Durchsetzung läßt Sie immer wieder auf allen Feldern der Gesellschaft, ja sogar auf emotionalen ‚Schlachtfeldern' um den ‚Sieg', oder was Sie dafür halten, kämpfen. Sie sind sehr oft nicht bereit, abzuwarten, zu verarbeiten, Umwege hinzunehmen oder Traurigkeiten zuzulassen. Unterstützt wird Ihre Art dadurch, daß Sie von einer Gesellschaft bestärkt werden, die immer schon den bewundert hat, der sich kraftvoll durchzusetzen vermag. So sind Sie immer ein Original, eine Ausnahmeerscheinung, aber immer auch ein Einzelkämpfer. Langweilig jedenfalls sind Sie nie.

HAUPTMERKMAL: Kampfbereitschaft

LEBENSPRINZIP: Nur wer nicht an sich selbst zweifelt, kann andere überzeugen und seine Vorstellungen durchsetzen

UNTER DIESEM DATUM HATTEN UND HABEN AUSSERDEM GEBURTSTAG:
Johannes Crüger, dtsch. Komponist u. a. v. Kirchenliedern, Musiktheoretiker (1598–1663) – *John Bacon,* US-Geistlicher u. Richter, u. a. Kämpfer f. Religionsfreiheit (1738–1820) – *Theobald Boehm,* herausragender dtsch. Flötist u. Komponist v. Flötenstücken (1794–1881) – *Leopold II.,* 1865–1909 König v. Belgien (1835–1909) – *Erich Ludendorff,* dtsch. General, einer d. führenden Strategen im 1. Welkrieg (1865–1937) – *Frank King,* US-Comic-Strip-Zeichner, Vater von „Gasoline Alley" (1883–1969) – *Carl Améry,* dtsch. Autor zeitkritischer Romane, teils als Science-Fiction, *1922 – *Jean-Paul Belmondo,* intern. erfolgreicher franz. Schauspieler, *1933 – *Severiano Ballesteros,* spanischer Golfspieler d. absoluten Weltspitze, *1957

10. APRIL
Widder

VERANLAGUNG: Sie haben das sich wechselseitig bedingende Gesetz von Schmerz und Erfahrung, von Zerfall und Neubeginn, von Sterben und Leben erkannt und als gegeben angenommen. Da es nicht in Ihr Verhaltensmuster paßt, diesem Rhythmus durch Flucht in Selbstlügen auszuweichen, gehen Sie mit großer Begegnungsfreude auf Ihre Mitmenschen zu und knüpfen ein Geflecht von Partnerschaften, die Ihnen und anderen abwechselnd helfen sollen, Krisen zu überwinden. Die Gesetze der Natur sind unumstößlich und für viele erscheinen sie gnadenlos. Doch Ihre Energien wachsen an dieser Herausforderung und versetzen Sie in die Lage, durch praktische Hilfe, durch konstruktive Kritik oder aktive Teilnahme am Leben anderer, den Wechsel zwischen Stark und Schwach auf höherer Ebene zu überbrücken. Sie sind überzeugt davon, daß das Zusammenleben nur richtig organisiert und ausgerichtet werden muß, damit sich das Ideal eines beglückenden Lebens erfüllt. So sind Sie unermüdlich dabei, Solidarität zu predigen, Mißstände aufzudecken und Wege aufzuzeigen. Dieses Bedürfnis zieht sich durch Ihr gesamtes Verhalten bis hinein in Ihre Liebesbeziehungen.

HAUPTMERKMAL: Aufklärerisch

LEBENSPRINZIP: Auf sich allein gestellt, kann der Mensch den Unwägbarkeiten nicht begegnen, er braucht Solidarität

UNTER DIESEM DATUM HATTEN UND HABEN AUSSERDEM GEBURTSTAG:
Edward Robinson, US-Bibelgelehrter u. der Vater biblischer Geographie (1794–1863) – *William Booth,* engl. Prediger u. Gründer der Heilsarmee (1829–1912) – *Joseph Pulitzer,* amerik. Journalist ungar. Abst., Stifter d. Pulitzerpreises (1847–1911) – *Alfred Kubin*, österr. Graphiker mit Hang zum Morbiden, Buchillustrator (1877–1959) – *Frances Perkins*, US-Arbeitsministerin unter F. D. Roosevelt, 1. Frau i. Kabinett (1882–1965) – *Stefan Heym,* dtsch. Schriftsteller mit in erster Linie politischen Themen, *1913 – *R(obert) B(urns) Woodward,* genialer US-Chemiker, Nobelpreis f. Chemie (1917–1979) – *John Michael Hawthorn,* engl. Automobilrennf. u. (1958) erster brit. Champion (1929–1959) – *Max von Sydow,* schwed. Bühnen- u. Filmschauspieler, oft engagiert v. I. Bergman, *1929

11. APRIL
Widder

VERANLAGUNG: Ihr Start ins Leben war kraftvoll und optimistisch. Dabei haben Sie schon sehr früh darauf geachtet und auch mit Kraft durchgesetzt, daß Sie Ihre ureigenste Persönlichkeit entwickeln konnten. So hat sich in Ihnen durch Ihre Auseinandersetzungsbereitschaft schon sehr früh das Gefühl für Echtheit und die Ablehnung von Verlogenheit herausgebildet. Sie sind in der Absicht, sich selbst und die eigene Erfüllung zu finden, ständig bereit, zu immer ‚neuen Ufern' aufzubrechen, was von Ihnen einen respektlosen Umgang mit schon Etablierten verlangt. Daß Sie dabei impulsiv, manchmal sogar takt- und respektlos vorgehen, empfinden Sie als Ihr notwendiges Recht. So läßt Sie Ihre furchtlose Direktheit, Ihre Mischung aus Unbedingtheit und Ausdauer, meist auch die Früchte Ihrer Anstrengungen ernten, oder Sie kämpfen erst recht weiter. Sie müssen aber oft schmerzlich feststellen, daß nach Einzeletappen, in Phasen des erschöpften Kraftholens, die solidarisch-liebende Freundschaftsgemeinde fehlt. Und das deshalb, weil Sie manchmal mit Scheuklappen nach rechts und links zu sehr an Zielvorstellungen orientiert sind und dabei die Rücksicht auf Ihre nähere Umgebung zwangsläufig zu kurz kommt. So setzt sich in Ihnen die Erkenntnis durch, daß der Einzelne dann am stärksten ist und seine innere Erfüllung findet, wenn er innerhalb einer Solidarität von Gleichgesinnten handelt.

HAUPTMERKMAL: Zielorientiert

LEBENSPRINZIP: Eine wirkliche innere Erfüllung findet der engagierte Einzelne nur in der Solidarität Gleichgesinnter

UNTER DIESEM DATUM HATTEN UND HABEN AUSSERDEM GEBURTSTAG:
Johann I., 1385–1433 König v. Portugal (1357–1433) – *Johann Heinrich Merck*, dtsch. Schriftsteller d. „Sturm u. Drang"-Bewegung (1741–1791) – *MacVay Napier,* schott. Jurist, Mitarb. d. 4–7. Ausg. d. „Encyclopaedia Britannica" (1776–1847) – *Ferdinand Lassalle,* dtsch. Polit., u. a. Mitbegr. d. deutschen Arbeiterbewegung (1825–1864) – *Alexander Buchan,* eminenter brit. Meteorologe (1829–1907) – *Anna Katherine Green,* ihrerzeit extrem populäre US-Detektivromanschriftstellerin (1846–1935) – *Percy L. Julian,* US-Chemiker, synthetisierte u. a. Cortisone von Soyabohnen (1899–1975)

12. APRIL
Widder

VERANLAGUNG: Schon sehr früh haben Sie instinktiv gespürt, daß da mehr ist um uns herum als nur die Materie, die wir zu erkennen glauben, und dieses Ahnen macht Sie empfindsam und aufnahmebereit für die verschiedensten Strömungen. Immer feiner wird dabei Ihre Wahrnehmung und immer größer Ihr Interesse an den wahren Zusammenhängen, die sich uns als Wirklichkeit präsentieren. So untersuchen Sie nicht nur das Außengeschehen, sondern gerade auch die eigene Innenwelt mikroskopisch genau und lassen alle am Ergebnis Ihrer Forschungen teilhaben. Denn immer dann, wenn Sie etwas als wahr erkannt haben, teilen Sie es der Welt mit. So sammeln Sie quasi alle Beobachtungen, lassen dann Ihre persönlichen Gefühle prägend eingreifen und formen daraus ein schöpferisches Werk. Sie sehen sich daher eher als Mittler von Eingebungen denn als ein Selbstgestaltender, eher als Spiegel, denn als Lichtquelle. Da Sie furchtlos auf jeden Widerstand im Denken der Menschen zusteuern, immer wieder geradlinig und direkt Ihre Meinung äußern, lassen Sie keinen Menschen, der Sie kennenlernt, gleichgültig. Und da Sie immer wieder neu nachdenken und spontan reagieren können, macht Ihnen diese ständige Auseinandersetzung eher intellektuellen Spaß als daß sie Ihnen die Kraft nimmt.

HAUPTMERKMAL: Lebensnotwendiger Mitteilungsdrang

LEBENSPRINZIP: Sich dem öffnen, was sich einem jenseits des Augenscheinlichen darbietet und das der Welt mitteilen

UNTER DIESEM DATUM HATTEN UND HABEN AUSSERDEM GEBURTSTAG:
William Cookworthy, engl. Porzellanhersteller d. ersten engl.Qualitätsporzellans (1705–1780) – *Pietro Nardini*, ital. Komponist u. einer d. brillantesten Geiger d. 18. Jahrh. (1722–1793) – *Ferdinand von Lindemann*, hochintelligenter dtsch. Mathematiker (1852–1939) – *Richard Goldschmidt*, herausragender dtsch.-stämm. US-Zoologe u. Genetiker (1878–1958) – *Lionel Hampton*, US-Swingmusiker, setzte als erster Jazzer d. Vibraphon ein, *1913 – *Gustav (Bubi) Scholz*, dtsch. Boxer, Europameister im Mittelgew. Halbschwergew., *1930 – *Joseph „Joschka" Fischer*, seit 1994 Fraktionschef von Bündnis 90/Die Grünen, *1948 – *Herbert Grönemeyer*, dtsch. Rockmusiker u. Schauspieler, *1956

13. APRIL
Widder

VERANLAGUNG: Weil Sie das Urvertrauen besitzen, auf jede mögliche Schwierigkeit eine entsprechende Lösung finden zu können, gehen Sie eigentlich ziemlich unbekümmert durchs Leben. Sie sind deshalb frei genug, Ihre seelischen Fühler ständig in alle Himmelsrichtungen auszufahren, um nur ja nichts zu verpassen. Sie sind dabei ebensoweit offen für körperliche wie für geistige Energien und dabei neugierig verwundert, wie es sonst nur ein noch argloses Kind sein kann. Sie können störende Umwelteinflüsse abschalten, um dann spontan und impulsiv, sozusagen aus dem Bauch heraus, unerwartet zu handeln. Dann wiederum sind Sie wieder ganz bodenständig im Hier und Jetzt verankert. Der Wechsel dieser zwei Bewußtseinsebenen überrascht nicht nur die anderen, sondern oft genug auch Sie selbst. Doch Angst macht Ihnen das nicht, denn noch ist das tiefe Vertrauen in Ihnen ungebrochen, daß das, was auf Sie zukommen könnte, schon irgendwie richtig sein wird. Sie sind augenblicksorientiert und wach und von keinerlei Zukunftsangst eingeengt, was Ihnen den Zugang zu einem mit Freude erfüllten Leben verschafft. Dabei kann es manchmal geschehen, daß Sie sich zu sehr auf immer neue mögliche Außeneinflüsse verlassen und so die Bündelung und Weiterverarbeitung der erlebten Eindrücke vernachlässigen. Dann wäre die Gefahr gegeben, daß Ihre ständige Offenheit zur bloßen geistigen Ablenkungsstrategie verkommt.

HAUPTMERKMAL: Impulsiv

LEBENSPRINZIP: Nur wer auf sich und das Leben vertraut, kann wirklich offen bleiben und neue Schritte wagen

UNTER DIESEM DATUM HATTEN UND HABEN AUSSERDEM GEBURTSTAG:
John Montagu, 4. Earl of Sandwich, brit. Admiral u. Erfinder d. Sandwiches (1718–1792) – *William Henry Drummond,* humoristischer kanad. Schriftsteller ir. Abst. (1854–1907) – *Butch Cassidy,* US-Bandit, Bank- u. Eisenbahnräuber i. Westen d. USA (1866–1909?) – *Michael S. Brown,* 1941, US-Moleculargenetiker, mit J. L. Goldstein Medizinnobelpreis, *1941 – *Rudi Völler,* dtsch. Fußballer, einer d. erfolgreichsten Stürmer, 1990 Weltmeister, *1960 – *Jacques Lancan,* franz. Psychoanalytiker u. eigenwill. Interpret von Freuds Werken (1901–1981)

14. APRIL
Widder

VERANLAGUNG: Sie sind ein Mensch, der sich seiner selbst über äußeres Handeln bewußt wird und deshalb recht unbedenklich in seinen Initiativen ist. Da Sie sich dabei eher respektlos mit herkömmlichen Wahrnehmungsregeln und Beurteilungsmaßstäben auseinandersetzen, sind Sie in der Lage, alle Eindrücke, die in unterschiedlichsten Formen und Ebenen auf Sie einstürmen, erst einmal vorurteilsfrei aufzunehmen. Da Ihr Entdeckungsdrang in die Außenwelt auch Rückschlüsse auf Sie selbst ergeben soll, ist Ihr Blick durch keine moralisierende Scheuklappe, keine wissenschaftliche Vorgabe oder vorgegebene Denkschule getrübt. So dringen Sie durch Ihre unbekümmerte Neugierde auf solche Erkenntnisebenen vor, denen sich Ihr noch traditionell geprägtes Bewußtsein bislang nicht ganz anpassen konnte. Sie ordnen, erregt von der Vielfalt Ihrer Wahrnehmungen, die Dinge oft falsch ein. Auf jeden Fall fehlt Ihnen die notwendige Distanz. Sie sollten die Gelassenheit entwickeln, auch die faszinierendsten Beobachtungen erst einmal einwirken zu lassen und geistig abzusichern, damit diese Ihr Denken nicht verwirren können, um dann Schritt für Schritt unbekannte Erkenntnisräume zu betreten.

HAUPTMERKMAL: Vorurteilsfrei

LEBENSPRINZIP: Es gibt äußere und innere Erkenntnisebenen, auf denen muß man dem Denken Zeit zur Anpassung geben

UNTER DIESEM DATUM HATTEN UND HABEN AUSSERDEM GEBURTSTAG:
Abraham Ortelius, fläm. Kartograph, veröffentl. d. ersten mod. Atlas (1527–1598) – *Peter Behrens*, einflußreicher dtsch. Architekt moderner Architektur (1868–1940) – *Moritz Schlick*, österr. Philosoph, begr. d. Wiener Kreis (1882–1936) – *Gene Ammons*, afrik.-amerik. Jazztenorsaxophonist, begnadeter Improviseur (1925–1974) – *Loretta Lynn*, weltweit eine d. erfolgreichsten Countrysängerinnen, *1935 – *Anne Sullivan Macey*, begnadete US-Lehrerin Blinder u. Tauber – auch v. Helen Keller, *1936 – *Julie Christie*, brit. Schauspielerin, Mitglied d. Royal Shakespeare Company, *1941 – *Francois Duvallier*, „Papa Doc“, 1957–1971 verhaßter haïtian. Staatspräsident (1907–1971)

15. APRIL
Widder

VERANLAGUNG: Ihr Mut, das, was Sie denken, sofort in entsprechende Handlungen umzusetzen, hat Sie oft in schwierige Situationen gebracht. Ihre Phantasie eröffnet Ihnen immer neue erregende Horizonte und die daraus abgeleiteten Handlungsschritte vollziehen sich in oft wechselnden Bahnen und sehr oft ohne ausreichendes Ordnungsprinzip. Sie müssen also lernen, Erfahrungen vorwegzunehmen, indem Sie diese im Kopf bis zum Ende durchspielen. Wenn Sie dann die Gedankenspiele in die Realität umsetzen, stellen Sie fest, daß Erfolg nicht automatisch gut und Versagen automatisch schlecht sein muß. Sie erkennen, daß der wirkliche Sinn einer Handlung erst dann entsteht, wenn einen diese vorangebracht hat oder wenn man an ihr wächst, indem man vielleicht das Falsche darin erkennt. Trotz aller Überlegungen bewahren Sie sich also den Mut zu Fehlentscheidungen, da Sie erfahren haben, daß sich diese manchmal für das weitere Leben als richtig erweisen. So sind Sie immer in der Lage, sich selbst zurückzunehmen und Neues in sich aufzunehmen. Auch das, was vielleicht am Anfang nicht überzeugend war. Und Sie kämpfen mit allen Mitteln darum, andere von dieser als richtig empfundenen Lebensweisheit zu überzeugen. In welcher Form und in welcher Funktion auch immer.

HAUPTMERKMAL: Einsichtsfähig

LEBENSPRINZIP: Sich den Mut bewahren, falsche Entscheidungen zu treffen und so die notwendigen Erfahrungen zu machen

UNTER DIESEM DATUM HATTEN UND HABEN AUSSERDEM GEBURTSTAG:
Leonardo da Vinci, genialer frappierend visionärer Bildhauer u. Multitalent (1452–1519) – *Walter Channing*, US-Arzt, d. als erster Anästhesie z. Geburtshilfe anwandte (1786–1876) *Wilhelm Busch*, humorist. dtsch. Dichter, Schriftsteller, Zeichner u. Maler (1832 –1908) – *Bessie Smith*, eine d. herausragendsten US-Bluessängerinnen (1898–1937) – *Elisabeth Montgomery*, US-Schauspielerin, Fee u. Star d. TV-Serie „Bewitched“ (1933–1995) – *Joe Davis*, engl. Billiard- u. Snookerspieler, 1927–46 Weltchampion (1901–1978) – *Richard Freiherr von Weizsäcker*, CDU-Politiker, 1984–94 Bundespräsident, *1920 – *Matthias Wissmann*, dtsch. CDU-Politiker, seit 1993 Verkehrsminister, *1949 – *Evelyn Ashford*, US-Sprinterin, u. a. fünf Olympiamedaillen, *1957

16. APRIL
Widder

VERANLAGUNG: Sie halten zwar alle Wesen auf der Erde für einen Bestandteil eines größeren Ganzen, sind aber genauso fest davon überzeugt, daß jeder und insbesondere Sie selbst einmalig sind. Diese Einmaligkeit empfinden Sie wie viele besonders stark in Anbetracht Ihrer persönlichen Einschränkungen, die Sie jedoch nicht als Mißgunst der Natur, sondern als belebende Herausforderung ansehen. So verbindet sich in Ihnen größtmögliche Individualität mit höchstmöglichem Feingefühl für die Prinzipien und Strukturen einer höheren Ordnung. So gehen Sie mit fast traumwandlerischer Sicherheit durch die Unwägbarkeiten des Lebens und erkennen in jeder noch so kleinen Begebenheit das Prinzip des Gesamten. Sie sind in der Lage, Erfahrungen durch Vorausdenken vorwegzunehmen. Jede Handlung der Sie umgebenden Menschen, jeder Ton, jedes Licht bekommt durch Sie sofort eine unauslöschliche Einordnung in die Harmonie des menschlichen Daseins. Sie sind sich Ihrer Verbundenheit mit der Schöpfung so sicher, daß Sie ohne Filter in sich hineinhorchen, ungewöhnliche Zusammenhänge erspüren und Unvermutetes hervorzaubern können. Dabei sind Sie in der Aufnahme und Wiedergabe des Mensch-Seins in keinster Weise begrenzt. Ihnen stehen alle Ausdrucksformen offen, da Sie sogar naturgegebene Schwächen in persönliche Stärke umwandeln.

HAUPTMERKMAL: Aus dem Vollen schöpfend

LEBENSPRINZIP: Seine Einmaligkeit innerhalb einer höheren harmonischen Ordnung erkennen und Ungeahntes hervorbringen

UNTER DIESEM DATUM HATTEN UND HABEN AUSSERDEM GEBURTSTAG:
John Hadley, ideenreicher brit. Mathematiker u. Erfinder (1682–174) – *Wilbur Wright*, USA, mit s. Bruder Erbauer u. Flieger d. 1. funktion. Flugzeugs (1867–1912) – *Charlie Chaplin*, brit. Schauspieler u. weltweit berühmtester Komiker (1889–1977) – *Sir Peter Ustinov*, 1990 geadelter engl.Schauspieler, Regisseur u. Schriftsteller, *1921 – *Kinsley Amis*, engl. Autor humoristisch-satirischer Werke, *1922 – *Enrico Mancini*, US-Komponist divers. Filmmusik, u. a. viermaliger Oscargewinner (1924–1994) – *Sarah Kirsch*, herausragende dtsch. Lyrikerin, *1935 – *Margarete II.*, ab 1972 Königin von Dänemark, *1940

17. APRIL
Widder

VERANLAGUNG: Leistungsbereitschaft entsteht in Ihnen erst durch immer neue Herausforderungen in der Außenwelt. Entweder Sie wachsen an Ihren Aufgaben oder Sie verfallen in ziellose Lethargie. So wagten Sie sich aus Angst vor Stillstand auf immer neue Gebiete vor und haben dabei auch Rückschläge als Entwicklungsmöglichkeit gesehen. Doch die geradezu explodierende Vielfalt der Aufgaben und Anforderungen führte schließlich dazu, daß Sie intuitiv wußten, daß jede weitere Ihre Kräfte und Fähigkeiten übersteigen würde. Sie stoßen an Grenzen der Ausdehnung und fühlen sich eher verwirrt und überfordert, denn als Meister Ihrer Möglichkeiten. Sie stellen fest, daß es zwei völlig verschiedene Dinge sind, Fähigkeiten zu haben und diese dann auch umzusetzen. Oft genug haben Sie mehr versprochen als Sie halten konnten und Sie spüren, daß es oft ein hoher Preis ist, den der Einzelne für außergewöhnliche Leistungen zahlen muß. Die Auswirkungen von subjektiv Gutgemeintem sind allzu oft objektiv negativ. Sie fühlen die Verantwortung in sich, zu fragen: Wohin führt die Durchsetzung meines individuellen Ehrgeizes? Was wäre, wenn sich alle so wie ich verhielten? So lernen Sie, vor dem impulsiven Tun gedanklich alles bis zum Ende durchzuspielen und ziehen ein neues Selbstgefühl aus dem, was Sie bewußt NICHT durchzusetzen versuchen.

HAUPTMERKMAL: Herausforderungsorientiert

LEBENSPRINZIP: Ohne vorher nachzudenken, die eigenen Fähigkeiten auszuleben, führt sehr oft zu Überforderungen

UNTER DIESEM DATUM HATTEN UND HABEN AUSSERDEM GEBURTSTAG:
Henry Vaughn, anglo-walis. Dichter u. Mystiker (1622–1695) – *Camilli Sitte*, österr. auch im Ausland erfolgr. Architekt u. Städteplaner (1843–1903) – *Anton Wildgans*, österr. Dramatiker mit Hang zu Mystizismus u. Symbolik (1881–1932) – *Artur Schnabel*, Vorbild gebender österr. Pianist u. Musiklehrer (1882–1951) – *Marcel Boussac*, franz. Industrialist u. Textilhersteller, brachte Farbe in die Mode (1889–1980) – *Nikita Chruschtschow*, sowj. Politiker, u. a. 1958–64 Ministerpräs. d. UdSSR (1894–1971) – *Georges Köhler*, dtsch. Immunologe, mit Kollegen Nobelpreis f. Medizin (1946–1995)

18. APRIL
Widder

VERANLAGUNG: In der Grundanlage sind Sie rastlos und fühlen sich zu außergewöhnlichen Leistungen angetrieben. Dafür jedoch ist Ihr eigener Alltag, mit seinen in Ihren Augen eher lächerlichen Herausforderungen, eigentlich zu eng. Um Sie dazu zu bringen, sich in Bewegung zu setzen, bedarf es großer Ziele und der Aussicht auf äußeren Erfolg. Ist beides nicht vorhanden, besteht die Gefahr, daß Sie in eine selbstquälerische Antriebslosigkeit verfallen. Aus dieser Zerrissenheit heraus kann es geschehen, daß Sie sich ungeeignete Herausforderungen suchen, Hauptsache, Sie können aktiv werden und müssen nicht über Sinn und Unsinn des Lebens nachdenken. Doch Sie müssen schmerzlich erkennen, daß es nicht genügt, ungewöhnlich ausgeprägte geistige Voraussetzungen und andere außerordentliche Talente zu besitzen. Diese müssen sich auch auf ein sinnvolles Ziel ausrichten lassen. Das bedeutet, wenn Sie nicht in der Lage sein sollten, Ihre natürlichen Grenzen zu erkennen, könnten Sie nie eine wirkliche innere Zufriedenheit erlangen. Ohne die Erdung durch die Lösung kleiner Aufgaben des Alltags würden Ihre Energien nach immer neuen und immer wahlloseren Zielen verlangen.

HAUPTMERKMAL: Außenreizorientiert

LEBENSPRINZIP: Erkenntnisfähigkeit und leistungsbereites Wollen brauchen die Ausrichtung auf ein begrenztes Ziel

UNTER DIESEM DATUM HATTEN UND HABEN AUSSERDEM GEBURTSTAG:
Gaetano Vestris, der begnadetste franz. Ballettänzer seiner Zeit (1729–1808) – *Max Weber*, US-Maler u. Bildhauer, Vorreiter f. Fauvismus u. Cubismus (1881–1861) – *Maurice Goldhaber*, brillanter US-Nuklearphysiker, *1911 – *Franz von Suppé*, herausragender österr. Komponist heiterer Opern (1819–1895) – *Paul-Emile Lecoq de Boisbaudran*, genialer franz. Chemiker (1839–1912) – *Wynn Bullock*, innovativer u. wegweisender US-Photograph (1902–1975) – *George Herbert Hitchings*, US-Pharmakologe, m. Kollegen Medizinnobelpreis, *1905 – *Albert-Charles Simonin*, einfallsreicher franz. Kriminalschriftsteller (1905–1980) (1942–1970)*Jochen Rindt*, österr. Automobilrennfahrer, Formel-1-Weltmeister 1970 (1942–1970)

19. APRIL
Widder

VERANLAGUNG: Da Ihnen berechnende Schlauheit und angepaßte Unechtheit fremd sind, fällt Ihnen das Erlernen von gesellschaftlichen Regeln eigentlich eher schwer. Dessen ungeachtet haben Sie das ausgeprägte Bedürfnis, sich zu einer Gemeinschaft zugehörig zu fühlen und Aufmerksamkeit zu erringen. Sie versuchen also so auf Ihre Umwelt zuzugehen, wie Sie es als natürlich und Ihnen gemäß erachten. Da Sie meist aus Ihrer vorwärtsdrängenden Energie und Ihren ursprünglichen Talenten mehr Fähigkeiten entwickelt haben als andere, wirken Sie als herausfordernde Gefahr auf die, die sich im Schatten des Durchschnitts ducken. So ruft gerade der Widerstand der anderen Ihre letzten Reserven wach. Und Sie gehen nur noch energischer an die selbstgewählten Herausforderungen heran. Daß Ihre mitreißende Dynamik dabei manchmal zu wenig Zeit für Nachdenklichkeit, Rücksichtnahme oder Selbstkritik läßt, nehmen Sie in Kauf. Sie spüren in der Auseinandersetzung Kräfte frei werden, die Sie so vorher nicht in sich verspürt haben. Alle Erfahrungen aus Vergangenheit und Gegenwart scheinen ganz natürlich aus Ihrem Innersten hervorzusprudeln und zu neuen Formen zu verschmelzen. So sind Sie in der Lage, Bekanntes mit Neuem so zu vermischen, daß dabei ein völlig neuer Stil entsteht.

HAUPTMERKMAL: Natürlich

LEBENSPRINZIP: Kräfte für Neues freisetzen, indem man fremde Widerstände gegen die eigene natürliche Energie ausnutzt

UNTER DIESEM DATUM HATTEN UND HABEN AUSSERDEM GEBURTSTAG:
August Wilhelm Iffland, dtsch. Schauspieler, Dramatiker u. brillanter Theaterleiter (1759–1814) – *Christian Gottfried Ehrenberg,* dtsch. Biologe u. Fossilienforscher (1795–1876) – *Alice Salomon,* US-Gründ. d. ersten Sozialarbeiterschulen, eminente Feministin (1872–1948) – *Richard von Mises,* herausragender US-Mathem. u. Aerodynamiker österr. Abst. (1883–1953) – *Eliot Ness,* US-Kriminalitätsbekämpfer, Chef der „Untouchables", jagte Al Capone (1903–1957) – *Glenn T. Seaborg,* US-Nuclearchemiker, mit E. M. McMillan Chemienobelpreis, *1912 – *Jayne Mansfield,* amerik. Filmschauspielerin u. Sexidol d. 50er Jahre (1933–1967) – *Dudley Moore,* international geschätzter brit. Schauspieler. u. Pianist, *1935

20. APRIL
Widder

VERANLAGUNG: Sie sind wie ein Fahrradfahrer, der Richtung und Gleichgewicht nur dadurch erhält, daß er sich ständig und unaufhaltsam vorwärtsbewegt. Zu dieser Art der Selbstfindung kommt der Versuch, sich als Individuum zu orientieren. Sie spüren, daß für Ihre Leistungsbereitschaft in den vororganisierten Erlebniswegen der Gesellschaft nur wenig Platz zur Entfaltung ist. Da Sie also nicht wirklich tätig werden können, steht am Anfang Ihrer Entfaltung stattdessen die Kraft des dynamischen Wortes oder des schöpferischen Bildes. Sie wollen herausgefordert werden und Widerstände spüren, um Ihre Fähigkeiten entfalten und Ihre Grenzen entdecken zu können. Ist beides nicht möglich, besteht die Gefahr, daß Sie in eine selbstquälerische Antriebslosigkeit verfallen. Oder aber Sie suchen sich ungeeignete Herausforderungen, nur um irgendetwas zu bewegen. Da bei Ihnen die aggressive Kraft des Erneuerns gepaart ist mit einem ausgeprägten Absicherungsvermögen, können Sie Strukturen für sich nutzen, die andere so noch nicht einmal erkennen können. Da Sie selbst ein natürliches Gefühl für Macht und Durchsetzung besitzen, fasziniert Sie die Erfahrung der übermenschlich geprägten Macht der Natur. Die Offenbarung dieser Urgewalt und ihre Auswirkungen kann einerseits Ihre eigenen Sinne schärfen, kann aber auch das eigene Wertegefühl vollkommen erschüttern und eine Art Schicksalergebenheit hervorrufen.

HAUPTMERKMAL: Durchsetzungsfähig

LEBENSPRINZIP: Nur wer sich gegen Widerstände durchsetzt, seinen eigenen Standort absichert, kann sich selbst finden

UNTER DIESEM DATUM HATTEN UND HABEN AUSSERDEM GEBURTSTAG:
Franz Xaver Winterhalter, königlicher dtsch. Maler u. Lithograph (1805–1873) – *Napoleon III.*, 1852–1880 Kaiser der Franzosen (1808–1873) – *William Dollar,* US-Balletttänzer, Choreograph, spielte auf allen wichtigen Bühnen (1907–1986) – *Phil Hill,* erster US-Automobilrennfahrer der (1961) eine Meisterschaft gewann, *1927 – *Betty Cuthbert,* austr. Spinterin, viermal olymp. Gold in Melbourne, einm. in Tokyo, *1938 – *Gro Harlem Brundtland,* 1981, 1986–89, 1990–96 Ministerpräsidentin von Norwegen, *1939 – *Jessica Lange*, amerik. Filmschauspielerin, *1949

Stier

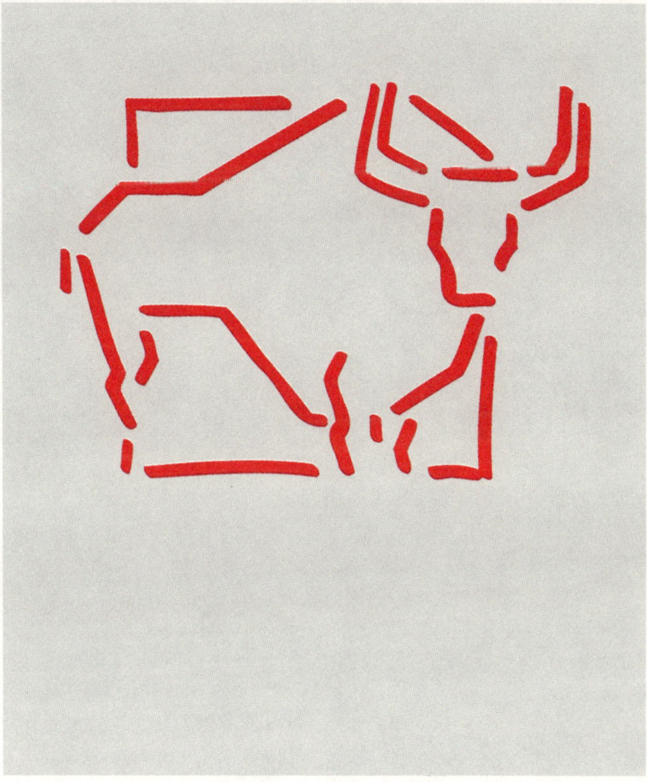

21. APRIL
Stier

VERANLAGUNG: Ihnen genügt es nicht, zu wissen, wer Sie sind. Sie wollen auch Ihren abgesicherten Platz in der Sie umgebenden Gemeinschaft einnehmen und dafür sorgen, daß dieser einen festen Stellenwert hat und behält. Da Sie eher behutsam mit Ihren Kräften umgehen und es bevorzugen, sich Schritt für Schritt vorzuwagen, widerstreben Ihnen alle vorpreschenden Menschen und radikalen Erneuerungen. Da Sie glauben, ein natürliches Gespür für echte Werte zu haben, wird man Sie immer dort finden, wo Geschmack, Stil und Lebensart zuhause sind. Da Ihnen nichts einfach so zufällt, ist Ihr Leben geprägt von Fleiß und Anstrengung, aber auch von der festen Überzeugung, daß Sie schon irgendwann den Platz einnehmen werden, der Ihnen zusteht. Diese Erwartungshaltung könnte man schicksalsergeben nennen, wäre da nicht auch noch Ihre Fähigkeit, mit Ihren manchmal etwas verborgenen Qualitäten andere für sich einzunehmen. Sie kümmern sich um einmal vertraut gewordene Menschen und binden diese in ein Geflecht von Beziehungen, das Ihren Absichten dienlich ist. So sind Sie in vielen Gemeinschaften der konstante und damit prägende Faktor. Und eigentlich können Rückschläge oder Anfeindungen Sie nicht wirklich aus der Bahn kippen.

HAUPTMERKMAL: Fels in der Brandung

LEBENSPRINZIP: Zufriedenheit dadurch erlangen, daß man sich um einen angemessenen Platz bemüht und dort auch bleibt

UNTER DIESEM DATUM HATTEN UND HABEN AUSSERDEM GEBURTSTAG:
Ulrich von Hutten, dtsch. Humanist u. Publizist, Gegner d. Papsttums (1488–1523) – *Jan van Riebeck*, holl. Gründ. (1652) von Kapstadt (1619–1677) – *Friedrich Wilhelm August Fröbel,* dtsch. Erzieher u. Begr. des Kindergartens (1782–1852) – *Charlotte Brontë,* brit. Schriftstellerin äußerst populärer Romane (1816–1855) – *Max Weber,* dtsch. Soziologe, Begr. d. modernen Sozialwissenschaften (1864–1920) – *Henry de Montherlant,* elitärer, elegant formulierender franz. Schriftsteller (1896–1972) – *Elisabeth II.*, seit 1952 Königin von Großbritannien u. Nordirland, *1926 – *Anthony Quinn*, mexikan. Schauspieler u. Weltstar, *1916

22. APRIL

Stier

VERANLAGUNG: Um Sie herum brodeln unterschiedlichste Zeitströmungen, gesellschaftliche Wertewandlungen und ständig wechselnde Zielvorstellungen. Diese nicht leicht einordenbare Erscheinungen sind in den Augen vieler Ausdruck höherer Machtgesetze der Natur, deren Unordnung Angst einflößt. Sensibel im Erkennen von versteckten Strukturen und erdverbunden, wie Sie nun einmal geartet sind, flößen Ihnen diese naturgewaltigen Kräfte keine Furcht ein, sondern Sie sind in der Lage, diese offenbar von-außen-kommenden Möglichkeiten in Reichtum umzuwandeln. Wobei nicht immer das materielle Wohlergehen gemeint ist, sondern eher der Reichtum an sozialen Bindungen, an Anerkennung von vielen Menschen und an grundsätzlichen Erkenntnissen. Das bedeutet nicht, daß nicht auch Sie manchmal das tiefe Bedürfnis haben zu rufen: ‚Stop Welt! Halte einen Augenblick inne!' Doch überwiegend sind Sie in der Lage, die höhere Ordnung hinter dem vermeintlichen Chaos zu erkennen oder wenigstens zu erahnen. Sie setzen Schwingungen, die Sie erfühlen, und Eindrücke, die Sie sensibler als andere aufnehmen, schöpferisch virtuos um. Sie stemmen sich nicht gegen die Zeitläufe, sondern reiten oben auf der Welle und genießen die sich bietenden Möglichkeiten genußvoll.

HAUPTMERKMAL: Mit sich im Reinen

LEBENSPRINZIP: Sich vertrauensvoll den vielen anscheinend überraschend kommenden Veränderungen hingeben und nutzen

UNTER DIESEM DATUM HATTEN UND HABEN AUSSERDEM GEBURTSTAG:
Immanuel Kant, einflußreicher Philosoph, Begr. d. „kritischen Idealismus" (1724–1804) – *Emily Davies*, brit. Feministin, erreichte, daß Frauen studieren konnten (1830–1921) – *Otto Rank*, österr. Psychoanalytiker, Wegbereiter f. Freuds Psychoanalyse (1884–1939) – *Vladimir Nabokow*, US-Schriftsteller russ. Herkunft, umstritten als Verf. von „Lolita" (1899–1977) – *Kathleen Ferrier*, eine d. beliebtesten engl. Altistinnen ihrer Zeit (1912–1953) – *Yehudi Menuhin*, herausragender Geigenvirtuose u. Dirigent d. 20. Jahrh., *1916 – *Jack Nicholson*, US-Schauspieler, einer d. flexibelsten Charakterdarsteller, *1937 – *Theodor Waigel*, seit 1983 CDU-Parteivorsitzender, seit 1989 Bundesfinanzminister, *1939

23. APRIL
Stier

VERANLAGUNG: Ihr Sicherheitsgefühl entsteht wesentlich durch Ihre Verankerung in der sozialen Gemeinschaft. Sie wollen Ihren Fähigkeiten entsprechend eingeschätzt werden und streben mit Ehrgeiz eine hohe Rangstufe im jeweiligen Gefüge an. Doch jedes Mal, wenn Sie schon glauben, am Ziel zu sein, müssen Sie schmerzlich feststellen, daß sich dieses auch nur wieder als eine Fata-Morgana herausstellt. Immer wieder stehen Sie nach großen Anstregungen, die Ihnen Anerkennung und materiellen Wohlstand gebracht haben, mit einer inneren Leere vor dem seelischen Nichts. Immer wieder fragen Sie sich in solchen Momenten: ‚Und was kommt nun?‘ – Und fangen unerschütterlich von Neuem an. Sie erahnen, daß Ihre Ziele zu ichbezogen und eigentlich zu substanzlos waren, als daß sie Sie wirklich befriedigen konnten. Alle individuellen Erkenntnisse, Beziehungen und Fortschritte scheinen sich in Luft aufgelöst zu haben. Und gerade das öffnet Ihnen ungeahnte neue Möglichkeiten. Genau wie das als unumstößlich Erachtete zerfällt, entsteht aus dem Abschied vom Bisherigen das Neue. Erst durch Ihre Bereitschaft, nicht mehr am Althergebrachten selbstverliebt festzuhalten, offenbart sich Ihnen der Zugang zu ganz neuen, viel umfassenderen Erkenntnissen.

HAUPTMERKMAL: Ausdauernd

LEBENSPRINZIP: Nach dem Erreichen fremdbestimmter Ziele läßt die innere Leere erst wirklich Neues entstehen

UNTER DIESEM DATUM HATTEN UND HABEN AUSSERDEM GEBURTSTAG:
Friedrich von Hagedorn, v. seinen Zeitgenossen sehr geschätzter dtsch. Dichter (1708–1754) – *Ruggiero Leoncavallo*, ital. Komponist m. Welterfolg (1857–1919) – *Max Planck,* dtsch. Physiker u. Nobelpreisträger, Begr. d. Quantentheorie (1858–1947) – *Johannes Fibinger*, dän. Pathologe, Nobelpreisträger f. Medizin (1867–1928) – *Jorge de Lima,* brasil. Dichter und Romanautor, der berühmteste d. 20er Jahre (1895–1953) – *J. P. Donleavy,* US-Autor spritziger Komödien, Vater von „Dangerfield“, Comic-Antiheld, *1926 – *Shirley Temple,* legendärer US-Kinderstar aus d. Anfängen d. Films, *1928 – *Roy Orbison,* US-Gitarrist, Singer/Songwriter, eine d. Hauptfiguren d. Rock’n Roll (1936–1988)

24. APRIL

Stier

VERANLAGUNG: Am Beginn Ihrer Entwicklung leiden Sie darunter, daß Sie sich nicht richtig entfalten können. Und das Ihnen entgegenschlagende Unverständnis erfüllt Sie mit Einsamkeit. Deshalb ist das vordringlichste Ziel all Ihrer Aktivitäten, bei den richtigen Leuten auf sich aufmerksam zu machen. Wie auch immer. Kein Rückschlag und kein materieller Mangel kann Sie aufhalten. Sie sind beharrlich, zäh und ausdauernd, wenn es darum geht, zuerst eine kleine Gruppe von Ihren Qualitäten zu überzeugen. Denn instinktiv wissen Sie, daß Sie Ihre persönlichen Überzeugungen nur im Zusammenspiel mit Gleichgesinnten überprüfen und dann vielleicht durchsetzen können. So überwinden Sie mit Hilfe einer kleinen wichtigen Gemeinschaft Ihre Angst vor dem Abgeschnittensein. Danach nutzen Sie Ihre organisatorische Begabung dafür, die als richtig erachtete Zielausrichtung gesamtgesellschaftlich durchzufechten. Ständig rennen Sie nun mit Ihrer kleinen Gruppe gegen das verkrustete Ganze an. Das und andere Hindernisse machen Ihnen aber deswegen keine Angst, weil Schwierigkeiten für Sie lösbar sind, nicht aber die Angst vor ungesicherter Vereinzelung. Schritt für Schritt leisten Sie also Überzeugungsarbeit, provozieren dabei und werden nicht müde, den schweren Dampfer der Gesellschaft mit ein paar Gleichgesinnten paddelnd in den Hafen Ihrer Überzeugungen schleppen zu wollen.

HAUPTMERKMAL: Angst vorm Alleinsein

LEBENSPRINZIP: Die Vereinsamung dadurch überwinden, daß man Gemeinsames mit Gleichgesinnten durchzusetzen versucht

UNTER DIESEM DATUM HATTEN UND HABEN AUSSERDEM GEBURTSTAG:
Karl Leberecht Immermann, dtsch. Dramatiker, Gründ. eines Theatervereins (1796–1840) – *Carl Spitteler*, schweiz. Dichter und Autor pessimistisch-heroischer Verse (1845–1924) – *Theodor Körner,* SPÖ-Politiker, u. a. 1951–1957 Bundespräsident v. Österreich (1873–1957) – *S. F. Nagel*, brit. Anthropologe österr. Abst., mit Spezialgebiet Afrika (1903–1956) – *Shirley MacLaine,* geniale US-Tänzerin, Schauspielerin, Sängerin u. Buchautorin, *1934 – *Barbra Streisand,* herausragende US-Schauspielerin, Sängerin, Regisseurin, *1942

25. APRIL

Stier

VERANLAGUNG: Da Ihnen das Miteinander in der Gesellschaft, in der Sie Ihren Platz einnehmen wollen, alles andere als gleichgültig ist, fühlen Sie sich dazu berufen, einzugreifen. Obwohl in Ihnen grundsätzlich das Bedürfnis stark ausgeprägt ist, Bestehendes zu erhalten, spüren Sie dennoch, daß Sie nicht beides gleichzeitig können: althergebrachte Traditionswerte in Ihrem Denken erhalten und gleichzeitig eine neue Lebensqualität erschaffen. Da Ihre Überlegungen geprägt sind von der Liebe zum Leben, wissen Sie genau, was Sie nicht wollen und verabschieden sich vehement von diesen Fesseln. Das darauffolgende schöpferische Chaos Ihres Lebens widerspricht vollkommen Ihrem ursprünglichen Lebensbedürfnis nach Eingliederung, Absicherung und materiell angenehmem Leben. Dessenungeachtet gehen Sie beharrlich weiter auf dem Weg von der Ablehnung des Bisherigen zum Versuch eines neuen Wertesystems. Sollten Sie engstirnige Widerstände erleben, können Sie unduldsam, aufbrausend und oft auch ungerecht überreagieren, weil Sie wissen, daß Ihnen keine Umkehr offensteht. Doch sollten Sie sich durch Ihre Neider und die Gegner eines Erneuerungsprozesses nicht zu sehr aus der Bahn bringen lassen, wird Ihnen dieser Schritt letztendlich gelingen. Ihr Name steht in dem Fall symbolhaft für diese neue Richtung, nie nur für Sie selbst allein.

HAUPTMERKMAL: Liebe zum Engagement

LEBENSPRINZIP: Wer eine neue schöpferische Qualität im eigenen Wertesystem will, muß sich vom alten verabschieden

UNTER DIESEM DATUM HATTEN UND HABEN AUSSERDEM GEBURTSTAG:
Oliver Cromwell, 1653–1658 engl. Machthaber, lehnte 1657 d. Königswürde ab (1599–1658) – *Felix Klein*, dtsch. Mathematiker, Begr. d. „Erlanger Programms" (1849–1925) – *Pavel Sergeevitch Aleksandrov*, herausragender sowj. Mathematiker (1896–1982) – *Ella Fitzgerald*, eine d. berühmtesten u. brillantesten amerik. Jazzsängerinnen (1918–1996) – *Al Pacino*, US-Schauspieler u. Regisseur, von Strasberg ausgebildeter Weltstar, *1940 – *Sammy Drechsel*, Kabarettist „Münchner Lach- u. Schießgesellschaft", Multitalent, *1937 – *Johan Cruyff*, holl. Fußballer, u. a. dreifacher Europapokalsieger, einer der Besten, *1947

26. APRIL
Stier

VERANLAGUNG: Da Ihr Leben sein Sicherheitsgefühl durch den Standort innerhalb einer festen Gemeinschaft erfährt, beobachten Sie das Geschehen um sich herum sehr genau. Ihr Bedürfnis nach Erhalt der Gruppe und der Absicherung der eigenen Position darin läßt Sie ständig vorausschauen und für mögliche zukünftige Situationen Vorkehrungen treffen. Sie glauben, ein Gefühl für natürlich gewachsene Ordnungen entwickelt zu haben. Sie wissen, was in der Vergangenheit für das Wohlergehen des Menschen nützlich war, und Sie haben eine intuitive Sicherheit, wenn Sie sich vorstellen, was zukünftig zu tun ist. Wo andere noch verharren, sind Sie schon weitergezogen. Wo andere noch träumen, wissen Sie schon, was die Wirklichkeit bringen wird. Man könnte sagen, Sie haben ein Ohr am zukünftigen Pulsschlag des Lebens. Da Ihnen der Erfolg recht zu geben scheint, verlassen Sie sich immer stärker auf Ihre tragfähigen Entscheidungen und leiten daraus manchmal einen Anspruch auf das generelle Rechthaben ab. Dabei kann leicht das, was Sie denken und fühlen, von Ihnen zu einer Art Weltanschauung erhoben werden, der andere sich nur noch schwer widersetzen können. Andererseits gibt Ihr Vorbereitetsein auch immer die Sicherheit, die Lebensmut in der Gemeinschaft, für die Sie sich verantwortlich fühlen, möglich macht.

HAUPTMERKMAL: Planend

LEBENSPRINZIP: Die eigene intuitive Ahnung von zukünftigen Entwicklungen für das Wohlergehen der Gemeinschaft nutzen

UNTER DIESEM DATUM HATTEN UND HABEN AUSSERDEM GEBURTSTAG:
Thomas Reid, schott. Philosoph, Begr. d. „Hilosophie d. Common sense“ (1710–1796) – *Ludwig Uhland,* dtsch. Dichter, Hauptvertreter d. schwäb. Romantik (1787–1862) – *Robert Adamson,* schott. Photograph, gründete d. erste Portraitfotoatelier (1821–1848) – *Anita Loos,* US.-Bestsellerschriftstellerin u. Drehbuchaut., übers. in 14 Sprachen (1893–1981) – *John Greerson,* Begr. d. brit. Dokumentarfilm-Beweg., knapp 40 Jahre d. Leiter (1898–1972) – *Charles Francis Richter,* amerik. Physiker, Seismologe, Vater d. Richter-Skala (1900–1985) – *Douglas Sirke,* eigenwilliger dtsch.-amerik. Filmregisseur (1900–1987)

27. APRIL
Stier

VERANLAGUNG: So wie viele machen auch Sie die Erfahrung, daß man sich in dunklen Stunden meist sehr einsam vorkommt. Doch bei Ihnen wird durch dieses Erleben Ihr weiteres Leben vollkommen neu geprägt. Sie wollen in persönlichen Krisen nie wieder allein sein müssen. So entwickeln Sie das tiefe Bedürfnis, sich einer Gemeinschaft anzuschließen und sich in ihr genußvoll und abgesichert einzurichten. Doch gleichzeitig sind Sie ein Mensch, der herausgefordert werden will und der ständig glaubt, woanders etwas zu versäumen, was vielleicht nie nachgeholt werden kann. Das macht Sie außerordentlich aufgeschlossen, kontaktfreudig und auch erlebnissüchtig. Doch aus Ihren Erfahrungen schlau geworden, verlieren Sie, wenn Sie sich auf etwas Neues einlassen, nie ganz die Gefühlsverwurzelung in Ihrer ursprünglichen Gemeinschaft. Denn Sie haben erlebt, daß nichts unzuverlässiger ist als der Erfolg. Durch die Sicherheit Ihrer Gemeinschaft lernen Sie dem Rhythmus zu vertrauen, der auf ein Ab auch wieder ein Auf folgen läßt. In Ihrer Gedankenwelt ist das gespeichert, was Sie zusammen mit anderen für beglückende Erfahrungen gemacht haben, und die Erinnerung daran wird Ihnen helfen, eine erneute mögliche Kälte in der Außenwelt zu überstehen. So lernen Sie mit der Zeit, alles nicht mehr so wichtig zu nehmen und können manchmal sogar mit lässiger Weisheit reagieren.

HAUPTMERKMAL: Lässigkeit

LEBENSPRINZIP: Persönliche Krisen werden nur durch die Verankerung in einer fürsorglichen Gemeinschaft überwunden

UNTER DIESEM DATUM HATTEN UND HABEN AUSSERDEM GEBURTSTAG:
Leo XI., 1.–27.4. 1605 Papst v. Rom (1535–1605) – *James Monroe*, 1817–25 d. 5. Präsident d. USA (1758–1831) – *Mary Woolstonecraft*, engl. Schriftstellerin u. leidenschaftliche Feministin (1759–1797) – *Otto*, verrückter Bayernkönig, jüngerer Sohn von König Maximilian II. (1848–1916) – *Coretta Scott King*, US-Bürgerrechtlerin, Witwe Martin Luther Kings, *1927 – *Sheila Scott*, brit. Fliegerin – flog als erste brit. Pilotin allein um die Welt (1927–1988) – *Anouk Aimee*, intern. erfolgr. franz. Filmschauspielerin, *1932 – *August Wilson*, US-Dramatiker, zweimaliger Pulitzerpreisgewinner, *1945

28. APRIL

Stier

VERANLAGUNG: Durch persönliche Erfahrungen haben Sie festgestellt, daß gemeinschaftliche Schwierigkeiten nicht durch einen selbst zu lösen sind. So kommt für Sie ein Leben ohne das Engagement innerhalb Ihrer sozialen Gemeinschaft nicht in Betracht. Sie mußten auf diesem Erkenntnisweg viele Träume eines individuell privaten Glücks in sich sterben lassen und sind auf eine Ebene gelangt, in der Sie sich mit Liebe in den Dienst des Ganzen stellen. Da Sie immer Angst haben, auf halbem Wege steckenzubleiben, handeln Sie mit energischer Hingabe und unbeirrbarem Durchsetzungswillen. Wobei Ihnen die Bewältigung Ihres selbstgewählten Aufgabenbereichs immer wieder Anlaß zur Verzweiflung gibt. Sie entwickeln eine entschiedene Feindeshaltung gegen alle Einflüsse, die in Ihren Augen das Zwischenmenschliche erschwert. Überraschend direkt, manchmal verletzend, oft witzig, versuchen Sie den Finger in die Wunde der Fehlentwicklungen zu stoßen. Dabei nehmen Sie für sich in Anspruch, daß Ihre Sehensweise als Handlungsweisung für andere dienen sollte. Die Gefahr hierbei liegt darin, daß Sie einmal erworbene Einsichten festschreiben wollen und sehr selten erneut in Frage stellen.

HAUPTMERKMAL: Einmal richtig, immer richtig

LEBENSPRINZIP: Aus Einsicht in die Ohnmacht des Einzelnen, die eigenen Kräfte in den Dienst der Gemeinschaft stellen

UNTER DIESEM DATUM HATTEN UND HABEN AUSSERDEM GEBURTSTAG:
Bart J. Bok, herausragender US-Astronom holl. Abst., Erforscher d. Milchstraße (1606–1983) – *Francis Bailey*, herausragender engl. Astronom (1774–1836) – *Karl Kraus*, Zeit- u. Gesellschaftskritiker, Gründ. d. legendären „Fackel" (1874–1936) – *Lionel Barrymore*, einer d. herausragendsten frühen US-Charakterdarsteller (1878–1954) – *Charlie Rivel*, span. Clown, „Akrobat schööön!", wohl d. größte seiner Art (1896–1983) – *Horst-Eberhard Richter*, herausragender dtsch. Psychoanalytiker, *1923 – *Saddam Hussein*, irak. Revolutionsführer u. Diktator, seit 1979 irak. Staatspräsident, *1937 – *Ivan Nagy*, ungar. Ballettänzer, lebt seit 1965 i. d. USA, *1943

29. APRIL
Stier

VERANLAGUNG: Zuallererst und vor allem sind Sie fasziniert von dem, was sich alles in Ihnen selbst abspielt. Sie untersuchen neugierig die eigenen Triebe und Abgründe. Überhaupt sind alle lebenserhaltende Prozesse und die unerschöpflichen Möglichkeiten des Geistes Objekt Ihrer begierigen Betrachtungen. Auf diese Art erfühlen Sie die Einmaligkeit Ihrer Eigenpersönlichkeit und versuchen diese gegen Unterdrückung von außen dadurch abzusichern, daß Sie das für Sie Typische besonders herausarbeiten und auch darstellen. Sollte das durch Widerstände nicht gelingen, kann Ihre Entwicklung ins Demonstrative abrutschen, was bedeutet, daß ein dargestelltes Verhalten das wirkliche Sein ersetzen muß. Doch meistens gelingt Ihnen der Durchbruch zu einem unverwechselbaren Original. Sie sind auch in der Außenwelt aufzuspüren. Dabei kultivieren Sie Ihren eigenen Stil und geben mit Ihrer Unbeirrbarkeit ein Beispiel für weniger Engagierte. Die Gefahr besteht hierbei darin, daß Sie nur das wirklich gelten lassen wollen, was in einer Art Besitzergreifung von Ihnen und nur von Ihnen wahrgenommen wurde.

HAUPTMERKMAL: Ich-Kultivierung

LEBENSPRINZIP: Nur der kann sich wirklich mit dem Außen auseinandersetzen, der das eigene Innere erforscht hat

UNTER DIESEM DATUM HATTEN UND HABEN AUSSERDEM GEBURTSTAG:
Thomas Beecham, brit. Dirigent, Gründ. u. a. d. „Royal Philharmonica Orchestras" (1879–1961) – *Egon Erwin Kisch*, genialer tschech. Journalist, Schriftsteller dtsch. Sprache (1885–1948) – *Duke Ellington,* legendärer US-Jazzkomponist, Pianist u. Orchesterleiter (1899–1974) – *Hirohito*, 1926–89 Kaiser v. Japan, der längste japan. Regent (1901–1989) – *Fred Zinnemann,* wegweisender US-Filmregisseur österr. Abst. (1907–1997) – *Walter Kempowski,* dtsch. Schriftsteller, etablierte d. dokumentarischen Roman, *1929 – *Andre Agassi,* US-Tennisspieler, u. a. Olympiasieger, 1988 4. Platz d. Weltrangliste, *1970 – *Michelle Pfeiffer*, zunächst Journalistin, dann US-Filmschauspielerin, * 1957

30. APRIL

Stier

VERANLAGUNG: Sie lieben die Kraft des geschriebenen oder gesprochenen Wortes. Sie genießen die Gefühle, die Musik in Ihnen wachruft. Sie bewundern die Baukunst vergangener Tage. Oder Sie schwelgen manchmal in philosophischen Überlegungen. Sie haben also ein sinnliches Verhältnis zu allen schöpferischen Vorgängen. Eine Zeit lang haben Sie sich fasziniert mit dem eigenen Innenleben beschäftigt und Ihre Talente entwickelt. Doch Sie wollen mehr als eine eigene Nabelschau: Sie wollen wirklichen Kontakt aufnehmen mit der Welt und den Menschen um sich herum. Doch Sie analysieren gnadenlos, daß Ihre Umwelt Ihnen nur die Teilnahme als selbständiges Individuum läßt, wenn Sie die Unabhängigkeit haben, nicht zu allem ‚Ja' sagen zu müssen. Diese Unabhängigkeit kann in Ihren Augen durch materielle Werte oder durch schöpferische Qualitäten erreicht werden. So gehen Sie daran, Ihr Können ehrgeizig zu verfeinern, um sich so den offenbar notwendigen Erfolg zu verschaffen. In einer eher oberflächlichen, am Konsum orientierten Gesellschaft sehen Sie manchmal auch in der Ansammlung von Prestigeobjekten eine Möglichkeit, auf sich und Ihre ausgeprägten menschlich-geistigen Fähigkeiten aufmerksam zu machen. Aber ob Sie es so oder so angehen, wirklich wichtig ist für Sie eigentlich nur, sich selbst in dem Austauschprozeß mit der Gesellschaft zu finden.

HAUPTMERKMAL: Sinnliche Freude

LEBENSPRINZIP: Wirkliche Teilhabe an der Gesellschaft setzt besonderes Können oder materielle Unabhängigkeit voraus

UNTER DIESEM DATUM HATTEN UND HABEN AUSSERDEM GEBURTSTAG:
Kaspar Hauser, Findelkind u. wissenschaftliches Forschungsobjekt (1812–1833) – *Franz von Defregger*, herausragender österr. Maler v. Historienbildern (1835–1921) – *Eugen Bleuler*, schweiz. Psychiater, führte d. Begriff „Schizophrenie" ein (1857–1939) – *Hans Poelzig*, dtsch. Architekt, u. a. Erbauer d. Großen Schauspielhauses, Berlin (1869–1936) – *Franz Lehár*, österr.-ungar. Komponist beschwingter Melodien (1870–1948) – *Marie Rinser*, Schriftstellerin, behandelt die Moral, politische u. gesellschaft. Themen, *1911 – *Willie Nelson*, US-Countrymusiker, einer der beliebtesten des späten 20. Jahrh., *1933 – *Carl XVI. Gustav*, seit 1973 König von Schweden, *1946

1. MAI
Stier

VERANLAGUNG: Sollten Ihre Fähigkeiten nicht immer und überall von Außenstehenden anerkannt werden, besteht die Gefahr, daß Ihre Selbstfindung an Ihrer grundsätzlichen Verunsicherung scheitert. Tief in sich spüren Sie zwar Ihre Einmaligkeit als Mensch und sind sinnlich fasziniert von Ihren schöpferischen und organisatorischen Möglichkeiten. Dennoch ist dieses Selbstgefühl wenig belastbar und braucht hohe Zielvorgaben, an denen es sich aufrichten kann. Intuitiv haben Sie schon sehr früh gefühlt, daß die für Sie notwendige soziale Anerkennung nur durch überragende geistige Bildung oder durch materielle Absicherung zu erreichen ist. So haben Sie Ihre körperlichen Bedürfnisse dem Ziel einer umfassenden Ausbildung und dem gesellschaftlichen Aufstieg untergeordnet. Sie entwickeln sich zu einer Art Prototyp des erfolgreichen Menschen, wie ihn das Gesellschaftssystem zu fordern scheint. Aber der Weg dorthin ist für Sie mühsam, und manchmal fühlen Sie sich vollkommen überfordert. Tief in sich spüren Sie dann, daß das weiche, fließende, absichtslose Prinzip in Ihnen verkümmert. Entweder Sie wenden sich eines Tages mit Schaudern ab, oder Sie machen weiter. Denn dem Gewinner, auf welchem Gebiet und auf welche Art auch immer, gibt der Erfolg recht.

HAUPTMERKMAL: Erfolgreich

LEBENSPRINZIP: Wer gesellschaftliche Anerkennung will, ist gezwungen, geistiger und materieller Gewinner zu sein

UNTER DIESEM DATUM HATTEN UND HABEN AUSSERDEM GEBURTSTAG:
Joseph Addison, engl. Schriftsteller u. Politiker, mit Einfluß auf d. öffentl. Meinung (1672–1719) – *Santiago Ramón y Cajal*, herausragender span. Arzt, Medizinnobelpreisträger (1852–1934) – *Pierre Teilhard de Chardin*, franz. Philosoph u. Paläontologe (1881–1955) – *Giovanni Guareschi*, überaus heiterer u. erfolgreicher ital. Schriftsteller (1908–1968) – *Hanns Martin Schleyer*, dtsch. Industriemanager u. RAF-Opfer (1915–1977) – *Joseph Heller*, US-Schriftsteller, einer d. wichtigsten Autoren d. Nachkriegszeit, *1923 – *Sir Ralf Gustav Dahrendorf*, dtsch. Soziologe u. Politiker, Promotionsarbeit über Marx *1929 – *Oliver Bierhoff*, dtsch. Fußballer, u. a. Europameister 1996, *1968

2. MAI
Stier

VERANLAGUNG: Da Ihr Sicherheitsgefühl von der Reaktion Ihrer Umgebung abhängt, ist Ihre gesamte Aufmerksamkeit auf Strömungen und Veränderungen der Sie umgebenden Gemeinschaft ausgerichtet. Um sich abzusichern, versuchen Sie, Ihre schöpferische Unruhe durch organisiertes Handeln in festumrissene Strukturen zu pressen. Sie bündeln Ihre Fähigkeiten und richten sie streng auf ein Idealziel aus. Doch dadurch wird alles plötzlich schwer und ernst. Ihr kreatives Inneres wird so sehr eingeengt, daß Sie anfangen, zu komplikationsreichen Ausbrüchen zu neigen. Irgendwann sehen Sie ein, daß Sie Ihren inneren natürlichen Antrieben mehr Raum lassen müssen. So vertrauen Sie langsam auf Ihre innere Kraft und machen sich nicht ganz so stark von Ihrer Zielorientiertheit abhängig. Sie bewegen sich immer auf dem schmalen Streifen zwischen festem Boden und dem Abgrund, zwischen organisierter Absicherung und triebhafter Verspieltheit, zwischen Pionierarbeit und Kamikazeflug. Obwohl Ihr Interesse an dem Sich-Austauschen-Wollen stark entwickelt ist, kann es geschehen, daß Sie Ihre eigenen Ordnungsbedürfnisse kulturell überhöhen und allzuleicht stur werden. Ihr immer noch leicht zu verunsicherndes Grundgefühl geht in solchen Fällen über in ein Beharren auf die eigene Standortmacht.

HAUPTMERKMAL: Charmante Sturheit

LEBENSPRINZIP: Um schöpferisch frei fließen zu können, sollte man seine Energien nicht zu zielgerichtet einsetzen

UNTER DIESEM DATUM HATTEN UND HABEN AUSSERDEM GEBURTSTAG:
Anthanasius Kircher, dtsch. Jesuit, erfand u. a. eine d. frühesten Rechenmaschinen (1602–1680) – *Alessandro Scarlatti*, ital. Komponist, Konzertmeister in Rom u. Neapel (1660–1725) – *Katharina II., d. Große*, 1762–96 (dtsch.-stämm.) Kaiserin v. Russland (1729–1796) – *Novalis*, herausragender Dichter d. Frühromantik (1772–1801) – *Gottfried Benn*, dtsch. Arzt u. mit d. wichtigste Dichter d. Nachkriegszeit (1886–1956) – *Manfred Freiherr v. Richthofen*, Dtsch., erfolgreichster Jagdflieger d. 2. Weltkriegs (1892–1918) – *Bing Crosby*, amerik. Sänger, Filmschauspieler, Multitalent (1901–1977) – *Axel Caesar Springer*, erster dtsch. Verleger von Massenpublikumszeitschriften (1912–1985)

3. MAI
Stier

VERANLAGUNG: Da Ihr wechselhaftes Selbstbewußtsein nur durch die Auseinandersetzung innerhalb einer Gemeinschaft gefestigt werden kann, richten Sie Ihre ehrgeizigen Energien darauf aus, eine prägende Position in Ihrem Wirkungskreis einzunehmen. Durch Ihr Können, Ihre Streitbereitschaft, Ihre Konsequenz und Ihr Gefühl für Strukturen stellen sich dann auch fast automatisch Erfolge ein. Als Sie jedoch gerade anfangen, diese gegen andere abzusichern und sinnlich zu genießen, müssen Sie schmerzlich erkennen, daß nichts so unbeständig ist wie der Erfolg. Gerade weil Sie so unerschütterlich und eigentlich unbesiegbar wirken, fordert Ihre Position, Ihre Machtfülle und Ihre Person selbst Neider heraus, Intriganten und Gegner. Doch Ihre ausgeprägte Fähigkeit, in verwirrenden Situationen den Überblick zu bewahren, das Chaos zu entknoten und Handlungsnotwendigkeiten klar zu erkennen, läßt Sie den Anfeindungen entgegentreten. Sie drehen Ihre Fahne nicht in den Wind, und was Sie nicht gänzlich umwirft, macht Sie auf einer höheren Ebene nur noch stärker. Ihre Niederlagen werden so zu charakterlichen Siegen und nötigen auch dem ärgsten Feind Respekt ab. Sie haben den nötigen Mut, Ihre Position auch unter schwierigsten Umständen zu verteidigen. Doch manchmal auch gegen Feinde, die überhaupt nicht vorhanden sind.

HAUPTMERKMAL: Unbeugsam

LEBENSPRINZIP: Wer sich durch mutige Auseinandersetzungen eine Position erkämpft, muß mit Angriffen umgehen lernen

UNTER DIESEM DATUM HATTEN UND HABEN AUSSERDEM GEBURTSTAG:
Niccolò Machiavelli, ital. Historiker, Staatsmann u. politischer Philosoph (1469–1527) – *August von Kotzebue*, dtsch., Zeitschriftengründer, Spötter (1761–1819) – *Bernhard Fürst von Bülow*, dtsch. Politiker, u. a. 1900–09 Reichskanzler (1849–1929) – *Golda Meir*, israel. Politikerin, 1969–1974 Ministerpräsidentin Israels (1898–1978) – *Sugar Ray Robinson*, US-Boxer, u. a. Weltmeister im Mittelgew., einer d. Besten (1921–1989) – *James Brown*, US-Soulsänger u. Komponist, Superstar d. 50er, 60er u. 70er Jahre, *1933 – *Aldo Rossi*, ital. Architekt, Begr. d. Rationalen Architektur, *1931 – *Steven Weinberg*, US-Physiker u. Physiknobelpreisträger, *1933

4. MAI

Stier

VERANLAGUNG: Sie leiten Ihr Sicherheitsgefühl aus der Position ab, die Sie innerhalb Ihrer Gemeinschaft einnehmen. Deshalb versuchen Sie sich schon früh gezielt gegen andere durchzusetzen und das jeweils Erreichte abzusichern. Sie wollen Ihren ureigensten Weg gehen und müssen erkennen, daß derjenige, der sich ‚auf die Kirchturmspitze stellt', Stürmen aus allen Richtungen ausgesetzt ist. Das kann bei gewöhnlichen Krisen eine Zeit gut gehen, doch bei ungewohnten Herausforderungen kann es leicht geschehen, daß Sie sich immer verwirrter um die eigene Achse zu drehen beginnen. Nichts hat plötzlich seine Gültigkeit mehr, kein Reaktionsschema hilft, alles Althergebrachte versagt, und Sie sind auf sich allein und Ihre eigenen Eingebungen angewiesen. Dabei können Sie es nicht allen rechtmachen und stellen plötzlich fest, daß Sie das ja eigentlich auch nie wollten. Zuerst läßt es Sie verzweifeln, daß auf Neues nichts Bekanntes anzuwenden ist. Doch wie es Ihre Art ist, gehen Sie dann wirklich kreativ und systematisch vor: Sie sondern die bisher für richtig gehaltenen Maßstäbe aus, verabschieden sich von ‚guten Ratschlägen' Ihrer Umgebung und entscheiden, was und wer falsch für Sie war und vielleicht noch ist. Das macht Sie zu einem immer wieder mutig entscheidenden Menschen, der eines immer ist: originell und standfest.

HAUPTMERKMAL: Sich selbst Maßstab

LEBENSPRINZIP: Wer Neues versucht, muß auch in Krisen immer neu reagieren und nicht auf Althergebrachtes zurückgreifen

UNTER DIESEM DATUM HATTEN UND HABEN AUSSERDEM GEBURTSTAG:
Friedrich Arnold Brockhaus, gründete 1805 d. F.A. Brockhaus Verlag (1772–1823) – *Johann Friedrich Herbart,* dtsch. Philosoph, schuf d. erste wissenschaftl. Didaktik (1776–1841) – *Louis Jacques Thenard,* franz. Chemiker, entwickelte u. a. das Kobaltblau (1777–1857) – *Thomas Huxley*, brit. Zoologe, sagte als erster, daß Menschen v. Affen abstammen (1825–1895) – *Fritz von Opel*, innovativer dtsch. Industrieller, Autohersteller (1899–1971) – *Audrey Hepburn,* eine d. erfolgreichsten Hollywoodstars, UNESCO-Botschafterin (1929–1993) – *Ulrike Nasse-Meyfahrt*, dtsch. Leichtathletin, u. a. zweifache Olympiasiegerin, *1956

5. MAI

Stier

VERANLAGUNG: Um dem eigenen Sicherheitsbedürfnis Genüge zu tun, haben Sie das, was um Sie herum ist, genau beobachtet, Fehler analysiert und systematisch Ihre Schlußfolgerungen gezogen. Dabei ist Ihnen klar geworden, wie man sein Wissen und Können einsetzen muß, um erfolgreich zu sein. Aber gleichzeitig spüren Sie intuitiv, daß das keine Antwort auf Ihre Fragen an das Leben sein kann. Trotz Ihrer Möglichkeiten zur angepaßten Karriere und Ihres Bedürfnisses nach einem genußvollen Leben entsteht deshalb der unausweichliche Wunsch, nach ureigensten Antworten zu suchen. Sie wollen mit aller Energie für Lösungen aus dem Hier und Jetzt kämpfen, und nicht für die, die irgendwann einmal gültig gewesen sind. In allem, was das Bisherige verkörpert, sehen Sie deshalb nur etwas, was es zu bekämpfen gilt. Für das Selbstgefühl in Ihrem Leben ist die Orientierung an Werten eine Grundvoraussetzung. Und da in Ihren Augen nur die Grundwerte Bestand haben werden, die sich an neue Herausforderungen anpassen können, wollen Sie nicht nur neue Werte suchen, sondern diese dann auch durchzusetzen helfen. Dabei entsteht die Gefahr, daß Sie Ihre ureigensten Vorstellungen durch grundsätzliche Argumente unangreifbar machen wollen, denen sich keiner widersetzen darf, ohne Ihr persönlicher Feind zu werden.

HAUPTMERKMAL: Für Klarheit

LEBENSPRINZIP: Wer im Leben Grundsätzliches fragt und nur Althergebrachtes hört, sollte für neue Antworten kämpfen

UNTER DIESEM DATUM HATTEN UND HABEN AUSSERDEM GEBURTSTAG:
Leopold II., 1790–1792 dtsch. Kaiser d. Heilig. Röm. Reiches (1747–1792) – *Karl Marx,* begründ. m. Friedrich Engels d. wissenschaftl. Sozialismus/Marxismus (1818–1883) – *Eugènie,* 1853–1871 Kaiserin d. Franzosen (1826–1920) – *Henryk Sienkiewicz,* poln. Bestsellerautor, Literaturnobelpreisträger (1864–1916) – *Pietro Gaspari,* ital. röm.-kath.Theol., versöhnte d. Heilig. Stuhl m. Mussolinis Staat (1852–1934) – *Tyrone Power,* US-Filmschauspieler, Hollywoodlegende u. Frauenliebling (1913–1958) – *Arthur Leonard Schwalow,* US-Physiker, Vater d. Laserspektroskopie, Physiknobelpreis, *1921

6. MAI

Stier

VERANLAGUNG: Ihr dringendes Bedürfnis, sich in der Umwelt orientieren und damit absichern zu können, wird nur unzulänglich oder gar nicht befriedigt. Je mehr Sie beobachten, desto weniger erscheint es Ihnen möglich, die Welt in Gut und Böse einzuteilen. Sie wollen genauer als andere sein und verborgene Zusammenhänge aufdecken, was nicht jedem in Ihrer Umgebung paßt. Manchmal gehen Sie so weit, die eigene Selbstsicherheit dadurch erreichen zu wollen, daß Sie andere verunsichern. Doch all das befriedigt Sie nicht wirklich. Sie entdecken, daß das wirkliche Problem in Ihnen selbst steckt. Daß es mit Ihrem Gewohnheitsdenken und den tief in Ihnen verankerten Wertmaßstäben zu tun hat. Deshalb wollen Sie die Tradition durchbrechen, daß Ihnen andere sagen, was erfolgreich ist und was nicht. Und Sie wollen Ihr Denken freimachen von der Abhängigkeit der materiellen Absicherung. Sie wollen eine vorerst wertungsfreie Bestandsaufnahme vornehmen, von der aus Sie sich dann ins noch Unbekannte weiter vortasten können… Sie wollen das Wesen der Vorgänge wirklich erspüren und merken dabei schnell, daß Sie dafür die eigenen, ichbezogenen Denkraster zurücknehmen müssen. Erst wenn Sie selbst wirklich offen sind, ohne Vorurteile und übernommene Denkungsarten, werden Sie verstehen und sehen lernen.

HAUPTMERKMAL: Aufdeckungsbegierig

LEBENSPRINZIP: Wer Zusammenhänge verstehen will, muß sich zuerst von altem Denken befreien und wirklich offen werden

UNTER DIESEM DATUM HATTEN UND HABEN AUSSERDEM GEBURTSTAG:
Sigmund Freud, österr. Arzt, Neurologe, Begr. d. Psychoanalyse (1856–1939) – *Christian Morgenstern,* Schriftsteller u. Verf. witzig-grotesker „Galgenlieder" (1871–1914) – *Rudolph Valentino*, unvergessener US-Stummfilmstar, erstes männl. Sexsymbol (1895–1926) – *Stewart Granger*, international erfolgreicher engl. Bühnen- u. Filmschauspieler (1913–1993) – *Erich Fried*, herausragender österr. Lyriker u. Übersetzer mit Wahlheimat England (1921–1988) – *Hanns Dieter Hüsch*, herausragender dtsch. Kabarettist u. Schriftsteller. *1925 – *Tony Blair*, Vorsitzender d. brit. Labour Party, seit 1997 Premiermin. v. Großbritannien, *1953

7. MAI

Stier

VERANLAGUNG: Sie fühlen sich sehr leicht gemeinschaftlich ausgeschlossen und kämpfen deswegen um so konsequenter um die Anerkennung von außen. Durch die ursprüngliche Krise des innerlichen Getrenntseins sind Sie aber auch wachsam, intuitiv und spontan geworden. Sie machen die Erfahrung, daß ein wirklicher Erfolg nicht durch die Wiederholung alter Denk- und Handlungsweisen erfolgen kann. Ihrer Ansicht nach wird nur derjenige wahre Anerkennung ernten, der seinen ureigensten Weg geht. Sie befreien sich konsequent und systematisch von allem unnützen Ballast und gehen völlig neu an Lösungen heran. Sie lieben das Leben, haben sinnliche Lust am schöpferischen Gestalten und wollen einen gepflegten Lebenstil kultivieren. Nach der Überwindung Ihrer ursprünglichen Krise stehen Ihnen nun alle Wege offen. Sie müssen Ihren Phantasien und Eingebungen nur noch Raum geben, sich Schritt für Schritt fortzuentwickeln. Haben viele Menschen Angst, an ihre schöpferischen Fähigkeiten zu glauben, lassen Sie hingegen alle Eingebungen zu, seien Sie noch so unkonventionell. Das ändert jedoch nicht die Tatsache, daß Sie die erworbenen Erkenntnisse zu Ihrem Eigentum machen und erreichte Positionen vehement absichern, um von dort ausgehend weiterzumachen.

HAUPTMERKMAL: Schritt für Schritt spontan

LEBENSPRINZIP: Wer wirklich neue Wege beschreiten will, muß vorher den Punkt erreicht haben, wo nichts mehr geht

UNTER DIESEM DATUM HATTEN UND HABEN AUSSERDEM GEBURTSTAG:
Innozenz X., 1944–1655 Papst von Rom (1574–1655) – *Johannes Brahms*, dtsch. Komponist, wegweisend f. d. Musik d. 20. Jahrh. (1833–1897) – *Peter Tschaikowsky*, russ. Komponist, d. im Ausland bekannteste seiner Zeit (1840–1893) – *Oskar von Miller*, brillanter dtsch. (Eisenbahn-, Wasser- u. Brückenbau-) Ingenieur (1855–1934) – *Tito*, jugosl. Politiker, schuf u. a. einen v. d. UdSSR unabhängigen Staat (1892–1980) – *Gary Cooper*, US-Filmheld, Hollywoodsuperstar (1901–1961) – *Max Grundig*, dtsch. Elektrounternehmer, stieg nach 1945 z. größten Europas auf (1908–1998) – *Isabel de Perón*, „Evita", argent. Nachtclubtänzerin; 1974–76 Argentiniens Präsidentin (1919–1952)

8. MAI
Stier

VERANLAGUNG: Sie suchen oft nur deshalb die Provokation Ihrer Umwelt, um zu spüren, daß Sie noch etwas gelten. Da Sie sich Ihrer selbst nie ganz sicher sind, wollen Sie immer wieder von der Umwelt bestätigt bekommen, etwas Besonderes zu sein. Durch Ihre Fähigkeit, neue Gedanken zuzulassen, unkonventionelle Ideen fortzuentwickeln und daraus Bleibendes zu schaffen, gelingt es Ihnen auch immer wieder, gesellschaftliche Anerkennung zu bekommen. Doch Sie machen dabei die schmerzliche Erfahrung, daß die Entwicklung von Talenten, die aktive Umsetzung von originellen Ideen und der gesellschaftliche Aufstieg nicht einhergehen müssen mit der Erfüllung Ihrer Individualität. Den eigenen Standort abzusichern, die eigene Kreativität in materiellen Erfolg umzumünzen und die Auseinandersetzung mit Gegnern verschlingen oft unnötig viel Energie. Sie sollten deshalb auf Ihrem Lebensweg auch auf spontane Eingebungen vertrauen, auf Zeichen des Schicksals achten, die Ihnen die Richtung vorgeben könnten. Denn gerade ein Mensch mit Ihrem schöpferischen Potential sollte sich nicht gegen seine ureigenste innere Wesensart verausgaben, sondern des öfteren innehalten und den Weg hinter sich betrachten und eventuell korrigieren.

HAUPTMERKMAL: Eigenwillig

LEBENSPRINZIP: Wer sich schöpferisch rasch weiterentwickelt hat, sollte manchmal innehalten und sich neu orientieren

UNTER DIESEM DATUM HATTEN UND HABEN AUSSERDEM GEBURTSTAG:
Henri Dunant, schweiz. Philantrop, 1863 Gründ. d. Internationalen Roten Kreuzes (1828–1910) – *Friedrich August v. Hayek*, brit.-österr. Nationalökonom, Nobelpreisträger (1899–1992) – *Harry Spencer Truman*, 1945–1953 d. 33. Präsident der USA (1884–1972) – *Fernandel*, enorm wandlungsfähiger u. unvergessener ital. Filmstar (1903–1971) – *Roberto Rossellini*, herausragender norw. Regisseur neorealistischer Filme (1906–1977) – *Gertrud Fussenegger*, österr. Erzählerin in d. Tradition Albert Stifters, *1912 – *Patsy Cline*, eine d. größten u. flexibelsten US-Country-and-Western-Sängerinnen (1932–1963) – *Keith Jarrett*, amerik. Jazzer (Pianist, Saxophonist, Komponist), Vetreter d. Modern Jazz, *1945

9. MAI

Stier

VERANLAGUNG: Jede Gesellschaft setzt sich aus dem Zusammenspiel vieler verschiedener Interessensgruppen zusammen. Dabei hat jede einzelne Gruppe Ihre ureigensten Ziele und wirkt damit prägend auf jedes seiner Mitglieder. Da Sie sich nur schwer persönlich mit anderen identifizieren können, wollen Sie das fehlende Verbundenheitsgefühl dadurch ausgleichen, daß Sie sich in der Gemeinschaft, der Sie sich zuordnen, engagieren. Sie haben ein ausgeprägtes Gefühl für grundsätzliche Werte und kämpfen deshalb für die gerechte und menschliche Fortentwicklung des gesellschaftlichen Zusammenlebens. Sie wollen unbedingt in Ihrer spezifischen Gruppe anerkannt werden und hoffen, mit ihr auf das große Ganze Einfluß zu erlangen. Oft müssen Sie Ihre eigenen Bedürfnisse für den Erfolg Ihrer Gruppe zurückdrängen, nehmen das aber als Preis für Ihre soziale Anerkennung in Kauf. Dabei geraten Sie in Gefahr, sich zu eng an die kollektiven Werte Ihrer Gemeinschaft zu binden und Ihre ureigenste Meinung zu sehr außer Acht zu lassen. Ihre Selbstzurücknahme kann zur völligen Identifizierung mit Gruppennormen führen, die kritische Hinterfragung nicht erlaubt. Sie spüren, daß Sie sich immer wieder neu entscheiden müssen, was für die Gesellschaft richtig und was für Sie persönlich vorrangig ist. Und daß beides nicht immer übereinstimmen muß.

HAUPTMERKMAL: Persönlich zurückhaltend

LEBENSPRINZIP: Jeder sollte sich mit Gleichgesinnten für ein Ziel engagieren, sich aber dabei selbst nicht verlieren

UNTER DIESEM DATUM HATTEN UND HABEN AUSSERDEM GEBURTSTAG:
Howard Carter, brit. Archäologe, entdeckte 1922 das Grab Tut-Ench-Amuns (1873–1939) – *José Ortega y Gasset*, einer d. einflußreichsten span. Philosophen d. 20. Jahrh. (1883–1955) – *Sophie Scholl,* dtsch. Widerstandskämpferin, Widerstandsgruppe „Weiße Rose“ (1921–1943) – *Glenda Jackson*, herausragende brit. Bühnen- u. Filmschauspielerin, Oskarpreistägerin *1936 – *Albert Finney*, engl. Charakterdarsteller, absolvierte d. Royal Academy of Dramatic Art, *1936 – *Billy Joel,* US-Rockmusiker, Sänger, Komponist, Texter – einer d. erfolgreichsten, *1949 – *Curtis Knight*, einer d. ganz großen amerik. Rockgitarristen, *1945

10. MAI
Stier

VERANLAGUNG: Sie haben festgestellt, daß Sie seelisch wenig belastbar sind. Aus Furcht, unvorbereitet zu sein und sich gegen Verletzungen nicht wehren zu können, versuchen Sie, großen Gefühlen aus dem Weg zu gehen. So kommt es, daß Sie in äußeren Krisensituationen nicht in eine persönlich geprägte Panik verfallen. Sie sind immer und überall in der Lage, den Überblick zu behalten und die verwirrend wirkenden Informationen zu ordnen. Da Sie fast jede Situation in Gedanken durchgespielt haben, wissen Sie um die Sinnlosigkeit von hektischen Reaktionen und befreien sich stattdessen mit großem Fleiß Schritt für Schritt aus dem Sie begrabenden Haufen von Widrigkeiten. Dabei kommt es Ihnen zugute, daß Sie sich an Stelle von zu persönlichen Bindungen lieber um Gruppen gekümmert haben, die Ihnen nahestehen. Denn bei notwendigen Entscheidungen hilft Ihnen Ihr Geflecht von sozialen Bindungen, das auch deshalb entstanden ist, weil Ihre Umgebung Sie als zuverlässig und glaubhaft kennengelernt hat. So stehen Sie wie ein Fels in der Brandung und wissen genau, daß jede Sturmflut irgendwann auch wieder abebbt und daß Sie durch Ihr Vorbereitetsein sicherlich zu den Überlebenden zählen werden. Schwierigkeiten, Krisen und körperliche Belastungen legen in Ihnen unbewußte Kräfte frei, und Sie sind beseelt von einem Urvertrauen, das sagt: ‚Es wird schon gutgehen', und dem Sie sich völlig anvertrauen.

HAUPTMERKMAL: Zuverlässig

LEBENSPRINZIP: Wer gut vorbereitet ist und innerlich nicht in Panik gerät, wird jede Krise siegreich überstehen

UNTER DIESEM DATUM HATTEN UND HABEN AUSSERDEM GEBURTSTAG:
Johan Peter Hebel, dtsch. Dichter, entwarf die alemanische Mundartliteratur (1760–1826) – *James Gordon Bennett*, US-Verleger (New York Herald), finanzierte Afrikaexped. (1841–1918) – *Karl Barth*, herausragender schweiz. ev. Theologe, im Widerstand gegen Hitler (1886–1968) – *Gustav Stresemann*, Aug.–Nov. 1923 dtsch. Reichskanzler, 1923–29 Außenmin. (1878–1929) – *Fred Astaire*, überragender US-Tänzer u. Schauspieler, Tanzpartner v. G. Rogers (1899–1987) – *Gabriela Sabatini*, argent. Tennisspielerin (eine d. besten) u. Parfumherstellerin, *1970

11. MAI

Stier

VERANLAGUNG: Sie sind sehr früh in Ihrem Leben extremen Belastungen ausgesetzt gewesen. Sie haben sich dabei ungeschützt gefühlt, weil Sie nicht wirklich vorbereitet waren. Doch Sie sind mit starken natürlichen Gaben auf diese Welt gekommen, die jeder Bedrohung standhalten können. Und so wie ungeheurer Außendruck aus organischen Substanzen einen Edelstein preßt, haben Sie sich durch den frühen Druck im Laufe des Lebens zu einem umsichtigen, visionären und wertebewußten Menschen entwickelt. Sie können gar nicht anders, als an Ihren schöpferischen Fähigkeiten weiterzuarbeiten, sie zu entwickeln und zur Klarheit zu bringen. Wobei durch Ihre frühen Krisen Ihr Hauptaugenmerk darauf liegt, andere auf das vorzubereiten, was kommt. Sie wollen die Menschen um sich herum immer informieren, vielleicht warnen und immer ein Beispiel sein. Da bei Ihnen der kindlich unschuldige Funke der Schöpfung nie wirklich verschüttet wurde, sondern sich sehr rein und unverfälscht erhalten hat, leiden Sie besonders stark unter ‚Verschmutzungen' jeder Art. Aber da reines Wasser irgendwann jeden Stein aushöhlt, erreichen Sie durch Ihre unverfälschten Qualitäten eine hohe Anerkennung, obwohl oft andere Werte als die Ihrigen erfolgreich genannt werden. Sie werden immer eine Persönlichkeit sein, der man die Anerkennung und den Respekt nicht verweigern kann.

HAUPTMERKMAL: Glaubwürdig

LEBENSPRINZIP: Wer seine natürlichen und dann verfeinerten Qualitäten pflegt, wird auch bei großem Druck nur besser

UNTER DIESEM DATUM HATTEN UND HABEN AUSSERDEM GEBURTSTAG:
Karl Friedrich Freiherr von Münchhausen, dtsch. Offizier, Rittmeister, „Lügenbaron" (1720–1797) – *Irving Berlin*, US-Komponist unzähliger melodisch-jazziger Evergreens (1888–1989) – *Margaret Rutherford*, brit. Schauspielerin bes. liebenswert schrulliger alter Damen (1892–1972) – *Rosa Ausländer*, v. Nazi-Regime verfolgte dtsch. Lyrikerin, div. Literaturpreise (1907–1988) – *Robert Jungk*, österr. Wissenschaftsjournalist u. Zukunftsforscher (1913–1994) – *Camilo José Cela*, span. Schriftsteller mit völlig eigenem Stil, Literaturnobelpreisträger, *1916

12. MAI
Stier

VERANLAGUNG: Gerade weil Sie eindrucksoffen und leicht verletzbar sind, sehen Sie Ihr schöpferisches Tun ständiger Gefahr ausgesetzt. Sie sind sehr wachsam und müssen die bittere Erfahrung machen, daß nicht Talent oder Können über Erfolg oder Mißerfolg entscheiden, sondern die Möglichkeit der eigenen Durchsetzung. So sichern Sie Ihr Tun schon früh gegen Übergriffe ab und versuchen eine Position innerhalb des Machtgefüges zu erreichen, die Ihnen die Möglichkeit schafft, Ihre von sensiblen Eindrücken geprägten Vorstellungen auszuleben. So kann es geschehen, daß gerade Sie, der eigentlich Solidarität als Voraussetzung für eine funktionierende Gemeinschaft ansieht, im persönlichen Kampf auf urinstinkthafte Verhaltensweisen zurückgreift. In der Phase der Absicherung des erreichten Standortes laufen Sie Gefahr, alle Außenstehenden als potentielle Feinde anzusehen. So sind Sie immer in Kampfstellung. Dabei sind Sie in Ihrer Angriffslust provozierend und auf lange Sicht deshalb erfolgreicher als andere, weil Sie sich nicht in Gefühlsverwirrungen und unrealistischen Hoffnungsträumen verfangen. Sie glauben nicht an eine natürliche Gerechtigkeit, sondern an das Recht der Durchsetzung. Dieses äußere Verhalten soll Ihr sensibles Innenleben zuerst schützen, verändert aber manchmal auch das, was Sie schöpferisch leisten.

HAUPTMERKMAL: Kampfbereit

LEBENSPRINZIP: Schöpferisches Können allein zählt nicht, man muß sich auch gegen Angriffe durchsetzen können

UNTER DIESEM DATUM HATTEN UND HABEN AUSSERDEM GEBURTSTAG:
August der Starke II., ab 1694 Kurfürst v. Sachsen, ab 1697 König von Polen (1670–1733) – *Justus von Liebig*, außergewöhnlicher dtsch. Organchemiker (1803–1873) – *Florence Nightingale*, herausragende, organisationsbegabte brit. Krankenschwester (1820–1910) – *Fritz Kortner*, brillanter österr. Schauspieler u. Theaterregisseur (1892–1970) – *Katharine Hepburn*, herausragende US-Schauspielerin, Hollywoodlegende, *1907 – *Klaus Doldinger*, wichtiger dtsch. Jazzer (Tenorsax, Klarinette, Klavier) u. Filmkomponist, *1936 – *Stevie Winwood*, herausragender u. einflußreicher engl. Rockmusiker, *1948

13. MAI

Stier

VERANLAGUNG: Ihr Gefühl für Sicherheit und Verwurzelung kommt bei Ihnen nur zu einem geringen Teil aus inneren Entwicklungsprozessen. Der weitaus größere Anteil ist davon abhängig, ob Sie mit der Sie umgebenden Gemeinschaft und Ihren Errungenschaften übereinstimmen. Sie streben deshalb mit großer Energie eine gesellschaftliche Position an, die Ihnen die Möglichkeit bietet, sich darin gepflegt einzurichten. Sie verfestigen Ihre Verankerung innerhalb eines gleichgesinnten Bekanntenkreises und freuen sich daran, daß scheinbar alles organisiert und von perspektivischem Bestand ist. Sie wollen in Ihrem schöpferischen Tun nicht unbedingt originell sein, sondern sicher mit Gegebenem umgehen können. Sie kultivieren Ihren Stil und genießen sinnenfroh materiellen Wohlstand und gemeinschaftlichen Austausch. Man akzeptiert Sie, und Sie genießen zusammen mit anderen kulturelle Erlebnisse, die Ausdruck Ihres gemeinsamen Lebensgefühls sind. Sie sind abgesichert, alle Rechnungen sind bezahlt, Sie ‚gehören' dazu und nach realistischem Ermessen kann Ihnen nichts mehr geschehen. Es bleibt für Sie nur ein Problem: Sollte durch äußere Umstände plötzlich alles in Frage gestellt werden, könnten Sie allzu leicht in Panik verfallen und den Überblick verlieren.

HAUPTMERKMAL: Stilgefühl

LEBENSPRINZIP: Wer in einer Gemeinschaft die angestrebte Position erreicht, sollte sie auch vergnügt genießen können

UNTER DIESEM DATUM HATTEN UND HABEN AUSSERDEM GEBURTSTAG:
Maria Theresia, u. a. v. 1745–65 röm.-dtsch. Kaiserin (1717–1780) – *Reinhard Mannesmann*, innovativer dtsch. Industrieller (1856–1922) – *Sir Ronald Moss*, brit. Bakteriologe, Tropenmed., 1911 geadelt, Medizinnobelpreis (1857–1932) – *Georges Braque*, franz. Maler u. einer d. Pioniere d. Cubismus (1882–1963) – *Dame Daphne du Maurier*, Verf. psychologisch hochspannender Romane (1907–1989) – *Joe Louis*, US-Boxer, u. a. ab 1937 zwölf Jahre lang Weltmeister im Schwergew. (1914–1981) – *Uwe Barschel*, 1982–87 Schleswig-Holsteinischer CDU-Ministerpräsident, (1944–1987) – *Stevie Wonder*, blinder US-Topmusiker, Singer/Songwriter, Multitalent u. Wunderknabe *1959

14. MAI
Stier

VERANLAGUNG: Jeder Mensch möchte sich selbst verwirklichen und ein eigenständig entscheidendes Individuum sein. Diese Wünsche stehen für viele im Widerspruch zu der Einhaltung gemeinsamer Traditionen und Wertmaßstäbe. Das empfinden Sie überhaupt nicht so. Sie stimmen mit den vorgegebenen Zielen und den angestrebten Lebenswegen vollkommen überein. Sie sind ein Kind Ihrer Zeit und ein Produkt der jeweilig gemeinsamen Traditionen. Sie fühlen sich deshalb überhaupt nicht eingeengt, sondern spielen mit den sich Ihnen öffnenden Möglichkeiten mit begnadeter Sicherheit. Viele Menschen fühlen sich in Rollen gedrängt, die nicht ihrem Wesen zu entsprechen scheinen, Sie hingegen füllen die eingenommene Rolle gerne aus und sehen sich in keinem Gegensatz zur Gesellschaft. Sie haben das System analysiert, angenommen und nutzen es nun höchst erfolgreich. Jeder Form kultureller Ausdrucksmöglichkeit sind Sie zugetan. Sie bauen darauf auf, entwickeln sie weiter und identifizieren sich am Ende vollkommen mit dem Ergebnis. Dabei achten Sie darauf, daß Sie Ihren gesellschaftlichen Standort behalten und vielleicht noch ausbauen können. Sie sind offen für jede neue Möglichkeit, die sich aus den Ideen anderer ergeben und identifizieren sich auf jeder Stufe des Erreichten mit dem Gesamten. Für Sie ist das alles ein großer Stabilbaukasten, mit dem Sie spielerisch und äußerst lustvoll experimentieren.

HAUPTMERKMAL: Spielerisch

LEBENSPRINZIP: Gemeinsame Werte und Grundlagen behindern nicht, sondern schaffen dem Einzelnen neue Möglichkeiten

UNTER DIESEM DATUM HATTEN UND HABEN AUSSERDEM GEBURTSTAG:
Karl IV., ab 1355 röm.-dtsch. Kaiser, Gründ. d. ersten dtsch. Universität (1316–1378) – *Robert Owen*, brit. Unternehmer u. Sozialreformer, verkürzte u. a. d. Arbeitszeit (1771–1858) – *Kurt Eisner*, wichtiger dtsch. SPD-Politiker, „Vorwärts"-Redakteur (1867–1912) – *Magnus Hirschfeld*, dtsch. Sexualforscher, kämpfte gegen Diskriminierungen aller Art (1868–1935) – *Claude-Dornier,* herausragender dtsch. Flugzeugkonstrukteur (1884–1969) – *George Lucas*, einer d. erfolgreichsten US-Filmproduzenten, *1944

15. MAI

Stier

VERANLAGUNG: Sie sind ständig auf der Suche nach der eigenen Individualität. Deshalb wollen Sie wissen, wer Sie sind und wo Ihr Verhalten übergeht in Gemeinschaftliches. So haben all Ihre Auseinandersetzungen, Einmischungen und Nachdenklichkeiten über das Leben und das Miteinander der Menschen mit dem Erkunden der eigenen Abgrenzungen zu tun. Deshalb geht Ihr Kampf nicht dahin, die Verhältnisse grundlegend ändern zu wollen, sondern ein Gleichgewicht zwischen dem eigenen Ich und den Ansprüchen der Gesamtheit herzustellen. Auch wenn Sie immer wieder sehr bewußt versuchen, den Finger in die wunden Stellen von verfestigten Strukturen zu stoßen, verlassen Sie nie den souveränen Stil in der Auseinandersetzung. Sie sind hin- und hergerissen zwischem dem Sich-Wehren-Wollen gegen Fehlentwicklungen und Ihrem gleichzeitig vorhandenen Bedürfnis nach sinnenfrohem Genießen. Ihr Tun ist deshalb darauf ausgerichtet, innere Strukturen zu erklären und zu vermitteln. Sie sind ein Teil des Ganzen, handeln darin schöpferisch erfolgreich und resignieren ein wenig vor der Mühseligkeit des wirklichen Aufbegehrens, das hin und wieder in Ihnen doch noch brodelt. So strahlen Sie eine etwas müde wirkende Gelassenheit aus, die einige von Ihrem immer vorhandenen Überzeugungswillen ablenkt.

HAUPTMERKMAL: Gelassenheit

LEBENSPRINZIP: Sich in diejenige Gemeinschaft schöpferisch kritisch einfügen, die einem Abgrenzungsmöglichkeiten läßt

UNTER DIESEM DATUM HATTEN UND HABEN AUSSERDEM GEBURTSTAG:
Klemens Wenzel Fürst von Metternich, österr. Staatsmann, 1821–48 Staatskanzler (1773–1859) – *Pierre Curie,* franz. Chemiker, mit Ehefrau Marie Curie Nobelpreisträger f. Physik (1859–1906) – *Arthur Schnitzler*, Arthur, bedeutender österr. Schriftsteller d. Wiener Moderne (1862–1931) – *Fritz Haber*, herausr. dtsch. Chemiker, Chemienobelpreisträger (1868–1934) – *Katherine Ann Porter,* US-Autorin, u. a. beeinflußt v. James Joyce u. Virginia Woolf (1890–1980) – *Joseph Cotten*, US-Schauspieler, einer d. brillantesten Charakterdarsteller (1905–1994) – *James Mason*, engl. Theater- u. Bühnenschauspieler, Hollywoodstar (1909–1984) – *Max Frisch*, schweiz. Schriftsteller, einer d. bedeutendsten d. Nachkriegszeit (1911–1991)

16. MAI

Stier

VERANLAGUNG: Für Sie wird schon früh klar, daß es einen großen Unterschied macht, von den Dingen des Lebens lediglich viel zu wissen oder sie wirklich zu verstehen. So versuchen Sie, sich den Zusammenhängen anzunähern. Das geht bei Ihnen nicht durch gefühlsorientierte Intuition, sondern über ein rein verstandesmäßiges Erfassen. Wenn Sie eine Erfahrung machen, beziehen Sie immer sofort auch das Gegenteil des dabei Erkannten in Ihre Betrachtung mit ein. Sie wollen nichts im Dunklen lassen und beleuchten deshalb alles von so vielen Seiten wie möglich. Ihre Überzeugung, auf diese Weise wirklich zu verstehen, wird zum inneren Halt, zu Ihrem Sicherheitsangelpunkt. Sie wissen, daß es mehrere Wege zu einem Ziel gibt und daß sich der bessere oder kürzere möglicherweise später als der falsche herausstellen kann. Sie akzeptieren deshalb ohne Verurteilung die unterschiedlichsten Lebensformen, respektieren verschiedene Denkansätze und lassen auch Extreme zu. Sie wollen immer die Wirklichkeit hinter sogenannten Grundsätzen erforschen. Sie sind meist umfassend informiert, hochqualifiziert und äußern sich nur sehr ungern direkt und eindeutig. Ihre Nachdenklichkeit verstecken Sie manchmal hinter einer schützenden Distanz der Ironie. Ihre wohlüberlegten Schritte im Leben geschehen immer mit dem perspektivischen Blick auf den Horizont. Auf das, was danach vielleicht noch kommt.

HAUPTMERKMAL: Unerschütterlich

LEBENSPRINZIP: Man muß immer mehrere Seiten derselben Sache beleuchten, will man Zusammenhänge wirklich verstehen

UNTER DIESEM DATUM HATTEN UND HABEN AUSSERDEM GEBURTSTAG:
Friedrich Rückert, dtsch. Dichter, Orientalist u. Übersetzter pers.-arab. Lyrik (1788–1866) – *Richard Tauber*, österr. Sänger, befreundet mit Franz Léhar: er komponierte f. ihn (1891–1948) – *Jean Faultier*, eigenwilliger franz. nichtgeometrischer abstrakter Maler (1889–1964) – *Henry Fonda,* einer d. ganz großen US-Schauspieler, Ehrenoskarpreisträger (1905–1982) – *Karl Lehmann*, dtsch. kath. Theologe, u. a. seit 1987 Vors. d. dtsch. Bischofskonferenz, *1936 – *Johann Georg Bednorz*, dtsch. Physiker, mit K. Müller Physiknobelpreis, *1950

17. MAI
Stier

VERANLAGUNG: Sie sind sich Ihrer ureigensten Individualität schon sehr früh bewußt geworden. Sie haben begriffen, daß es gesellschaftliche Muster gibt, nach denen man leben soll, und Sie sehen, daß fast jeder Mensch feste Ziele vor Augen hat und diese mit Durchhaltevermögen anstrebt. Das ist jedoch nicht Ihre Vorstellung von einem erfüllten Leben. Sie haben kein festes Ziel, Sie wollen erst einmal alles kennenlernen und das dann möglichst auch ausprobieren. Sie sind also in der Lage, sich von den Einschränkungen unabhängig zu machen, die Ihnen von der Natur oder der gesellschaftlichen Position vorgegeben wurden. Sie sind stark ablenkbar, manchmal chaotisch sensibel und deshalb jederzeit bereit, durchzustarten und völlig neu zu beginnen. Sie sind im Denken und Handeln ein Originaler unter lauter Kopien und damit immer der Gefahr der mangelnden Verankerung ausgesetzt. Es umschwebt Sie der Hauch des kindlichen Greises, der auf alles neugierig ist, sogar auf den Tod. Sie können in dem täglichen Tod von Beziehungen, Zielsetzungen und Hoffnungen immer auch die Chance zum Neubeginn sehen, einem Neubeginn auf höherer Ebene. Diese Haltung macht den Menschen in Ihrer Umgebung Hoffnung und Sie damit zum Vorbild.

HAUPTMERKMAL: Neugierig

LEBENSPRINZIP: Wer das Leben wirklich kennenlernen will, muß sich von Vorgaben und Zielen freimachen und probieren

UNTER DIESEM DATUM HATTEN UND HABEN AUSSERDEM GEBURTSTAG:
Edward Jenner, US-Mediziner, führte 1796 d. erste Pockenschutzimpfung durch (1749–1796) – *Sebastian Kneipp,* dtsch. kath. Pfarrer u. Naturheilkundler (1821–1897) – *August Thyssen,* herausragender dtsch. Industrieller (1842–1926) – *Alfons XIII.,* 1902–31 König v. Spanien (1886–1941) – *Werner Egk,* dtsch. Komponist, Orff-Schüler, schrieb haupts. f. Ballett u. Theater (1901–1983) – *Jean Gabin,* einer d. ganz großen franz. Charakterdarsteller (1904–1976) – *Lars Gustafsson,* herausragender schwed. Autor, *1936 – *Dennis Hopper,* bereits als 18jähr. erfolgreicher amerik. Filmschauspieler u. Regisseur, *1936

18. MAI

Stier

VERANLAGUNG: Sie sind Sie selbst, und das genügt Ihnen erst einmal. Sie möchten Ihre Individualität dadurch betonen, daß Sie sich der Umwelt schöpferisch darstellen. Obwohl Sie durch Ihre genaue Beobachtungsgabe das Treiben um sich herum beurteilen könnten, liegt Ihnen eher die vermittelnde Haltung als die spaltende. Sie sind in jedem Fall ein hochbegabter, der Schöpfung noch sehr naher Mensch, der sich an einfachen Lebensgrundsätzen orientiert. Sie äußern sich mit einem Mut zur Spontaneität, den nur die Menschen haben, die mit sich selbst im Reinen sind und daher von tief drinnen nach außen fließen können. Gleichgültig, auf welchem Gebiet Sie tätig sind, Sie sind sich immer Ihrer Intelligenz, Ihrer Ausstrahlung und Ihres Könnens bewußt. Alles, was bei anderen nur sehr angestrengt daherkommt, wird von Ihnen scheinbar mühelos bewerkstelligt. Dabei versuchen Sie Ihre manchmal chaotisch ausgelebte Sensibilität mit formalen Stützkorsetts zu ordnen. Für Sie muß schöpferisches Tun immer gepaart sein mit formalem Können. Nur wer wirklich genau hingeschaut und die Funktionalität begriffen hat, kann spielerisch damit umgehen. Sie sind so, wie sich viele das Mensch-Sein vorstellen, und Sie leben damit auch immer eine Wunschvorstellung.

HAUPTMERKMAL: Charmanter Mittelpunkt

LEBENSPRINZIP: Wer mit sich im Reinen ist, kann schöpferisch spontan reagieren und auf zu starre Regeln verzichten

UNTER DIESEM DATUM HATTEN UND HABEN AUSSERDEM GEBURTSTAG:
Nikolaus II., letzter russ. Zar, mußte abdanken (1868–1918) – *Bertrand Russell,* brit. Mathem., Philosoph; Vorkämpfer d. int. Friedensbewegung (1872–1970) – *Walter Gropius,* einflußreicher dtsch. Architekt u. Designer, Grümd. d. Bauhausstils (1883–1969) – *Rudolf Carnap*, US- Philosoph dtsch. Abst., Konstrukteur einer formalen Sprache (1891–1970) – *Pierre Balmain,* weltweit erfolgreicher franz. Modeschöpfer u. Parfumhersteller (1914–1992) – *Margot Fonteyn,* eine d. begnadetsten Ballettänzerinnen aller Zeiten (1919–1991) – *Johannes Paul II.*, seit 1978 Papst von Rom, erster nicht-ital. Papst s. 465 Jahren, *1920 – *Giovanni Falcone*, ital. Richter, erfolgr. Mafia-Ermittler, starb d. Bombenattentat (1939–1929)

19. MAI
Stier

VERANLAGUNG: Eigentlich streben Sie eine sehr persönlich geprägte Selbstverwirklichung an. Sie sind sich Ihrer Talente bewußt und wollen sich im Leben erproben. Doch da Ihnen die Vorgänge um sich herum eher erstaunlich als vertraut vorkommen, sind Sie zuerst viel mehr Beobachter als wirklicher Teilnehmer. Sie fühlen sich durch die täglichen Auseinandersetzungen herausgefordert, getrieben oder sogar bedroht. Deshalb suchen Sie eine solidarische Gruppe, mit der Sie Schritte gemeinsam unternehmen können. Durch Ihren Charakter, Ihre mitreißende Ausstrahlung und Ihre Lebenskraft werden Sie schnell zum Mittelpunkt Ihres Wirkungskreises. Gerade weil für Sie die Gruppeninteressen vorrangig sind, können Sie sich im Gegenzug auf die einzelnen Mitglieder meist verlassen. So wird für Sie das Ausleben einer Wunschvorstellung möglich: Sie können neue Ziele kennenlernen, Schritte in vollkommen neue Gebiete wagen und Lebensformen auskundschaften, was Sie ohne die Unterstützung von Gleichgesinnten nie gewagt hätten. So entwickelt sich in Ihnen ein dankbares Verantwortungsgefühl für die Ihrigen. Manchmal mit dem Preis, den Sinn für die Wirklichkeit ein wenig aus den Augen zu verlieren und eine Art Bunkermentalität zu entwickeln. Doch meist hat Ihr gemeinschaftlicher Kampf zur Folge, daß Strukturen aufgebrochen und Vorgänge ans Licht gezerrt werden. So entsteht oft wirklich Neues.

HAUPTMERKMAL: Überzeugungsfähig

LEBENSPRINZIP: Wer als Einzelner wirklich neue Wege und Ziele sucht, braucht manchmal die Solidarität einer Gruppe

UNTER DIESEM DATUM HATTEN UND HABEN AUSSERDEM GEBURTSTAG:
Innozenz XI., 1676–89 Papst von Rom, 1611–1689) – *Johann Gottlieb Fichte*, maßgeblicher dtsch. Philosoph u. Erzieher (1762–1814) – *Nelly Melba,* eine d. gefeiertsten Koloratursopranistinnen (Puccini, Verdi, Wagner) (1861–1838) – *Ho Chi Min,* vietn. Politiker, rief 1945 im Norden d. Demokr. Volksrep. Vietnam aus (1890–1969) – *Frank Capra,* herausragender US-Filmregisseur (1897–1991) – *Gerd Bucerius,* dtsch. Verleger u. Publizist, gründ. 1946 „Die Zeit“ (1906–1995) – *Malcolm X*, radikaler amerik. schwarzer Bürgerrechtler (1925–1965)

20. MAI

Stier

VERANLAGUNG: Ein Grundzug Ihres Wesens ist es, daß Sie in kindlicher Offenheit wirklich alles um sich herum kennenlernen und irgendwie einordnen wollen. Dabei wollen Sie nicht alles rational zerpflücken, sondern sich einen Teil Ihrer Träume erhalten. Das schafft eine neugierige Annäherung an das Leben, in der manchmal der Wunsch Vater des Gedankens ist. So bleiben Sie trotz Ihrer großen Erkenntnisfähigkeit immer ein wenig distanziert zu der Wirklichkeit um sich herum. Sie wollen manchmal einfach Vertrauen haben und nicht sehen, was da möglicherweise noch ist. Wenn Sie den Tatsachen dann irgendwann doch nicht mehr ausweichen können, ist die Gefahr groß, daß Sie daran zerbrechen. So fangen Sie an, sich an Ratschlägen und Erkenntnissen anderer zu orientieren. Dabei stehen zwei Widersprüche Ihrer Persönlichkeit im Wettstreit: Einerseits sind Sie sich Ihrer Eigenständigkeit nur zu bewußt, andererseits neigen Sie ohne Verankerung in einer solidarischen Gruppe zu panikartigen Reaktionen. Sie können also nicht als Einzelgänger überleben, sich aber auch nicht an das Funktionieren in einer Gruppe gewöhnen. So trifft man oft zwei völlig verschieden reagierende Personen in Ihnen: Einerseits den eigenbrötlerischen Träumer und andererseits den intellektuell analytisch Handelnden.

HAUPTMERKMAL: Distanziert mittendrin

LEBENSPRINZIP: Trotz aller rational erfaßten Erkenntnisse beim Verstehenwollen nie die kindliche Unschuld verlieren

UNTER DIESEM DATUM HATTEN UND HABEN AUSSERDEM GEBURTSTAG:
Honore de Balzac, herausragender franz. Autor, Mitbegr. d. Realism. i. d. Literatur (1799–1850) – *Emil Berliner*, US-Ingenieur dtsch. Herkunft, entwickelte 1887 d. Grammophon (1851–1929) – *James Stewart*, enorm beliebter US-Schauspieler, Westernheld u. Frauenschwarm, *1908 – *Moshe Dayan*, israel. Politiker, befürwortete (1979) Friedensvertag m. Ägypten (1915–1981) – *Eduard Buchner*, herausragender dtsch. Biochemiker, Chemienobelpreisträger (1860–1917) – *Joe Cocker*, engl. Sänger mit d. schwärzesten weißen Stimme, Woodstockteilnehmer, *1944 – *Cher*, herausragende US-Sängerin (anf. m. Sony Bony), Schauspielerin u. Multitalent, *1946

21. MAI
Stier / Zwillinge

VERANLAGUNG: Für einen, der sich selbst zum Mittelpunkt macht, von dem aus die Außenwelt erkundet werden soll, bieten sich unendlich viele Möglichkeiten. Dabei wollen Sie nicht wissen, wo etwas endet, wer darunter leidet, was die Ursache für einen Vorgang ist: Sie wollen erst einmal nur das äußere Erscheinungsbild genau untersuchen, die Funktionen analysieren und dann weiterschreiten im Erkundungsprozeß. Sie haben das Gefühl, Sie kämen nicht richtig voran auf Ihrem Weg in neue Regionen, sollten Sie alle Seiten betrachten, zu genau nachfragen oder sich etwa emotional engagieren. Das macht Ihr Denken frei und sehr logisch. Ihr Verstand ist in der Lage, alle neuen Erkenntnisse schnell zu erfassen, systematisch zu ordnen und wertneutral zu vermitteln. Sie können die Vielfalt der natürlichen oder gesellschaftlichen Vorgänge graphisch einfangen, auf Formeln bringen oder Gesetzmäßigkeiten daraus ableiten. Dabei fasziniert Sie eher die Technik der intellektuellen Vorgehensweise als das gefühlsmäßige Erfassen der verborgenen Inhalte. So kann die Gefahr entstehen, daß für Sie das Formale einen Wert an sich darstellt. Emotional kämpferisch und persönlich betroffen reagieren Sie nur dann, wenn man Ihre lebensnotwendigen Ausdehnungswünsche, Ihren Bewegungsdrang zu beschneiden versucht.

HAUPTMERKMAL: Sachbezogen

LEBENSPRINZIP: Möglichst emotionsfrei die Vorgänge um einen herum erfassen und in ein System einzuordnen versuchen

UNTER DIESEM DATUM HATTEN UND HABEN AUSSERDEM GEBURTSTAG:
Albrecht Dürer, dtsch. Maler, Grafiker,Goldschmied u. Humanist (1471–1528) – *Elisabeth Fry,* weitsichtige brit. Sozialreformerin (1780–1845) – *Willem Einthoven*, herausragender holl. Physiologe, Medizinnobelpreisträger (1860–1927) – *Henri Rousseau*, autodidakter franz. Maler, Begr. der naiven Malerei (1844–1910) – *Fats Waller,* genialer US-Jazzmusiker u. Komponist, u. a. Begleiter v. Bessie Smith (1904–1943) – *Guy Baron de Rothschild*, franz. Bankier, hatte (bis 1981) eine d. letzten Privatbanken, *1909 – *Andrej Sacharow,* sowj. Kernphysiker (1948–56), Dissident u. Nobelpreisträger (1921–1989) – *Gabriele Wohmann*, vielseit. dtsch. Autorin (u. a. Romane, Gedichte, Funk- u. TV-Prod.), *1932

Zwillinge

22. MAI
Zwillinge

VERANLAGUNG: Sie sind jemand, der eine direkte Verbindung zu seiner natürlichen Herkunft als Mensch spürt. So steigt bei Ihnen von ganz tief innen das Bedürfnis auf, tiefere Werte und romantische Traditionen, die verdrängt scheinen, wiederaufleben zu lassen. Sie wehren sich einfach dagegen, daß nichts mehr aus der Intuition spontan fließen soll. Daß alles erklärbar, alles erfaßbar zu sein scheint. In Ihren Augen gibt es mehr als das äußerlich Erforschbare und viel mehr als das intellektuell Begreifbare. Das fühlt sich für Sie alles kalt und technisch an. So kämpfen Sie dafür, daß die Schönheit des Gefühls und die Kraft im Inneren der Natur in den Vordergrund gerückt wird und nicht die Funktionalität. Sie wollen zurück an die Quelle des Mensch-Seins, zurück zu den Erinnerungen der Kindheit und seinem naiven Vertrauen. Zurück zu den ursprünglichen Verhaltensweisen, die für Sie noch dicht unter der unbewußten Oberfläche schlummern und jederzeit entzündet werden können. Sie gehen zum Beispiel sinnlich erregbar auf die Farben der Natur zu, genießen die Pracht altüberbrachter Künste, und Sie wollen dieses Können auch in sich selbst nicht verschüttet lassen. So kommt in Ihrem schöpferischen Tun eine Qualität zutage, die viele schon für unmöglich gehalten hatten.

HAUPTMERKMAL: Beeindruckbar

LEBENSPRINZIP: Wirkliches Erfühlen von Lebendigkeit führt nicht über den Intellekt, sondern kommt von tief innen

UNTER DIESEM DATUM HATTEN UND HABEN AUSSERDEM GEBURTSTAG:
Richard Wagner, dtsch. Komponist, 1876 Begr. d. Bayreuther Festspiele (1813–1883) – *Sir Arthur Conan Doyle*, brit. Detektivromanschriftsteller, 1902 geadelt (1859–1930) – *Sir Ernest Oppenheimer*, dtsch.-stämm. südafrik. Industrialist u. Finanzier (1880–1957) – *Sir Lawrence Olivier,* überaus verwandlungsfähiger engl. Schauspieler (1907–1989) – *Vance Packard,* herausragender amerik. Publizist, Bestseller, *1914 – *Sun Ra,* schwarzer US-Jazzkomponist u. Pianist, leitete eine Free-Jazz-Big-Band (1914–1993) – *Thomas Gold,* mathematisch hochbegabter brit. Astronom österr. Abst., *1920 – *Betty Williams*, nordir. Friedenskämpferin, erhielt m. M. Corrigan Friedensnobelpreis, *1943

23. MAI
Zwillinge

VERANLAGUNG: Sie haben schon sehr früh erkannt, daß Ihre Selbstverwirklichung immer im Zusammenhang mit den Möglichkeiten gesehen werden muß, die Ihnen Ihre Umgebung läßt oder die Sie in ihr erkämpfen. Da Sie ein intuitiv geprägtes Gefühl für diejenigen Zusammenhänge haben, die nicht oberflächlich zu erkennen sind, wollen Sie mehr erfahren, als Ihnen zugebilligt wird. Um Ihr Umfeld mit seinen etablierten Formen möglichst genau kennenlernen zu können, haben Sie Ihre Emotionen weitgehendst zurückgedrängt. Während dieser Orientierung macht es Ihnen Ihr ausgeprägter Sinn für Gerechtigkeit geradezu unmöglich, nicht immer auch die sogenannte andere Seite der Dinge zu beleuchten. Wenn es Ihnen dabei verwehrt bleibt, den Finger in die Wunde zu legen, gegen den Strom zu schwimmen oder wenigstens über Alternativen reden zu dürfen, neigen Sie zu unkontrollierbaren Gegenreaktionen. Dabei geht es Ihnen meist nicht so sehr um inhaltlich Grundsätzliches, sondern eher um die vielen kleinen Verhaltensmaßregelungen. Also um all das, was immer so war und anscheinend so bleiben soll. So werden Sie entweder in dem Zwang zur Anpassung krank oder rebellieren dagegen. Die Form des fast automatisch ausgelösten Aufbegehrens hängt von Ihren schöpferischen Qualitäten ab und von den Erfahrungen, die Sie in der Auseinandersetzung machen. Die Bandbreite reicht von bitterer Anklage über friedvolle Ironie bis hin zu humorvoller Melancholie. Immer aber bleiben Sie sich selbst in den Grundwesenszügen treu.

HAUPTMERKMAL: Aufbegehrend

LEBENSPRINZIP: Damit man selbst und die Gesellschaft gesund bleiben, muß man das jenseits des Etablierten beleuchten

UNTER DIESEM DATUM HATTEN UND HABEN AUSSERDEM GEBURTSTAG:
Franz Anton Mesmer, dtsch. Arzt, versetzte seine Patienten als erster in Trance (1734–1815) – *Otto Lilienthal*, dtsch. Ing. u. Flugzeugtechniker, unternahm 1891 d. 1. Gleitflug (1848–1896) – *Douglas Fairbanks sr.*, US-Stummfilm-Superstar, Mitbegr. United Artists, (1883–1939) – *Karlheinz Deschner*, herausragender u. hochgeschätzter Kirchenkritiker, *1924 – *Reinhard Hauff*, dtsch. Filmregisseur, *1939

24. MAI
Zwillinge

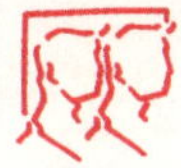

VERANLAGUNG: Sie haben ein sicheres Gespür für Strukturen und Machtverhältnisse. Ihr schier unersättlicher Drang, sich neues Wissen anzueignen, entspricht deshalb auch ursprünglich dem Wunsch, sich durch umfangreiche Informationen dem eigenen Ohnmachtsgefühl zu entziehen. Man könnte Sie als die Personifizierung des demokratischen Gedankens ansehen. Wobei Ihr Interesse eher der grundsätzlichen Form des Miteinanders gilt als der inhaltlichen Ausfüllung. Im Gemisch der Stimmen nicht beachtet zu werden, stört Sie deswegen schon aus grundsätzlichen Überlegungen: Es widerstrebt nämlich Ihrem Gerechtigkeitsgefühl. So gehen Sie bewußt das Risiko ein, beruflich zu versagen, nur um im Falle des Gewinnens eine Position zu erreichen, in der Sie persönlich mehr Gehör finden. Ihr Ehrgeiz, Macht zu bekommen, hat also im Grunde darin seine Ursache, daß Sie glauben, nur an herausgehobener Stelle wirkliche Erkenntnisse erlangen und diese dann auch vermitteln zu können. So kämpfen Sie ständig und überall für ein aufgeklärtes Zusammenleben, wollen Lügen anprangern und das urmenschlich Solidarische hervorlocken. Die Gefahr ist hierbei groß, daß Ihr engagiertes Eintreten zu sehr den Menschen überdeckt, der sich dahinter verbirgt. Und daß Ihnen Ihre Rolle als gesellschaftlicher Zeigefinger so sehr gefällt, daß Sie sich in einer Art kritisierender Eitelkeit verfangen.

HAUPTMERKMAL: ‚Ich' als Mittelpunkt

LEBENSPRINZIP: Mit Ehrgeiz die Position erreichen, die wirkliche Erkenntnisse und deren Vermittlung möglich macht

UNTER DIESEM DATUM HATTEN UND HABEN AUSSERDEM GEBURTSTAG:
Daniel Gabriel Fahrenheit, dtsch. Physiker, schuf 1714 neue Temperaturskala (1686–1737) – *Georg Raphael Donner,* österr. Bildhauer a. d. Schwelle v. Barock z. Neoklassizism.(1693–1741) – *Jean Paul Marat,* franz. Arzt u. radikaler Revolutionär, Präs. d. Jakubinerclubs (1743–1793) – *Victoria* (1837–1901) Königin v. England u. Irland, ab 1876 auch Kaiserin v. Indien (1819–1901) – *Suzanne Lenglen,* franz. Tennisspielerin, erster weiblicher Weltstar dieses Sports (1899–1938) – *Michail Alexandrowitsch Scholochow,* russ. Schriftsteller, Literaturnobelpreisträger (1905–1984) – *Bob Dylan,* mit der größte u. einflußreichste US-Rock- u. Folkmusiker, *1941

25. MAI
Zwillinge

VERANLAGUNG: Da Ihr persönliches Sicherheitsgefühl von der Möglichkeit abhängt, Neues zu entdecken, hilft Ihnen das Anteilnehmen an der immer schneller werdenden technischen Entwicklung. Doch im Gegensatz zu den meisten entwickeln Sie das Gefühl, daß da noch mehr sein muß als die Weiterentwicklung des materiellen Fortschritts und mehr als die Ansammlung von Macht und Bildung. Sie wollen an die Wurzel aller Lebensprozesse. Sie wollen Ihr eigenes Mensch-Sein in jedem Augenblick verspüren und schöpferisch als ein spontanes So-Sein ausdrücken. So gehen Sie durch die Natur und erfühlen die lebendige Majestät einer alten Eiche oder den unerschöpflichen Reichtum der Natur. Sie verspüren die hinter dem Augenscheinlichen verborgene Wirklichkeit. Wenn Sie an der Quelle eines Flußes sitzen, genießen Sie die Gewissheit, daß sich derselbe Fluß im gleichen Augenblick Hunderte von Kilometern entfernt ins Meer ergießt. Sie fühlen biologische Kräfte aus dem Boden in sich hineinfließen, Übersinnliches aus dem Kosmos auf sich einwirken. Sie wissen, daß es lohnend ist, sich auf die eigene Intuition einzulassen und dieses Urvertrauen weiterzuentwickeln. Sie lassen sich fallen in die Einfachheit des Da-Seins. Das einzige wirkliche Problem für Sie kann daraus entstehen, daß Sie diesen erfühlten Wundern zu oft alleine begegnen.

HAUPTMERKMAL: Erlebnisorientiert

LEBENSPRINZIP: Mensch-Sein beginnt damit, daß man sich auf das Verborgene einläßt und intuitiv zu erfassen versucht

UNTER DIESEM DATUM HATTEN UND HABEN AUSSERDEM GEBURTSTAG:
Ralph Waldo Emerson, US-Philosoph u. Autor, prägte d. Transzendentalismus (1803–1882) – *Tom Sayers*, beliebter engl. Boxer, Teiln. d. 1. Weltmeisterschaft i. Schwergew. (1826–1865) – *Helen Blackburn*, frühe Führerin d. brit. Bewegung f. die Emanzipation d. Frau (1842–1903) – *Friedrich August III.*, 1904–1918 letzter König von Sachsen (1865–1932) – *Jack Steinberger*, US-Physiker dtsch. Abst., mit Kollegen Nobelpreis f. Physik, *1921 – *Miles Davis*, einflußreicher US-Jazzer: Trompeter, Bandleader, Komponist (1926–1991) – *Max von Grün*, dtsch. Autor (Romane, Erzählungen, Essays, Hör- u. Fernsehspiele), *1926

26. MAI
Zwillinge

VERANLAGUNG: Sie sehen sich im eigenen Selbstverständnis als unverwechselbares Individuum in einer Masse von uneinheitlichen Einzelwesen. Ihrer Meinung nach nutzt der Mensch sein Bewußtsein, seine Aggressivität und seine analytisch-intellektuellen Fähigkeiten überwiegend dazu, Macht über Natur und Mitmensch zu erringen. So sind auch Sie daran gewöhnt, in jeder Ihrer Handlungsperspektiven vor allem das Gewinnen oder Verlieren zu sehen. Um dabei keinen Blick auf mögliche Unsicherheiten freizugeben, betonen Sie Ihre Individualität durch ein fast trotzig gleichbleibendes Erscheinungsbild, mit dem Sie sich in wechselnden Umgebungen darstellen. Doch da Sie genau beobachten, objektiv beurteilen und logische Konsequenzen beschreiben können, regt sich bei Ihnen Widerstand gegen diesen vergnügungssüchtigen, siegesorientierten Umgang miteinander. Je nachdem, wieviel Selbstbewußtsein Sie aus Ihrem Tun geschöpft haben, heulen Sie entweder weiter mit den Wölfen und machen mit beim Kampf um den besten Futterplatz oder wehren sich gegen die Zerstörung eines möglichen Miteinanders. Sie erkennen für sich, daß nur der Kampf für Werte wie Fürsorge, Solidarität und Freundschaft den Menschen retten kann. Obwohl Sie sich hierbei emotional engagieren können, bleibt Ihre Ausdrucksform eher die eines Nachrichtensprechers als mitreißend.

HAUPTMERKMAL: Immer gleiche Selbstdarstellung

LEBENSPRINZIP: Das egoistische Sich-Durchsetzen verhindert am Ende ein solidarisches Miteinander, das allen hilft

UNTER DIESEM DATUM HATTEN UND HABEN AUSSERDEM GEBURTSTAG:
August Kopisch, seinerzeit äußerst populärer dtsch. Maler u. Dichter (1799–1853) – *Heinrich Geissler*, herausragender dtsch. Glasbläser (1815–1879) – *Mary*, 1910–36 Königin v. England (1867–1953) – *Olaf Gulbransson*, norw. Maler u. charmanter Karikaturist menschlicher Schwächen (1873–1958) – *Isadora Duncan*, US-Tänzerin u. Tanzpädagogin, entwickelte d. Ausdruckstanz (1877–1927) – *Dorothea Lange*, US-Photographin, eine d. ersten Photoreporterinnen (1895–1965) – *John Wayne*, unvergessener US-Westernfilmheld auf d. Seite d. Gesetzes (1907–1979) – *Manfred Kanther*, dtsch. CDU-Politiker, seit 1992 Bundesinnenminister, *1939

27. MAI
Zwillinge

VERANLAGUNG: Sie wollen sich in der Welt unbedingt ganz genau orientieren und so viele Aspekte des Geschehens wie nur möglich kennenlernen. Das tun Sie, indem Sie eine Problemstellung durch geradlinige Annäherung und genaueste Detailbeobachtung beschreibbar und damit faßbar machen. Dabei räumen Sie sehr forsch alles aus dem Wege, was zwischen Ihnen und dem anvisierten Denkziel liegt. Sie zwingen aus demselben Grunde Ihre instinkthaften Triebe und Ihr persönliches Ich unter die Herrschaft Ihres Intellekts. Und sehen am Schluß ihrer Analyse die Konturen der Lösungen fast graphisch klar vor sich und können diese unbeeinflußt von Emotionen vermitteln. Sie sind also in der Lage, Lösungen für Probleme jeglicher Art auf immer neue Weise zu finden. Fast könnte man meinen, Sie suchten mit Ihrem aggressiv vorpreschenden Denkstil regelrecht nach schwierigen Aufgabenstellungen, um damit die immer wieder auftauchenden Gefühle von persönlichem Betroffensein niederzuhalten. Für Sie ist es klar, daß Sie nur genau und innerlich neutral sein können, wenn Sie auf dem Weg zu einer Lösung menschliche Schwächen bei sich oder beim Gegner nicht berücksichtigen. Obwohl Sie trotz aller Abwehrmaßnahmen sehr oft tief im Inneren berührt sind, vermitteln Sie alles in der Art eines Pressesprechers.

HAUPTMERKMAL: Intellektuell absichernd

LEBENSPRINZIP: Wer mit großem Wissen schwierige Probleme lösen will, muß ohne emotionale Umwege auf das Ziel zugehen

UNTER DIESEM DATUM HATTEN UND HABEN AUSSERDEM GEBURTSTAG:
Maximilian I., 1806–1825 König v. Bayern u. 1799–1806 Kürfürst v. Bayern (1756–1825) – *Cornelius Vanderbilt*, US-Unternehmer, einer d. mächtigsten Millionäre d. Welt (1794–1877) – *Elisabeth Sanderson Haldane*, schott. Sozialarbeiterin u. Schriftstellerin (1862–1937) – *Max Brod*, österr.-israel. Schriftsteller u. Wortführer des Prager Literaturkreises (1884–1968) – *Vincent Price*, legendärer Hollywood-Horrorfilmbösewicht, einer d. Besten (1911–1993) – *Herman Wouk*, Autor vornehmlich epischer Kriegsromane, Pulitzerpreisträger, *1915 – *Henry Alfred Kissinger*, dtsch.-stämm., von 1969–76 US-Sonderberater v. Nixon u. Ford, *1923

28. MAI
Zwillinge

VERANLAGUNG: Sie sind ein Mensch, der davon überzeugt ist, daß das, was er wirklich will, auch machbar sein muß. Auch wenn Sie in sich selbst oder in der Außenwelt Begrenzungen feststellen, finden Sie sich in keinem Fall mit diesen ab. Sie wollen mit aller Kraft die Naturgesetze auf die Probe stellen. Daß Sie auf diese Weise das Schicksal herausfordern, macht für Sie das Kräftemessen um so erregender. Für Sie geht es im Leben immer nur um Erfolg oder Mißerfolg, um Siegen oder Verlieren: Dazwischen könnten Sie nicht verharren. Es gibt für Sie keinen Kompromiß oder Mittelweg. Die Aussicht, durch konsequentes Verhalten vielleicht ein Stück Unsterblichkeit zu erreichen, ist zu verlockend für Sie. Nur im Widerstand gegen Begrenzungen können Sie sich selbst bewußt wahrnehmen. Es gibt für Sie deshalb keinen wirklichen Rückzug, kein Atemholen. Wahrscheinliche gesundheitliche Probleme nehmen Sie nur als kurzen Rückschlag wahr und machen danach weiter wie bisher. Indem Sie sich also total in Ihre Rolle hineindenken und sich damit in ihr ausleben, überwinden Sie die physische Realität. Alles andere zählt nicht und ist für Sie nicht wirklich vorhanden. So müssen Sie sich nie wirklich mit der Außenwelt identifizieren, da ja auch Ihre Gefühle nur Produkt Ihres Wollens oder Nicht-Wollens sind. Das kann leicht den Eindruck entstehen lassen, daß Sie innerlich eigentlich immer abwesend sind.

HAUPTMERKMAL: Nicht wirklich erreichbar

LEBENSPRINZIP: Kompromißlos versuchen, mit dem eigenen Geist und Wollen die natürlichen Begrenzungen zu überwinden

UNTER DIESEM DATUM HATTEN UND HABEN AUSSERDEM GEBURTSTAG:
Thomas Moore, anglo-ir. Dichter v. Volksweisen (1779–1852) – *Carl Larsson,* schwed. Maler u. Illustrator, herausragender Jugendstilkünstler (1853–1911) – *Piggy Lambert,* legendärer u. unkonventioneller US-Basketballtrainer (1888–1958) – *Ian Fleming,* engl. Bestsellerautor, Vater von James Bond (1908–1964) – *Patrick White*, austr. Schriftsteller, d. erste u. einzige m. einem Literaturnobelpreis (1912–1990) – *Dietrich Fischer-Dieskau*, dtsch. Bariton, spielt u. a. bei d. Salzburger Festspielen, *1925 – *Heinz G. Konsalik*, einer der erfolgreichsten dtsch. Trivialromanautoren, *1921

29. MAI
Zwillinge

VERANLAGUNG: Innerlich unruhig, haben Sie schon früh damit begonnen, Ihr persönliches Umfeld bis ins letzte Detail zu erkunden. Da Sie sich nicht an tiefe Gefühle ausliefern, können Sie mit dieser inneren Neutralität sehr schnell die Strukturen erkennen, nach denen alles funktioniert. Doch es sind nicht die gemeinsamen Traditionen oder Werte, die Sie bewegen. In den Mittelpunkt Ihres Interesses stellen Sie sich selbst. Sie konzentrieren alle Ihre Anstrengungen auf das Finden der Lebensform, die Ihnen die größtmögliche Selbstverwirklichung verspricht. Dabei empfinden Sie sich selbst völlig unbelastet vom Bisherigen. Alles, was einmal gültig war, soll nicht mehr zählen: Für Sie beginnt mit Ihnen die Welt neu. In Ihren Augen sind Ihre Möglichkeiten unbegrenzt und alles kann geschehen. Diese bedenkenlose Freude an sich selbst und die Kraft, immer neu durchzustarten, läßt Sie auf viele Ihrer Mitmenschen anziehend wirken. Doch auch damit gehen Sie eher spielerisch um. So betrachten Sie das Leben mit der Mentalität eines Bergsteigers: Sie klettern jedem neuen Gipfel entgegen und nutzen dabei alle Griffmöglichkeiten des Gesteins und jede Hilfestellung. Doch wenn Sie dann den Sieg genießen wollen, stellen Sie fest, daß Sie nicht einmal dort oben ganz frei sind von dem, was Sie unbewußt an Denkmustern mitgebracht haben.

HAUPTMERKMAL: Selbstzentriert

LEBENSPRINZIP: Nur wer sich vom Althergebrachten freimacht, kann sich selbst in eigenen Zielen völlig neu entdecken

UNTER DIESEM DATUM HATTEN UND HABEN AUSSERDEM GEBURTSTAG:
Gilbert Keith Chesterton, brit. Autor phantastischer u. amüsanter Romane (1874–1936) – *Oswald Spengler*, wegen s. Pessimismus umstrittener dtsch. Geschichtsphilosoph (1880–1936) – *Beatrice Lillie,* Superstar brit. u. amerik. Revuen, die „comedienne d. 20. Jahrh." (1894–1889) – *Joseph von Sternberg*, herausragender US-Filmregisseur österr. Abst. (1894–1969) – *Bob Hope*, legendärer US-Komiker, Filmschauspieler, Showmaster, *1903 – *John F. Kennedy*, 1961 bis z. s. Ermordung am 22.11.1963 d. 35. Präs. d. USA (1917–1963) – *Alwin Schockmöhle,* einer d. erfolgreichsten Springreiter d. Nachkriegszeit, *1937

30. MAI
Zwillinge

VERANLAGUNG: Sie streben immer weiter hinaus in die Sie umgebende Welt. Dabei entdecken Sie Neues, verarbeiten Fremdes und bilden Eigenes. Da Sie jedem das Recht auf eine eigenständige Entwicklungsmöglichkeit zugestehen, treten Sie eher als andere für Werte ein, die ein gerechteres Miteinander versprechen. Da Sie von Ihrer grundsätzlichen Anlage her ohne bewußte Vorurteile an Erfahrungen herangehen und sachlichen Argumenten gegenüber offen sind, kommen Sie immer weiter und immer tiefer in fremde Gebiete. Örtlich wie sinnbildlich gemeint. Doch irgendwann spüren Sie, daß es nicht genügt, nur an der Oberfläche Neues zu erfahren und nichts wirklich zu hinterfragen. Ein jeder, so auch Sie, scheint überkommene Traditionen, herkömmliche Denkmuster und überkommene Werte als Besitzstand zu sehen, den man bis aufs Blut verteidigen muß. So muß sich also vor allem tief im Inneren eines Jeden das Denken und Fühlen radikal erneuern. Sie müssen auch bei sich selbst feststellen, daß es nicht genügt, nur zu neuen Ufern aufzubrechen, sondern daß Sie täglich herausgefordert sind, die eigenen kulturellen, ethischen und sozialen Grundsätze zu hinterfragen, um sich mit Ungewohntem wirklich auseinandersetzen zu können. Sie spüren intuitiv, daß Sie sonst Gefahr laufen könnten, in der Gleichförmigkeit des eigenen Denkens zu erstarren.

HAUPTMERKMAL: Gerechtigkeitsgefühl

LEBENSPRINZIP: Wer wirklich neues Denken für sich und die Gesellschaft will, muß sich tief drinnen von altem lösen

UNTER DIESEM DATUM HATTEN UND HABEN AUSSERDEM GEBURTSTAG:
Alice Stopford Green, ir. Historikerin u. Befürworterin irischer Unabhängigkeit (1847–1929) – *Benny Goodman*, begnadeter Jazzmusiker, begründete d. Swing (1909–1986) – *Hannes Olof Alfvén*, schwed. Physiker u. Physiknobelpreisträger, *1908 – *Christine Jörgensen*, US-Soldat, ließ s. (1952) als 1. Mann geschlechtsumwandeln (1925–1989) – *Agnès Varda*, franz. Regisseurin, 1995 erste weibliche Gewinnerin d. Goldenen Löwen, *1938 – *Gayle Sayers*, außergewöhnlich erfolgreicher afrik.-amerik. Profifootballspieler, *1943 – *Thomas Häßler*, dtsch. Fußballer, 1990 Welt-, 1996 Europameister, *1966

31. MAI
Zwillinge

VERANLAGUNG: Immer wenn Sie in Ihrem Aktivitätsdrang verharren, ist Ihr Selbstvertrauen sehr leicht erschütterbar. Sie fühlen sich deshalb ständig getrieben, Althergebrachtes abzulegen und Schritte hin zu einem zukunftsorientierten Erleben zu wagen. Da Sie sich selbst und Ihre Individualität sehr selbstverständlich angenommen haben, sind Sie extrem aufnahmebereit für alles, was sichtbar oder unsichtbar um Sie herum vorgeht. Sie liefern sich dem eigenen schöpferischen Mensch-Sein so stark aus, daß Sie für viele zur lebenden Inspiration werden. Sie entwickeln Zukunftsperspektiven und sind die faszinierende Triebkraft für schöpferische Projekte. Sie leben so intensiv, daß Sie manchmal Mühe haben, Ihre vielen Eindrücke zu verarbeiten. Aus einem Schutzverhalten heraus kann das eine etwas formale äußere Schale zur Folge haben. Denn trotz allem sind auch Sie das Produkt von Überzeugungen aus vergangenen Zeiten und auch Sie müssen sich von den daraus folgenden negativen Einstellungen befreien. Doch trotz Ihrer Ängste gehen Sie niemals mittelmäßig-lau an Problemlösungen heran. Sie sind Pionier und machen Wege für andere frei. Und obwohl Sie manchmal erschöpft wirken, verlieren Sie nie Ihre charismatische Ausstrahlung.

HAUPTMERKMAL: Charisma

LEBENSPRINZIP: Zur Inspiration anderer beitragen, indem man sich als Mittelpunkt eines faszinierenden Daseins annimmt

UNTER DIESEM DATUM HATTEN UND HABEN AUSSERDEM GEBURTSTAG:
Karl August v. Hardenberg, preuß. Staatsmann, ab 1810 Staatskanzler (1750–1822) – *Ludwig Tieck,* dtsch. Schriftsteller, beeinflußte u. a. E. T .A. Hoffmann (1773–1853) – *Walt Whitman,* US-Dichter, literarisch wegweisend f. d. europ. Expressionisten (1818–1892) – *Rainier III.,* seit 1949 Fürst von Monaco, *1923 – *James Krüss,* dtsch. Kinder- u. Jugendbuchautor, einer d. meistgelesenen, *1926 – *Clint Eastwood,* US-Weltstar; Filmschauspieler, Regisseur u. Produzent., *1930 – *Rainer Werner Fassbinder,* wichtiger dtsch. Regisseur, Autor, Schauspieler (1945–1982)

1. JUNI
Zwillinge

VERANLAGUNG: Die meisten Menschen sind es gewöhnt, daß Kommunikation schon damit anfängt und manchmal auch aufhört, wenn sie sich gegenseitig ihre Herkunft, Erziehung oder ihren Beruf mitteilen. Sie hingegen haben sich aus Lebensdurst und schierer Neu-Gier soweit in fremde Gefilde getraut und wurden dabei mit so vielen Erkenntnissen konfrontiert, daß die gewohnt oberflächliche Unterhaltung nicht ausreichen würde, das Erfahrene wirklich zu vermitteln. Sie verstehen plötzlich, daß das Fremde im Gegenüber nur das noch Unbekannte in Ihnen selbst ist. Sie erspüren, daß wahre Mitteilung über gemeinsames Fühlen geht. So stürzen Sie sich mit anderen in das Erspüren von Strömungen, Schwingungen und Spielereien des Lebens. Sie liefern sich schöpferischen Extasen aus. Sie fliegen hoch und glauben, alle Grenzen überschreiten zu können. Sie meinen, alles riskieren zu müssen, was Ihnen vorher Angst eingeflößt hat. Ihre Energien fließen frei, und Sie werden für Ihre Umgebung Leitbild – manchmal aber auch ein warnendes Beispiel. Sie vernachlässigen Ihren Körper, da es Ihnen nur mit Mühe gelingt, die Grenzen Ihres irdischen Daseins anzuerkennen. Sie wachen manchmal erst dann auf, wenn Sie sich schon im freien Fall der Verwirrung oder der Selbsttäuschung befinden und fragen zu spät nach einem rettenden Fallschirm.

HAUPTMERKMAL: Neugierig

LEBENSPRINZIP: Wahre Kommunikation entsteht, indem man gemeinsam neue Bewußtseinsbereiche erreicht und genießt

UNTER DIESEM DATUM HATTEN UND HABEN AUSSERDEM GEBURTSTAG:
Carl von Clausewitz, preuß. General u. Kriegshistoriker (1780–1831) – *Charles Benedict Davenport*, US-Genetiker, bestätigte Mendels Vererbungslehre (1866–1944) – *Carl Severing*, dtsch. SPD-Politiker, u. a. 1920–26 u. 1930–32 preuß. Innenminister (1875–1952) – *Harry Mallin*, brit. Boxer, u. a. Olympiasieger, in über 300 Kämpfen ungeschlagen (1892–1969) – *Molly Picon*, US-Schauspielerin u. Sängerin, Komödiantin m. neckigem Charme (1898–1992) – *Marilyn Monroe*, legendäre US-Schauspielerin u. Sängerin, Sexsymbol d. 50er (1926–1962) – *Konstantin Wecker*, musikalisch flexibler dtsch. Liedermacher u. Sänger

2. JUNI
Zwillinge

VERANLAGUNG: Da Sie sich vor allen Dingen in der Außenwelt sachlich und sehr detailgenau orientieren wollen, halten Sie sich emotionell eher zurück und verstärken lieber Ihre intellektuellen Fähigkeiten. So hat Sie Ihr neugieriger Entdeckungsdrang zu neuen Ufern aufbrechen und sich weit vom Üblichen entfernen lassen. Doch um neue Erkenntnisse oder ungewohnte Denkungsarten auf Ihre Tauglichkeit prüfen zu können, müssen Sie Ihrer Meinung nach jede Erkenntnis von zwei Seiten zu sehen versuchen. Sie wollen nichts, was Ihnen begegnet, aus einem gefühlsgeprägten Gesamtweltbild beurteilen. Jede Wahrnehmung wird als neu angesehen und durch den persönlichen TÜV geschickt. Entweder können Sie also Ihre zuerst subjektive Wahrnehmung durch eine zweite Meinung absichern und damit objektivieren. Oder Sie können in Ihrem eigenen Erfahrungsschatz Ähnlichkeiten finden, die ein Urteil über die Qualität des Neuen erlauben. Haben Sie sich eine Meinung gebildet, sind Sie immer zu einer offenen und ehrlichen Diskussion mit Ebenbürtigen bereit, damit das dann gefundene Ergebnis Informationsgrundlage oder Handlungsanweisung für viele werden kann. Ein ständig diskussionsbereiter Mensch wie Sie sieht in seiner Streitbereitschaft also keinen Mangel, sondern versteht diese als Voraussetzung für eine Weiterentwicklung der Gesellschaft.

HAUPTMERKMAL: Streitbar

LEBENSPRINZIP: Wer sich auf unbekannte Ebenen vortraut und diese beurteilen will, muß andere Meinungen zulassen können

UNTER DIESEM DATUM HATTEN UND HABEN AUSSERDEM GEBURTSTAG:
Leo XI., nach anderen hohen kirchl. Würden v. 1.–27.4.1605 Papst von Rom (1535–1605) – *Donatien Alphonse François Marquis de Sade*, franz. sex. expliziter Schriftsteller (1740–1814) – *Thomas Hardy*, brit. Schriftsteller, beeinflußt von Schopenhauer (1840–1928) – *Pius X.*, 1903–1914 zensurfreudiger Papst von Rom (1855–1914) – *Johnny Weissmüller*, US-Schwimmer u. Filmtarzan, u. a. fünfmal olymp. Gold (1904–1984) – *Heinz Sielmann,* dtsch. Publizist, schreibt u. dreht Tierdokumentationen, *1917 – *Charlie Watts,* Schlagzeuger der brit. Rockband „The Rolling Stones", *1941

3. JUNI
Zwillinge

VERANLAGUNG: Sie sind ein offener Mensch, der durch seinen mutigen Forschungsdrang neue Erkenntnisse, umwälzende Erfahrungen und neue Welten entdeckt hat. Sie haben versucht, Ihre persönlichen Entdeckungen intellektuell abzusichern und dann zu formulieren. Doch die Sie umgebende Gesellschaft ist träge und leistet deshalb mißtrauischen Widerstand gegen jede größere Veränderung. Sie müssen schmerzlich feststellen, daß es nicht genügt, etwas mitteilen zu wollen: Sie müssen auch ein Publikum finden und dieses überzeugen. Durch leidenschaftliche Übertreibung, körperlich dargestellte Dramatisierung und durch gezielte Provokation wird es Ihnen möglich, Ihre gesellschaftliche Umgebung mitzureißen und für das Neue zu begeistern. Denn Sie wissen sehr genau, daß man Erfahrungen eigentlich nur selbst machen kann oder aber wenigstens sehr überzeugend vermittelt bekommen muß, um daraus ein verändertes Handeln abzuleiten. So akzeptieren Sie es für sich, daß Ihr intuitives Gefühl von Richtig und Falsch einem zurückhaltenden Publikum nur fast schon aufdringlich deutlich oder mit brachial derber Kunst zu vermitteln ist. Es entsteht dabei die Gefahr, daß Ihre wahren Fähigkeiten manchmal deshalb verkannt werden, weil das Demonstrative in Ihrem Verhalten häufig das Nachdenkliche zu sehr überdeckt.

HAUPTMERKMAL: Demonstrativ

LEBENSPRINZIP: Wer mit mutiger Neugier tief empfundene neue Erfahrungen macht, muß diese sehr deutlich vermitteln

UNTER DIESEM DATUM HATTEN UND HABEN AUSSERDEM GEBURTSTAG:
Wilhelm I., 1803–1821 Kurfürst v. Hessen, 1785–1803 Landgraf v. Hessen-Kassel (1743–1821 – *Josephine*, u. a. 1796–1804 Königin v. Frankreich, Frau Napoleon Bonapartes (1763–1814) – *Georg von Békésy*, herausragender ungar.-amerik. Biophysiker, Nobelpreisträger (1899–1972) – *Charles Richard Drew*, schwarzer US-Arzt, Pionier d. Blutkonservenpräservation (1904–1950) – *Josephine Baker*, franz. Revuestar, etablierte d. Charleston in Europa (1906–1975) – *Torsten Nils Wiesel*, schwed. Neurobiologe, m. Kollegen Medizinnobelpreisträger, *1924 – *Werner Arber*, schweiz. Mikrobiologe u. Genetiker, Nobelpreisträger, 1929

4. JUNI
Zwillinge

VERANLAGUNG: Ihr ungewöhnlich stark ausgeprägter Instinkt und Ihre große intuitiv-biologische Energie lassen Sie ständig unruhig sein. Sie wollen alles genau kennenlernen und auf alles schöpferisch reagieren. Innerlich ist bei Ihnen der Weg vom Eindruck zum Ausdrückenwollen also sehr kurz. Doch dieser Hang zur Spontaneität widerstrebt Ihrem Bedürfnis, Sicherheit durch gedankliche und körperliche Präzision zu erhalten. So kommt es, daß Sie eher an der Technik des Denkens interessiert sind, als an der emotionalen Verarbeitung Ihrer Erkenntnisse. Das führt sehr oft zu Situationen, in denen Sie sich vollkommen überfordert fühlen und einfach ausbrechen wollen. Sie sehen Ihre einzige Rettung darin, Ihre heftigen Emotionen und Instinkte in genau überlegte Handlungen und schöpferische Darstellungen umzuformen. Sie lieben deshalb die Flucht in Wortspielereien und die wenig gefährliche Auseinandersetzung mit dem Formalen. So entsteht die Gefahr, daß Sie zu festgezurrt an Äußerlichkeiten bleiben. Doch schaffen Sie es durch diese innere Kontrolle, daß Sie Ihre vitale Kraft fast wie einen Lichtschalter an- und ausknipsen können. Sie wollen also nicht in die Tiefe, sondern der Aufbruch zu Neuem und dessen Vermittlung wird zum eigentlichen Selbstzweck.

HAUPTMERKMAL: An- und Abschaltbar

LEBENSPRINZIP: Vital-intuitiv erfahrene neue Erkenntnisse geistvoll und körperlich präzise umformen und vermitteln

UNTER DIESEM DATUM HATTEN UND HABEN AUSSERDEM GEBURTSTAG:
Franz Xaver Freiherr v. Zach, dtsch.-ungar. Astronom mit herzoglichem Sponsor (1754–1832) – *Karl Valentin*, einflußreicher Volksschauspieler, (absurder) Theater- u. Filmautor (1882–1948) – *Beno Gutenberg*, herausragender US-Seismologe dtsch. Abst. (1889–1960) – *Harry Crosby*, US-Dichter, etablierte in Paris d. „Black Sun Press" (1898–1929) – *Modibo Keita*, sozialist. Politiker, 1960–68 d. 1. Präsident v. Mali, Westafrika (1915–1077) – *Heinrich Tenhumberg*, kath. Theologe, 1969 z. Bischof v. Münster ernannt (1915–1979) – *James Brown*, US-Soulmusiker, einer d. ersten Schwarzen in den Charts, *1929 – *Anthony Braxton*, brillianter, u. a. v. J. Coltrane inspirierter US-Dree-Jazz-Musiker. *1945

5. JUNI
Zwillinge

VERANLAGUNG: Ihre persönlichen Qualitäten sind geschaffen für das Erkunden fremder Kulturen und für das Erproben neuer Wege. Nicht zuletzt sind Sie dafür deshalb besonders befähigt, weil Sie bei Ihrem konzentrierten Tun geistig distanziert und emotional unabhängig bleiben können. Wenn Sie sich in neue Tätigkeitsbereiche begeben, machen Sie die manchmal bittere Erfahrung, daß Sie sich gegenüber Ihrem direkten Umfeld entfremdet haben. Sie leben, reden und arbeiten zusammen mit Menschen, wirken aber auf diese gleichzeitig seltsam entrückt, als wären Sie nicht von dieser Welt. Um sich trotzdem nicht einsam unter diesen Menschen fühlen zu müssen, sind Sie auf der ständigen Suche nach den wenigen, die auch intuitiv und voller Urvertrauen die Weisheit des Lebens erfassen wollen und deshalb die gleiche Sprache sprechen wie Sie. Ihre genaue Beobachtungsgabe läßt Sie die Schwierigkeiten der Menschen sehr deutlich erkennen, die Ihrer Meinung nach von unechten ‚Wichtigkeiten‘ geprägt sind. Viele, Ihnen scheinen es viel zu viele zu sein, wollen Wissen ansammeln und nicht wirklich begreifen. Sie hingegen lassen sich auf das, was Sie tun, vollkommen ein und wirken deshalb auf andere oft ein wenig abgehoben. Manchmal ist Ihr Auftreten sogar etwas skurril, immer aber vollkommen unabhängig.

HAUPTMERKMAL: Seltsam anders

LEBENSPRINZIP: Wer mit intuitiver Lebensweisheit neue Wege beschreitet, muß sich trotz der Isolation treu bleiben

UNTER DIESEM DATUM HATTEN UND HABEN AUSSERDEM GEBURTSTAG:
Chippendale, englischer Kunstschreiner, der einen neuen Möbelstil kreierte (1718–1779) – *Adam Smith*, schott. Moralphilosoph u. Begr. d. klass. Nationalökonomie (1723–1790) – *Josef Neckermann,* überaus erfolgreicher dtsch. Unternehmer u. Sportler (1912–1992) – *Richard Scarry,* US-Autor u. Illustrator v. 250 wunderschönen Vorschullernbüchern (1919–1994) – *Boy Gobert,* dtsch. Schauspieler u. (ab 1969) in Hamburg u. Berlin Intendant (1925–1986) – *Joe Clark*, Juni 1990–März 1980 kanadischer Premierminister – d. jüngste aller Zeiten, *1939 – *Margaret Drabble*, engl. Liebesromanautorin, *1939

6. JUNI
Zwillinge

VERANLAGUNG: Sie sind sehr stark an Vorgängen um Sie herum interessiert. Beflügelt von einem Urvertrauen in eine tief in Ihnen verankerte Weisheit, sind Sie in der Lage, das Wesentliche in undurchsichtigen Zusammenhängen zu erkennen und darzustellen. Sie fühlen dabei eine Kraft in Ihrem Inneren, die Sie wie ein Fels in der Brandung jede Gefahr, jede Anfeindung und jede Herausforderung ertragen läßt. Manchmal glauben Sie sich zusätzlich durch ein stilisiertes Auftreten schützen zu müssen. Das kann auf einige auch kühl wirken, ist aber immer nur äußerlich. Denn Ihre Kraft schöpfen Sie nicht aus einer eingebildeten Überlegenheit, sondern aus dem Wissen um die eigenen Schwächen, die jedem menschlichen Handeln anhaften. Gerade weil Sie sich selbst so genau beobachten, ja zerpflückt haben, können Sie so unbeirrbar Ihren Weg gehen. Sie wissen um den uralten Ursprung allen Handelns. Sie wissen um den immer wiederkehrenden Zyklus von Gewinnen und Verlieren, von Aufbruch und Verharren, von Unterdrückung und Entfaltung. Das macht Sie sehr genau in Ihren Analysen und auch sehr ausdauernd in der Ausrichtung auf ein Ziel. Fast schon aufreizend gelassen gehen Sie dabei Ihren oft beschwerlichen Weg. Immer eher stoisch als aufbrausend.

HAUPTMERKMAL: Stilisiert

LEBENSPRINZIP: Sich auf die eigene Erkenntnisfähigkeit verlassen und aus Schwächen lernend seinen Weg gehen

UNTER DIESEM DATUM HATTEN UND HABEN AUSSERDEM GEBURTSTAG:
Alexander Puschkin, russ. Dichter, schuf Weltliteratur (1799–1837) – *Karl Ferdinand Braun*, bahnbrechender dtsch. Physiker, Nobelpreis f. Physik (1850–1918) – *Robert Falcon Scott*, brit. Antarktisforscher, ging 1901 m. Sir E. Shackleton a. Exp. (1868–1912) – *Thomas Mann*, total herausragender Schriftsteller u. Kritiker d. 20. Jahrh. (1875–1955) – *Georg Rickey*, US-Bildhauer, Hauptvertreter d. Kinetischen Kunst, *1907 – *Dalai Lama (d. 14.),* geistl. u. polit. Oberhaupt des tibet. Buddhismus, Friedensnobelpr., *1935 – *Philip Allen Sharp*, brillanter US-Chemiker, zus. m. R. Roberts Medizinnobelpreis, *1944 – *Björn Borg*, schwed. Tennisspieler, i. d. 2. Hälfte d. 70er der beste Spieler d. Welt, *1956

7. JUNI
Zwillinge

VERANLAGUNG: Sie haben vielseitig gestreute Interessen und sind neugierig auf das Leben. Als ein sehr bewußt lebender Mensch Ihrer Zeit wissen Sie durch genaue Beobachtung, auf wen Sie wie wirken können und stilisieren Ihr Verhalten und Auftreten in der gewünschten Richtung. Sie lieben es, ständig neue Entwicklungen zu erfassen, spezielle Techniken auszuprobieren und unbekannte Kulturkreise zu erleben. Es gibt Ihnen ein Gefühl von unbegrenzten Möglichkeiten, alles beobachten zu können und überall auf der Welt zuhause zu sein. Sie verinnerlichen Kultureinflüsse, Ideen, Fähigkeiten und die Gefühle anderer Menschen und wollen diese in Ihrem schöpferischen Tun losgelöst von eigenen Emotionen wiederverwerten. Da Sie wegen Ihrer inneren Distanz erfassen, was als Grundprinzip allen Menschen gemein ist, sind Sie in der Lage, sich auf der ganzen Welt verständlich machen zu können, in welcher schöpferischen Form auch immer. Sie vernachlässigen dabei aber sehr oft die seelische Verarbeitung der äußeren Vorgänge. Das läßt die Gefahr entstehen, daß Ihre Rolle mit Ihrem wirklichen Mensch-Sein immer weniger zu tun hat.

HAUPTMERKMAL: Kalkuliertes Auftreten

LEBENSPRINZIP: Überall Strömungen aufnehmen, daraus Neues schaffen und sich damit überall verständlich machen können

UNTER DIESEM DATUM HATTEN UND HABEN AUSSERDEM GEBURTSTAG:
Paul Gauguin, herausragender franz. Maler, Graphiker, Vorliebe f. Südseemotive (1848–1903) – *Imre Nagy*, ungar. Politiker, 1953–55 u. 1956 ungar. Ministerpräsident (1896–1956) – *Brooks Stevens,* US-Industrie-Designer, entwarf u. a. d. 1949 Harley Davidson (1911–1995) – *Jessica Tandy*, brit.-geb. US-Schauspielerin, Tony- u. Oscarpreisträgerin (1909–1994) – *Georges Marchais*, franz. Politiker, u. a. (1972–94) Generalsekretär d. KPD Frankreichs, *1920 – *Giorgio Belladonna,* ital. Profiskatspieler, gewann u. a. zw. 1957–75 16 Welttitel (1923–1995) – *John Napier Turner*, kanad. Politiker, seit 1984 kanad. Premierminister, *1929 – *Claus Peymann*, Regisseur u. Intendant, berühmt f. eigenwillige Inszenierungen, *1937 – *Tom Jones,* walis. Rock- u. Balladensänger, Superstar d. 60er u. 70er Jahre, *1940

8. JUNI
Zwillinge

VERANLAGUNG: Wahre Lebendigkeit und den Antrieb zum Handeln spüren Sie eigentlich immer nur dann, wenn Sie sich von Dingen in der Außenwelt herausgefordert fühlen. Man könnte Sie also einen leidenschaftlichen Reagierer nennen, und es ist für Ihr Verhalten deshalb typisch, daß Sie in die Außenwelt aufbrechen, um so viele Vorgänge wie möglich aufnehmen zu können. Das führt dazu, daß Sie sehr genau erkennen, daß zwischen den Erwartungen der Menschen und der Erfüllung dieser Erwartungen eine große Lücke klafft. Sie selbst können sich vielleicht schöpferisch verwirklichen, indem Sie Strömungen zu einem Werk umformen. Aber sehr oft ist das Ihnen genau wie den meisten anderen verwehrt. Sie wissen, daß nur sehr wenige materiell und geistig so unabhängig sind, daß sie sich ein individuell geprägtes Leben erlauben können. Sie empfinden es als ungerecht, daß die meisten Mitmenschen in Ihrer Umgebung nur überleben und nicht ihre Gefühle und Wünsche ausleben können, und Sie fühlen sich deshalb persönlich aufgerufen, Mut zu machen. Sie wollen, daß andere Ihre analytisch genauen Erkenntnisse übernehmen und dann mit entsprechenden Forderungen an die Herrschenden herangehen. Sie sind sehr oft wenig belastbar und hin- und hergerissen zwischen dem Bedürfnis, gelassen zu vermitteln oder aus tiefer Wut aufzubegehren.

HAUPTMERKMAL: Reagierer

LEBENSPRINZIP: Jeder Mensch hat das Recht auf individuelle Selbstverwirklichung und sollte das auch einfordern

UNTER DIESEM DATUM HATTEN UND HABEN AUSSERDEM GEBURTSTAG:
Robert Schumann, dtsch, Komponist, Hauptvertreter d. musikal. Hochromantik (1810–1856) – *Samuel White Baker*, unerschrockener Afrikareisender, suchte d. Nilquellen (1821–1893) – *Frank Lloyd Wright*, US-Architekt, schuf u. a. d. Guggenheim Museum in New York (1869–1959) – *Marguerite Youecenar,* belg. Autorin, erstes weibl. Mitglied d. Académie Française (1903–1987) – *John W. Campbell,* US-Schriftsteller, Vater d. modernen Science Fiction (1910–1971) – *Francis Harry Compton-Crick*, herausragender brit. Biochemiker, Nobelpreisträger, *1916 – *Suharto*, indon. Politiker u. Militärkommandeur, übernahm ab 1965 d. Macht, *1921

9. JUNI
Zwillinge

VERANLAGUNG: Sie haben das Gesellschaftssystem, in dem Sie leben, beobachtet, an sich selbst erfahren und analysiert. Sie sehen unbestechlich und sehr genau die Vor- und Nachteile. Sie wissen genau, was die Menschen an- und umtreibt und können aus gemachten Erfahrungen zukünftige Reaktionen voraussagen. Alles in allem sind Sie ein unparteiisches, sachbezogenes Individuum innerhalb Ihres Wirkungskreises. Sie sehen deshalb ganz klar die alles beherrschende Gier nach materiellem Wohlergehen. Sie leiden unter dem mangelnden Mut der Menschen, gegen Unterdrückung jeglicher Art aufzubegehren. Und Sie teilen mit vielen das unausgefüllte Bedürfnis nach wirklicher Nähe. Dieses alles nehmen Sie überwiegend rational und wertneutral zur Kenntnis. Und Sie würden nicht Teil des Ganzen sein, sondern überwiegend Beobachter, wäre nicht auch Ihre andere Seite stark ausgeprägt – Ihre Lust, sich dem Rhythmus des natürlichen Lebens einfach hinzugeben. Sie wissen, was die Menschen und auch Sie ganz persönlich beachten müssen, um neben der angegebenen Leistung auch wieder Kraft schöpfen zu können. Sie brauchen den gesunderhaltenden Wechsel zwischen der reinen Denktätigkeit und dem nicht in Frage zu stellenden Spaß am genußvollen Leben.

HAUPTMERKMAL: Distanzierte Teilnahme

LEBENSPRINZIP: Ein seelisch gesunder Mensch muß rhythmisch vom denkenden Beobachten zur lustvollen Teilnahme wechseln

UNTER DIESEM DATUM HATTEN UND HABEN AUSSERDEM GEBURTSTAG:
Peter I. der Große, 1682–1725 von Rußland (1672–1725) – *Samuel Slater,* US-Gründ. d. amerik. Baumwollindustrie 1768–1835) – *Johann Gottfried Galle*, dtsch. Astronom, observierte als erster d. Planeten Neptun (1812–1910) – *Bertha Freifrau v. Suttner,* österr. Schriftstellerin v. Weltrang, Friedensnobelpreis (1843–1914) – *Carl Nielsen*, herausragender dän. Komponist, 1908–14 Hofkapellmeister (1865–1931) – *Cole Porter,* US-Komponist u. Texter d. mit erfolgreichsten Musicals (1891–1964) – *Marcia Glück Davenport*, US-Bestsellerautorin u. Mozartbiographin (1903–1996) – *L. Kenneth Pike*, herausragender US-Linguist u. Anthropologe, *1912 – *Robert Strange McNamara,* u. a. (1961–68) Verteidigungsminister der USA, *1916

10. JUNI
Zwillinge

VERANLAGUNG: In Ihnen kämpfen zwei unterschiedliche Grundausrichtungen um die Vorherrschaft. Sie haben die allgemein anerkannten Werte Ihrer Umgebung verinnerlicht und als Handlungsanweisung angenommen. Sie versuchen immer und überall, unterschiedliche Interessen friedlich zusammenzuführen. Sie sind im Umgang mit anderen deshalb meist verständnisvoll und ausgeglichen. Doch ist bei Ihrem Aufbruch in neue Umgebungen und durch das begierige Suchen nach neuen Erfahrungen eine schöpferische Kraft hinzugekommen, die es Ihnen ermöglicht, völlig losgelöst von Traditionen zu denken. Man könnte Sie deshalb als einen schöpferischen Menschen beschreiben, der mit den Füßen fest auf dem Boden von Tradition, Ausbildung, Gesetzmäßigkeiten steht und mit dem Kopf manchmal über den Wolken schwebt. Da Sie beobachtet haben, daß blinde Wut und unorganisiertes Aufbegehren nur zur Niederlage führen kann, kämpfen Sie für die Möglichkeit, sich innerhalb der vorgegebenen Strukturen weitestgehend selbst verwirklichen zu können. Sie wollen das Mitmenschliche geregelt sehen. Sollte das in Ihrem persönlichen Leben nicht möglich sein, entsteht die Gefahr, daß Sie Ihre Linie vollkommen verlassen. Deshalb versuchen Sie ständig darauf hinzuwirken, daß es möglich wird, Freiheit mit Disziplin so zu verknüpfen, daß keine Seite die andere ausschaltet.

HAUPTMERKMAL: Harmoniebedürftig

LEBENSPRINZIP: Schöpferisches Tun und freies Denken ist nicht möglich im ständigen Kampf gegen die Gesellschaft

UNTER DIESEM DATUM HATTEN UND HABEN AUSSERDEM GEBURTSTAG:
Nikolaus August Otto, dtsch. Ingenieur, Designer d. Otto-Motors (1832–1891) – *Carl Hagenbeck*, Tierhändler, Zirkusdirektor, Gründ. d. Hamburger Tierparks (1844–1913) – *Saul Bellow*, intellektueller amerik. Schriftsteller, Literaturdozent, *1915 – *Philip*, seit 1957 Prinz von Großbrit. u. Nordirland, seit 1947 Herzog v. Edinburgh, *1921 – *Judy Garland*, gefeierter US-Kinderstar, Hollywoodlegende, Mutter v. Liza Minnelli (1922–1969) – *Ian Robert Maxwell*, brit. Verleger, Politiker u. Medienmagnat tschech. Abst. (1923–1991) – *Carl Dahlhaus*, herausragender dtsch. Musikforscher (1928–1989)

11. JUNI
Zwillinge

VERANLAGUNG: Sie erringen Ihr Selbstwertgefühl und die notwendige Sicherheit dadurch, daß Sie sich örtlich wie sinnbildlich orientieren wollen und zu neuen Ufern aufbrechen. Sie sind fasziniert von den unendlichen Erkenntnis- und Erfahrungsmöglichkeiten des Lebens. Trotz dieser Aufbruchsbegeisterung müssen Sie aber feststellen, daß es überall Behinderungen gibt: Entweder sind die neuen Wege zu schwierig, die Natur zu undurchdringlich, die Menschen feindlich oder Sie selbst sind persönlichen Einschränkungen unterworfen. Sie müssen also mit sehr großen Schwierigkeiten fertig werden, welcher Art auch immer. Viele würden sich nach derartigen Rückschlägen zurückziehen und sich mit dem begnügen, was leichter machbar ist. Doch Ihr Denken ist anders geprägt. Sie nehmen die Herausforderung an und entwickeln, gerade wegen der Widerstände, Ihre Geschicklichkeit und Stärke. Sie finden Wege, mit der unwirtlichen Natur umzugehen, sich auf unbekanntem Gebiet zurechtzufinden und Menschen von sich zu überzeugen. So lernen Sie, daß es möglich ist, über Wasser zu gehen, wenn man nur den Winter abwartet und dann dessen unerbittliche Kälte für das eigene Fortkommen nutzt. Sie begeistern so durch Ihr Vorbild die Menschen und machen Mut.

HAUPTMERKMAL: Nie aufgeben

LEBENSPRINZIP: Beschränkungen und Hindernisse als Herausforderung an das eigene Denken annehmen und siegen

UNTER DIESEM DATUM HATTEN UND HABEN AUSSERDEM GEBURTSTAG:
John Constable, wegweisender engl.Landschaftsmaler (1776–1837) – *Carl Paul Gottfried v. Linde*, dtsch. Ing. u. Industrieller, baute Kühlschränke (1842–1939) – *Mary Jane Rathbun*, herausragende amerik. Meeresbiologin (1860–1943) – *Richard Strauss*, dtsch. Komponist u. Dirigent, komponierte vorrangig Opern (1864–1949) – *Yasunari Kawabata*, jap. Autor psycholog. differenzierter Romane, Lit.-Nobelpreis (1899–1972) – *Jacques Cousteau,* franz. Marineoffizier, Meeresforscher, Dokumentarfilmer, *1910 – *Fabiola,* Witwe d. span. Königs Baudouin I., *1928 – *Klaus Wagenbach*, dtsch. Verleger, bot in d. 60ern u. 70ern d. polit. Linken ein Forum, *1930

12. JUNI
Zwillinge

VERANLAGUNG: Sie wollen alles ausschöpfen, was sich in der Außenwelt an Möglichkeiten bietet. Da das auf längere Sicht nur mit eingeengtem Gefühlsverbrauch geht, verweigern Sie die Identifikation mit anderen Menschen. Sie wollen beobachten, Schlüsse ziehen und alles schöpferisch umwandeln, nicht aber innerlich Anteil nehmen müssen. Deshalb verlagert sich Ihr gesamtes Persönlichkeitswachstum in Ihre schöpferisch-denkenden Möglichkeiten. Durch Ihre unerschöpfliche Aufnahmefähigkeit werden Sie hierbei immer genauer und müssen sich eigentlich nur noch entscheiden, worauf Sie sich konzentrieren wollen. Doch ohne den Schutz eines gefühlsmäßigen Erfassens kann es leicht geschehen, daß die Hitze des Denkens überkocht und nicht nur Sie verletzt. Sie sind so neugierig und sehen so viele Möglichkeiten, daß Sie sich nur schwer auf eine einzige Aufgabenstellung konzentrieren können. Obwohl es manchmal augenscheinlich unmöglich ist, wollen Sie alles miteinander verquicken. Sie spüren, daß Sie im wahrsten Sinne des Wortes seelisch verbrennen, wenn Sie nicht einigermaßen in Ihrer Spur bleiben. Ihr Problem ist also nicht die Fähigkeit, Vorgänge zu erkennen, sondern daß Sie diese getrennt von den eigenen Emotionen sehen.

HAUPTMERKMAL: Schwere Selbstkontrolle

LEBENSPRINZIP: Nur wer nicht zu großen inneren Anteil an dem Gesehenen nimmt, kann immer mehr beobachten und nutzen

UNTER DIESEM DATUM HATTEN UND HABEN AUSSERDEM GEBURTSTAG:
Sir David Gill, schott. Astronom u. Sternwartendirektor, 1920 geadelt (1843–1914) – *Egon Schiele*, österr. Maler, malte vorwiegend Akte (1890–1918) – *Fritz-Albert Lippmann*, US-Arzt u. Biochemiker, Nobelpreisträger (1899–1986) – *H. C. Artmann*, österr. Schriftsteller, Verf. v. Dialektgedichten, *1921 – *George Bush*, 1989–1993 d. 41. Präsident d. USA, *1924 – *Erwin Kurt Scheuch*, dtsch. Soziologe, Experte f. empirische Sozialforschung, *1928 – *Brigid Antonia Brophy*, engl. Feministin u. Autorin, sorgte f. bessere Tantiemen (1929–1995) – *Anne Frank*, dtsch.-jüd. KZ-Opfer, schrieb d. Erlebnisse bis zu ihrer Deportation auf (1929–1945)

13. JUNI

Zwillinge

VERANLAGUNG: Ihrer Anlage gemäß haben Sie zuerst das eigene Dasein und dann die anderen um sich herum überwiegend wertfrei analysiert. Und Sie haben dabei festgestellt, daß viele Menschen nur deshalb so leben, wie sie leben, damit sie in den Augen der Gemeinschaft in vorteilhaftem Licht dastehen. Keiner scheint das wichtig zu nehmen, was wirklich tief im Inneren in ihm selbst vorgeht. Das können Sie als eigene Lebenssicht nicht akzeptieren. Sie wollen kein Leben des bloßen Scheins, in der der äußere Überfluß an Kennmerkmalen die innere Unausgefülltheit verdecken soll. Sie haben für sich erkannt, daß es für jedes Lebewesen eine ihm gemäße reine Form des Daseins gibt. Diese individuelle Originalität ist nicht abhängig von modischen Äußerlichkeiten oder von zeitabhängig geprägten Moralgrundsätzen, sondern es ist die aus vielen Irrungen und Wirrungen herausgepreßte Essenz des Selbst-Seins. So sind Sie bei sich durch die vielen schützenden Schalen hindurchgedrungen und haben die Struktur einer Echtheit in sich entdeckt, die Sie gefeit macht vor Selbstbetrug und Fremdbestimmtheit. Das macht es Ihnen möglich, Wesentliches von Unwichtigem zu unterscheiden. Nicht nur in der Außenwelt, sondern auch in Ihnen selbst. Sie besinnen sich auf das von Ihnen als substantiell echt Erachtete und können deshalb auf vieles verzichten, was andere für lebenswichtig halten. So schwingen Sie immer im Einklang mit Ihrem natürlichen Daseinsrhythmus.

HAUPTMERKMAL: Wesentlich

LEBENSPRINZIP: Wichtig für eine individuelle Lebensführung ist, durch die Schalen zum wirklichen Selbst vorzudringen

UNTER DIESEM DATUM HATTEN UND HABEN AUSSERDEM GEBURTSTAG:
Thomas Young, engl. Arzt u. Universalgelehrter (1773–1829) – *Dorothy L. Sayers*, engl. Meisterin d. modernen Kriminalromans (1893–1957) – *Paavo Nurmi*, finn. Leichtathlet, u. a. neun olympische Goldmedaillen (1897–1973) – *Heinrich Hoffmann*, dtsch. Schriftsteller u. Mediziner, Begr. d. Jugendpsychologie (1909–1994) – *Luis Walter Alvarez*, US-Wissenschaftler, Nobelpreisträger f. Physik (1911–1988) – *Christo*, US-Verpackungskünstler bulg. Herkunft, *1935

14. JUNI
Zwillinge

VERANLAGUNG: Sie haben sehr bewußt eine neue höhere Ebene des Daseins angestrebt und durch außergewöhnliche Anstrengungen auch erreicht. Das hat nicht nur Ihr äußeres Leben verändert, sondern vor allem Sie selbst. Durch Ihre natürliche Neugier haben Sie schon sehr früh erkannt, daß es unmöglich ist, sich in einer Gemeinschaft abzusichern und gleichzeitig ein individuell ausgerichtetes Leben zu führen. Wenn Sie also die Fesseln kappen wollen, die Sie am Emporsteigen aus der meist undifferenzierten Menge hindert, müssen Sie persönlich und ganz allein aufbrechen. Sie müssen sich in eine Welt wagen, in der Sie sich direkt mit dem Fremden und mit der Leistung Besserer auseinandersetzen müssen. Dabei müssen Sie immer wieder das Bedürfnis nach Rückzug ins schützende Kollektiv niederkämpfen. Und um erfolgreich zu sein, müssen Sie Ihre Talente, Triebe und schöpferischen Fähigkeiten bündeln und in den Griff bekommen. Dabei ist Erfolg für Sie, daß Sie sich mit ebenbürtigen Menschen an herausgehobener Stelle messen können. Sie wollen als gleichwertiger Partner Gegenpol und Ergänzung sein können und durch den Kontrast zur Masse sich selbst erfahren. Im Gegensatz zu dieser ehrgeizigen Haltung eines kämpferischen Individuums steht Ihre oft nach außen getragene ruhige Art. Diese ist aber eher ein äußeres Schutzverhalten und läßt vergessen, daß Ihr Temperament in Wirklichkeit einer vor der Öffnung stehenden Sektflasche gleicht.

HAUPTMERKMAL: Ausbruchsbereitschaft

LEBENSPRINZIP: Wer sich als Individuum auf herausgehobener Ebene mit Ebenbürtigen messen will, muß allein aufbrechen

UNTER DIESEM DATUM HATTEN UND HABEN AUSSERDEM GEBURTSTAG:
Harriet Beecher Stowe, US-Schriftstellerin u. Anhängerin der Sklavenbefreiung (1811–1896) – *Emmeline Pankhurst*, erfolgreiche militante Feministin (1859–1928) – *Alois Alzheimer*, dtsch. Nervenarzt, erforschte d. nach ihm benannte Krankheit (1864–1915) – *Kathleen Raine*, Verf. mystischer u. visionärer Lyrik, *1908 – *Donald J. Trump*, US-Unternehmer (Immobilien), *1946 – *Steffi Graf*, erfolgreichste Tennisspielerin aller Zeiten, *1969

15. JUNI
Zwillinge

VERANLAGUNG: Da Ihr Selbstwertgefühl sehr eng davon abhängt, welche Rolle Sie in der Gesellschaft spielen können, analysieren Sie das Wechselspiel zwischen Ihnen und der Sie umgebenden Gemeinschaft sehr genau. Dabei sind Sie nicht sicher, ob Sie bei dem rücksichtslosen Wettbewerb mitmachen oder nicht doch lieber in sicherer Distanz alles nur beobachten sollen. Überwinden Sie erst einmal Ihre Antriebshemmung und greifen aktiv im Konkurrenzkampf ein, sind Sie normalerweise erfolgreicher als die meisten. Weil Sie Ihre persönlichen Emotionen zurückdrängen und deshalb Ihre Rolle perfekt ausfüllen können, sind Sie, einmal in Fahrt, kaum noch zu bremsen. Sie lassen dann alle vorherigen Zweifel hinter sich und verinnerlichen vollkommen die Prinzipien, die Erfolg versprechen. Doch da Sie sich nicht auf einer einsamen Insel bewegen, ist es wahrscheinlich, daß Sie wirklich oder im übertragenen Sinn mit voller Fahrt gegen eine Wand knallen, die von Ihren Gegnern, Neidern oder Konkurrenten errichtet wurde. Doch da Sie auch das wertfrei analysieren können, nutzen Sie die eigenen Schwierigkeiten als eine Chance zur Besinnung. Sie öffnen sich wieder für andere Wertigkeiten und interessieren sich für das Mitmenschliche mehr als für das Gegeneinanderkämpfen.

HAUPTMERKMAL: Lernfähig

LEBENSPRINZIP: Wer sich der eigenen Durchsetzung zu sehr widmet, wird so oder so scheitern und neu beginnen müssen

UNTER DIESEM DATUM HATTEN UND HABEN AUSSERDEM GEBURTSTAG:
Thomas „Huckle“ Weller, herausragender Dichter u. Dramatiker (1605–1635) – *Edvard Grieg,* herausragender norw. Komponist (1843–1907) – *Wilhelm Leuschner,* dtsch. Politiker u. Gewerkschaftler, führender Sozialdemokrat (1890–1944) – *Nagano Osami,* jap. Admiral, plante u. befahl (7. 12. 41) den Angriff auf Pearl Habor (1880–1947) – *Homburger Erikson,* US-Psychoanalytiker, prägte d. Begriff d. Identitätskrise (1902–1994) – *Herbert Alexander Simon,* US-Wirtschaftswissenschaftler u. Nobelpreisträger,*1916 – *Irenäus Eibl-Eibesfeldt,* österr. Verhaltensforscher, *1928 – *Johnny Halliday,* franz. Rocksänger m. internat. Erfolgen, *1943

16. JUNI
Zwillinge

VERANLAGUNG: Sie sind ein Mensch, der auf Anhieb versteht, wie etwas funktioniert. Sie haben das Talent zur genauen Beobachtung Ihrer Umgebung so sehr perfektioniert, daß Sie sogar in der Lage sind, Handlungen und Äußerungen Ihrer Mitmenschen auf den Punkt genau nachzuahmen. Sie sind so reich an Talenten, daß Sie alles, was sich Ihnen in Ihrem Umfeld anbietet, mit produktiver Kraft und schöpferischer Liebe zur Kunst emporheben können. Ihre instinktive Spontaneität ermöglicht es Ihnen, aus Tönen, die Sie eben erst auf der Straße gehört haben, Volkslieder zu erschaffen. Sie können beobachtete Bewegungsabläufe mit großer Liebe zum Detail zu einer typischen Figur umformen. Sie verdichten alle Ausdrucksarten so spielerisch leicht zu allgemein verständlichen Formen, daß Ihr virtuoses schöpferisches Tun von allen als Geschenk angesehen wird. Sie saugen fremde Lebensströmungen in sich auf, gehen bewußt auf vielleicht schmerzliche Erfahrungen zu und riskieren neue, manchmal sogar verbotene Wege. Da Sie dabei trotz allem nie den Kopf verlieren und im schlimmsten Strudel noch alles wach registrieren, können Sie aus all dem Emporwallen ein so klares Bild formen, daß darin jeder Mensch einen Teil von sich selbst wiederfinden kann.

HAUPTMERKMAL: Waches Auge

LEBENSPRINZIP: Die schöpferische Fülle des Lebens durch liebevolle Produktivität in Kunstwerke umformen

UNTER DIESEM DATUM HATTEN UND HABEN AUSSERDEM GEBURTSTAG:
Ernst Otto Schick, herausragender dtsch. Schiffbauingenieur (1840–1930) – *Konstantin Dmitrijewitsch Balmont*, russ. Lyriker. Begr. d. russ. Symbolismus (1867–1942) – *Stan Laurel*, eine Hälfte d. US-Komikerduos „Laurel and Hardy" (1890–1965) – *Gustav V.*, 1905–1950 König v. Schweden (1858–1950) – *Georg Wittig*, dtsch. Chemiker, Chemienobelpreisträger (1897–1987) – *Barbara McClintock*, US-Botankikerin u. Nobelpreisträgerin (1902–1992) – *Erich W. Segal*, US-Schriftsteller, *1935 – *Giacomo Agostini*, ital. Motorradrennfahrer, d. erfolgreichste aller Zeiten, *1942

17. JUNI
Zwillinge

VERANLAGUNG: Jede Gesellschaft entwickelt Wertmaßstäbe, denen jeder Einzelne nacheifern soll. Gleichgültig ob es nun um Aussehen, Charakter oder Beruf geht, die Menschen, die durch Leistung und Wettbewerb dem jeweiligen Ideal am nächsten kommen, werden durch Prestige und Ruhm belohnt. So hat jede Zeit immer wieder unterschiedliche Idole, denen der Normalbürger oder der junge Mensch nacheifern will. Es können Sportler oder Künstler sein, Schriftsteller oder Sänger, Schauspieler oder Fotomodelle, Antihelden oder einfach nur beruflich Erfolgreiche. Auf jeden Fall werden diese Prototypen immer nur wegen einer bestimmten Qualität zum Vorbild erklärt. Das Gesamtbild einer Persönlichkeit ist dabei eher störend und wird deshalb vernachlässigt. In diesem Sinne sind Sie in Ihrem Bereich die Fleischwerdung eines bestimmten kulturellen Standards. Sie sind jemand, der sich zielstrebig aus der Menge herausgehoben hat und durch Außergewöhnliches zum Vorbild in seiner Gruppe geworden ist. Doch die Konzentration auf diese eine herausragende Eigenschaft hat Sie andere Seiten vernachlässigen lassen. Und weil Sie zu Ruhm und Prestige und vielleicht auch zu Wohlstand gekommen sind, fällt es Ihnen schwer, von dieser Rolle wieder Abschied zu nehmen. Was dazu führen kann, daß Sie gefährlich eindimensional weiterleben müssen, um dem Image treu bleiben zu können.

HAUPTMERKMAL: Rollenfixiert

LEBENSPRINZIP: Prestige und Ruhm erlangt, wer einem gesellschaftlichen Maßstab möglichst vollkommen entspricht

UNTER DIESEM DATUM HATTEN UND HABEN AUSSERDEM GEBURTSTAG:
Sir William Crookes, brit. Chemiker, entdeckte d. Thalium, 1897 geadelt (1832–1919) – *Igor Strawinsky*, US-Komponist russ. Herkunft, einer d. wichtigsten d. 20. Jahrh. (1882–1971) – *Martin Bormann,* dtsch. Politiker u. Kriegsverbrecher, steuerte d. NSDAP (1900–1945) – *Dean Martin,* US-Filmschauspieler u. Sänger, einer d. ganz großen (1917–1995) – *François Jacob*, franz. Mikrobiologe u. Nobelpreisträger, *1920 – *Milva*, stimmgewaltige u. temperamentvolle ital. Chanson-Sängerin, *1939 – *Michael Groß*, dtsch. Schwimmer, u. a. dreifacher Olympiasieger, *1964

18. JUNI
Zwillinge

VERANLAGUNG: Sie haben ein ausgeprägtes Selbstwertgefühl, wollen sich deshalb aus der Masse erheben und ein individuell ausgerichtetes Leben führen. Sie haben sich auf vielen Interessensgebiete genau orientiert und sind deshalb in der Lage, strukturelle Zusammenhänge mit großer Übersicht zu erkennen. Im Gegensatz zu vielen anderen, die sich in Ihre Ausrichtungen treiben lassen, wollen Sie das Ziel und die Zugehörigkeit für Ihr Leben ganz allein und sehr bewußt wählen. Da Sie äußerlich meistens verbindlich und emotionell eher zurückhaltend sind, reizen Sie vor allem solche Problemstellungen, die Sie gedanklich lösen können. Lange Zeit sehen Sie nicht ein, warum Sie sich hierbei auf eine spezifische Richtung festlegen sollen. Warum Sie nicht stattdessen alles spielerisch ausprobieren dürfen, was sich Ihnen anbietet. Doch Sie spüren auch, daß Sie nicht überall alles versuchen können, sondern sich irgendwann grundsätzlich entscheiden müssen, schon allein um mit Ihren Energien hauszuhalten. So sind Sie zwar ein Mensch mit großer denkerischer Erfindungsgabe und oft auch schöpferischer Virtuosität, aber Sie wollen oft zuviel und verzetteln sich dabei und vergeuden so Ihr Talent. Sie müssen sich also für ein ‚Entweder-Oder‘ entscheiden, und das fällt Ihnen als ein ‚Sowohl-Als-Auch-Typ‘ sehr schwer.

HAUPTMERKMAL: Einfallsreich

LEBENSPRINZIP: Wer schöpferische Höchstleistungen dauerhaft bringen will, muß seine Energien kanalisieren

UNTER DIESEM DATUM HATTEN UND HABEN AUSSERDEM GEBURTSTAG:
Charles Laceran, franz. Arzt u. Parasitologe, entdeckte d. Malaria-Parasiten (1845–1922) – *Joseph Redlich,* einflußreicher österr. Staatsmann u. Historiker (1869–1936) – *Francisco „Pancho Villa“,* mexik. Revolutionär u. Bandit (1878–1923) – *Georgi Michailowitsch Dimitrow,* bulg. Politiker, u. a. 1948–49 amt. Ministerpräs. (1882–1949) – *Jürgen Habermas,* dtsch. Philosoph u. Soziologe, u. a. Schüler v. Adorno, *1929 – *Dudley Robert Herschbach,* US-Chemiker u. Chemienobelpreisträger, *1932 – *Paul McCartney,* Kopf d. engl. Rockgruppe The Beatles, danach v. Wings, *1942

19. JUNI
Zwillinge

VERANLAGUNG: Sie haben sehr lange geglaubt, sich in Ihrem Dasein besser zurechtfinden zu können, indem Sie immer neue äußere Ziele anpeilten und kennenlernten. Dieses ständige Suchen nach Orientierung ohne einen festen Standort hat Sie in eine tiefe Krise gestürzt. Sie zweifeln plötzlich daran, daß es Überblick verschafft, nur überall hinzugelangen, alles zu sehen und doch keinen inneren Bezug zuzulassen. Ihre Selbstbesinnung und das Gefühl, keine Verantwortung übernommen zu haben, führt dazu, daß Sie nicht mehr nur äußere Verbindungen und Strukturen im Bewußtsein ansammeln, sondern daß Sie durch eine gefühlsmäßige Identifizierung Teil des Ganzen werden wollen. So lassen Sie sehr bewußt Lebensströmungen anderer Menschen in Ihr Denken einfließen und bekommen dadurch einen größeren Abstand zu Ihren eigenen Positionen. Sie entwickeln ein Gefühl für die Wirklichkeit und für den tieferen Sinn, der hinter dem äußerlich Erfaßbaren steckt. Da Sie sich also Beweggründe, Ausrichtungen und Ursachen bewußt machen und auch eigene Meinungen zu äußern bereit sind, ist das Leben für Sie plötzlich nicht mehr nur ein wirres Puzzle, sondern fügt sich zu einem erkennbaren Bild zusammen. Sie selbst nehmen dabei einen festen Standort ein und erwarten von jedem anderen Eigenverantwortung im Denken.

HAUPTMERKMAL: Standortbetonung

LEBENSPRINZIP: Das Wesen hinter den äußeren Vorgängen emotional zu erfassen versuchen, um Verwirrung zu vermeiden

UNTER DIESEM DATUM HATTEN UND HABEN AUSSERDEM GEBURTSTAG:
Alfred Hugenberg, dtsch. Politiker, Bankier u. Unternehmer, schuf Presseimperium (1865–1951) – *Friedrich Wilhelm Sertürner*, dtsch. Pharmazeut, erforschte d. Morphium (1783–1841) – *Ernst Boris Chain*, engl. Biochemiker, Med.-Nobelpreis, erforschte d. Penicillin (1906–1969) – *Aage Niels Bohr*, dän. Physiker u. Nobelpreisträger, half beim Bau d. Atombombe, *1922 – *André Glucksmann*, franz. Philosoph u. Schriftsteller, Vertreter d. „Neuen Philosophen“, *1936 – *Salman Rushdie*, anglo-indian. Schriftsteller u. Islamkritiker, *1947 – *Kathleen Turner*, herausragende amerik. Schauspielerin, *1954

20. JUNI
Zwillinge

VERANLAGUNG: Ihr Bedürfnis, im Leben nicht nur Beobachter zu sein, sondern sich den Menschen wirklich zugehörig fühlen zu können, läßt bei Ihnen einen ungewöhnlich großen Bildungshunger entstehen. Da Sie aber kein Selbstwertgefühl entwickeln können, wenn Sie sich von Ihrer Umwelt seelisch nicht angenommen fühlen, läßt Sie dieser erste theoretische Zugang zu Menschen mit schmerzlichen Erfahrungen allein. In der Folge entwickeln Sie eine außerordentliche Sensibilität für die Lebensströmungen in Ihrer Umgebung. Doch immer wieder kommen Zeiten, in denen Ihr Bedürfnis nach Anerkennung und Liebe mit der Wirklichkeit nicht übereinstimmt. Sehr oft fühlen Sie sich deshalb, ob mit oder ohne Grund, zurückgesetzt und isoliert. Sie erkennen, daß es nicht nur Ihnen selbst so geht. Viele scheitern an den Schwierigkeiten mit der Gesellschaft. Sie wollen sich deshalb engagieren und so für andere etwas erreichen und gleichzeitig sich selbst einen Gefallen tun. Sie leiden schon fast körperlich unter Ungerechtigkeiten, Dummheiten und Verlogenheiten. Mit Ihrer ausgeprägten Schlauheit, Ihrem analytischen Intellekt und Ihrer schöpferischen Produktivität wollen Sie verändern und eingreifen. Das wird Ihnen übelgenommen. Es wird kalt um Sie herum. Sie müssen sich entscheiden zwischem dem Bedürfnis aus der Kälte zurück in die geschützte Angepaßtheit zu flüchten oder standzuhalten und Ihren Idealen treu zu bleiben.

HAUPTMERKMAL: Anerkennungsorientiert

LEBENSPRINZIP: Wr sich für Veränderungen einsetzt, muß neben der erhofften Anerkennung auch Ablehnung aushalten

UNTER DIESEM DATUM HATTEN UND HABEN AUSSERDEM GEBURTSTAG:
Jacques Offenbach, franz.-dtsch. Komponist u. Hauptvertreter d. Pariser Operette (1819–1880) – *Frederick Gowland Hopkins*, engl. Biochemiker u. Nobelpreisträger (1861–1947) – *Johannes Heinrich Schultz*, dtsch. Nervenarzt, begr. d. autogene Training (1884–1970) – *Errol Flynn,* skandalumwitterte Hollywood-Legende, Leinwandpirat u. Frauenheld (1909–1959) – *Rainer Barzel*, dtsch. Politiker, u. a. 1971–73 Parteivors. d. CDU, *1924 – *Stephen Frears*, brit. Filmregisseur, Vertreter d. New British Cinema, *1931 – *Ulf Merbold*, herausragender dtsch. Physiker u. Astronaut, *1941

21. JUNI
Zwillinge

VERANLAGUNG: Ihr Drang, sich mit dem Leben und den Menschen wirklich auseinanderzusetzen, findet in den vorgeprägten Umgangsformen der Gesellschaft keine Entfaltungsmöglichkeit. Ihnen kommt vieles absurd vor und das meiste sehr fragwürdig. Für Sie bedeutet das, sich entweder mit einer schützenden zynischen Distanz der vorhandenen Möglichkeiten zu bedienen oder ‚Nein' zu sagen und eine grundsätzliche Neuorientierung Ihres Lebens zu wagen. Welchen Weg Sie auch wählen, Ihre seelische Kraft, Ihr enormer Einfallsreichtum und Ihre Virtuosität im Umgang mit Ihren Talenten lassen Sie zum Vorbild werden, und Ihre Anhänger belohnen Sie mit Prestige und Ruhm. Sollten Sie Ihr Leben neuorientiert haben, ist das in erster Linie eine rationale Entscheidung des Kopfes. Sie sind deshalb ständig mit sich selbst im Widerstreit. Denn die fordernde Lust am Körperlichen, die Neugier auf das reine Erleben, die Wünsche nach dem leichten Leben sind nicht wirklich verschwunden. Sie nehmen diese als gegeben hin und suchen sie auch nicht zu unterdrücken, setzen sich aber ständig damit intellektuell auseinander. Sie fühlen, daß sich der Mensch für eine Existenz entscheiden muß. Doch Ihnen wird auch klar, daß Sie mit den vielen kleinen Konsequenzen, die aus einer großen Entscheidung folgen, nicht so leicht umgehen können.

HAUPTMERKMAL: Klarsichtig

LEBENSPRINZIP: Eine Neuorientierung im Leben kann im Denken erfolgen, die Gefühle und Triebe folgen nur sehr zögerlich

UNTER DIESEM DATUM HATTEN UND HABEN AUSSERDEM GEBURTSTAG:
Wilhelm v. Drigalski, dtsch. Bakteriologe, ermöglichte d. Bestimmung v. Bakterien (1871–1950) – *Reinhold Niebuhr*, amerik. ev. Theologe (1892–1971) – *Jean Paul Sartre,* franz Philosoph u. Autor, führender Vertreter d. Existentialismus (1905–1980) – *Mary McCarthy*, zeitkritische US-Schriftstellerin, Bestsellerautorin (1912–1989) – *Françoise Sagan*, intern. erfolgreiche franz. Schriftstellerin, div. Literaturpreise. *1935 – *Peter Weir*, austr. Filmregisseur m. Hang z. Mysteriösen, *1944 – *Enazir Bhutto*, pakist. Politikerin, 1988–90 u. 1993–96. Ministerpräsidentin, *1953 – *Michel Platini*, franz. Fußballer, 1983–85 Europas Fußballer d. Jahres, *1955

Krebs

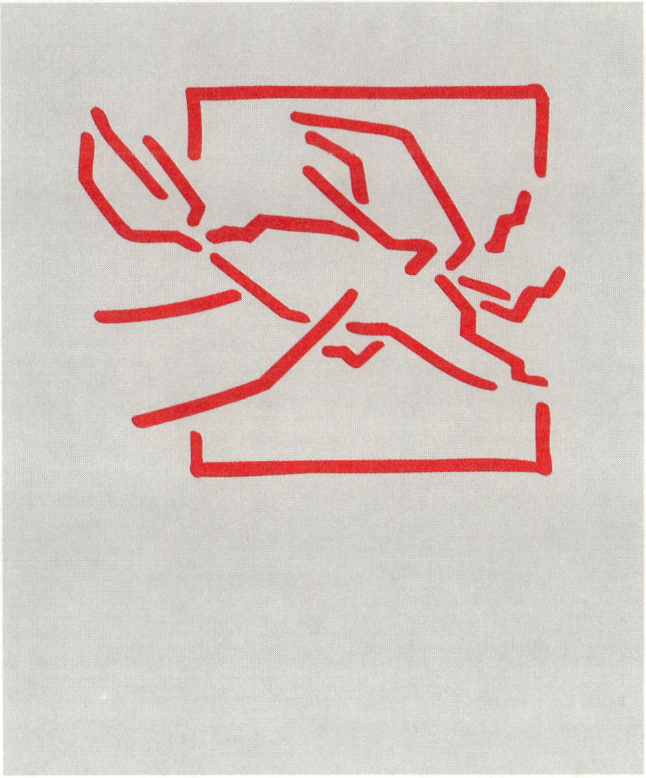

22. JUNI
Krebs

VERANLAGUNG: Sie sind ein Mensch, der außergewöhnlich stark auf seine ureigenste Individualität besteht. Es liegt nicht in Ihrem ursprünglichen Selbstverständnis, nach den Folgen Ihrer Ansichten und Taten zu fragen. Das, was Sie als Wahrheit hinter den Äußerlichkeiten erkannt haben, wollen Sie Ihren Mitmenschen vermitteln – unbedingt und ohne Rücksicht auf persönliche Verluste. Ob eindringlich erschütternd, ironisch humorvoll, aggressiv provokativ oder künstlerisch einfühlsam, immer versuchen Sie überall und jedem Ihre persönliche Sehensweise mit großem Sinn für Dramatik darzustellen. Ihr Gefühl für Echtheit bringt Sie meist in einen direkten Konflikt mit den herrschenden gesellschaftlichen Bedingungen. Sie wollen einfach nicht Machtentwicklungen, allgemeine Strömungen oder modische Trends abwarten, ehe Sie Ihre Position beziehen. So ist Ihr Lebensweg immer gefährdet, immer aber auch offen für Überraschungen. Sie prallen häufig auf extrem harte Mauern, doch anstatt aufzugeben, sehen Sie dank Ihrer grundsätzlich lustbetonten Lebenseinstellung darin nur eine Herausforderung. Ohne vorgegebenes Schema, ohne Dogma, alle Gesetzmäßigkeiten leugnend, steigen Sie dann wie Phönix aus der Asche erneut auf und kämpfen für Ihre Überzeugungen. Nicht aber, ohne darüber nachgedacht zu haben, wie Sie es geschickter anstellen können, Ihre Individualität ausleben zu können.

HAUPTMERKMAL: Gegen den Strom

LEBENSPRINZIP: Wer sich selbst verwirklichen will, muß mit Widerständen rechnen und schlauer geworden weitermachen

UNTER DIESEM DATUM HATTEN UND HABEN AUSSERDEM GEBURTSTAG:
Wilhelm Freiherr v. Humboldt, dtsch. Philosoph, Sprachforscher u. Politiker (1767–1835) – *Gregor Johann Mendel,* österr. Botaniker, entdeckte d. Grunds. d. Vererbungslehre (1822–1884) – *Billy Wilder,* genialer US-Filmregisseur, Drehbuchautor u. Produzent, österr. Abst., *1906 – *Konrad Zuse*, dtsch. Ing. entwarf d. ersten programmgesteuerten Digitalrechner (1910–1995) – *Klaus Maria Brandauer*, österr. Schauspieler m. internat. Filmerfolgen, *1943 – *Meryl Streep*, herausragende US-Filmschauspielerin, *1949

23. JUNI
Krebs

VERANLAGUNG: Sie haben sich durch Gefühl und Denken schon sehr früh die Lebensvorgänge ganzheitlich erschlossen. So haben Sie die Möglichkeit, von einem erhöhten Standort perspektivisch in die Zukunft sehen zu können. Der Mensch und seine Träume, der Mensch und seine Realität stehen im Mittelpunkt Ihres engagierten Tuns. Wobei wirkliche Hingabe an eine Aufgabe bei Ihnen nur entsteht, wenn Sie sich innerlich mit ihr identifizieren können. Ist es nicht möglich, daß Sie sich an einem Projekt begeistern können, wechseln Sie sehr schnell enttäuscht die Zielrichtung. Sie wollen das als richtig erkannte Neue immer sofort konkret umgesetzt sehen. Ihr Mut, Ihre Regenerationskraft und Ihre mangelnde Fähigkeit zum Selbstbetrug machen Sie zum Pionier auf dem für Sie typischen Gebiet. Sollte es künstlerisch, sozialpolitisch, soziologisch forschend oder unternehmerisch sein, immer opfern Sie althergebrachte Überzeugungen für in die Zukunft weisende Möglichkeiten. Sie lassen sich nicht mehr mit ausschließlich philosophisch diskutierten Wünschen und Visionen abspeisen. Sie wollen wirkliches Neuland betreten und nutzen dafür alle Zugriffe auf Erforschbares aus. Sie bringen Kopf und Körper, Mensch und Natur, Gegenwart und Zukunft, Neues und Zu-Bewahrendes zusammen und bilden daraus eine qualitativ neue Einheit.

HAUPTMERKMAL: Ganz oder gar nicht

LEBENSPRINZIP: Wer für die Zukunft etwas bewirken will, muß einen Standpunkt beziehen und sich ganzheitlich einbringen

UNTER DIESEM DATUM HATTEN UND HABEN AUSSERDEM GEBURTSTAG:
Josephine, 1804–09 franz. Kaiserin (1763–1814) – *Fanny Eißler,* herausragende österr. Ballettänzerin (1810–1884) – *Ernst Rowohlt,* dtsch. Verleger, brachte d. Taschenbuch auf d. dtsch. Markt (1887–1960) – *Eduard VIII.,* u. a. ab 1936 König von Großbrit. u. Nordirland u. Kaiser von Indien (1894–1972) – *Alfred Charles Kinsey,* US-Zoologe u. Sexforscher, erstellte d. „Kinsey Reports" (1894–1956) – *Lola Montez,* irische Tänzerin u. Mätresse Ludwigs I. von Bayern (1918–1861) – *Hermann Gmeiner,* österr. Sozialpädagoge, Vater d. SOS-Kinderdörfer (1919–1986) – *Klaus v. Dohnanyi,* dtsch. SPD-Politiker, 1972–74 Bundesmin. f. Bildung u Wissenschaft, *1928

24. JUNI
Krebs

VERANLAGUNG: Ihre ausgeprägte Phantasiebereitschaft läßt Sie in Naturprozessen und Menschen immer mehr vermuten, als der äußere Anschein herzugeben bereit ist. Sie fürchten nicht nur deshalb ständig, im Chaos Ihrer eigenen Unsicherheiten und Gefühlsgetriebenheiten zu versinken. Als Absicherungsmaßnahme suchen Sie in Ihren Beobachtungen nach solchen festen Bezugspunkten, an denen Sie sich orientieren können. Sie tun deshalb das für Sie Nächstliegende: Sie analysieren erst einmal sich selbst sehr gründlich und mit großer Selbstehrlichkeit. Dabei stellen Sie einen auffälligen Kontrast zwischen den eigenen Wunschvorstellungen und der angetroffenen Realität fest. Auch das, was sich in Ihnen selbst abspielt und was dann nach außen dringt, sind Ihrer Erfahrung nach zwei völlig verschiedene Vorgänge. Da Sie also sehr subjektiv an die Erfassung des Lebens gehen, ist es nur folgerichtig, daß Sie von sich auf andere schließen. Sie entdecken im eigenen Inneren das Verborgene und suchen das sogleich auch in jedem anderen. Dabei hilft Ihnen Ihr Hang, zu provozieren und damit Masken von öffentlichen Gesichtern zu ziehen. Für Sie zeigt sich der Mensch viel klarer in Extremsituationen als im eher banalen Alltagsgeschehen. So sind Sie ständig damit beschäftigt, Ihre eigenen Grenzen zu erproben, Extreme auszuprobieren und das auch von anderen zu verlangen.

HAUPTMERKMAL: Selbsterfahrungssüchtig

LEBENSPRINZIP: Wer sich und andere begreifen will, muß in den anderen die eigenen Wahrheiten zu entdecken versuchen

UNTER DIESEM DATUM HATTEN UND HABEN AUSSERDEM GEBURTSTAG:
Ambroise Gwinnett Bierce, US-Schriftsteller m. Vorliebe f. Satirisch-Makaberes (1842–1914) – *Victor Adler,* österr. Arzt u. Politiker, baute d. österr. Sozialdemokratie aus (1852–1918) – *Carl Diehm,* dtsch. Sportwissenschaftler, 1936 Organisator d. olymp. Spiele (1882–1962) – *Jack Dempsey,* US-Boxer. Boxidol d. 20er Jahre, gewann 60 v. 80 Profikämpfen (1894–1983) – *Juan Manuel Fangio,* argent. Automobilrennfahrer, u. a. fünf Formel-I-Siege (1911–1995) – *Gerhard Roth,* herausragender österr. Schriftsteller, *1942 – *Carly Simon,* überaus erfolgreiche US-Rocksängerin, Komponistin u. Texterin *1945

25. JUNI
Krebs

VERANLAGUNG: Sie sind neugierig auf das Leben und wollen verstehen lernen. Zuerst suchen Sie sich daher Vorbilder in Ihrer Umgebung und eifern diesen nach. Doch da Sie nur wenige Menschen entdecken, die sich selbst verwirklichen, wenden Sie sich ab und beginnen, sich radikal neu zu orientieren. So versuchen Sie, eifrig bemüht und manchmal chaotisch gefühlsgetrieben, den bisher erworbenen Bewußtseinshorizont zu überschreiten. Sie wollen mit alten Abhängigkeiten brechen, widersetzen sich trotzig konventionellen Wegen und stellen dabei fest, daß ein wirklich eigenständiger Weg nicht so leicht ist. Zwar ist Ihr Wille, neuzubeginnen und es anders als andere zu machen, sehr stark ausgeprägt, aber Ihr gesamtes Dasein ist noch sehr stark im Herkömmlichen verhaftet. Von außen betrachtet sah für Sie das Neue-Erfahrung-Machen, ein vielleicht menschengemäßes und freies Leben zu ertasten, so leicht aus. Aber sind Sie erst einmal diesem Prozeß selbst ausgesetzt, oft seelisch ungeschützt, zerstört er leicht Ihr eigenes Sicherheitsgefühl und legt vielleicht kurzzeitig Ihre Leistungsfähigkeit so gut wie still. Sie fühlen sich in solchen Phasen nicht mehr angenommen, empfinden nur noch Einsamkeit und versuchen, Ihr gefühlsbetontes Wesen durch ein hartes Auftreten zu schützen. Doch tief in Ihnen bleibt die nie versiegende Hoffnung auf ein liebevolles Zusammenleben aller Menschen mitten in einer umhegten Natur.

HAUPTMERKMAL: Hoffnung

LEBENSPRINZIP: Wer sich neuorientieren und wirklich leben will, darf nicht gleichzeitig im Herkömmlichen verharren

UNTER DIESEM DATUM HATTEN UND HABEN AUSSERDEM GEBURTSTAG:
Walther Nernst, dtsch. Physikochemiker, Mitbegr. d. physikal. Chemie, Nobelpreis (1864–1941) – *Hermann Oberth,* dtsch. Physiker u. Raumfahrtpionier (1894–1984) – *George Orwell,* herausragender brit. Schriftsteller (1903–1950) – *Louis Mountbattan,* brit. Admiral u. Politiker, fiel Bombenattentat der RAF z. Opfer (1900–1979) – *William Howard Stein,* US-Biochemiker, Chemienobelpreisträger (1911–1980) – *Sidney Lumet,* genialer US-Filmregisseur, div. Oscars, *1924 – *Ingeborg Bachmann,* impulsgebende österr. Schriftstellerin, viele Auszeichnungen (1926–1973)

26. JUNI
Krebs

VERANLAGUNG: Sie haben das Potential in sich, große schöpferische Leistungen zu vollbringen. Das gilt jedoch nur, sollten Sie sich mit der freiwillig ausgesuchten Aufgabenstellung innerlich vollkommen identifizieren können. Gut wäre natürlich auch, wenn Ihre Antriebskraft durch Ihren Hang zum Widersetzen nicht zu sehr verschlissen wird. In diesem Sinne könnte man Sie als einen ungeschliffenen Diamanten ansehen, der bis zur Vollendung noch vieles über sich ergehen lassen muß. Wenn Sie also die Hin- und Hergerissenheit beim Aussuchen von Zielen, die durcheinander stürmenden Gedankenblitze und schließlich die spontanen Intuitionen in Bahnen lenken können, wäre es Ihnen möglich, organisiert zu handeln. Sollten Sie sich dazu noch beraten und korrigieren lassen, könnte eine in Taten und Erkenntnisse umgesetzte Denkfähigkeit entstehen und damit eine festgefügte Persönlichkeitsstruktur. Sollte das alles so nicht eintreten, liegt es nahe, daß Sie einem tief verankerten Bedürfnis nachgehen, ohne großen gesellschaftlichen Ehrgeiz, einfach nur ihrem reichhaltigen Innenleben gelassen zuzuschauen. Da die Ausformung der eigenen denkerischen Fähigkeit mit Anstrengung, Leid und Enttäuschung verbunden sein kann, sehen Sie vielleicht keinen Sinn in derartigem Bemühen und genießen das, was Ihnen zufällt.

HAUPTMERKMAL: Extrem faul oder extrem fleißig

LEBENSPRINZIP: Die schöpferischen Anlagen kann nur der wirklich einsetzen, der sie zielgerichtet vervollständigt

UNTER DIESEM DATUM HATTEN UND HABEN AUSSERDEM GEBURTSTAG:
Charles Messier, herausragender franz. Astronom, Autor d. „Messier Katalogs" (1730–1817) – *George Morland,* engl. Landschaftsmaler u. vielkopierter Tiermaler (1763–1804) – *Abner Doubleday,* US-Armeeoffizier u. d. Erfinder d. Baseballspiels (1819–1893) – *Paul Niggli,* herausragender schweiz. Mineraloge (1888–1953) – *Pearl S. Buck,* US-Autorin „zwischen Tradition u. Moderne", Literaturnobelpreis (1892–1973) – *Willy Messerschmidt,* dtsch. Flugzeuging., gründete eigene Flugzeugbauges. (1898–1998) – *Pavel Belyayev,* US-Kosmonaut, ging (1965) als erster Mensch im All spazieren (1925–1970) – *Claudio Abbado,* ital. Dirigent, u. a. 1971–78 Hauptdirigent d. Wiener Philharmoniker, *1933

27. JUNI
Krebs

VERANLAGUNG: Sie wollen sich auf sich selbst besinnen und gleichzeitig die Wirklichkeit um sich herum gefühlsmäßig erfassen. Dabei müssen Sie schmerzlich feststellen, daß Sie in diesem Prozeß der inhaltlichen Orientierung vieles zu schwer genommen haben. Sie sind von begeisterter Hyperaktivität in brütende Selbstzweifel verfallen. Ihre schöpferische Phantasie hat sich zu oft in lähmenden Selbstzweifeln verfangen. Da Sie also immer wieder in Sackgassen landeten, fangen Sie an, sich von den herkömmlichen Denktraditionen und Handlungsvorgaben zu trennen. Sie stellen überrascht fest, daß Humor und Ironie die besten Mittel sind, sich von Wichtigtuerei und Engstirnigkeit zu befreien. So entwöhnen Sie sich davon, alles so ernst zu nehmen, wie die Gesellschaft es scheinbar verlangt. Und Sie können sich deshalb an alle Formen von Lebendigkeit mit großer Ausdrucksstärke und völliger Unabhängigkeit hingeben. Ihnen ist am am Schluß nichts wirklich heilig. Sie machen Witze über Dinge, die anderen heilig sind. Sie lachen, wenn alle meinen, weinen zu müssen. Sie nehmen bei sich und anderen die kleinen Eigenarten und Eigenheiten mit einem Achselzucken hin und machen kein Drama daraus. Es sei denn ein köstlich komisches. Weil Sie also ein sehr selbstbestimmtes Leben führen, sind die Menschen gerne mit Ihnen zusammen.

HAUPTMERKMAL: Nichts ist heilig

LEBENSPRINZIP: Von traditionellem Denken und einengender Subjektivität kann einen Humor und Selbstironie befreien

UNTER DIESEM DATUM HATTEN UND HABEN AUSSERDEM GEBURTSTAG:
Louis XII., gen. „Vater d. Volkes", ab 1498 König v. Frankreich (1462–1515) – *Karl XII.*, 1697–1718 König v. Schweden (1682–1718) – *Johann Puch,* österr. Industrieller, konstruierte u. a. 1901 d. erste Mofa (1862–1914) – *Emma Goldman,* russ.-stämm. intern. Anarchistin, 1890–1917 aktiv i. d. USA (1869–1940) – *Helen Keller,* blinde US-Schriftstellerin, setzte Reform d. Blindenerziehung durch (1880–1968) – *Anna Moffo,* US-Koloratursopranistin, u. a. 1959–1976 Mitglied d. New Yorker Met, *1930 – *Eduard Spranger,* herausragender dtsch. Philosoph u. (Kultur-) Pädagoge (1882–1963) – *Isabelle Adjani,* international erfolgreiche franz. Schauspielerin, *1955

28. JUNI
Krebs

VERANLAGUNG: Sie haben ein ausgeprägtes schöpferisches Wahrnehmungsvermögen. Damit Ihr seelischer Reichtum nicht ausufert und sich in Phantastereien verläuft, haben Sie sich strengen Denk- und Leistungsprinzipien unterworfen. Das daraus automatisch entstehende widersprüchliche Verhalten läßt Sie oft launisch erscheinen. Sie sind immer auf der Suche nach dem Wesentlichen und der allumfassenden Wahrnehmung. Für Sie zählt nie das Augenscheinliche. Sie wollen durch das gewohnte Erscheinungsbild hindurchblicken und den verborgenen Charakter einer Person oder die innere Struktur eines Vorganges entdecken und entschlüsseln. Dabei bilden für Sie die äußere Form und das innere Wesen immer eine Einheit. Wie ein Karikaturist erfassen Sie durch Ihr Vorstellungsvermögen sehr schnell und sehr genau das Wesentliche in einem Problem und können es deshalb sehr anschaulich darstellen. Sie sind daneben ein Mensch, der glaubt, nicht nur für sich selbst, sondern auch für seine Umgebung eine bestimmte Leistung vollbringen zu müssen. Dieses Verquicken von eigener Aufgabenstellung und dem Gefühl, damit der Allgemeinheit zu dienen, befriedigt Ihre Sehnsucht nach seelischer Verwurzelung und ist die Voraussetzung für Ihr ständiges Weitermachen. Können Sie sich nicht mit Ihrem Tun innerlich identifizieren, wäre die Gefahr groß, daß Sie in Lustlosigkeit verfallen.

HAUPTMERKMAL: Durchblick

LEBENSPRINZIP: Die gewohnte Wahrnehmung des Äußerlichen durchbrechen und ganzheitliche Sinnzusammenhänge erkennen

UNTER DIESEM DATUM HATTEN UND HABEN AUSSERDEM GEBURTSTAG:
Heinrich VIII., 1509–1547 König v. England, Begr. d. anglikanischen Kirche (1491–1547) – *Peter Paul Rubens,* fläm. Maler, herausragendster Repräsentant d. fläm. Barock (1577–1640) – *Jean-Jacques Rousseau,* franz.-schweiz. Philosoph, zentrale Figur d. Aufklärung (1712–1778) – *Anton Philipp Reclam,* dtsch. Verleger, gründ. 1828 d. Philipp-Reclam-jr. Verlag (1807–1895) – *Maria Goeppert-Mayer,* US-Atomphysikerin, Physiknobelpreisträgerin (1906–1972) – *Carl Friedrich Freiherr von Weizsäcker,* Physiker u. Philosoph, *1912 – *Mel Brooks,* US-Regisseur, Schauspieler, Komiker, *1926

29. JUNI
Krebs

VERANLAGUNG: Sie gehen mit Ihrem unschuldig-spontanen Denken eigentlich lange Zeit unbeeindruckt von gesellschaftlichen Vorgaben und Befehlen an Ihr Leben heran. Sie sind ausgesprochen neugierig und wollen durch gefühlsmäßiges Erfassen verstehen lernen. Äußere Zielvorstellungen, die so viele andere vorwärtstreibt, interessieren Sie herzlich wenig: Sie wollen inhaltlich von Ihrem Tun befriedigt werden. Dieser Anspruch gerät jedoch leicht in einen Konflikt mit Ihrem Bedürfnis nach Harmonie und Ihrer Abhängigkeit von Anerkennung. So ertragen Sie meist zu lange Vorgänge, die Sie eigentlich schon sehr früh verwundet haben. Immer wieder muß die Begeisterung einer lähmenden Enttäuschung Platz machen. So entschließen Sie sich zu einem radikalen Wandel. Sie wollen so einfach nicht mehr. Sie wissen plötzlich, daß sich Individualität und Charakter nie in oberflächlicher Harmonie entwickeln können. So trennen Sie Ihr schöpferisches Tun von Ihrer Abhängigkeit, von allen anerkannt werden zu wollen. Sie formulieren sehr deutlich Ihre Meinung und gehen weniger Kompromisse ein. Sie spüren dabei, wie Sie innerlich wachsen, gerade weil kritische Situationen bewältigt werden müssen. So sind Sie teilweise äußerlich derselbe Mensch, haben aber eine ironische innere Distanz, die um die Verlogenheit weiß.

HAUPTMERKMAL: Willensstark

LEBENSPRINZIP: Nur wer nicht immer nur gefallen will, kann sich als Individuum mit Charakter schöpferisch durchsetzen

UNTER DIESEM DATUM HATTEN UND HABEN AUSSERDEM GEBURTSTAG:
Giacomo Leopardi, herausragender ital. Dichter, Gelehrter u. Philosoph (1798–1837) – *George Ellery Hale,* US-Astronom, u. a. Gründ. dreier Observatorien (1868–1938) – *Ludwig Beck,* dtsch. General, führender Kopf d. Widerstandsbew. gegen Hitler (1880–1944) – *Antoine de Exupèry,* franz. (Post-)Pilot u. herausragender Schriftsteller (1900–1944) – *Reinhard Mohn,* dtsch. Verleger, machte Bertelsmann z. drittgr. Medienkonzern d. Welt, *1921 – *Oriana Fallaci,* internat. hochgeschätzte ital. Starjournalistin u. Schriftstellerin, *1930 – *Anne-Sophie Mutter,* international gefragte dtsch. Geigerin, *1963

30. JUNI
Krebs

VERANLAGUNG: Eigentlich sind Sie von Ihrem Grundcharakter her ein Mensch, der gefühlsmäßig offen und gutmütig auf seine Mitmenschen zugehen will. Doch da das sehr oft als Schwäche verstanden wird und Sie zu spät explodieren, entstehen seelische Narben, die nie ganz verheilen. Ihr Sicherheits- und Selbstwertgefühl hängt ganz entscheidend davon ab, ob Sie von der Umwelt so wie Sie sind angenommen und verstanden werden oder nicht. Da das bei Ihnen in prägenden Jahren Ihrer Empfindung nach also nicht genügend geschieht, verschließen Sie sich irgendwann abrupt. Sie versuchen, Ihr Einfühlungsvermögen und Ihre Empfindsamkeit hinter einer harten äußeren Schale zu verstecken. Das kann sich in ironischer Distanz, körperlichem Drohverhalten oder durch kühles Denken äußern. Sie brüten lange Zeit vor sich hin und können die Zuneigung von anderen nur sehr zögerlich annehmen. Um nicht immer wieder persönlich verletzt zu werden und doch Anerkennung zu erfahren, flüchten Sie sehr oft in ein Showverhalten, verstecken sich hinter eine Rolle oder engagieren sich für solche Projekte, die nichts mit Ihnen selbst zu tun haben. So erhalten Sie oft nur die Liebe, die die Leute zu Ihrer Rolle empfinden, oder den Respekt, den man vor Ihrer Leistung hat. Nicht aber eine Zuneigung für Sie selbst.

HAUPTMERKMAL: Rauhe Schale, weicher Kern

LEBENSPRINZIP: Ist es nicht möglich, mit dem eigenen Sein Zuneigung zu finden, dann wenigstens Respekt für das Tun

UNTER DIESEM DATUM HATTEN UND HABEN AUSSERDEM GEBURTSTAG:
Lucile Grahn, gefeierte dän. Ballettänzerin (insb. Pirouetten) u. Choreographin (1819–1907) – *William Wheeler,* 1877–81 republikanischer Vizepräsident d. USA (1819–1887) – *Ludwig Bölkow,* dtsch. Konstrukteur, baute (1939) d. erste Düsenflugzeug mit, *1912 – *Lena Horne,* herausragende US-Tänzerin u. Sängerin, u. a. in Harlems Cotton Club, *1917 – *Paul Berg,* US-Biochemiker, wichtige Erkenntnisse zu Insulin, Chemienobelpreis, *1926 – *Jose Emilio Pacheko,* brillanter mexik. Kritiker, Romanautor, Übersetzer u. Dichter, *1939 – *Mike Tyson,* US-Boxer, u. a. 1986–90 u. 1996 Weltmeister im Schwergew., *1966

1. JULI
Krebs

VERANLAGUNG: Sie haben vom Schicksal außerordentlich viele Talente mit auf den Lebensweg bekommen. Sie spüren das und gehen mit viel ursprünglicher Energie daran, diese Fähigkeiten zu vervollkommnen. Sind Sie dann von einem Ziel innerlich vollkommen überzeugt, können Sie sehr entschlossen und leistungsbereit auf dieses hinarbeiten. Leuchtete Ihnen der Sinn nicht mehr ein, können Sie sich ebenso energisch wieder abwenden. Denn da Ihr Verhältnis zu einer Arbeit oder Aufgabe nicht sachlich, sondern vielmehr seelisch geprägt ist, können Sie von der Arbeit bei Mißerfolg beleidigt oder von einer schwer unlösbaren Aufgabe enttäuscht sein. Manchmal versöhnen Sie sich auch regelrecht mit Ihrem Tun. Nicht nur aus diesem Grund ist Ihr Arbeitsrhythmus immer hin- und hergerissen zwischen Begeisterung und Lustlosigkeit. Ihr Selbstwertgefühl und Ihre Leistungsbereitschaft schwanken auch deswegen zwischen den Extremen hin und her, weil Sie unbedingt von Ihrem persönlichen Umfeld angenommen und ständig bestätigt werden wollen. Geschieht das nicht, stürzt Sie das in tiefe Krisen. Keine Lebenskrise kann Sie jedoch wirklich dauerhaft aus der Bahn kippen. Haben Sie sich mit dem Schicksalsschlag erst einmal wirklich auseinandergesetzt und ihn seelisch verdaut, gehen Sie mit Ihrem vielfältigen Können vollkommen unbelastet auf neue Aufgaben zu.

HAUPTMERKMAL: Hin- und hergerissen

LEBENSPRINZIP: Talent kann sich nur in befriedigende Leistungen umsetzen, wenn man von der Aufgabe überzeugt ist.

UNTER DIESEM DATUM HATTEN UND HABEN AUSSERDEM GEBURTSTAG:
Gottfried Wilhelm Freiherr von Leibniz, Philosoph u. Mathematiker (1646–1716) – *Ignaz Semmelweiß*, ungar. Arzt, Geburtshelfer, fand d. Ursache d. Kindbettfiebers (1818–1856) – *Louis Blériot*, französischer Ingenieur u. Pionierflieger (1872–1936) – *Sydney Pollack*, amerik. Filmregisseur, Schauspieler u. Produzent, *1934 – *Cat Stevens*, i. d. 80ern zum Islam konvertierter Superstar d. 60er u. 70er, *1948 – *Diana,* 1981–96 Prinzessin v. Wales, unvergessene „Prinzessin d.Herzen" (1961–1997) – *Carl Lewis,* US-Leichtathlet, neun olymp. Goldmedaillen i. d. 80er u. 90er Jahren, *1961

2. JULI
Krebs

VERANLAGUNG: Sie beobachten, daß es in der westlichen Welt immer mehr üblich wird, daß die Menschen Erfüllung ihres Lebens in materiellem Überfluß und persönlichem Reichtum sehen. Dieses in Ihren Augen sehr äußerliche Ziel befriedigt Sie persönlich nur zu einem Teil. Auch Sie genießen gern die Dinge, die es nur an bestimmten Orten der Erde in Hülle und Fülle gibt. Doch der Mensch gewöhnt sich an alles und braucht immer mehr, um kurzzeitig zufrieden zu sein. In Folge dieser Art Über-Sättigung fragen Sie sich, ob es nicht bessere Wege zu einem wirklich erfüllten Leben gibt. So wenden Sie sich Ihrem Innenleben zu. Sie versagen sich weitestgehend körperlich bedingte Lüste und vertiefen sich in für Sie sinnvollere Beschäftigungen. Sie umreißen neue Denkmodelle und malen sich immer neue phantastische Visionen vom Leben aus – und sind wiederum nicht ausgefüllt. Die Vorstellung, der Weg nach Innen würde eine endgültige Befriedigung verschaffen, scheint bei Ihnen nicht zu funktionieren. Es fehlt Ihnen Ihrer Meinung nach der Ausgleich im körperlich Lustvollen. So entdecken Sie für sich, daß der im materiellen Überfluß Lebende seelisch hungert und daß der im reinen Denken Verhaftete seine körperlichen Bedürfnisse zu sehr vernachlässigt. So entsteht immer das Gefühl, daß beides eine Einheit bildet, versuchen Sie in Ihrem schöpferischen und persönlichen Leben konkret umzusetzen.

HAUPTMERKMAL: Ganzheitliches Denken

LEBENSPRINZIP: Wirkliche Befriedigung im materiellen Leben ist ohne seelische Freude nicht zu erreichen und umgekehrt

UNTER DIESEM DATUM HATTEN UND HABEN AUSSERDEM GEBURTSTAG:
Christoph Willibald Gluck, dtsch. Komponist, einflußr. Erneuerer d. ernsten Oper (1714–1787) – *Friedrich Gottlieb Klopstock*, dtsch. Schriftsteller, Verf. von Oden u. Elegien (1724–1803) – *Sir William Henry Bragg*, engl. Physiker, 1920 geadelt (1862–1942) – *Hermann Hesse*, dtsch. Schriftsteller u. Kultschriftsteller d. 69er Generation (1877–1962) – *Olav V.*, eigentl. Prinz Alexander v. Dänemark, ab 1957 norw. König (1903–1991) – *Hans Albrecht Bethe*, US-Physiker dtsch. Herkunft, Mitentwickler d. Atombombe, *1906

3. JULI
Krebs

VERANLAGUNG: Sie haben sich schon sehr früh entschieden, die eigene Existenz als Einzelwesen zu akzeptieren. Sie sind nicht in der Lage, sich selbst durch irgendeine äußerliche Zugehörigkeit zu beruhigen und sich aus der Verantwortung für Ihre persönliche Lebensführung zu entlassen. Solange Sie jedoch nicht genau wissen, wie Sie Ihre Persönlichkeit durch sinnvolles Tun absichern können, ist Ihre Empfänglichkeit für die unterschiedlichsten Eindrücke so groß, daß in Ihnen leicht Verwirrung und Angst entstehen können. So versuchen Sie, sich so schnell wie möglich auf sinnvolle Ziele auszurichten. Wobei Sie nicht so sehr die Alltagsverpflichtungen interessieren. Sie wollen eine Ihnen entsprechende Aufgabe, oder Sie lassen es lieber ganz. Ihre schöpferische Erfindungsgabe und produktive Kraft können sich also nur dann wirklich entfalten, wenn Sie etwas wirklich verstehen lernen und sich mit einer Aufgabe vollkommen identifizieren können. Dieser sehr persönliche Zugang zum Tun entspricht Ihrem Zugang zu Ihrer Umgebung: Sollten Sie keine persönliche Verbindung zu den Menschen hinter den Institutionen herstellen können, fällt Ihnen die Auseinandersetzung mit anonymen Behörden, Firmen oder anderen Einrichtungen sehr schwer. Alles in allem sind Sie ein Mensch, der sich immer darauf konzentrieren wird, wie er sich durch wirkliches Verstehen im Leben zurechtfinden und verwirklichen kann.

HAUPTMERKMAL: Am eigenen Selbst orientiert

LEBENSPRINZIP: Persönlichkeitsverwirklichung bedeutet, sich mit seiner Aufgabe zu identifizieren oder zu scheitern

UNTER DIESEM DATUM HATTEN UND HABEN AUSSERDEM GEBURTSTAG:
Ferdinand Sauerbruch, dtsch. Chirurg u. Pionier neuer Operationstechniken (1875–1951) – *Franz Kafka*, österr. expressionistisch-surrealistischer Schriftsteller (1883–1924) – *Stavros Niarchos*, griech. Reeder, einer d. reichsten Männer d. Welt, *1909 – *Ken Russell*, eigenwilliger engl. Regisseur u. Drehbuchautor, Oscarnominierung, *1927 – *Carlos Kleber*, österr. Dirigent v. Beethoven, Brahms, Schubert, Wagner, argent. Abst., *1930 – *Tom Stoppard*, brit. Dramatiker haupts. surrealistischer Bühnenstücke, *1937 – *Tom Cruise*, amerik. Megastar u. Frauenliebling, *1962

4. JULI
Krebs

VERANLAGUNG: Als ob Sie lebenslang das kindliche Staunen nicht verlieren, stürzen die Eindrücke auf Ihre neugierige Empfindungsfähigkeit ein. Sie sind kaum in der Lage, alles Gesehene und Erlebte bewußt zu verarbeiten. Sie wollen das Leben immer wieder neu in seinem tiefsten Wesen erfassen und sich dabei nicht behindern lassen. Das erschwert zwar die Anpassungsfähigkeit, erhöht auch das Bedürfnis, immer wieder einmal aus den Einengungen zu entfliehen, führt aber auch zu Originalität und Unbestechlichkeit der Meinung. Alles in Ihnen, Ihre gesamte Persönlichkeit, strebt danach, zu wachsen, zu lernen und mit sich und anderen Erfahrungen zu machen, um sich immer wieder neu kennenzulernen. Dabei verdrängen Sie die manchmal aufkommende Nachdenklichkeit und lebensfreudige Aktion. Sie sind dadurch nie wirklich in einem inneren Gleichgewicht, und nur die Anerkennung Ihrer Mitmenschen kann Ihnen dann das Selbstwertgefühl, die Leistungsbereitschaft und die Sicherheit geben, die Sie brauchen, um weitermachen zu können. Ohne diese sind Sie ständig gefährdet, auf einem seelischen Nullpunkt zu landen und nichts mehr zu wollen. Trotz allem oder gerade deswegen sind Sie ein charismatischer Mensch, um den sich viele bemühen, an dem sich viele reiben, der auf jeden Fall niemandem gleichgültig läßt.

HAUPTMERKMAL: Mitreißend

LEBENSPRINZIP: Selbstverwirklichung bedeutet auch, Menschen die eigene Lebenslust zu vermitteln und Liebe zu empfangen

UNTER DIESEM DATUM HATTEN UND HABEN AUSSERDEM GEBURTSTAG:
Guiseppe Garibaldi, ital. Freiheitskämpfer u. Nationalheld (1807–1882) – *Hermann Cohen*, dtsch. Philosoph, Begr. d. Neukantianismus (1842–1918) – *Calvin Coolidge*, 1923–29 d. 30. Präsident d. USA mit ziemlich ruhiger Amtszeit (1872–1933) – *Louis B. Mayer*, Kopf v. Metro-Goldwyn-Mayer, d. größten Hollywoodfilmstudios (1885–1957) – *Neil Simon*, amerik. Verf. amüsanter Musicals u. Bühnenstücke, u. a. Pulitzerpreisträger, *1927 – *Horst Seehofer*, CDU-Politiker, s. 1992 Gesundheitsmin., verantwortet Gesundheitsref., *1949 – *Ute Lemper*, brillante u. intern. erfolgreiche dtsch. Schauspielerin, Tänzerin, Sängerin, *1963

5. JULI
Krebs

VERANLAGUNG: Da Sie ungeheuer viele Eindrücke in sich aufnehmen und sich nicht genügend Zeit nehmen, alles nacheinander zu verarbeiten, sind Sie Ihren spontanen Reaktionen sehr stark ausgeliefert. So verzetteln Sie sich oft und bleiben nie lange bei nur einer Aktivität. Für Sie gibt es nur einen Ordnungsfaktor in der unübersehbaren Fülle der Möglichkeiten, und das ist die Suche nach dem Wesentlichen. Sie wollen die unveränderliche geistige Wahrheit im innersten Kern allen Erlebens erfahren. Wenn Sie also in Ihrem Tun plötzlich glauben, etwas Großes zu erleben und dem Ursprung des Lebens ganz nahe zu sein, sind Sie himmelhoch begeistert. Stellen Sie fest, daß Sie sich wieder einmal getäuscht haben, sind Sie zu Tode betrübt. Trotzdem behandeln Sie alle Ihre Projekte und Aktivitäten wie eigene Kinder. Sie geben ihnen stets Ihre gesamte Aufmerksamkeit und umhegen sie mit großer Liebe und Verantwortungsgefühl. Das Problem ist dabei, daß Sie sich von keinem dieser ‚Kinder' nie wirklich abnabeln können. Da Sie alles miteinander verwoben sehen, können Sie das vorherige Tun nie ganz lassen und suchen sich ständig zusätzliche schöpferische Betätigungen. Jedes gänzliche Aufgeben eines Vorhabens bedeutet für Sie ein Stück Tod. Ein Teil von Ihnen würde gehen. So sind Sie ein Multitalent, das nur dann im innerlichen Gleichgewicht ist, wenn es ständig alles gleichzeitig oder zumindest abwechselnd tun kann.

HAUPTMERKMAL: Auf der Suche

LEBENSPRINZIP: In unterschiedlichsten Vorhaben das Wesen des Lebens entdecken, indem man alles miteinander verknüpft

UNTER DIESEM DATUM HATTEN UND HABEN AUSSERDEM GEBURTSTAG:
Cecil John Rhodes, brit. Politiker, eroberte d. n. ihm benannte südafr. Rhodesien (1853–1902) – *Herbert Spencer Gasser,* US-Physiologe, m. J. Erlanger Medizinnobelpreis (1888–1963) – *Jean Cocteau,* franz. Autor u. Multitalent, führender Vertreter d. Surrealismus (1889–1963) – *Georges Pompidou*, franz. Politiker, 1969–1974 zweiter Präs. d. Fünften Republik (1911–1974) – *René König*, herausragender dtsch. Soziologe (1906–1992) – *Gyula Horn*, ungar. Politiker, 1989–90 Außenminister, s. 1994 Ministerpräsident Ungarns, *1932

6. JULI
Krebs

VERANLAGUNG: Durch Ihre neugierige Aufgeschlossenheit sind Sie vielschichtig beeindruckbar und empfindsam. Doch da Sie von den selbstgewählten Aufgaben inhaltlich überzeugt sein müssen, um überhaupt leistungsbereit zu sein, ist Ihr Arbeitsrhythmus immer im Ausschlag. Sie sind entweder extrem fleißig oder extrem faul. Hinzu kommt, daß Sie sich eigentlich grundsätzlich seelisch ungeborgen fühlen und deshalb ständig bestätigt werden müssen. Da das bei Ihren Formschwankungen naturgemäß nicht immer möglich ist, entsteht bei Ihnen eine große Sehnsucht, die Begrenzungen zu durchbrechen und sich örtlich oder sinnbildlich von den Alltagseinengungen abzusetzen. Sie haben das Bedürfnis, sich und andere durch provozierte, eigentlich unvernünftige Grenzüberschreitungen wirklich kennenzulernen und ein Gefühl für Echtheit zu entwickeln. Das aber ruft auf den vororganisierten Wegen der Leistungsgesellschaft häufiges Unverständnis hervor. So sind Sie meist unangepaßt und eher trotzig als clever. Sie sehen nur einen Weg, sich selbst treu zu bleiben und dennoch den erwünschten Erfolg in Ihrem sozialen Umfeld zu haben. Sie erzeugen durch Ihr Einfühlungsvermögen und durch Ihre impulsive Lebenskraft Emotionen in den Menschen, die nicht jeder hervorrufen kann. Das danken die Ihnen wesentlichen Menschen damit, daß sie Ihnen Freiräume und Originalität zugestehen.

HAUPTMERKMAL: Unvernunft als Entwicklungschance

LEBENSPRINZIP: Wer in Menschen tiefe Emotionen erzeugen kann, dem lassen sie eher das Recht auf Eigenständigkeit

UNTER DIESEM DATUM HATTEN UND HABEN AUSSERDEM GEBURTSTAG:
Nikolaus I. Pavlovitsch, 1825–55 russ. Zar (1776–1855) – *Maximilian*, Erzherzog v. Österreich, 1863–67 Kaiser v. Mexiko (1832–1867) – *Johannes Eisler*, dtsch, Komponist, vertonte Brecht, schrieb Hollywoodfilmmusik (1898–1962) – *Heinrich Harrer*, österr. Bergsteiger u. Naturforscher, u. a. 1939 Himalaya-Expedition *1912 – *Bill Haley*, amerik. Sänger u. Musiker, gilt als der Vater des Rock 'n' Roll. (1925–1981) – *Wladimir Dawidowitsch Ashkenazy*, russ, Pianist, einer d. vielseitigsten d. Gegenwart, *1937 – *Sylvester Stallone*, US-Weltstar, Filmschauspieler, Regisseur u. Drehbuchautor, *1946

7. JULI
Krebs

VERANLAGUNG: Sie sind ein äußerst vielschichtiger sensibler Mensch und deshalb immer in Bewegung. Bei der Ausformung Ihrer vielfältigen Fähigkeiten werden Sie sehr stark davon geprägt, ob die umgebende Gesellschaft Sie anerkennt oder vielleicht sogar liebt. Gleichgültig, in welchem Rahmen Sie Ihre Talente einbringen, immer werden Sie versuchen, der zu sein, um den es letztlich geht. Und Sie achten stets darauf, über die Aufgabenstellung nie zu vergessen, Ihre individuelle Persönlichkeit zum Ausdruck zu bringen. Sie wollen eigentlich immer der herausragende Mittelpunkt in einer gemeinschaftlichen Anstrengung sein. Das ist auf Dauer nur möglich, wenn Sie kulturelle Höchstleistungen vollbringen. Sollte das naturgemäß einmal nicht möglich sein, besteht die Gefahr, daß Sie sich tief verletzt zurückziehen und in Ihrem Tun um sich selbst kreisen. Oder aber Sie werden aufbrechen und rastlos nach neuen Betätigungsfeldern suchen, in denen Sie sich verausgaben können. Dabei wird Ihre Leistung, sei sie mitmenschlich, kulturell oder erfinderisch, sehr oft mit finanziellem und gesellschaftlichem Erfolg belohnt. In Ihnen selbst stellt sich jedoch eine Zerrissenheit ein, die von der Frage beherrscht wird: Was ist Erfolg wirklich wert? Bringt er ein Gefühl von Erfüllung? Ist eine Gesellschaft auf dem richtigen Weg, wenn es die in den äußeren Erfolg investierte Energie so hochleben läßt?

HAUPTMERKMAL: Erfolgsabhängig

LEBENSPRINZIP: Bei gemeinsamen Anstrengungen wird nur der mit Anerkennung belohnt, der stets Höchstleistungen bringt

UNTER DIESEM DATUM HATTEN UND HABEN AUSSERDEM GEBURTSTAG:
Ludwig Ganghofer, dtsch. Autor, erfolgreichster Vertreter südd. Heimatliteratur (1855–1920) – *Gustav Mahler*, trendsetzender spätromantischer österr. Komponist u. Dirigent (1860–1911) – *Maximilian „Max" Hartmann*, dtsch. Zoologe u. Naturphilosoph, Thema: Sexualität (1876–1961) – *Lion Feuchtwanger*, dtsch. Schriftsteller pazifistisch-sozialistischer Romane (1884–1958) – *Marc Chagall*, russ.-franz. Maler u. Grafiker, einer d. einflußreichsten d. 20. Jahrh. (1887–1985) – *Gottfried von Cramm*, dtsch. Tennisspieler, einer d. besten d. 30er Jahre (1909–1976) – *Ringo Starr*, Schlagzeuger d. legendären engl. Popgruppe The Beatles, *1940

8. JULI
Krebs

VERANLAGUNG: Sie sind mit dem, was Ihnen die Gesellschaft an ursprünglichen Möglichkeiten zur Selbstverwirklichung anbietet, überhaupt nicht zufrieden. Sie wollen sich von den vorgeformten Wegen entfernen und Ihren spontanen Eingebungen folgen dürfen. Und das manchmal sogar ohne die notwendige Überprüfung einer Nachdenklichkeit. So wären Sie sehr leicht Ihrer großen Gefühls- und Empfindungswelt ausgeliefert, hätten Sie nicht die immer brennende Hoffnung, daß Sie für Ihr Glück aktiv etwas tun können und sich deshalb Ihre Sehnsüchte irgendwann auch erfüllen können. Sie wollen den Erfolg nicht hauptsächlich wegen der äußeren Anerkennung, sondern Sie messen alles an dem, was an innerer Zufriedenheit dabei herauskommt. In diesem Prozeß sehen Sie sich als Insel und entziehen sich allzu festen Bindungen. Ihrer Meinung nach ist die zu große Einbeziehung anderer Menschen nur eine Ablenkung vom Wesentlichen, und daher sehen Sie tiefes Glück nur mit sich selbst möglich oder überhaupt nicht. So werten Sie in allem, was Sie morgen vielleicht erreichen, eine Art Belohnung für Ihr ständiges Vorbereitetsein im Heute. Daß dieses Vorbereitetsein manchmal in rein taktisches Verhalten abrutschen kann, stört Sie dabei nur wenig. Grundsätzlich warten all Ihre Fähigkeiten auf Entfaltung und all Ihre Sinne auf ein menschlich vergnügtes Ausleben.

HAUPTMERKMAL: Zukunftsorientiert

LEBENSPRINZIP: Wer innerlich darauf vorbereitet ist, der wird beherzt zugreifen können, wenn das Glück vorbeifließt

UNTER DIESEM DATUM HATTEN UND HABEN AUSSERDEM GEBURTSTAG:
Jean de La Fontaine, franz. Schriftsteller, Wiederentdecker u. Erneuerer d. Fabel (1621–1695) – *Joseph Chamberlain*, brit. Industrieller u. Staatsmann, befürwort. sozial. Reformen (1836–1914) – *Ferdinand Graf von Zeppelin*, dtsch. Offizier, entwickelte d. Luftschiff „Zeppelin“ (1838–1917) – *John D. Rockefeller*, amerik. Industrieller, zeitweise der reichste Mann der Welt (1839–1937) – *Käthe Kollwitz*, dtsch. Graphikerin u. Bildhauerin gegen Krieg u. Elend (1867–1945) – *Ernst Bloch*, dtsch. marxistischer Philosoph jüdischer Abstammung (1885–1977) – *Philip Johnson*, US-Architekt, baute u. a. ein Glass House (in New Canaan, Connect.), *1906

9. JULI
Krebs

VERANLAGUNG: Da Sie sehr empfindungsfähig und intellektuell außerordentlich begabt sind, reagieren Sie auf gesellschaftliche Vorgänge, auf zwischenmenschliche Probleme und auf kulturelle Entwicklungen wie ein emotionales Barometer. Dabei verbinden Sie die ungewöhnliche Fähigkeit, Ihre gefühlsgeprägte Betroffenheit in objektives Denken umformen zu können. Alles, was in vielen um Sie herum nur als Sehnsucht, Angst oder Traum vorhanden ist, können Sie in konkretes Denken, deutliches Sagen oder schöpferisches Tun umwandeln. Da Sie aber nicht nur auf das reagieren wollen, was augenblicklich wichtig ist, sondern sich und andere ein Bild davon machen wollen, was sein könnte oder sein sollte, akzeptiert man Sie schnell als Meinungsführer oder Vorbild. Sie fühlen sich verantwortlich, daß aus einem zarten Pflänzchen der Bewußtwerdung ein starker Baum wird. Sie wollen eine informierte und selbstsichere Generation heranwachsen sehen. Da aber viele in einem Zustand gelassen werden möchten, der es ihnen erlaubt, die Wirklichkeit zu verdrängen, führt Ihr eigener Mut zu einer unbestechlichen Haltung manchmal in eine innere Verzweiflung. Nachdem sich in Ihrem Leben Begeisterung sowieso ständig mit Enttäuschung abwechselt, macht sich in solchen Phasen zusätzlich eine tiefe Erschöpfung und das Bedürfnis nach totalem Rückzug breit. Das kann von Ihnen nur durch ein eher trotziges Nun-Erst-Recht bekämpft werden.

HAUPTMERKMAL: Gefühlsbewußt und intellektuell wach

LEBENSPRINZIP: Nicht nur die Gegenwart genau wahrnehmen, sondern dieses Talent für eine bessere Zukunft einsetzen

UNTER DIESEM DATUM HATTEN UND HABEN AUSSERDEM GEBURTSTAG:
Ferdinand II., 1619–37 u. a. Kaiser des Heiligen Römischen Reiches (1578–1637) – *Thomas Davenport*, US-Erfinder d. ersten kommerziell erfolgreichen Elektromotors (1802–1851) – *Friedrich Adler*, österr. Sozialist., u. a. ab 1910 Redakteur d. Zeitschrift Volksrecht (1879–1960) – *Willi Stoph,* SED-Politiker, u. a. 1964–73 u. 1976–89 Ministerpräsident der DDR, *1914 – *Edward Heath*, engl. Politiker, u. a. 1970–74 brit. Premierminister, *1916 – *David Hockney*, engl. Maler u. Graphiker, einer d. führenden Repräsentanten d. Pop-Art, *1937

10. JULI
Krebs

VERANLAGUNG: Da Sie ursprünglich sehr stark gefühlsgeprägt an das Leben herangehen, können Sie in der Sie umgebenden Gesellschaft nur sehr schwer anwurzeln. So entwickelt sich der Ehrgeiz, auf eine ganz besondere, sehr eigene Art sehen und leben zu wollen. Dabei hilft Ihnen die Fähigkeit, die emotionellen und biologischen Antriebe durch Ihr klares Denkvermögen in schöpferisch fruchtbare Bahnen lenken zu können. Als eine Art Selbstschutz vor zu leidenschaftlichen inneren Impulsen kann dabei dieses zielgerichtete Denken manchmal sehr unnachgiebig werden. Aber abgesehen von dieser Ausnahme können bei Ihnen immer dann ungeheure Energien freigesetzt werden, wenn es Ihnen gelingt, alle drei Grundaspekte der menschlichen Persönlichkeit miteinander zu verbinden. Das bedeutet, daß Ihr im Übermaß vorhandenes Gefühl mit dem Geist und der Seele ein harmonisches Ganzes bilden muß. Sollte auch nur einer dieser drei Teilaspekte zu kurz kommen, erahnen Sie intuitiv, daß dann ein innerlich ausgefülltes Leben für Sie nicht möglich sein wird. So versuchen Sie immer alle drei in Ihr schöpferisches Tun mit hineinfließen zu lassen. Das führt Sie zu außergewöhnlichen Leistungen und Erfolgen. Sie sind in der Lage, alle Kräfte der Natur, der Kultur, der Gesellschaft und des eigenen leidenschaftlichen Ichs so miteinander zu verweben, daß auf jeden Fall etwas großes Neues entsteht. Sie werden dann zu einem prägenden Vorbild, was wiederum für Sie selbst eine späte Verwurzelung möglich macht.

HAUPTMERKMAL: Ureigenster Zugang

LEBENSPRINZIP: Erst wer aus innerer Notwendigkeit Gefühl, Geist und Seele als Einheit sieht, kann Großes vollbringen

UNTER DIESEM DATUM HATTEN UND HABEN AUSSERDEM GEBURTSTAG:
Johannes Calvin, franz.-schweiz. Theologe, Reformator, Humanist u. Pfarrer (1509–1564) – *Marcel Proust*, weltweit bedeutender franz. Autor, Hauptvertreter der liter. Moderne (1871–1922) – *Mary McLeod Bethune*, US-Gelehrte, u. a. eine Beraterin Franklin D. Roosevelts (1875–1955) – *Carl Orff*, dtsch. Komponist u. herausragender Musikpädagoge (1895–1982) – *Nathum Goldmann*, dtsch.-jüd. Politiker, u. a. 1949–78 Präs. d. Jüd. Weltkongresses (1895–1982)

11. JULI
Krebs

VERANLAGUNG: Sie sind ungewöhnlich beeindruckbar, sensibel und sehr leicht verletzbar. Um sich nicht immer wieder Situationen ausgeliefert zu sehen, die Sie meinen, emotional nicht bewältigen zu können, wollen Sie sich im persönlichen Bereich nirgends wirklich festlegen lassen. Da andererseits Ihre Leistungsbereitschaft und Ihr Selbstwertgefühl sehr stark von der Anerkennung Ihres Umfeldes abhängen, übernehmen Sie gerne und früh Verantwortung innerhalb einer Gruppe. Die Schöpfung hat Sie mit einer derartig starken Willenskraft ausgestattet. daß Sie manchmal trotzig einen Weg wider besseres Wissen einschlagen. Ohne Rücksicht auf persönliche Verluste wollen Sie dann einfach etwas. Ob Sie dadurch äußerlich Erfolg in der Gesellschaft haben oder Irrungen und Wirrungen durchleiden müssen, immer zeugt Ihr Lebensweg von einer ungewöhnlichen inneren Stärke, die Sie trotzig, sarkastisch oder fröhlich überleben läßt. Ihr analytisches Denkvermögen, das manchmal unduldsam gegen Dummheiten sein kann, läßt Sie Verletzungen immer wieder mit den besseren Argumenten wegdiskutieren. Dahinter stehen eine original erkämpfte und damit tief verwurzelte Ethik und Moral, die Sie nur durch diesen äußeren Panzer glauben schützen zu können. Ihr positiver Wille, Ihr Durchhaltevermögen und Ihre Unbestechlichkeit machen Sie zu einer Autorität mit charismatischer Ausstrahlung.

HAUPTMERKMAL: Wieder aufstehen

LEBENSPRINZIP: Wer willensstark gegen alle Widrigkeiten an seinen Werten festhält, wird auf eine Art erfolgreich sein

UNTER DIESEM DATUM HATTEN UND HABEN AUSSERDEM GEBURTSTAG:
John Quincy Adams, 1825–1829 d. 6. Präs. d. USA, u. a. Verfechter d. Redefreiheit (1767–1848) – *Alfred Binet*, franz. Psychologe, Schöpfer d. standardisierten Intelligenztestes (1857–1911) – *Joseph Larmor*, herausragender ir. Physiker, u. a. Arbeiten z. Elektronentheorie (1857–1942) – *Herbert Wehner*, SPD-Politiker, u. a. 1958–72 stellvertretender Parteivorsitzender (1906–1990) – *Yul Brunner*, US-Weltstar mit d. „Markenzeichen Glatze“ (1920–1985) – *Hermann Prey*, dtsch. Baritonsänger, Auftritte an allen großen Opernhäusern d. Welt (1929–1998)

12. JULI
Krebs

VERANLAGUNG: Da Sie sich der Talente, die Ihnen die Natur mitgegeben hat, sehr früh bewußt geworden sind, fühlen Sie das starke Bedürfnis, aus den für Sie zu erwartenden Lebensformen zu fliehen. So verlassen Sie schon früh die Grenzen ihrer Herkunft, Ihrer ökonomischen Möglichkeiten oder kulturellen Abhängigkeiten. Es ist wahrscheinlich, daß Sie durch Ihre ausgeprägte Fähigkeit, vorhandene Möglichkeiten auf dem Gebiet der Technik, der Kultur oder der Bildung für sich auszuschöpfen und voranzutreiben, zu materiellem Wohlstand gelangen. Anders als die ängstlich in Alltäglichkeiten verstrickten Massen, wird es für Sie möglich, sich um die Erlangung von Prestige und damit um den in Ihren Augen richtigen Umgang zu kümmern. Das geht nur, wenn Sie mit Ihrem schöpferischen Tun nicht wirklich grundlegend Neues schaffen wollen. So ist es Ihr Wunsch, als elitäre Spitze auf der Höhe Ihrer Zeit zu sein und alles, was durch Übung, Erprobung oder Überlegung verbessert werden kann, weiterzuentwickeln. Ihr Selbstwertgefühl und Ihre Leistungsbereitschaft sind davon abhängig, ob es Ihnen möglich ist, Teil einer in Ihren Augen maßgeblichen Gruppe zu werden und mit deren Standards übereinstimmen zu können. Für Sie selbst überraschend werden Sie für die Zurückgelassenen oft zu einem nachahmenswerten Beispiel.

HAUPTMERKMAL: Nach oben wollen

LEBENSPRINZIP: Um mit den richtigen Leuten zusammen sein zu können, muß man seine großen Talente entsprechend einsetzen

UNTER DIESEM DATUM HATTEN UND HABEN AUSSERDEM GEBURTSTAG:
Henry David Thoreau, radikal nonkonformistischer US-Schriftsteller (1817–1862) – *George Eastman*, US-Erfinder v. Rollfilmen (Patent 1884) u. Industrieller (1854–1932) – *Albert Calmette*, franz. Bakteriologe, Mitentwickler d. Tuberkulose-Impfstoffs BCG (1863–1933) – *Stefan George*, dtsch. Lyriker, vertrat d. Motto „Kunst um d. Kunst willen" (1868–1933) – *Modigliani*, eigenwilliger ital. (überwiegend Portrait- und Akt-) Maler (1884–1920) – *Pablo Neruda*, chilen. Lyriker u. Diplomat, Literaturnobelpreisträger (1904–1973) – *Bill Cosby*, weltweit beliebter amerik. Entertainer u. Filmschauspieler, *1937

13. JULI
Krebs

VERANLAGUNG: Da Sie nicht sehr leicht Vertrauen fassen und sich Festlegungen gern entziehen, können Sie nur sehr schwer ein ausgeglichenes Gemeinschaftsleben finden. Einerseits wollen Sie sich nicht wirklich an eine Person oder Gruppe binden, andererseits ist es Ihnen aber auch unmöglich, ohne konstante Anerkennung Leistung zu erbringen. Da Sie ständig fast trotzig großen Träumen nachhängen, sind Sie zumeist ein Spätentwickler, und es fällt Ihnen die konsequente Erkämpfung einer beruflichen Position sehr schwer. Hinzu kommt, daß Sie nur wirklich begeisterungs- und anstrengungsfähig sind, sollte sich das vorgegebene äußere Ziel inhaltlich mit Ihren Wertvorstellungen decken. So ist Ihr Lebensweg immer gefährdet, und es gibt für Sie nie die Sicherheit einer wirklich kontinuierlichen Entwicklung. Sie können aber auch plötzlich und vollkommen unerwartet und innerhalb kurzer Zeit sehr erfolgreich sein. Doch auch das ist nicht immer von großer Dauer, da Ihr Arbeitsrhythmus vielfach geprägten Schwankungen unterliegt. Die haben aber gelernt, sich auf Ihr in Krisen einsetzendes kühles, strategisches Denkvermögen zu verlassen und Ihre gescheiterten Maßstäbe und Einstellungen zu überprüfen. Hinzu kommt, daß Sie sich auf ein gutmeinendes Schicksal verlassen: Und so steigen Sie aus dem tiefen Loch der Verzweiflung meist wieder auf: größer, besser und überzeugender denn je.

HAUPTMERKMAL: Nicht festlegbar

LEBENSPRINZIP: Werden Lebenswege durch Krisen erschüttert, muß man sich neu einstellen und kraftvoll wiederaufstehen

UNTER DIESEM DATUM HATTEN UND HABEN AUSSERDEM GEBURTSTAG:
Theophil Edvard Hansen, dän. Baumeister, prägte in Wien d. sogen. Ringstil (1813–1891) – *Otto Wagner*, österr. Architekt, führender Wiener Baumeister d. Jahrhundertwende (1841–1918) – *Mickey Walker,* US-Profiboxer, einer d. schillerndsten d. 20er u. frühen 30er Jahre (1901–1981) – *Hans Blumenberg*, einer d. bedeutendsten dtsch. Philosophen d. Nachkriegszeit, *1920 – *Beatrix Tugendhut Gardner*, US-Psychologin, lehrte Schimpansen Zeichensprache (1933–1995) – *Harrison Ford,* herausragender u. flexibler US-Schauspieler, Hollywoodstar, *1942

14. JULI
Krebs

VERANLAGUNG: Als ausgesprochen seelisch geprägter Mensch nehmen Sie die Werte der Sie umgebenden Gesellschaft sensibler als andere wahr. Für Sie ist das sogenannte menschliche Miteinander eher ein Gegeneinander und geprägt von gesellschaftlichem Prestige und materiellem Genuß, von Neid, Konkurrenz und Mißgunst. Sie haben lange Zeit versucht, mit diesen oberflächlichen und damit leeren Maßstäben und Ausrichtungen Ihren Frieden zu finden und sind in Ihren Augen damit gescheitert. Ihr Reichtum an Empfindung, Ihr Einfühlungsvermögen und das Gefühl für Echtheit lassen Sie die erwartete Anpassung an das gesellschaftlich Geforderte nicht durchhalten. Äußerlich zeigt sich das durch eine kontrollierte Zurückhaltung und schützende Wortkargheit. Dahinter versteckt entwickeln Sie innerlich eine tiefe Sehnsucht nach den ursprünglichen Werten, die im menschlichen Körper, der ihn umgebenden Natur und den natürlichen Vorgängen offenbar werden. Sie suchen nach einem inneren Frieden, den Sie irgendwann auf dem Weg zum äußeren Erfolg verloren haben. Sie sehnen sich nach einer emotionalen und warmen Hinwendung zur Natur, in der Sie sich nie einsam und leer gefühlt haben. Ob Sie aus dieser Sinnkrise erfolgreich auftauchen und einen persönlichen Sieg davontragen, hängt davon an, ob Sie mutig als sogenannter Spinner oder Verlierer Ihren Weg gehen können.

HAUPTMERKMAL: Integrität

LEBENSPRINZIP: Sich mutig oberflächlichen Werten verweigern und den eigenen Ursprung und die Natur wiederentdecken

UNTER DIESEM DATUM HATTEN UND HABEN AUSSERDEM GEBURTSTAG:
Aaron Arrowsmith, brit. Geo- u. Kartograph, veröffentlichte d. neuesten Atlanten (1750–1823) – *Gustav Klimt,* österr. Maler u. Zeichner, Hauptrepräsentant d. Wiener Jugendstils (1862–1918) – *Hanna William,* kreierte m. Barbara Joseph für MGM „Tom und Jerry", div. Oscars, *1910 – *Gerald R. Ford,* 1974–77 d. 38. (u. einzigste nicht gewählte) Präsident d. USA, *1913 – *Jay Wright* Forrester, US-Elektroingenieur, arbeitete am „Computergedächtnis", *1918 – *Lino Ventura,* franz. Weltklasseschauspieler ital. Abstammung (1919–1987)

15. JULI
Krebs

VERANLAGUNG: Sie sind ein Mensch, der sehr leicht sein Selbstvertrauen verliert, wenn die eigene Zugehörigkeit zu einer Gruppe gefährdet scheint. Sie reagieren deshalb sehr sensibel auf atmosphärische Veränderungen um sich herum. Ihr ursprünglich gefühlsgeprägtes Inneres wurde durch diese ständige Außenweltanalyse von einem sachlich analytischen Denkvermögen ergänzt. Da sich bei Ihnen aber weder Geist noch Gefühl wirklich eindeutig durchsetzen können, sind Sie oft hin- und hergerissen. Ihr Kopf weiß, daß es oft sehr einfach und auch nützlich ist, bei wichtigen Entscheidungen den rationalen Gesichtspunkten zu folgen. Mit Ihrer nicht verschütteten Intuition spüren Sie aber gleichzeitig, daß im Menschen Kräfte wirken, die tiefer reichen und höher stehen, als das intellektuell Erfaßbare. Ihrer Überzeugung nach hat der Mensch Handlungsalternativen, die nicht durch äußerlich erkennbare Vor- und Nachteile geprägt werden. Und Sie möchten glauben, daß eine Abkehr vom reinen Nützlichkeitsdenken vielleicht eher ein menschengerechtes Leben ermöglicht. Sie suchen deshalb nach einer Lebensweise, die eine Verbindung zwischen denkendem Erfassen und intuitivem Verstehen möglich macht. Das gelingt Ihnen jedoch nur mit wechselhaftem Erfolg. So wirken Sie auf Ihre Umgebung oft unberechenbar, weil keiner vorausahnen kann, was bei Ihnen gerade den Ausschlag geben wird: Die gefühlsgeprägte Intuition oder das rationale Denken.

HAUPTMERKMAL: Für sich selbst überraschend

LEBENSPRINZIP: Bei verstandesgeprägten Überlegungen nie die eigene Intuition unterdrücken und umgekehrt

UNTER DIESEM DATUM HATTEN UND HABEN AUSSERDEM GEBURTSTAG:
Rembrandt van Rijn, holl. Maler u. einer d. bedeutendstenEuropas (1606–1669) – *Dame Marie Tempest*, Engl., stand 55 Jahre (meist heitere Opern) auf d. Bühne (1864–1942) – *Sir John Fowler*, brit. Ingenieur (am Londoner U-Bahn-Bau beteiligt), 1890 geadelt (1817–1898) – *Walter Benjamin*, in den 60ern wiederentdeckter dtsch. Essayist u. Philosoph (1892–1940) – *Iris Murdoch*, ir. Autorin i. d. Tradition d. realistischen Gesellschaftsromans, *1919

16. JULI

Krebs

VERANLAGUNG: Ihre Gefühlswelt ist für Sie nur sehr schwer im inneren Gleichgewicht zu halten. Sie suchen sich daher Aufgaben im äußeren Leben, die Ihnen feste Ausrichtungen ermöglichen. Da Sie sich jedoch mit dem, was Sie tun, nie nur sachlich auseinandersetzen können, sondern sich immer auch inhaltlich identifizieren müssen, ist Ihr Tun trotz Ihrer ungeheuer starken Willenskraft wechselhaft und oft auch gefährdet. Am Anfang Ihres Lebensweges ist keine Herausforderung zu groß oder zu gewagt, wenn es Sie nur von Ihrer Gefühlsausgeliefertheit ablenkt. Deswegen sind in der Lage, neue Entwicklungen in Ihr Tun aufzunehmen, sich an revolutionären Vorhaben zu beteiligen oder auch zukunftsweisenden Denkentwürfen eine Chance zu geben. Haben Sie aber erst einmal Ihren Weg gefunden, wird das vormals Neue, das mittlerweile anerkannt ist, zu Ihrer persönlichen Tradition, deren unbedingte Verteidigung nun die Aufgabe hat, Sie vor Schwankungen des Gefühls zu schützen. Plötzlich wollen Sie das schwer Errungene nicht wieder hinterfragen und womöglich aufgeben müssen. Veränderung? Neuausrichtung aus besserer Einsicht? Das war in Ihren Augen nur in der Vergangenheit notwendig. Diese Einstellung kann die Gefahr in sich bergen, daß Sie beim Festhalten des früher einmal Neuen überhaupt nicht spüren, daß Sie möglicherweise stehenbleiben.

HAUPTMERKMAL: Willensgeprägte Sturheit

LEBENSPRINZIP: Um gefühlsmäßig nicht erneut in Gefahr zu kommen, das früher einmal als richtig Erkannte verteidigen

UNTER DIESEM DATUM HATTEN UND HABEN AUSSERDEM GEBURTSTAG:
John Kaye, engl. Maschinist u. Ingenieur, Wegbereiter z. automatischen Weben (1704–1764) – *Mary Eddy*, US-Gründerin d. straff geführten „Christian Science"-Sekte (1821–1910) – *Adolf Lüderitz*, dtsch. Großkaufmann, erwarb 1883 Land an d. afrik. Westküste (1834–1886) – *Barbara Stanwyck*, US-Schauspielerin, mit Glanzeit i. den 40er Jahren (1907–1990) – *Ginger Rogers*, unvergessene US-Schauspielerin u. Tanzpartnerin v. Fred Astaire (1911–1995) – *Guy Laroche*, franz. Couturier, bot elegante Mode zu moderaten Preisen (1921–1989) – *Margaret Court*, brillante austr. Tennisspielerin, gewann u. a. 66 Grand-Slam-Turniere, *1942

17. JULI
Krebs

VERANLAGUNG: Ihre Leistungsfähigkeit ist sehr stark davon abhängig, ob Sie sich mit einer Aufgabe gefühlsmäßig identifizieren können oder nicht. Dabei ist eine klare und sehr deutliche Sprache der bestimmende Ordnungsfaktor in Ihrem Schwankungen unterworfenen Tun. Sie wollen sich eher in Ihrem Leben genußvoll einrichten als alles von Grund auf erneuern. Das jedoch nur auf einer unbestechlich ehrlichen Grundlage. Dabei spielt Ihre Zugehörigkeit zu einer gleichgesinnten und ebenbürtigen Gruppe eine herausragende Bedeutung für Ihr Selbstwertgefühl. Die Erlangung einer besonderen Rolle innerhalb dieser Gemeinschaft soll Ihnen Lebenskomfort und intellektuelle Freuden ermöglichen. Sie mußten erleben, daß Sie in Ihrer eigenen seelischen Entwicklung immer dann unerfüllt und innerlich leer auf der Strecke geblieben sind, wenn Sie in der ausschließlich materiell geprägten Geschäftswelt und dem darin herrschenden konkurrierenden Gegeneinander die ursprünglichen Werte des menschlichen Miteinanders außer acht gelassen haben. Deshalb erleben Sie sehr bewußt die schöpferische Freude gemeinschaftlichen Schaffens und die Befriedigung beim erfolgreichen Überwinden von Risiken und Schwierigkeiten. Ihre zeitweiligen Irrläufe lassen Sie einen hohen Grad an Einsichtsfähigkeit bewußt beibehalten.

HAUPTMERKMAL: Sprache als Ordnungsfaktor

LEBENSPRINZIP: Ein genußvolles Leben und intellektuelle Freude ist nur miteinander und nicht gegeneinander möglich

UNTER DIESEM DATUM HATTEN UND HABEN AUSSERDEM GEBURTSTAG:
Johann Jacob-Astor, US-Kaufmann dtsch. Abst., einer d. reichsten Männer d. Welt (1763–1848) – *Lyonel Feininger*, US-Maler u. Graphiker, Mitbegr. d. Gruppe d. Blauen Vier (1871–1956) – *Berenice Abbott*, US-Fotographin, Pionierin d. Dokumentarphotographie (1898–1991) – *James Cagney*, US-Schauspieler, einer d. wichtigsten d. „Schwarzen Serie“ (1904–1986) – *Ingmar Bergmann,* herausragender schwed. Regisseur u. Drehbuchautor, *1918 – *Juan Antonio Samaranch,* span. Sportfunktionär u. Diplomat, seit 1980 Präs. d. IOC, *1920 – *Donald Sutherland*, herausragender kanad. Schauspieler, *1935

18. JULI
Krebs

VERANLAGUNG: Ihr gefühlsbestimmtes Hin- und Hergerissensein hat Sie oft in ausweglos scheinende Situationen getrieben und eine verzweifelte Ziellosigkeit erzeugt. Doch Sie sind aus diesen schwierigen Phasen Ihres Lebens zu neuen Höhen aufgestiegen. Denn Sie haben erkannt, daß Sie Ihr oft gefährdetes Innenleben immer dann in den Griff bekommen, wenn eine äußere Aufgabe Sie wirklich persönlich berührt, fasziniert und dabei auch noch außergewöhnlich stark beansprucht. Bei Ihnen löst also die Bewältigung einer äußeren Anforderung Ihre persönliche Problemstellung im Gefühlsbereich. Sind Sie erst einmal von einer Zielsetzung überzeugt, entwickeln Sie draufgängerischen Mut, nicht erschütterbare Ausdauer, und auch Ihre Gesundheit scheinen Sie nie in Gefahr zu sehen. Sie gehen immer mit Haut und Haaren in der zu bewältigenden Aufgabe auf: Ob das Kämpfe für den Mut zur eigenen Meinung sind, wettbewerbliche Auseinandersetzungen, das Vorstoßen auf neue Gebiete oder die Durchsetzung gesellschaftspolitischer Überzeugungen. Manchmal besteht die Gefahr, daß Sie sich selbst und Ihr Tun zu sehr mit der Aufgabe identifizieren und deshalb in persönliche Eitelkeit abdriften. Überwiegend aber werden Ihre persönlichen Triebe, Leidenschaften und Überzeugungen dem zu erreichenden Ziel untergeordnet.

HAUPTMERKMAL: Herausforderungsorientiert

LEBENSPRINZIP: Die eigene gefühlsgeprägte Kraft in einer faszinierenden Aufgabe aufgehen lassen und dabeibleiben

UNTER DIESEM DATUM HATTEN UND HABEN AUSSERDEM GEBURTSTAG:
Zhou Enlai, chin. Politiker, u. a. 1949–1976 erster Ministerpräs. d. Volksrep. China (1898–1976) – *Andrej Gromyko*, sowj. Politiker, u. a. 1985–88 Staatsoberhaupt der UdSSR (1909–1989) – *Nelson Mandela*, südafr. Politiker, s. 1994 1. schwarzer Staatspräs. d. Republik Südafr., *1918 – *John Glenn,* umkreiste 1962 als erster US-Astronaut in „Mercury 6" d. Erde, *1921 – *Georg Kreisler,* österr. Chansonnier, Liedermacher u. Kabarettist, *1922 – *Kurt Masur,* dtsch. Dirigent, seit 1991 Chefdirigent d. New Yorker Philharmoniker, *1927 – *Marc Girardelli*, österr. Skirennläufer, u. a. 5 Weltcup-Gesamtsiege, Slalom-Weltmeister, *1963

19. JULI
Krebs

VERANLAGUNG: Leistungsbereitschaft und Selbstvertrauen entwickeln sich bei Ihnen nur, wenn Sie sich inhaltlich mit einer Aufgabenstellung identifizieren können. Sie spüren, daß Sie alles um sich herum zu sensibel aufnehmen und zu direkt auf sich selbst beziehen. Ihr Gefühl für Echtheit und Ihre Sehnsucht nach solidarischem Miteinander finden keine befriedigende Möglichkeiten in dem, was Sie um sich herum wahrnehmen. Aus Angst vor ständigem Enttäuschtwerden übersteigern sich Ihr vorbeugender Vertrauensmangel und Ihre seelische Verkapselung. Um nicht in völlige Lustlosigkeit zu verfallen, versuchen Sie einen anderen Zugang zum Leben zu finden. Sie fangen an, sich aus Ihrer Gefühlsgetriebenheit zu entfernen und auf der Ebene des bewußten Denkens Ihre Individualität völlig neu zu entdecken. So steigert sich Ihr zuvor schon großes Bildungsinteresse und wird zu Ihrem Zufluchtsort und der Umgang mit Worten zum Ordnungsfaktor. Man könnte sagen, daß Sie eine Art Initialzündung des Geistigen für Ihre Umgebung werden. Sie analysieren mit unbestechlich 'kindlichem' Blick Ursachen Ihrer persönlichen Schwächen, fühlen aber gleichzeitig eine lähmende Machtlosigkeit, diese Fehlentwicklung, unter denen offenbar alle gemeinsam leiden, individuell in sich selbst zu bekämpfen. So bleibt Ihnen nur die Alternative, wider besseres Wissen weiter mitzumachen oder sich mit schlechtem Gewissen vollkommen zurückzuziehen und mit sich selbst umzugehen.

HAUPTMERKMAL: Ich und die anderen

LEBENSPRINZIP: Gesellschaftlich bedingte Krankheiten kann man nicht individuell lösen, aber fliehen kann man allein

UNTER DIESEM DATUM HATTEN UND HABEN AUSSERDEM GEBURTSTAG:
Gottfried Keller, herausragender schweiz. Schriftsteller (1819–1890) – *Edgar Degas*, u. a. vom jap. Holzschnitt beeinflußter franz. Maler u. Zeichner (1834–1917) – *Edward Charles Pickering*, herausragender US-Physiker u. Astronom (1846–1919) – *Carl-Ludwig Schleich*, dtsch. Chirurg u. Autor, erfand 1892 d. örtliche Betäubung (1859–1922) – *Lizzie Borden*, legendäre US-Elternmörderin, sorgte f. Sensationspresse (1860–1927)

20. JULI
Krebs

VERANLAGUNG: Sie sind in Ihrem Leben eigentlich nie wirklich unbekümmert, und Ihr Selbstvertrauen hängt sehr stark davon ab, wie weit Sie mit Ihrem Tun innerlich übereinstimmen. Um seelische Verwundungen möglichst zu vermeiden, sichern Sie sich nach allen Seiten intellektuell ab. An jede schöpferische Aufgabe gehen Sie daher mit klarer Überlegung, geistiger Disziplin und kühlem Urteilsvermögen heran. Ihre Sehnsucht, sich in einer gleichgesinnten Gruppe verankern zu können, wird oft enttäuscht. Da bei Ihnen in solchen Phasen immer die Gefahr der Antriebslosigkeit oder Erschlaffung besteht, sind Sie jederzeit, auch noch im vorgerückten Alter, bereit, sich völlig neu zu orientieren und ohne Absicherung und persönliche Vorteile neu zu motivieren. Ihre unbedingte innere Unabhängigkeit führt dazu, daß Sie sich eher von der Welt innerlich und äußerlich abkapseln, als daß Sie Ihre Persönlichkeit dem anpassen, was andere in ihrer Umgebung von Ihnen erwarten. Doch läßt man Sie einigermaßen gewähren, fühlen Sie sich, meist schon aus einem sozialgeprägten schlechten Gewissen heraus, verpflichtet, sich immer wieder direkt und unabhängig von Ideologien für die Rechte des einzelnen Menschen und seine Selbstverwirklichung einzusetzen. Dabei beharren Sie sogar im Chor Gleichgesinnter auf Eigenständigkeit.

HAUPTMERKMAL: Unabhängig

LEBENSPRINZIP: Wer ein selbstbestimmtes Leben leben will, muß jederzeit neu beginnen können und sich nicht anpassen

UNTER DIESEM DATUM HATTEN UND HABEN AUSSERDEM GEBURTSTAG:
Innozenz IX., 29. 10. 159 –30. 12. 1591 Papst von Rom (1519–1591) – *Marguerite-Elie Guadet*, maßgebliche Girondistin z. Zt. d. franz. Revolution (1758–1794) – *Max Liebermann*, dtsch. Maler u. Graphiker, Repräsentant d. Impressionismus (1847–1935) – *Hermann Graf Keyserling*, dtsch. Philosoph, entwickelte d. „Philosophie d. Sinns" (1880–1946) – *Theda Bara*, US-Stummfilmstar, erster männermordender Vamp auf d. Leinwand (1890–1955) – *Dilys Powell*, hochgeschätzte engl. Filmkritikerin d. „Sunday Times" u. „Punch" (1901–1995) – *Sir Edmund Percival Hillary*, neuseel. Bergsteiger u. Antarktisforscher, 1953 geadelt, *1919 – *Jacques Delors*, franz. Politiker, 1985–1995 Präs. d. EG- bzw. EU-Kommission, *1925

21. JULI
Krebs

VERANLAGUNG: Sie sind ein Mensch, der sich selbst durch ständiges Aktivsein von seinen inneren Zweifeln und seiner Gefühlsausgeliefertheit ablenken will. Hinzu kommt, daß dieser Aktionismus zusätzlich noch den Zweck erfüllt, die in Ihren Augen allzu triebhaften Neigungen Ihres Körpers in gesellschaftlich anerkannte Bahnen zu lenken und so unter Kontrolle zu halten. Traditionelle Handlungsabläufe und äußere Formen sollen bei Ihnen also die Herrschaft des Geistes über den Körper nach außen versinnbildlichen. So sind Sie immer dort zu finden, wo Wagemut bei körperlicher Betätigung gefordert ist. Sollte es Ihnen einmal nicht möglich sein, Ihre heftigen Energien in einigermaßen sinnvolle Aufgabe umzuleiten, verfallen Sie sehr leicht in vollkommene Mutlosigkeit und Leistungsfähigkeit. Da Sie nur Selbstbewußtsein entwickeln können, wenn Ihr äußeres Wesen von möglichst vielen anerkannt und vielleicht sogar gemocht wird, versuchen Sie mit all Ihrem Tun, Ihre heftigen inneren Wallungen zu überspielen. Dabei kann die Gefahr entstehen, daß Sie anderen so lange erfolgreich Ihre Beherrschtheit vorspielen, daß Sie am Schluß selber an die angenommene Rolle glauben. Diese widersprüchlichen Elemente Ihrer Persönlichkeit lassen Sie ständig hin- und herpendeln. Das kann dazu führen, daß am Schluß alles nur noch Anerkennung erheischende Selbstdarstellung ist.

HAUPTMERKMAL: Dargestelltes Leben

LEBENSPRINZIP: Urtriebe des menschlichen Verhaltens in gesellschaftlich anerkannten Bahnen auszuleben versuchen

UNTER DIESEM DATUM HATTEN UND HABEN AUSSERDEM GEBURTSTAG:
Lovis Corinth, einer der bedeutendsten dtsch. Impressionisten (1858–1925) – *Ernest Hemingway*, herausragender US-Schriftsteller umrankt v. Skandalen (1899–1961) – *Paul Julius Freiherr v. Reuter,* dtsch. Gründ. d. ersten Nachrichtenagentur (1816–1899) – *Herbert Marshal McLuhan,* eminenter kanad. Kommunikationswissenschaftler (1911–1980) – *Philippe Ariès,* wichtiger franz. Historiker u. a. zu der Geschichte d. Kindheit (1914–1986) – *Isaac Stern,* brillanter US-Violinist m. enorm großer stilistischer Bandbreite, *1920 – *Norbert Blüm,* dtsch. CDU-Politiker, seit 1982 Arbeitsminister, *1935

22. JULI
Krebs

VERANLAGUNG: Da Sie sich in Ihrem ständigen Tun manchmal zuwenig Zeit zum Luftholen nehmen, haben Sie verlernt, die auf Sie stürzenden Eindrücke in Ruhe zu verarbeiten. Aus dieser Ungeübtheit entsteht die Angst, sich jederzeit und überall in allzu heftigen Gefühlen verlieren zu können. So versuchen Sie, seelische Risiken zu vermeiden, indem Sie sich gemeinschaftliche Auffangnetze schaffen, die in Krisen jederzeit für Sie da sein sollen. Zusätzlich entwickeln Sie ein kritisch absicherndes Denken, das Ihre Gefühlswelt stets fest im Griff hat. Die dabei entstehende innere Unausgefülltheit und die Sehnsucht nach tiefen Empfindungen führen dazu, daß Sie sich in die von Neugier geprägte Kindheit zurücksehnen und die Erlebnisfähigkeit von damals in Ihr jetziges Leben hinüberretten wollen. Das führt dazu, daß Sie sich dagegen wehren, allzu perspektivisch denken und planen zu müssen und von tausend Nachdenklichkeiten gehemmt zu werden. Genau wie früher als Kind wollen Sie ständig ausprobieren und dadurch lernen und Sie werden dabei immer neu angezogen vom Spielerisch-Experimentellen. Sie sind damit für Ihre Umgebung eine ständige Ideenquelle und mitreißend in Ihrer Bereitschaft, offen auf Neues zuzugehen. Die Gefahr in dieser Haltung zum Leben besteht darin, daß Sie innerlich zu distanziert bleiben, wirkliche Nähe nicht empfinden und alles Erleben letztlich unpersönlich bleibt.

HAUPTMERKMAL: Innere Distanz

LEBENSPRINZIP: Sich nicht in zu vielen Gefühlsverwirrungen verlieren und mit kindlicher Neugierde das Leben erobern

UNTER DIESEM DATUM HATTEN UND HABEN AUSSERDEM GEBURTSTAG:
Michael, 1613–1645 Zar v. Rußland u. Gründ. d. Romanov-Dynastie (1596–1645) – *Wilhelm Friedrich Bessel*, herausragender dtsch. Astronom (1784–1846) – *Gregor Mendel*, österr. Botaniker, fand d. Grundlagen d. Gesetze d. Vererbung (1822–1884) – *Ludwig Bamberger*, führender Ökonom u. Publizist (1823–1899) – *Gustav Hertz*, herausragender dtsch. Physiker, Physiknobelpreis m. J. Franck (1887–1975) – *Rose Kennedy*, Mutter J. F. Ks, überlebte vier ihrer neun Kinder (1890–1995) – *Amy Vanderbilt*, US-Etiquette-Expertin, ihr Einmaleins d. guten Tons ist d. Bibel (1908–1974)

Löwe

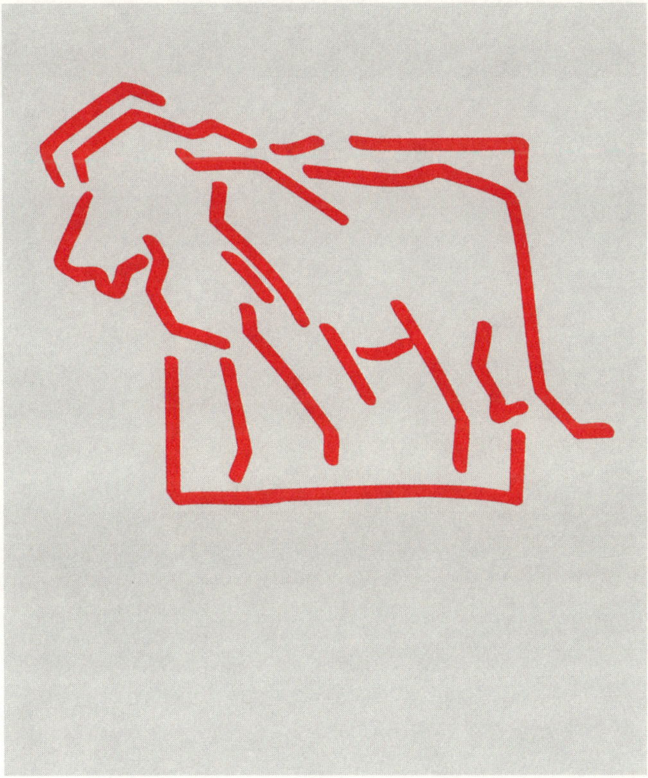

23. JULI
Löwe

VERANLAGUNG: Es widerstrebt Ihrer unabhängigen Natur grundsätzlich, sich von Systemen oder Gemeinschaften derart in die Pflicht nehmen zu lassen, daß Sie dabei Ihre eigene Individualität verleugnen müssen. So nehmen Sie sich wie selbstverständlich das Recht, zu jedem Zeitpunkt des Lebens Ihre eigenen Erkenntnisse und Wertvorstellungen über diejenigen der Gemeinschaft zu stellen. Für Sie ist es nur natürlich, daß jede Generation eigene Werte und Moralvorstellungen neu entwickelt. Aber Sie legen Wert darauf, daß das erneuerte Denken einer Generation niemals auf ein bestimmtes Lebensalter beschränkt ist. Ihrer Meinung nach kann ein Mensch manchmal eine innere Krise durchmachen und sich in den Werten, die ihn geprägt haben, nicht mehr zu Hause fühlen. Eine ebensolche Erschütterung kann eine Gesellschaft erleben, mit deren Grundsätzen sich die Mehrheit emotional nicht mehr verbinden kann. Da Ihnen immer das Lebendige wichtiger ist als gesellschaftliche Strukturen und da Sie nie Treue zu einem System empfinden, sondern immer nur zu Menschen, kann es bei Ihnen nur zu leicht der Fall sein, daß Sie gegen Verkrustungen und Verlogenheiten aufbegehren und sich widersetzen. Und da bei Ihnen vom Eindruck zum Ausdruck nur ein kurzer Weg liegt, können Sie herzerfrischend unkonventionell Ihre Thesen äußern und Ihnen durch spontanen furchtlosen Einsatz zum Durchbruch verhelfen.

HAUPTMERKMAL: Kritische Distanz

LEBENSPRINZIP: Jederzeit bereit sein, persönliche und gesellschaftliche Werte zu hinterfragen und zu ersetzen

UNTER DIESEM DATUM HATTEN UND HABEN AUSSERDEM GEBURTSTAG:
Klemens XI., 1700–1721 Papst v. Rom (1649–1721) – *Philipp Otto Runge*, dtsch. Maler u. Schriftsteller, prägend f. d. dtsch. Romantik (1777–1810) – *Carl Meinhof*, dtsch. Sprachgelehrter, spezialisiert auf afrik. Sprachen (1857–1944) – *Emil Jannings*, dtsch. Bühnenschauspieler u. Hollywood-Stummfilmstar m. Oscar (1884–1950) – *Raymond Chandler*, US-Kriminalschriftsteller, schuf Privatdetektiv Philip Marlowe (1888–1959) – *Harry Cohn*, Mitgründ. u. Präsident d. US-Filmgesellschaft „Columbia Pictures“ (1891–1958)

24. JULI
Löwe

VERANLAGUNG: Es gibt neben den veränderlichen Wert- und Moralvorstellungen der Gesellschaft Ihrer Meinung nach auch den Maßstab einer grundsätzlichen Menschlichkeit, die Ideologien verdrängen und jedes Tun prägen sollte. Sie sind deshalb dem Leben ohne zu nachdenkliche Sperre direkt zugetan und geprägt von der Zuneigung zu den Sie umgebenden Lebewesen. Sie wollen für diese und mit diesen durch tatkräftige Einzelinitiativen einen aktiven Beziehungsaustausch erreichen. Sie sind nicht bereit, sich fremdbestimmten Wertmaßstäben ohne innere Zustimmung unterzuordnen oder sich etwas vorschreiben zu lassen. So leben Sie in ständiger Konfrontation mit den in Ihren Augen anmaßenden Machtansprüchen anderer. Sie glauben an die durch keine Entwicklung verrückbare menschliche Solidarität, und Sie kämpfen gegen jede sture äußere Form, hinter der die Menschlichkeit verschwindet. Da Sie für sich das Recht auf Individualität beanspruchen, gestehen Sie es auch jedem anderen zu und unterstützen diesen notfalls gegen alle Widersacher. Für Sie steht nie ein System im Vordergrund Ihrer Überzeugungen, sondern immer das Leben des Einzelnen. Manchmal entsteht daraus geradezu eine Liebe zu Außenseitern, die eine Art Anerkennung einer extremen Individualität ist. Diese Konsequenz läßt Sie in Zeiten verwirrender Zielausrichtungen als verläßlichen Pol erscheinen.

HAUPTMERKMAL: Im Zweifel für das Anderssein

LEBENSPRINZIP: In einer fremdbestimmten Massengesellschaft ist nichts so wichtig wie solidarische Mitmenschlichkeit

UNTER DIESEM DATUM HATTEN UND HABEN AUSSERDEM GEBURTSTAG:
Francois Vodocq, franz. Detektiv, Mitbegr. der Pariser „Police de Surerte“ (1775–1857) – *Frank Wedekind*, dtsch. Dramatiker, u. a. Wegbereiter f. absurdes Theater (1864–1918) – *Ernest Bloch*, bedeutender US-Komponist u. Musiktheoretiker schweiz. Abst., (1880–1959) – *Hermann Kasack*, dtsch. Schriftsteller mit Hang z. Phantastischen (1896–1966) – *Amelea Earhart*, gefeierte US-Pilotin, überflog als erste Frau allein den Atl. Ozean (1897–1937) – *Bella Abzug*, US-Anwältin, 1971–77 Kongressabgeordnete u. Menschenrechtlerin, *1920

25. JULI
Löwe

VERANLAGUNG: Sie sind ein Mensch, der immer und unmittelbar Lust hat, seine Umgebung schöpferisch umzuwandeln. Wenn Sie dabei mit brennender Ungeduld an die Lösung einer Problemstellung gehen, interessiert es Sie nicht, was allgemein üblich ist. Sie wollen Ihren ureigensten Weg finden und können sich dabei, wenn nötig, auch sehr autoritär durchsetzen. Ein Verhalten übrigens, das Sie bei anderen unerträglich finden. Ihr ständiger Schaffenswille fegt mögliche innere Zweifel hinweg und geht mit der für Sie typischen Inspiration eine Verbindung ein, die es Ihnen ermöglicht, aus schon Vorhandenem durch Zufügung eigener Ideen eine wirklich neue Form zu entwickeln. Das kann im gesellschaftlichen Rahmen genauso geschehen wie im schöpferisch-produktiven. Immer aber legen Sie Wert auf völlige Eigenständigkeit, und alles ist mitgeprägt von der Lust am Gewinnen. Wo andere lange überlegen, zweifeln und nachdenklich zögern, sind Sie in der Lage, angstfrei, vorurteilsfrei mit tätiger Kraft, die Aufgaben einfach anzugehen. Ihre gesamte Kraft, Ihr Wesen und Ihr Sein, ist dabei so vollkommen auf ein festes Ziel ausgerichtet, daß Sie die Natur eines Vorganges sehr schnell sehr genau begreifen und Sie diese Natur in einem schöpferischen Akt umformen können.

HAUPTMERKMAL: Begeistertes Schaffen

LEBENSPRINZIP: Wirklich Neues entsteht aus dem Vorhandenen nur, wenn man etwas mit schöpferischer Intensität verändert.

UNTER DIESEM DATUM HATTEN UND HABEN AUSSERDEM GEBURTSTAG:
Maria W. Chapman, USA, kämpfte an W. L. Garrisons Seite gegen d. Sklaverei (1806–1885) – *Carl Miele*, dtsch. Konstrukteur u. größter europ. Hersteller v. Haushaltsgeräten (1869–1938) – *Alfredo Caselia,* ital. Komponist, einer d. führenden seines Landes (1883–1947) – *Dorothy Kirsten*, US-geb. phänomenal erfolgr. brit. Schauspielerin u. Tänzerin (1893–1995) – *Eric Hoffer*, autodidakter US-Philosoph, exzellente Studie z. Massenfanatismus (1902–1983) – *Elias Canetti,* Schriftsteller span.-jüd. Herkunft, Literaturnobelpreisträger (1905–1994 – *Johnny Hodges*, US-Altsaxophonist u. Solist in Duke Ellington's Orchester (1906–1970) – *John Pennel,* US-Stabhochspringer, hielt drei Jahre (1963, 66, 69) d. Weltrekord (1940–1993)

26. JULI
Löwe

VERANLAGUNG: Sie sind ein Mensch, der von außen nicht maßgeblich lenkbar ist und der für die Verteidigung seiner Individualität sehr große Risiken eingehen würde. Da Ihr Sicherheitsgefühl sehr stark davon abhängt, ob Ihnen die Möglichkeit gelassen wird, mit spontan lebendiger Beweglichkeit Entscheidungen treffen zu dürfen, sind Sie allergisch gegen jede Art von einschränkender Anmaßung durch die Sie umgebende Gemeinschaft. Das nicht zuletzt auch deswegen, weil für Sie die Werte einer Gesellschaft von vorübergehender Natur und nicht unumstößlich sind. Genau wie beim Neuaufbau der eigenen Persönlichkeit nach überstandener Krise sehen Sie die Umwandlung einer nicht mehr funktionierenden Gemeinschaft als Akt eines künstlerischen Schöpfungsprozesses an. Aus der Tiefe Ihrer Empfindung holen Sie dabei Schmerz, Wut, Aufbegehren oder Unsicherheit an die Oberfläche und versuchen, diese Gefühle durch schöpferische Veränderung der Gesellschaft deutlich zu machen. Dabei sind Sie in der Lage, auch die schwierigsten persönlichen Kämpfe und Krämpfe noch durch witzige oder überdeutliche Stilisierung zu faszinierenden Vorgängen zu wandeln. Die Gesellschaft wird von Ihnen immer als Zusammensetzung vieler unabhängiger Einzelpersonen angesehen und nicht als fast gleichgeschalteter Brei.

HAUPTMERKMAL: Betont eigenständig

LEBENSPRINZIP: Individuelle Entwicklung ist nur möglich, wenn man sich jederzeit gegen Einengungen zur Wehr setzt

UNTER DIESEM DATUM HATTEN UND HABEN AUSSERDEM GEBURTSTAG:
George Bernard Shaw , ir. Literat u. Verf. polit. Streitschriften, Literaturnobelpreis (1856–1950) – *C. G. Jung*, schweiz. Psychologe, Begr. d. Analytischen Psychologie (1875–1961) – *George Grosz*, dtsch. Maler u. Graphiker, Mitinitiator d. Berliner Dada-Gruppe (1893–1959) – *Salvador Allende Gossens*, Chile, u. a. 1970–1973 chilen. Staatspräsident (1908–1973) – *Rosalind Franklin*, brit. Wissenschaftlerin, trug z. Entdeckung d. DNS-Struktur bei (1920–1958) – *Stanley Kubrick*, wählerischer US-Regisseur, bekannt f. außergewöhnliche Effekte, *1928 – *Mick Jagger*, Kopf d. engl. Rockgruppe The Rolling Stones, *1943

27. JULI
Löwe

VERANLAGUNG: Sie haben schon sehr früh Ihre ureigensten Vorstellungen davon, wie Ihr Leben aussehen soll. Und in Ihren Augen steht Ihrer freigewählten Selbstverwirklichung eigentlich auch nichts mehr im Wege, wären da nicht die ständigen Anforderungen der Sie umgebenden Gemeinschaft. Trotz dieser Widerstände von außen glauben Sie ganz tief drinnen, daß Ihnen eigentlich nichts geschehen kann, was Sie wirklich im Innersten trifft. Was andere als Schicksalsschläge werten, das nehmen Sie eher als spielerische Herausforderung an, sich selbst umzustellen, und Sie sehen in der Tragik sehr oft auch gleich die Komik. Sie sind dabei sicher verankert in einem natürlichen Rhythmus der Lebendigkeit und in einem für andere unbegreiflichen Urvertrauen in die grundsätzlich ‚richtigen' Fügungen des menschlichen Lebens. Sie setzen deshalb nach Belieben jede verfügbare Emotion in sich frei, handeln fast kindlich-spontan und lassen unterschiedlichste Erkenntnisse wild sprudelnd aus sich herausfließen. Sollten Sie sich einmal zu weit über den Abgrund gewagt haben, warten Sie darauf, daß der Boden unter ihnen nachwächst oder daß im freien Fall Werte wie Freundschaft und Verständnis ein Sprungtuch bilden, das eine sichere Landung ermöglicht. Ihrer Meinung nach sollte und kann sich eine festgefügte Gesellschaft auch Menschen wie Sie leisten.

HAUPTMERKMAL: Unerschütterlich

LEBENSPRINZIP: Das Leben als spielerische Herausforderung sehen und im Zweifel Unterstützung durch Freunde erwarten

UNTER DIESEM DATUM HATTEN UND HABEN AUSSERDEM GEBURTSTAG:
Charlotte Corday, franz. Attentäterin, tötete d. franz. Revolutionär Jean-Paul Marat (1768–1793) – *Alexandre Dumas d. J.*, franz. Schriftsteller, „Vater" d. Kameliendame, (1824–1895) – *Vera Ivanova Zasulich*, russ. Revolutionärin, schoß auf General F. F. Trepov (1849–1919) – *August Aichborn*, österr. Pädagoge u. Psychoanalytiker, Spezialgebiet Jugendliche (1878–1949) – *Leo Durocher*, teurer US-Profibaseballspieler, in d. Baseball Hall of Fame (1905–1991) – *Paul Watzlawik*, US-Psychologe, Verf. populärer Sachbücher u. Bestsellerautor, *1921 – *Kenneth Bainbridge,* US-Physiker, nahm an d. ersten Atombombentests teil (1904–1996)

28. JULI
Löwe

VERANLAGUNG: Gleichgültig in welchen Kreisen und auf welcher Ebene Sie sich selbst verwirklichen, immer ist Ihr Hauptanliegen die Betonung Ihrer vollkommenen Eigenständigkeit. Dabei sehen Sie es als Ausdruck Ihrer unverwechselbaren Individualität an, daß Sie nur wenig als gegeben hinnehmen und eigentlich lieber alles in Frage stellen wollen. Sie können von einer Sache überzeugt sein und Ihre Kraft in den Dienst dieses Vorhabens stellen. Nie aber werden Sie Ihren Freiheitsanspruch in Frage stellen lassen, eine eigenständige Persönlichkeit zu sein. Sie sind dabei gänzlich im Hier und Jetzt und sagen mit einem sehr kurzen Weg vom Eindruck zum Ausdruck, was Sie denken und was Sie von anderen halten. Überhaupt lieben Sie die Kultivierung des Gesprächs und genießen dabei auch die von vielen Kopfmenschen als unwichtige Nebenäste des Alltags abgewerteten Augenblickserscheinungen. So beschäftigen Sie Erneuerungen jeglicher Art, kulturelle Herausforderungen, öffentliche Debatten und andere wechselnde Erscheinungen. Sie sehen das Leben nie aus der Sicht unverrückbarer Grundüberzeugungen, sondern als ständiges Wechselspiel kleiner wichtiger Veränderungen. Und sollte diese Art, das Leben nicht allzu eingeengt zu sehen, kritisiert werden, sind Sie argumentativ durchaus in der Lage, durch das intelligente Infragestellen sogenannter grundsätzlicher Wahrheiten, Ihre Kritiker stark zu verunsichern.

HAUPTMERKMAL: Infragestellend

LEBENSPRINZIP: Das Leben als ständigen Wechsel und nie als etwas Festgelegtes begreifen, erhält die Eigenständigkeit

UNTER DIESEM DATUM HATTEN UND HABEN AUSSERDEM GEBURTSTAG:
Ludwig Feuerbach, dtsch. Philosoph, einer d. Hauptvertreter d. hist. Materialismus (1805–1872) – *Beatrix Potter*, engl. Kinderbuchautorin, u. a. „Mutter“ v. Peter Rabbit (1866–1943) – *Sir Raimund Karl Popper*, herausragender engl. Philosoph, 1985 (1902–1994) – *Baruch Samuel Blumenberg*, US-Mediziner, entdeckte 1964 Hepatitis-B-Erreger, *1925 – *„Jackie O“*, US-Witwe v. J. F .K. u. A. Onassis, Photographin, Lektorin (1929–1994) – *Ricardo Muti*, ital. Dirigent, seit 1986 Direktor d. Mailänder Scala, *1941

29. JULI

Löwe

VERANLAGUNG: Sie hatten schon früh das Gefühl, etwas Besonderes zu sein und sich von der Masse der anderen abzusetzen. Irgendwie waren Sie mit niemandem vergleichbar, den Sie als direkten Zeitgenossen beobachten konnten. So mußten Sie Ihrer Meinung nach Ihren ureigensten Weg finden. Durch Inkaufnahme großer Schwierigkeiten und endlos scheinender Kämpfe haben Sie dann Ihre unbändige Freiheitsliebe durchgesetzt und sind wirklich zu einer unabhängigen Individualität gelangt. Sie ruhen so fest in sich, daß Sie den Mut entwickelt haben, das Feuer tief empfundener Gefühle in jede Ihrer schöpferischen Handlungen einfließen zu lassen. Da Sie sich nur selten in der Gegenwart orientieren, sondern sich von sehr lange gültigen Werten geistig inspiriert fühlen, wirken Sie auf Ihre Umgebung oft wie aus der Vergangenheit kommend und viel zu jung für das dargestellte Verhalten. Durch Ihren Anspruch, andere von sich und Ihren Vorstellungen überzeugen zu müssen, entsteht eine außergewöhnliche Wortgewandtheit, die geprägt ist von Weisheit, Galanterie, Pathos oder Märtyrertum, manchmal aber auch in reine Selbstverliebtheit abrutschen kann. Obwohl Sie selbst fast allergisch gegen jede Form von Bevormundung reagieren, können Sie bei der Durchsetzung Ihrer Vorstellungen sehr leicht autoritär werden.

HAUPTMERKMAL: Lebenskraft

LEBENSPRINZIP: Die Individualität unbeirrt entwickeln, um sich dann mit innerem Feuer schöpferisch zu verwirklichen

UNTER DIESEM DATUM HATTEN UND HABEN AUSSERDEM GEBURTSTAG:
Daniel Drew, US-Eisenbahnfinanzier i. Rivalität z. Cornelius Vanderbilt (1797–1879) – *Eduard Bruckner*, herausragender dtsch. Geograph u. Klimatologe (1862–1927) – *George Dixon*, US-Boxer, d. erste schwarze Weltchampion (1870–1909) – *Benito Mussolini*, ital. Politiker, schuf 1922 d. ersten faschistischen europ. Staat (1883–1945) – *Ernst Reuter*, dtsch. SPD-Politiker, u. a. ab 1949 regierender OB v. Berlin (1889–1953) – *Clara Bow*, US-Stummfilmstar, v. 1927–1930 unter d. fünf beliebtesten (1905–1965) – *Mikis Theodorakis*, griech. Komponist u. Sänger v. hauptsächlich Widerstandsliedern, *1925 – *Sten Nadolny*, einer d. gegenwärtig erfolgreichsten dtsch. Schriftsteller, *1942

30. JULI

Löwe

VERANLAGUNG: Da Sie nicht bereit sind, sich Systemen oder einem Gemeinschaftswillen unterzuordnen, empfinden Sie schon sehr früh Ihr persönliches Umfeld als viel zu einengend. Diese Krise läßt Sie das Ziel in Angriff nehmen, sich selbst in anderer Umgebung neu zu erschaffen. Sie spüren, daß Ihr tiefstes individuelles Sein, Ihre Seele, eine Audrucksform sucht, die sich nicht in philosophischen Worten äußern möchte, sondern durch schöpferisches Handeln. Da Sie nie sehr lange an einem erreichten Zwischenziel ausharren können, treibt Sie Ihr Ehrgeiz ständig weiter und läßt Sie nach immer neuen Wegen suchen. Sie wissen intuitiv, daß Sie erst dann ungehindert von innen nach außen fließen können, wenn Ihr schöpferischer Gestaltswille genau die Betätigung gefunden hat, in der Sie Ihre Individualität umfangreich beweisen können. Nie werden Sie in Gruppen eingegliedert handeln. Sie werden lieber einsam ein Ziel verfolgen, als sich mit der Masse forttragen lassen. Viele in Ihrer Umgebung werden Sie für verrückt halten, wie stark Sie um die unterschiedlichen Ausdrucksmöglichkeiten kämpfen. Doch die meisten werden sich am Ende widerlegt sehen: Obwohl Sie mit einer Vielzahl von Krisen zu kämpfen haben, wird Ihr schöpferisches Tun eine aufregende Existenz zur Folge haben. Dabei wird es Ihnen helfen, daß Sie sich trotz des unbedingten Durchsetzungswillens einen lebensfrohen Humor bewahren.

HAUPTMERKMAL: Seines Glückes Schmied

LEBENSPRINZIP: Genau entsprechende Ausdrucksmöglichkeiten der Persönlichkeit suchen und unbeirrbar seinen Weg gehen

UNTER DIESEM DATUM HATTEN UND HABEN AUSSERDEM GEBURTSTAG:
Emily Bronte, Autorin eines einzigen (meisterhaften) Romans u. Megasellers (1818–1848) – *Henry Ford*, US-Pionier des Automobilbaus (1863–1947) – *Alfred Weber*, dtsch. Soziologe im deutl. Protest gegen d. NS-Regime (1868–1958) – *Henry Moore*, engl. Bildhauer, Vorreiter d. modernen Skulptur (1898–1986) – *Arnold Schwarzenegger*, muskulöser u. humorvoller Hollywoodstar österr. Herkunft, *1947 – *Jürgen Klinsmann*, dtsch. Fußballer, u. a. Weltmeister 1990 u. Europameister 1996, *1964

31. JULI
Löwe

VERANLAGUNG: Sie gleichen einem begeisterungsfähigen Kind, das im Rhythmus seiner wechselnden Stimmung mit Wörtern und Vorstellungen spielt und sich in einer ständigen Reise um das eigene Universum befindet. Die Stimmungsschwankungen in Ihnen entstehen durch die unkontrollierte Freisetzung von unbewußten Sehnsüchten und instinktgeprägten Trieben. Sie wollen intensiv erleben und das hier und heute und möglichst sofort. Da Ihnen die notwendige Ausdauer fehlt und Sie Ihre Individualität oft von gesellschaftlichen Regeln eingeengt sehen, entstehen Mißtrauen und mangelndes Verwurzelungsvermögen allen Gemeinschaften gegenüber. Das gleichen Sie damit aus, daß Sie mit großem Sinn für Theatralik darauf achten, öffentliche Bewunderung für Ihre vielfältigen Fähigkeiten zu finden. Das macht aus Ihnen einen oft mitreißenden Menschen. Aber es besteht auch die Gefahr, daß Sie immer nur gerade das Talent in sich wachzurufen versuchen und mit vorübergehendem Ehrgeiz entwickeln, von dem Sie glauben, daß es der Zuschauer mit Anerkennung belohnen wird. Sollte dabei wider Erwarten ein deutlich geäußertes Lob ausbleiben, stoppen sie häufig die Arbeit an diesem Talent. Die dadurch manchmal stärker werdende Nichtbeachtung kann zu einer aktionshemmenden Weißglut oder sogar zum vollkommenen Rückzug führen.

HAUPTMERKMAL: Seelisch kurzatmig

LEBENSPRINZIP: Die eigene Darstellungskraft nutzen, um öffentliche Anerkennung für seine Fähigkeiten zu bekommen

UNTER DIESEM DATUM HATTEN UND HABEN AUSSERDEM GEBURTSTAG:
August, Kurfürst v. Sachsen, setzte u. a. die lutherische Orthodoxie durch (1526–1586) – *John Ericsson,* US-Marineing. schwed. Abst., entwarf u. a. d. Schraubpropeller (1803–1898) – *Peter Rosegger,* autodidakter Autor religiös konservativer Heimatrome (1843–1918) – *Carl Friedrich Goerdeler,* dtsch. Politiker u. Widerstandskämpfer (1884–1945) – *Primo Levi,* ital.-jüd. Autor, reflektierte bewegend über seine Zeit im KZ (1919–1987) – *Geraldine Chaplin*, eng.-amerik. Filmschauspielerin, talentierte Tochter Charlie Chaplins, *1944 – *Wesley Snipes*, US-Hollywood-Action-Superstar seit 1993, *1962

1. AUGUST
Löwe

VERANLAGUNG: Ihre außergewöhnliche Sensibilität hat zur Folge, daß in Ihren Augen die vielen Außenwelteindrücke nur so auf Sie einzustürzen scheinen und Sie diese deshalb nur unzureichend innerlich verarbeiten können. So fühlen Sie sich an den Augenblick ausgeliefert und sind häufig Gefühlsschwankungen ausgesetzt, die Sie dadurch bewältigen, daß Sie rastlos immer neue Aufgaben auf den Gebieten suchen, die der jeweilig herrschende Zeitgeist und Ihr Gefühl für Kultiviertheit Ihnen vorzugeben scheinen. Auf diese Art wurde jede vielleicht zu große Gefühlsregung in Ihnen in eine spielerisch-schöpferische Form umgewandelt. Da Sie ein extremes Bedürfnis nach Unabhängigkeit haben, können Sie in Situationen, in denen Ihnen die Bewegungsmöglichkeit fehlt, schwere Krisen durchleiden. Aus diesen dunklen Phasen tauchen Sie durch hyperaktive Anstrengungen wieder auf und genießen es dann um so mehr, Ihren instinktiven Impulsen schöpferischen Raum zu geben. Sie wollen nach den Beengungen unbedingt Mittelpunkt sein und eine Art Kindsein dadurch aufrechterhalten, daß Sie losgelöst von Verantwortlichkeiten herumexperimentieren dürfen. Sie sind Ihrer Meinung nach niemandem Rechenschaft schuldig für unerwartete Entscheidungen, unbescheidene Handlungen oder exzentrische Lebensstile. Ihre Maxime, leben und leben lassen, erfordert Toleranz. Nicht nur von Ihnen.

HAUPTMERKMAL: Rastlos

LEBENSPRINZIP: Die vielfachen Außeneindrücke schöpferisch umformen und ungebunden mit dem Leben herumexperimentieren

UNTER DIESEM DATUM HATTEN UND HABEN AUSSERDEM GEBURTSTAG:
Jean Baptiste de Mont-Lamarck, franz. Naturforscher, Wegebner f. Darwins Lehre (1744–1829) – *Francis S. Key*, US-Anwalt u. Verf. d. US-Nat.-hymne „The Star-Spangled Banner“ (1779–1843) – *Maria Mitchell*, d. erste weibl. US-Berufsastronomin, autodidakt (1818–1889) – *Richard D. Oldham*, brit. Geologe; bewies, daß d. Erde einen Kern hat (1858–1936) – *Alexander I.*, 1917–20 König v. Griechenland (1893–1920) – *Walther Gerlach*, herausragender dtsch. Physiker (1889–1979) – *Yves Saint-Laurant*, franz. Modeschöpfer, entwarf u. a. den Hosenanzug f. Frauen, *1936

2. AUGUST

Löwe

VERANLAGUNG: Sie sind so empfindlich gegenüber Einengungen, daß Sie immer und überall Ihre Eigenwilligkeit betonen, und von Augenblick zu Augenblick bereit sind, sich von anderen örtlich oder sinnbildlich abzusondern. Die heftigen Krisen, die Sie auf diesem Weg zur Selbstfindung durchschütteln, haben eigentlich immer nur mit Ihnen und den Menschen zu tun, die Sie direkt umgeben. Allgemeine Systeme mit eher unpersönlichen Strukturen interessieren Sie nur dann, wenn Sie sich irgendwie behindert fühlen. All Ihr Tun ist dabei geprägt von der Sehnsucht nach einem Ideal. Dieses Ideal kann eine sportliche Vollkommenheit sein, eine ästhetisch-funktionelle Formgebung, eine kulturelle Glanzleistung oder auch die Integrität des eigenen Seins. Doch obwohl Sie sich als ausgeprägten Individualisten sehen, sind Sie geprägt von der Sehnsucht, daß sich Menschen zusammentun und ihr Gemeinschaftsempfinden dadurch stärken, daß Sie sich einer schwierigen Aufgabe gemeinsam hingeben. Auch wenn jeder seine ausgeprägte freie Persönlichkeit entwickelt, wollen Sie in allem, was Sie mit anderen tun, nie den Aspekt der solidarischen Zusammenarbeit verloren gehen lassen. Obwohl selbst meist herausragend talentiert, streben Sie also danach, mit anderen für andere zu handeln.

HAUPTMERKMAL: Sehnsucht nach einem Ideal

LEBENSPRINZIP: Jede schöpferisch geäußerte Individualität erlebt seine höchste Form in solidarischer Gemeinsamkeit

UNTER DIESEM DATUM HATTEN UND HABEN AUSSERDEM GEBURTSTAG:
Leopold Gmelin, dtsch. Chemiker, verf. 1817–19 Standardwerk z. Chemie (1788–1853) – *Henry James Olcott,* US-Autor, Mystiker u. Mitbegr. d. Theosophischen Ges. (1832–1907) – *Elisha Grey*, US-Erfinder, verlor Prozeß mit A.G. Bell um d. Patent f. Telefon (1835–1901) – *Konstantin I.*, 1913–17 u. 1920–22 König v. Griechenland (1868–1923) – *Theodor Wolff*, dtsch. Autor, u. a. 1906–33 Chefred. d. „Berliner Tageblatts“ (1868–1943) – *James Baldwin*, wichtiger US-Essayist, behandelte das US-Rassenproblem (1924–1987) – *Luigi Colani*, dtsch. Designer, erfand d. sogen. „Biodesign“, *1928 – *Isabel Allende*, chilen. Verf. v. mit autobiographischen Elementen versehenen Romanen, *1942

3. AUGUST
Löwe

VERANLAGUNG: Ihr Leben ist sehr stark von der Sehnsucht geprägt, sich unbedingt und gegen alle Widerstände selbst zu verwirklichen. Viele Wege sind Ihrer Meinung nach durch unsinnige Einschränkungen blockiert, und Sie fühlen sich durch Ihren radikalen Anspruch auf Unabhängigkeit in der Sie umgebenden Gesellschaft nicht verankert. Doch gleichgültig, ob Ihr Verhalten in die Isolation führen sollte: Sie wollen Ihre Seele sich ausdrücken lassen und ein völlig ungebundenes Dasein führen. Sie sehen sich als ganz spezielles Individuum, das Teil einer langen Kette von neugierigen Menschen ist, die zuvor auf ihre ureigenste Weise versucht haben, die natürlichen Prozesse und das menschliche Dasein darin zu begreifen. Ihrer Meinung nach wird nur durch Menschen, die wie Sie wirklich konsequent anders als die meisten leben, die Entwicklung aller vorangebracht. Für Sie ist deshalb immer die Spontaneität der eigenen Idee wichtiger als verzettelte Gedankengebäude. Es erzeugt in Ihnen eine tiefe Freude, wenn Ihnen durch einfaches Ausprobieren wieder eine Erkenntnis gekommen ist, die für andere, zumindest aber für Sie persönlich, so noch nicht bekannt war. Manchmal kann es daher geschehen, daß Sie so eine schlechte Erfahrung in eine weise Erkenntnis umformen können.

HAUPTMERKMAL: Bindungsschwierigkeiten

LEBENSPRINZIP: Unabhängig und neugierig Naturprozesse und menschliches Dasein erkunden und so zu neuen Formen finden

UNTER DIESEM DATUM HATTEN UND HABEN AUSSERDEM GEBURTSTAG:
James Wyatt, engl. Architekt, baute Landhäuser i. neugotischen Stil (1746–1813) – *Friedrich Wilhelm III.*, 1797–1840 König von Preußen (1770–1840) – *Joseph Paxton*, brit. Architekt, erfand neue Techniken d. Glas u. Eisenkonstruktion (1801–1865) – *Auguste Schmidt*, dtsch. Pädagogin u. Feministin (1833–1902) – *Stanley Baldwin*, ir. Politiker, u. a. 1923/24, 1924–29 u. 1935–37 Premierminister (1867–1947) – *Leon Uris*, US-Schriftsteller m. Vorliebe f. zeitgeschichtliche Themen, *1924 – *Martin Sheen*, etablierter US-Hollywoodstar, *1940 – *Robert Crumb*, dtsch. Kultzeichner v. Undergroundcomics, 1943

4. AUGUST
Löwe

VERANLAGUNG: Sie haben einen gut entwickelten Sinn für Selbstdarstellung und können mit Ihrer lockeren Art, das Leben zu nehmen, die Menschen um sich herum leicht für sich einnehmen. Sie haben für sich erkannt, daß die Sie umgebende Gesellschaft auch deshalb so gut funktioniert, weil nicht viele Menschen Lebensformen ausprobieren, die es für sie schwer werden ließe, weiterhin ausschließlich nur zu funktionieren. Auch Sie selbst sind kein Revolutionär und wollen die Herrschaftsstrukturen nicht vollkommen umstülpen. Sie nehmen sich aber das Recht, innerhalb von nicht fest abgesteckten Grenzen Ihr Leben und Ihre Freiheiten auszuleben. Abseits von allzu steifen gesellschaftlichen Konventionen soll Ihnen Ihr Bohèmeleben ermöglichen, von tief innen nach außen frei zu fließen, um so unbekannte Energien unbehindert aufnehmen und umsetzen zu können. Nicht: „Darf man das?", sondern: „Mal sehen, was dann passiert!" ist Ihre Lebens- und Handlungsmaxime. Mit dieser beispielgebenden Einstellung bleiben Sie nicht lange alleine und wollten dies auch nicht. Schon bald genießen Sie die angenehme Vertrautheit von Freunden und den tiefen geistigen Austausch mit Menschen, die eines gemein haben: Sie alle betonen immer und überall ihre ureigenste Individualität und Eigenständigkeit.

HAUPTMERKMAL: Lebenskünstler

LEBENSPRINZIP: Allzu enge gesellschaftliche Konventionen überwinden und mit anderen das Leben individuell genießen

UNTER DIESEM DATUM HATTEN UND HABEN AUSSERDEM GEBURTSTAG:
Urban VII., 15.9. – 27.9.1590 Papst v. Rom (1521–1590) – *Percy Bysshe Shelley*, engl. Dichter d. Frühromantik (1792–1822) – *Karl Reinhold August Wunderlich*, dtsch. Mediziner, führte Temperaturmessen ein (1815–1878) – *Knut Hamsun*, herausragender norw. Autor zivilisationskritischer Romane (1859–1952) – *Werner Freiherr v. Fritsch*, dtsch. Offiz., widersetzte s. d. Expansionsplänen Hitlers (1880–1939) – *Louis Armstrong*, einer d. größten Jazzmusiker (Trompete, Gesang) aller Zeiten (1900–1971) – *Hans Jürgen Fröhlich*, dtsch. Schriftsteller im Stil des psychologischen Realismus (1932–1986) – *Guillermo Mordillo*, weltweit erfolgreicher argent. Karikaturist u. Kinderbuchillustrator, *1932

5. AUGUST

Löwe

VERANLAGUNG: Ihre Selbstfindung und Ihr Selbstwertgefühl werden wesentlich dadurch bestimmt, ob es Ihnen möglich ist, immer neue Herausforderungen bestehen zu können. Deshalb ist Ihnen das unmittelbare Erleben immer wichtiger als das langfristige Planen. Sie wollen unabhängig sein und sich ständig die Möglichkeit offenhalten, durch wagemutiges Tun einen möglichen Stillstand zu überwinden. Das kann manchmal zu einer Übersteigerung des Anspruches führen, sich selbst und die eigenen Interessen durchzusetzen. Sie spüren schon früh, daß für Sie in der vororganisierten künstlichen Welt der Städte kein ausreichender Platz vorhanden ist, ihre Urenergien in sich frei aufsteigen zu lassen und in Taten umzusetzen. Sie wollen zurück zur natürlichen Quelle des Lebens. Sie wollen nicht wie so viele fragen, was alles im ungünstigsten Fall geschehen könnte. Im Gegenteil: Schon allein, daß es möglich sein könnte, daß ein Vorhaben ein Ergebnis haben könnte, begeistert Sie. Locker eingebettet in ein gleichgesinntes Gruppenleben möchten Sie immer begeisterungsfähig vorangehen: Sei es als Künstler, Sportler, Entdecker oder Unternehmer. Immer denken Sie zuerst daran, die Grenzen der eigenen Belastbarkeit zu erkunden. Doch da Sie diese Art von Getriebenheit eher als Befreiung aus dunklen nachdenklichen Zeiten empfinden, wirken Sie trotz der Leistungsorientiertheit ungewöhnlich entspannt und charmant auf Ihre meist zu angstbefrachtete Umgebung.

HAUPTMERKMAL: Ausgeprägtes Selbstgefühl

LEBENSPRINZIP: Mutig auf Herausforderungen zugehen und so die natürliche Quelle der eigenen Lebensenergien erspüren

UNTER DIESEM DATUM HATTEN UND HABEN AUSSERDEM GEBURTSTAG:
Guy de Maupassant, franz. Schriftsteller, Meister d. Novelle (1850–1893) – *Erich Kleiber*, österr. Dirigent, u. a. 1923–34 Generaldir. d. Berliner Staatsoper (1890–1956) – *John Huston*, herausragender US-Regisseur u. Schauspieler (1906–1987) – *Robert Taylor,* US-Schauspieler, Star v. Western- und Kostümfilmen (1911–1969) – *Neil Armstrong,* US-Astronaut, betrat a. 20.7.1969 um 22.56h als erster Mensch d. Mond, *1930 – *Rosi Mittermaier*, dtsch. alpine Skiläuferin; u. a. zweifache Olympiasiegerin, *1950

6. AUGUST

Löwe

VERANLAGUNG: Eigentlich sind Sie geprägt von der Sehnsucht nach der Integrität Ihres persönlichen Daseins. Doch in der Sie umgebenden Gesellschaft werden Werte wie die, die Sie intuitiv für wichtig erachten, meist nicht sehr hoch eingeschätzt. So sind Sie ständig auf der Suche nach einer Aufgabe, die anderen beweisen soll, daß Ihre Absichten im Grunde gut sind. Doch eine Persönlichkeit, die sich ständig beweisen will, entwickelt ihre Eigenständigkeit nur sehr zögerlich. Aus dieser Krise heraus spüren Sie genau, daß Sie nur dann wirklich spontan fließen und erfolgreich handeln können, wenn Sie nicht zu sehr überlegen, was andere von Ihnen halten könnten. Ihrer inneren Überzeugung nach müssen Sie sich von Kräften leiten lassen, die Ihnen nicht leicht erklärlich sind. Vertrauen Sie aber dennoch auf sie, wundern Sie sich selbst über Ihren sicheren Instinkt und sind verwirrt über Ihren Erfolg, der von Ihnen eigentlich so überhaupt nicht absichtsvoll geplant werden konnte. Nur wenn Sie plötzlich Angst vor der eigenen Courage bekommen sollten, werden Sie wieder verunsichert, überlegen zu lange und verlieren dadurch Ihre schlafwandlerische Sicherheit des Handelns. Sie fließen dann nicht mehr und finden keinen bewußten Ausweg, sondern hoffen, daß sie wiederkommen wird, diese seltsame verwirrende Kraft des Spontanen.

HAUPTMERKMAL: Eher trotzig als angepaßt

LEBENSPRINZIP: Der verwirrenden Kraft der eigenen Intuition vertrauen und nicht auf Anerkennung beim Handeln hoffen

UNTER DIESEM DATUM HATTEN UND HABEN AUSSERDEM GEBURTSTAG:
Nicole de Malebranche, franz. Philosoph, Vertreter d. Rationalismus (1638–1715) – *Karl VII.*, ab 1726 Kurfürst v. Bayern, ab 1742 Kaiser d. Heilig. Röm. Reiches (1697–1745) – *Hans Moser*, österr. Schauspieler meist komischer Rollen, Stumm- u. Tonfilmstar (1880–1964) – *Sir Alexander Fleming*, schott. Bakteriol., entdeckte u. a. Penicillin, 1944 geadelt (1881–1955) – *Robert Mitchum*, seit Jahrzehnten herausragender US-Hollywoodstar, *1917 – *Otto Wolff v. Amerongen*, dän. Unternehmer, u. a. Ostexperte d. dtsch. Volkswirtschaft, *1918 – *Andy Warhol*, amerik. Maler und Grafiker, Filmemacher, wichtigster Vertreter d. Pop-art (1928–1987)

7. AUGUST

Löwe

VERANLAGUNG: Da man sagen könnte, daß Ihre Seele bloßliegt, ist bei Ihnen der Weg vom Eindruck zum Ausdruck nur sehr kurz. Dadurch leicht irritierbar und stets unruhig, sind Sie ständig auf der Suche nach dem Verborgenen. Mit Hilfe Ihres ungewöhnlichen Einfallsreichtums wollen Sie dann das Entdeckte deutlich machen. Ihr Gefühl, mit einer großen Erkenntnisfähigkeit und Intuition ausgestattet worden zu sein, lassen Sie die innere Verpflichtung spüren, für die zu sehen, die sich nicht trauen. Und mit Ihrem Mut auch für die sehr deutlich zu sprechen, die das Aufbegehren verlernen mußten. Sie setzen Ihre Energien immer dafür ein, dem Ideal zu dienen, ihre Fähigkeiten zielgerecht für eine allen gemeinsame Bewußtwerdung und die damit verbundene Weiterentwicklung einzusetzen. Nie käme es Ihnen in den Sinn, Ihre einmal als wahr erachteten Einsichten aus Eigennutz für sich zu behalten. Im Gegenteil: Sie nehmen viele Widerstände immer wieder neu in Kauf, um sich einer größtmöglichen Anhängerschaft zu offenbaren. Sie reagieren immer aus einer persönlichen Betroffenheit heraus und sind nur selten ideologisch-weltanschaulich geprägt. Sie fühlen sich immer der Freiheit von Personen und Ihrer Individualität verpflichtet, nie den Systemen.

HAUPTMERKMAL: Vorkämpfer

LEBENSPRINZIP: Die eigene Erkenntnisfähigkeit und Energie sind erst dadurch sinnvoll, stellt man sie in den Dienst aller

UNTER DIESEM DATUM HATTEN UND HABEN AUSSERDEM GEBURTSTAG:
Carl Ritter, schwed. (Barock-) Dichter u. Gelehrter (1797–1859) – *E. H. Palmer*, eminenter engl. Orientalist, Sanskript-Übersetzer (1840–1882) – *Philipp Forchheimer*, herausragender österr. (Grundwasser-) Hydraulik-Ingenieur (1852–1933) – *Mata Hari*, holl. Tänzerin, Kurtisane u. Doppelspionin f. Frankreich u. Deutschland (1876–1917) – *Emil Nolde*, dtsch, Maler u. Graphiker, zentrale Figur d. Expressionismus (1867–1956) – *Gustav Krupp v. Bohlen u. Halbach*, dtsch. Großindustrieller (1870–1950) – *Joachim Ringelnatz*, begnadeter dtsch. Lyriker, Kabarettist, Humorist u. Maler (1883–1934) – *Nicholas Ray*, US-Regisseur, Pionier d. modernen Autorenkinos (1911–1979)

8. AUGUST

Löwe

VERANLAGUNG: Dadurch, daß Sie schon früh die Fähigkeit in sich freigelegt haben, Zusammenhänge und Vorgänge intuitiv und umfangreich zu erfassen, fühlen Sie, daß Sie für das eigene Wohlergehen persönliche oder gesellschaftliche Einengungen hinter sich lassen müssen. So entziehen Sie sich früher als andere künstlichen Begrenzungen und packen zur richtigen Zeit mit den richtigen Leuten Großes an. Dabei helfen Ihnen Ihr Organisationstalent, Ihr Durchsetzungswille und Ihre Risikobereitschaft. In Ihnen brodeln ständig die ungeheuren Energien des urmenschlichen Daseinswillens. Ihre triebbestimmte Liebe zum Leben und Ihr starkes Bedürfnis, alles noch intensiver erleben zu können, konfrontiert Sie immer wieder mit Widerständen, in denen Ihr gesamter Mut und Ihre charakterbestimmte Fähigkeit zur Beherrschtheit gefragt sind. Sollte es Ihnen dabei wirklich gelingen, Herr Ihres meist ungestümen Ichs zu werden, gehören Sie zu den wenigen Menschen, die ihre Umwelt durch virtuose schöpferische Leistungen und herausragende organisatorische Fähigkeiten in den Bann zu ziehen vermögen. Sie genießen in solchen Augenblicken die Überwindung von Beengtheiten, genießen das kultivierte Leben mit gleichgesinnten Menschen. Und Sie faszinieren andere, da Sie Ihre Vitalität in aufsehenerregende, aber immer bewußt zweckorientierte Dramatik umwandeln können.

HAUPTMERKMAL: Mut zum Besonderen

LEBENSPRINZIP: Die Beengungen überwinden und eigene vitale Triebe kontrolliert für das Erreichen von Zielen einsetzen

UNTER DIESEM DATUM HATTEN UND HABEN AUSSERDEM GEBURTSTAG:
Frances Hutcheson, brit. Philosoph, Mitbegr. d. schott. Schule d. Moralphilosophie (1694–1746) – *Johann Christoph Adelung*, dtsch. Sprachforscher, verf. u. a. dtsch. Grammatikwerk (1732–1806) – *Otto Finsch*, dtsch. Völkerkundler u. Forscher, machte u. a. Südsee-Expeditionen (1839–1917) – *Emiliano Zapata*, mexik. Revolutionär (1883–1919) – *Dino de Laurentis*, ital. Filmproduzent v. Weltruhm, dreht neorealistische Filme, *1919 – *Esther Williams*, US-Schwimmerin u. Filmdarstellerin spektakulärer Schwimmnummern, *1923 – *Dustin Hoffman*, US-Mega-Moviestar, zwei Oskars, *1937

9. AUGUST
Löwe

VERANLAGUNG: Da Sie immer bereit sind, Ihren spontanen Eingebungen zu folgen und dem nächsten Ziel hinterherzujagen, pochen Sie sehr stark auf Ihre Unabhängigkeit. Um nicht allzusehr beengt werden zu können, unterordnen Sie Ihre Meinungsbildung nie einem übergeordneten Denkschema oder vorgegebenen Maßstäben der Gemeinschaft, sondern reagieren nach eigenem Anschauen und immer wieder neu erkämpfter Meinungsbildung. Manchmal führt jedoch die Verteidigung Ihrer geistigen Bewegungsfreiheit zu einer Unverbindlichkeit im persönlichen Bereich. Hinzu kommt, daß Ihre seelische Reaktionsschnelligkeit dazu führt, daß Sie manchmal zu einem veräußerlichten Showverhalten neigen. Eigentlich widerstrebt es Ihnen, auf diese Art der eigenen Eitelkeit nachzugeben. Sie wollen viel lieber Verläßlichkeit und persönliche Integrität beweisen, da sie aus schmerzlicher Erfahrung wissen, daß es nicht genügt, sich selbst erkannt und die eigenen intuitiven Kräfte freigelegt zu haben, sondern daß erst durch konsequente Selbstdisziplin daraus eine befriedigende Leistung entsteht. Da es für Sie keinen Stop auf halbem Wege gibt, wird man Sie immer an der Spitze der Ehrgeizigen finden, die sich vollkommen auf das jeweilige Ziel konzentrieren.

HAUPTMERKMAL: Ständig in Bewegung

LEBENSPRINZIP: Erkannte Fähigkeiten mit Selbstdisziplin trainieren und dann konzentriert auf ein Ziel ausrichten

UNTER DIESEM DATUM HATTEN UND HABEN AUSSERDEM GEBURTSTAG:
William Morton, US-Zahnarzt, d. erste seiner Branche, d. Anästhesie anwandte (1819–1868) – *Hans Oster*, dtsch. Offizier, führend im militärischen Widerstand gegen Hitler (1888–1945) – *Jean Piaget*, schweiz. Psychologe, Hauptthema: kognitive Entwicklung d. Kindes (1896–1980) – *William Alfred Fowler*, herausragender US-Physiker, Physiknobelpreisträger (1911–1995) – *Robert Aldrich*, US-Regisseur v. Western aber auch tiefgründigen Filmen (1918–1983) – *Robert Shaw*, renommiert. brit. Shakespeare-Darsteller u. ab 1955 Filmschauspieler (1927–1978) – *Rod Laver*, austr. Tennisspieler, gewann u. a. d. Grand-Slam-Turnier 1962 u. 69, *1938 – *Whitney Houston*, US-Popstarkönigin u. Filmschauspielerin, schwarzer Megastar, *1963

10. AUGUST

Löwe

VERANLAGUNG: Die Maßstäbe und Werte, nach denen in Ihrer Umgebung gelebt wird, gefallen Ihnen überhaupt nicht. Die emotionalen Abhängigkeiten, die Einengungen der eigenen Bewegungsfreiheit und das Voraussagbare jeder Entwicklung sind dabei nur Teile Ihres Unbehagens. Sie wissen doch nicht, was genau sich in Ihnen sträubt, weiter einfach so mitzumachen. Aber in Ihrem intuitiven Bewußtsein sind Sie sicher, daß Sie Ihre Individualität nur erhalten können, indem Sie immer wieder zu neuen Ufern aufbrechen. Sie sehen das Leben als eine schwere, aber aufregende Reise in unbekannte Erfahrungsbereiche an und kommen deshalb schon früh zu der Überzeugung, daß dieser Weg nur im völligen Vertrauen auf die eigenen Kräfte und Fähigkeiten begehbar sein wird. Mit großem Selbstbewußtsein lehnen Sie es ab, darüber nachzudenken, ob an dem hinter Ihnen liegenden Althergebrachten noch irgendetwas Gutes zu entdecken ist. Sie wollen nicht gefühlsmäßig in überkommenen Traditionen verhaftet bleiben, sondern mit hoffnungsfrohem Selbstvertrauen auf das Neue zugehen. Sie haben das sichere Gefühl, daß der Mensch das, was zum eigenen Überleben und geistigem Weiterkommen nötig ist, in sich trägt. Am Aufbruch in ein verheißungsvolles Neuland hindern den Menschen Ihrer Meinung nach nur die anerzogene Unselbständigkeit und ungerechtfertigte Sentimentalitäten.

HAUPTMERKMAL: Persönlich unverbindlich

LEBENSPRINZIP: Unabhängige Individualität erhalten, indem man sich mit großem Selbstvertrauen in Unbekanntes vorwagt

UNTER DIESEM DATUM HATTEN UND HABEN AUSSERDEM GEBURTSTAG:
Hugo Eckener, dtsch. Luftschiffpionier – mit diesem 1924 als erster über d. Atlantik (1868–1954) – *Herbert Clark Hoover,* 1929–33 (gelobt u. geschmäht) d. 31. Präsid. d. USA (1874–1964) – *Arne Tiselius,* schwed. Biochemiker, Chemienobelpreisträger (1902–1971) – *Mohammed V.,* 1957–61 König v. Marokko (1909–1961) – *Jorge Amado,* brasil. Autor, einer d. populärsten Lateinamerikas, *1912 – *Wolfgang Paul,* dtsch. Physiker (laut gegen Atombewaffnung), Nobelpreisträger (1913–1993) – *Rudolf Hilferding,* österr.-dtsch. Nationalökonom u. 1933 im Exilvorstand d. SPD (1877–1941)

11. AUGUST

Löwe

VERANLAGUNG: Sie sind ein außerordentlich dynamisch veranlagter Mensch, der seine gefühlsgetriebenen Impulse und spontanen Initiativen kaum zu steuern vermag. Obwohl Sie aus desinteressierter Toleranz eher dem Prinzip „Leben und leben lassen" folgen, ist Ihre betonte Eigenwilligkeit und Unabhängigkeit nur selten ohne Widerstände von der Sie umgebenden Gemeinschaft akzeptiert worden. So haben Sie schon früh schwere persönliche Krisen durchleiden müssen. Es war für Sie nicht leicht, das Vertrauen in die Zukunft und in Ihre persönliche Weiterentwicklung aufrechtzuerhalten, und doch haben Sie jene dunklen Zeiten überstanden. Das war möglich, weil Sie plötzlich eine Kraft in sich gespürt haben, die sich offenbar gerade wegen der Schwierigkeiten entfaltet hat. Plötzlich fühlen Sie in sich eine freie Inspiration fließen, folgen spontanen Eingebungen noch mutiger als zuvor und können die gesamte Bandbreite Ihres schöpferischen Seins nutzen. Sie warten jetzt nicht mehr auf den alles überstrahlenden Zustand ewiger Glückseligkeit, sondern Sie glauben an die Durchsetzungsfähigkeit der handelnden Initiative. Sie haben einen intuitiven Blick erworben, der Sie die wirklich vorhandenen Möglichkeiten erkennen läßt, die Ihr Lebensweg Ihnen bietet, und Sie nehmen die Rolle ein, die Sie sich aktiv verdient haben und die Ihnen Erfolg bringen wird.

HAUPTMERKMAL: Unangepaßt

LEBENSPRINZIP: Wer einengende Krisen übersteht, kann viel deutlicher erkennen, wohin sein schöpferischer Weg führt

UNTER DIESEM DATUM HATTEN UND HABEN AUSSERDEM GEBURTSTAG:
Friedrich Ludwig Jahn, nationalistisch geprägter dtsch. „Turnvater" u. Politiker (1778–1852) – *Eduard Devrient*, dtsch. Schauspieler, Theaterdirektor, Shakespeare-Übersetzer (1801–1877) – *Charlotte M. Yonge*, engl. Autorin, schrieb um Kirchenanhänger zu gewinnen (1823–1901) – *Christiaan Eijkman*, holl. Hygieniker, erkannte d. Ursache d. Beriberikrankheit (1858–1930) – *Ludwig Heck*, engagierter dtsch. Zoologe, u. a. 1888–1931 Direktor d. Berliner Zoos (1860–1951) – *Enid Bleyton*, engl. Kinderbuchautorin, m. über 60 Mio. Auflage d. erfolgreichste (1896–1968) – *Alex Haley*, schwarzer US-Schriftsteller, weltw. erfolgr. m. verfilmter Familiensaga (1922–1993)

12. AUGUST

Löwe

VERANLAGUNG: Als ein Mensch mit großer Vitalität und großen schöpferischen Möglichkeiten müssen Sie schon früh erleben, daß sich der eigene Wunsch, seine vielfachen Talente ausleben zu wollen, und die vorhandenen gesellschaftlichen Rahmenbedingungen dafür, oft feindlich gegenüberstehen. Zu früh und zu stark wird von Ihnen erwartet, daß Sie Ihre ungestüme Energie kanalisieren und in allgemein anerkannten Bahnen ausleben. So steht Ihr ausgeprägtes Bedürfnis, die Dinge auf Ihre Art anzugehen, in ständigem Widerstreit mit fremden Erwartungen und Grundsätzen. So sind Sie zuerst unmittelbar und virtuos kreative Herausforderungen angegangen, die Sie weit über den Durchschnitt emporgetragen haben, sind dann aber auch genauso schnell und heftig gegen die Begrenzungen des Lebensalltags geworfen worden. Materielle Notwendigkeiten lassen Ihnen zwar die Hoffnung auf schöpferische Verwirklichung, zwingen Sie aber trotzdem zu sehr irdischen Tätigkeiten. So gehen Sie tatkräftig durch die Widerstände in kargen Zeiten, verlieren nie den Blick auf den verheißenden Horizont und sammeln dabei Mitstreiter um sich, die auch nicht aufgeben wollen. Auf Ihrem langen Weg werfen Sie Ballast ab, durchblicken die gesellschaftlichen Kräfte, nutzen diese dann ganz bewußt und gelangen auf seltsam anmutenden Wegen doch an das von Ihnen früh ins Auge gefaßte Ziel, Ihre Talente ungehindert ausleben zu können.

HAUPTMERKMAL: Kontrollierte Lebensenergie

LEBENSPRINZIP: Das verlockende Ziel vor Augen, die eigenen Talente auszuleben, sich nicht vom Alltag besiegen lassen

UNTER DIESEM DATUM HATTEN UND HABEN AUSSERDEM GEBURTSTAG:
Christoph Wilhelm Hufeland, dtsch. Arzt, Vorreiter d. Sozialhygiene (1761–1836) – *Helena Petrovna Blavatsky*, russ. Spiritualistin, Mitbegr. d. Theosophischen Ges. (1831–1891) – *Cecil B. DeMille*, genialer US-Regisseur monumentaler Ausstattungsfilme (1881–1959) – *Samuel Fuller*, herausragender US-Filmregisseur u. Drehbuchautor, *1911 – *Sirikit*, seit 1950 Königin v. Thailand, *1932 – *Harry Kupfer*, dtsch. Opernregisseur, wichtiger Vertreter d. DDR-Kultszene, *1935 – *Pete Sampras*, US-Tennisspieler, u. a. 1993 erster d. Tennis-Weltrangliste, *1971

13. AUGUST

Löwe

VERANLAGUNG: Sie leben gewissermaßen mit dem Leben, und Sie ziehen Ihre Sicherheit in sehr starkem Maße aus den Möglichkeiten, jederzeit und überall frei entscheiden und handeln zu können. So bestehen Sie unerbittlich auf Ihre seelische Ungebundenheit und Ihr Recht auf individuelle Selbstverwirklichung. Das kann dazu führen, daß die von Ihnen eingeforderte Freiheit manchmal zur Isolation verkommt. Sie leiden schon fast körperlich unter den gesellschaftlichen Einschränkungen, die Ihrem Willen zur Gestaltung entgegengesetzt werden. Ihrer Ansicht nach birgt das Leben fast schon verwirrend viele aufregende Möglichkeiten, sich selbst zu verwirklichen, daß Sie überhaupt nicht verstehen, wie sich jemand mit dem begnügen kann, was ihm im Leben von anderen zugeteilt wird. Sie jedenfalls fühlen sich von irgendwoher inspiriert und wollen mehr. Doch Sie spüren, daß Sie sich auf das eine Gebiet konzentrieren müssen, was Ihnen am meisten liegt, um wirklich zielgerichtet erfolgreich sein zu können. Sollten Sie diese Aufgabe durch Ihre rastlose Kontaktfreudigkeit schließlich finden, wird Ihnen intuitive Reaktionsschnelligkeit im Erfassen von Zusammenhängen schnellen Erfolg bringen. Sie sind risikofreudig in Ihrer Unternehmungslust, erkennen Fehler in dem, wie etwas funktioniert, und lernen durch Probieren immer mehr dazu.

HAUPTMERKMAL: Überzeugendes Selbstvertrauen

LEBENSPRINZIP: Intuitiv die befriedigendste Möglichkeit zur Selbstverwirklichung wählen und sich darauf konzentrieren

UNTER DIESEM DATUM HATTEN UND HABEN AUSSERDEM GEBURTSTAG:
Johann Friedrich Miescher, schweiz. Zellforscher, entdeckte div. Säuren (1844–1895) – *Karl Liebknecht*, dtsch. Politiker, rief a. 9.9.1918 d. Freie Sozial. Rep. Dtschld. aus (1871–1919) – *Richard Willstätter*, dtsch. Chemiker, ermittelte Chlorophyllstruktur, Nobelpreis (1872–1942) – *Sir Alfred Hitchcock*, Brite, weltw. erfolgr. Thriller-Regisseur, Oscars, 1980 geadelt (1899–1980) – *Felix Wankel*, dtsch. Erfinder d. nach ihm benannten Kreiskolbenmotors (1902–1988) – *Makarios III.*, griech.-orthodoxer Theologe u. zypriotischer Politiker (1913–1977) – *Fidel Castro*, Gründ. u. Kopf d. ersten kommunistischen Staats i.d. westl. Hemisphäre, *1926

14. AUGUST

Löwe

VERANLAGUNG: Sie halten die vorgeformten Wege der Sie umgebenden Gesellschaft für individualitätsfeindlich, und Ihrer Meinung nach lassen sich die meisten Menschen mit kleinen Tricks davon ablenken, daß sie nur funktionieren. Für Sie selbst wäre das ein zu armseliges Leben. Es ist Ihnen gleichgültig wie, aber Sie wollen innerlich und äußerlich neue Welten erobern. So sind Sie zum Normalbürger eher unverbindlich. Aber Sie orientieren sich mit oft distanzloser Faszination an Originalen, die Ihnen Mut machen sollen, trotz aller Rückschläge weiterzugehen. In Ihnen selbst treffen sich eine starke gedankliche Empfindungsfähigkeit mit der hoch entwickelten Möglichkeit intuitiven Erfassens. Das Unterbewußte steigt bei Ihnen so oft an die Oberfläche, daß es vom bewußten Denken gestaltbar oder zumindest erfaßbar wird. Das gibt Ihnen ein Gefühl von Besonderheit, und Sie können sich dank Ihres ausgeprägten Selbstbewußtseins in guten Phasen an Ihrer Fähigkeit zur Inspiration und Intuition begeistern. Doch in Zeiten des Stillstands, in denen Ihnen nichts zu gelingen scheint, sind Sie von der besorgniserregenden Erkenntnis geprägt, daß gerade Spontaneität durch einfache Willensanstrengung nicht erzwingbar ist. Das hieße etwas unwillkürlich Fließendes festhalten wollen, und Sie spüren, daß das nicht gehen kann. So müssen Sie sich einfach darauf verlassen, daß es immer wieder geschieht. Oder eben nicht.

HAUPTMERKMAL: Selbstzweifelgeprägte Schaffenspausen

LEBENSPRINZIP: Spontane Inspiration nicht erzwingen wollen, sondern sich mutig darauf verlassen, daß sie wiederkommt

UNTER DIESEM DATUM HATTEN UND HABEN AUSSERDEM GEBURTSTAG:
Friedrich Wilhelm I., 1713–1740 König von Preußen (1688–1740) – *Pius VII.*, 1800–23 Papst v. Rom (1742–1823) – *Richard Freiherr v. Krafft-Ebing,* dtsch. Psychiater, Begr. d. sex. Psychopathologie (1840–1902) – *Pierre Schaeffer*, franz. Komponist, gründ. i. 2. Weltkrieg Resistance-Funkstudio (1910–1995) – *Richard Ernst*, herausragender schweiz. Chemiker, Chemienobelpreisträger, *1931 – *Debbie Meyer,* US-Schwimmerin, u. a. 15 Weltrekorde, div. olymp. Goldmedaillen, *1952 – *„Magic" Johnson,* US-Profibasketstar, spielt trotz HIV-Infektion wieder weiter, *1959

15. AUGUST

Löwe

VERANLAGUNG: Sie sind ein außerordentlich vitaler Mensch, der seine seelische Empfindungsfähigkeit nach einem Erlebnis sofort in Worte oder Handlungen umsetzen möchte. Ihre schöpferischen Fähigkeiten, Ihre körperlichen Talente oder Ihre analytischen Möglichkeiten könnten Ihnen eigentlich das Gefühl geben, etwas Besonderes zu sein und sich deshalb von den Mitmenschen absondern zu müssen. Doch Ihr intuitives Gefühl für Solidarität und Gerechtigkeit läßt Sie zu der Überzeugung kommen, daß es keinen Besitz von Wissen, Ideen oder Talenten geben darf und deshalb alles allen zugänglich gemacht werden sollte; vor allem natürlich Ihre eigenen Gedanken und Leistungen. Sie wollen nichts im Verborgenen halten und Ihre Wahrheiten für alle verstehbar machen oder durch kreative Taten immer wieder antreibendes Vorbild sein. Dabei werden Sie getragen von einer euphorischen Zukunftserwartung, die nicht in erster Linie materiellen Wohlstand verheißt, sondern viel eher seelische Befriedigung. Doch zwischen den Hoffnungen auf ein erfolgreiches Tun holen Sie immer wieder die Alltagsbedingungen ein und lassen in Ihnen die Abneigung gegen einengende Einmischungen Außenstehender nur noch größer werden. So entsteht die Gefahr, daß Sie immer ungeduldiger und unduldsamer werden. Es könnte sein, daß Sie zwischendurch die langfristige Perspektive verlieren und nur noch von Augenblick zu Augenblick reagieren.

HAUPTMERKMAL: Empfindungsfähig

LEBENSPRINZIP: Ideen, Erkenntnisse und Fähigkeiten anderen zugänglich machen, um seelische Befriedigung zu erreichen

UNTER DIESEM DATUM HATTEN UND HABEN AUSSERDEM GEBURTSTAG:
Francesco Zuccarelli, einflußreicher ital. Landschaftsmaler d. Rokoko (1702–1788) – *Matthias Claudius,* populärer dtsch. Dichter, seine Prosa kennzeichnet Religiosität (1740–1815) – *Napoleon I. (Bonaparte),* 1804–14/15 Kaiser d. Franzosen, starb in d. Verbannung (1769–1821) – *Emma Calve,* gefeierte franz. Sopranistin, berühmte „Carmen" von Bizet (1858–1942) – *Thomas Edward Lawrence,* „Lawrence von Arabien", engl. Diplomat u. Archäologe (1888–1935) – *Louis Victor Prinz v. Broglie,* Herzog (seit 1960), franz. Physiker, Nobelpreisträger (1892–1987)

16. AUGUST

Löwe

VERANLAGUNG: Sie sind sehr empfindlich, wenn irgend jemand in Ihrer Umgebung oder in der Gesellschaft ein bestimmtes Verhalten von Ihnen verlangt. Ob es das Denken oder der Lebensstil ist, ob es moralisch-ethische Werte oder nur oberflächliche Modeerscheinungen sind, immer bestehen Sie darauf, Ihren ureigensten Weg zu finden und es im Zweifel anders als alle machen zu wollen. Sie wehren sich deshalb mit sehr großem Selbstvertrauen vehement gegen jegliche Abhängigkeit und reagieren deshalb oft so risikobereit und spontan, daß Beständigkeit nicht wirklich möglich ist. Das stört Sie auch nicht wirklich; denn in Ihren Augen ist das Leben dann nur noch eine mühselige Reise, wenn man heute schon weiß, wo man morgen sein wird. Sie sind deshalb ständig auf der Suche nach Gipfelerlebnissen und wollen durch Ausprobieren einen wahren Durchblick bekommen. Aber Sie wissen aus schmerzlicher Erfahrung, daß Sie immer erst dann, wenn Sie offenen Auges eine tiefe Krise durchleiden, plötzlich die Kraft in sich verspüren, die Sie zu neuen schöpferischen Leistungen befähigt. Dabei macht Ihr starker Antrieb, sich auszudrücken, auch vor der Darstellung ureigenster Lebensprozesse nicht halt. Zu Ihrem Mut, Ihrem ungebändigten Lebenstrieb und Ihrer Bindungslosigkeit gesellen sich die Fähigkeiten, Erfahrungen in Ihrer Gesamtbedeutung richtig einordnen zu können.

HAUPTMERKMAL: Lebendigkeit

LEBENSPRINZIP: Eine unabhängige Individualität entwickeln, indem man im Zweifel mutig gegen den Strom schwimmt

UNTER DIESEM DATUM HATTEN UND HABEN AUSSERDEM GEBURTSTAG:
Albrecht II., ab 1904 als A.V. Herzog v. Österr., 1438–39 dtsch. König (1397–1439) – *Giovanni Bosco,* ital. Priester u. Sozialpäd., schuf Jugenddorf, 1934 heiliggespr. (1815–1888) – *Gabriel Lippmann,* franz. Physiker, erfand 1891 d. Farbphotographie (1845–1921) – *Wendell Meredith Stanley,* US-Biochemiker, entwickelte u. a. Influenza-Impfstoff (1904–1971) – *Franz Joseph II.,* 1938–89 Fürst v. Liechtenstein (1906–1989) – *Menachem Begin,* israel. Politiker, u. a. 1977–83 Ministerpräs., Friedensnobelpreis (1913–1992) – *Charles Bukowski,* „antibürgerlicher" US-Poet u. Kultschriftsteller (1920–1994) – *Madonna,* US-Sängerin u. Schauspielerin, Mega-Hollywoodstar, *1958

17. AUGUST

Löwe

VERANLAGUNG: Ihr Weg zur Selbstverwirklichung führt immer über das spontane Handeln. Da Sie sehr starkes Gewicht auf Ihre Unabhängigkeit legen, lassen Sie sich nicht durch Ratschläge, Mahnungen oder Vorüberlegungen in Ihren Möglichkeiten einschränken. So bleibt Ihr Denken meist kurzatmig und Ihre Meinungsbildung unverbindlich. Als ein nach allen Seiten offener Mensch sehen Sie sich deshalb mit einer verwirrenden Vielfalt von Aktionsmöglichkeiten konfrontiert, die Sie gedanklich nicht ordnen und die Sie deshalb leicht überschwemmen. Da Sie seelisch stabil sind, wollen Sie keine Kompromisse eingehen, überschätzen sich leicht und trauen sich oft zu viel zu. Sie sind ständig im Aufbruch, haben Angst, etwas zu verpassen, und wollen immer neue Höhepunkte ins Auge fassen. Da Sie in Ihrer rastlosen Inspiration sehr viele Talente entwickelt haben, gelingt Ihnen trotz aller Widrigkeiten immer wieder etwas überraschend gut. Das Leben kommt Ihnen in solchen Momenten der Übereinstimmung mit Ihrer Bestimmung leicht vor, und Sie reißen alle anderen mit Ihrer Begeisterung mit. Doch sehr viel häufiger verlieren Sie sich in den vielen verschiedenen Ansätzen und müssen schmerzlich erkennen, daß Sie Ihre Impulsivität beherrschen, sich in Ihrem Wollen einschränken und auf ein Ziel zur Zeit konzentrieren müssen.

HAUPTMERKMAL: Immer im Aufbruch

LEBENSPRINZIP: Wirkliche Selbstverwirklichung setzt voraus, nur eine der vielen Möglichkeiten zur Zeit wahrzunehmen

UNTER DIESEM DATUM HATTEN UND HABEN AUSSERDEM GEBURTSTAG:
Theodor Däubler, dtsch. Schriftsteller d. Expressionismus (1876–1934) – *Karl I.,* 1916–18 Kaiser v. Österr. u. König v. Ungarn (1887–1922) – *Mae West,* US-Schauspielerin, Sexsymbol, Femme fatal, Autorin (1893–1980) – *Otto Suhr,* dtsch. SPD-Politiker, u. a. 1955–57 Reg. Bürgermeister v. Berlin (1894–1957) – *Lotte Jacobi,* US-Photografin, spezialisiert auf Prominentenportraits (1896–1990) – *Maureen O'Hara,* ir. Schauspielerin mit intern. Erfolgen, *1920 – *Robert De Niro,* einer d. wandlungsfähigsten US-Schauspieler, zwei Oscars, *1943 – *Nelson Piquet,* brasil. Automobilrennfahrer, u. a. dreimaliger Formel-I-Weltmeister, *1952

18. AUGUST

Löwe

VERANLAGUNG: Ein dauerhaftes Sicherheitsgefühl entsteht bei Ihnen nur durch eine andauernde Handlungsmöglichkeit und durch die Befriedigung Ihres ausgeprägten Bedürfnisses nach Selbstdarstellung. Sie sind ein Mensch, der sich eine derart ausgeprägte Unabhängigkeit bewahrt hat, daß er etwas intuitiv spüren kann, ehe er es gedanklich erfaßt hat. Und so liegen Sie meistens richtig mit dem, was Sie spontan tun. Diese Erfolgserlebnisse untermauern Ihr sowieso schon reichlich vorhandenes Selbstvertrauen. Doch da Sie sich sehr stark auf Ihre innere Stimme und sonst auf gar nichts verlassen, entsteht in Ihnen die Besorgnis, was geschehen könnte, wenn Sie plötzlich nicht mehr von innen nach außen fließen. Doch wenn das geschieht, spüren Sie genau, daß Sie sich zurückziehen müssen, um erneut Kraft zu tanken und vielleicht Ihren Weg zu korrigieren. Sie folgen dabei einem Rhythmus, den Sie zwar spüren, nicht aber erklären können. Immer wenn Sie wirklich zur Ruhe gefunden haben, sich freiwillig oder zwangsweise von überhitztem Ehrgeiz befreit haben, scheinen neue Energien in Ihnen freigesetzt zu werden, die Sie zu persönlichen Höchstleistungen führen, ohne daß Sie wirklich wissen, woher sie kommen. Sie spüren einfach intuitiv, wann sich was wo entwickelt hat und handeln danach. Sie verlassen sich gegen jede erkennbare Vernunft auf diese innere Kraft und überraschen mit für viele unverstehbaren Kurswechseln.

HAUPTMERKMAL: Energie

LEBENSPRINZIP: Sich auch im Zweifel dem eigenen Rhythmus von inneren Kräften überlassen und der Intuition vertrauen

UNTER DIESEM DATUM HATTEN UND HABEN AUSSERDEM GEBURTSTAG:
Franz Joseph I., 1848–1916 Kaiser v. Österr., 1867–1916 König v. Ungarn (1830–1916) – *Virginia Dare,* das erste in den USA geborene Kind engl. Siedler (1587, Todesdatum unbek.) – *Leo Slezak,* österr. Heldentenor – Mitglied d. Wiener Staatsoper – u. Schauspieler (1873–1946) – *Tilla Durieux,* herausragende dtsch. Bühnenschauspielerin (1880–1971) – *Roman Polanski,* herausragender franz. Hollywoodstar poln. Herkunft, *1933 – *Robert Redford,* dtsch. Schauspieler, Regisseur u. Produzent. Redford wurde am (*1937)

19. AUGUST

Löwe

VERANLAGUNG: Ihr ungebändigter Lebenstrieb zeigt sich vor allem in Ihrem unablässigen Tätigkeitsdrang. Um diesem so unbehindert wie nur möglich nachgehen zu können, achten Sie auf vollkommene Unabhängigkeit, indem sie lieber in Ihrem Verhalten als unnahbar oder sogar verschroben gelten, als etwas einfach deshalb zu übernehmen, weil es angeblich alle so machen. So sind Sie nie wirklich irgendwo oder in irgend jemand verankert und können auch schlecht Hilfe annehmen. Zum Ausgleich stürzen Sie sich deshalb um so stärker und eigenwilliger in Ihr Tun. Höher, weiter, schneller oder besser – auf jeden Fall anders und ohne Stillstand. Als ein äußerst dynamisch veranlagter Mensch wollen Sie alles möglichst sofort umsetzen, was Ihnen Ihre reichhaltige Phantasie vorgibt. Sie sehen sich gerne in der Rolle desjenigen, der mutig vorangeht und für andere Türen öffnet. Außerordentlich wichtig ist es dabei, daß nichts im Verborgenen geschieht. Für Sie sind Ideen kein Privateigentum, und Sie wollen deshalb, daß Ihre Taten, Ihre Ideen oder Ihr Informationsvorsprung für alle offensichtlich werden. Und Sie genießen das Extreme, Provokante oder Eitle schon allein deshalb, weil Sie die äußere Show immer als Transportmittel für Inhalte sehen. Für Inhalte, die Sie bestimmen. Schlimm wird es für Sie immer nur dann, wenn Sie nicht mehr die Möglichkeit haben, am Pulsschlag des Geschehens zu sein, um einzugreifen.

HAUPTMERKMAL: Mitteilungsbedürfnis

LEBENSPRINZIP: Durch mutiges Voranschreiten und Sinn für Effekte die eigenen Ideen anderen überzeugend vermitteln

UNTER DIESEM DATUM HATTEN UND HABEN AUSSERDEM GEBURTSTAG:
Elisabeth Stuart, ab 1614 engl. Kurfürstin v. d. Pfalz, ab 1619 Königin v. Böhmen (1596–1662) – *Madame Dubarry,* Frankr., u. a. offizielle Mätresse Ludwig d. XV. von Frankreich (1743–1793) – *Adele Sandrock,* holl. Bühnen- u. Filmschauspielerin, oft boshaftige „komische Alte“ (1863–1937) – *Orville Wright,* USA, baute u. flog m. Bruder Wilbur d. erste funktion. Flugzeug (1871–1948) – *Coco Chanel,* geniale franz. Modeschöpferin, erfand „das Kleine Schwarze“ (1883–1971) – *Bill Clinton,* seit 1993 d. 41. Präs. d. USA, 1996 wiedergewählt, *1946

20. AUGUST

Löwe

VERANLAGUNG: Für Ihr Lebensgefühl ist es außerordentlich wichtig, Ihre ureigenste Individualität immer wieder zu betonen. Fremden Gemeinschaften und ihren Regeln schließen Sie sich deshalb nur sehr unwillig und nur bis zu einem bestimmten Grad an. Durch Ihren eigenwilligen Ehrgeiz, sich gegen alles und jeden selbst behaupten zu wollen, sind Sie sehr oft geradezu gezwungen, in Bewegung zu bleiben. Manchmal ist der Weg vom Eindruck zum Ausdruck so kurz, aber Ihr Bedürfnis nach einer spontanen Reaktion so groß, daß Sie nur mit Mühe das zerschlagene Porzellan wieder kitten können. Doch nicht immer ist Ihr Mut, auf jede Herausforderung sofort zuzugehen, für Ihr Dasein negativ. Ihre Beharrlichkeit und Ihr schöpferisches Talent führen Sie sehr oft zu den angestrebten Gipfelerlebnissen. Sie erleben in solchen Momenten höchster Anspannung, großer Leistung oder organisatorischen Könnens eine unmittelbare Nähe zum Urgedanken der Schöpfung. Sie schwingen dann auf natürlichste Weise mit dem Leben mit, und alles ist stimmig. Obwohl Sie eigentlich vorbereitet sein müßten, fällt Ihnen der notwendigerweise kommende Abstieg nie leicht. Gerade weil Sie allzugroße Nähe liebender Menschen vermieden haben, fehlt Ihnen oft das Auffangnetz. Doch jede erlittene Krise läßt Sie mit geschärften Sinnen auf das Neue nur noch mutiger zugehen.

HAUPTMERKMAL: Durchhaltevermögen

LEBENSPRINZIP: Mit beharrlichem Mut neue Herausforderungen annehmen und so vorübergehende Gipfelerlebnisse genießen

UNTER DIESEM DATUM HATTEN UND HABEN AUSSERDEM GEBURTSTAG:
Jöns Jakob Freiherr von Berzelius, schwed. Begr. d. modernen Chemie (1779–1848) – *Friedrich Wilhelm,* 1847–1866 Kurfürst von Hessen-Kassel (1802–1875) – *Paul Tillich,* dtsch. Philosoph u. ev. Theologe, Mitbegr. d. Religiösen Sozialisten (1886–1965) – *Raymond Poincaré,* franz. Politiker, u. a. 1913–20 Staatspräsident (1860–1934) – *Eero Saarinen,* US-Architekt u. Möbeldesigner expressionistisch-plastischen Stils (1910–1961) – *Roger Sperry,* US-Psychobiologe, erkannte, wie d. Gehirnhälften arbeiten (1913–1994) – *Rajiv Gandhi,* ind. Politiker, ab 1984 Premierminister, starb d. Attentat (1944–1991)

21. AUGUST

Löwe

VERANLAGUNG: Sie haben aus dem unbestimmten Gefühl, etwas Besonderes zu sein, keine zu enge Bindung zu anderen zugelassen. Sie haben nur solche Kontakte gepflegt, die nützlich waren, gerne Ratschläge erteilt, aber eigentlich nie selbst Hilfe angenommen. So entwickeln Sie zwar einerseits Initiative und Eigenständigkeit, andererseits aber sind Sie ein Mensch, der aus mangelnder Hingabefähigkeit von Mißtrauen geprägt ist. Ihrer Meinung nach gibt es so viele Möglichkeiten für Sie, doch irgendwie können Sie schlecht die Spreu vom Weizen trennen. Hinzu kommt, daß an Ihnen ständig das Gefühl nagt, daß andere Sie bewußt hindern und einengen wollen und Sie deshalb nie die Aufgaben lösen können, die Ihnen gemäß sind. Sie müssen schmerzlich feststellen, daß es nicht genügt, nur nach vorne zu stürmen und zu versuchen, die Dinge handelnd in den Griff zu bekommen. So öffnet diese persönliche Krise, die aus der inneren Isolation kommt, Ihr Bewußtsein, und Sie wollen mit den Problemen neu umgehen lernen. Das Schwierige dabei ist, daß Sie Ihre seismographisch genauen Kontrollmechanismen ruhigstellen müssen, um auf Menschen wirklich zugehen zu können. Aber intuitiv spüren Sie, daß Sie diese Zerreißprobe zwischen Wollen und Können immer wieder neu überstehen müssen, um die Anerkennung zu bekommen, die Ihr Selbstwertgefühl dringend benötigt.

HAUPTMERKMAL: Zerrissen zwischen Wollen und Können

LEBENSPRINZIP: Wer innerlich und äußerlich am richtigen Platz Erfolg will, muß auf die Menschen wirklich zugehen

UNTER DIESEM DATUM HATTEN UND HABEN AUSSERDEM GEBURTSTAG:
Philipp II. August, 1180–1223 König v. Frankreich (1165–1223) – *Hubert Gautie,* franz. Ingenieur, schrieb d. erste Buch über Brückenbauen (1660–1737) – *Guiseppe Antoni Guarneri,* bedeutender ital. Geigenbauer (1698–1744) – *Jules Michelet,* franz. Historiker, verf. u. a. patriotisch gefärbte Geschichte Frankr. (1798–1874) – *Aubrey Vincent Beardsley,* brit. Zeichner u. Buchillustrator d. brit. Jugendstils (1872–1898) – *„Count" Basie,* begnadeter US-Jazzpianist u. Bandleader, Symbolfigur d. Swing (1904–1984) – *Christopher Robin Milne,* brit. Auto, inspirierte Vater A.A.M. zu „Winnie-the-Pooh" (1920–1996)

22. AUGUST

Löwe

VERANLAGUNG: Sie identifizieren sich so stark mit der ungebundenen Kraft der Schöpfung, daß Sie darauf bestehen, auch Ihrer eigenen natürlichen Vitalität ungehindert feste Ausdrucksformen geben zu dürfen und von tief innen nach außen fließen zu können. So sind Sie der Überzeugung, einen besonderen Zugang zum Leben zu haben, was Sie anderen durch eine herausgehobene Rolle auch kundtun wollen. Schon sehr früh erfühlen Sie in sich erregende Einflüsse der von Ihnen außergewöhnlich stark wahrgenommenen Lebensrhythmen. Diese führen Sie in Ihrem Leben nur steil hoch und tief hinab, und das einzig Gleichbleibende in dem Wechselspiel ist die dynamische Energie Ihres Lebenswillens. Sei es die Klangfülle der Musik, die Vielfalt des geschriebenen Wortes, die Möglichkeiten der Machtausübung, der Reichtum der Bildersprache oder die Erreichung zu diesen Leistungsgrenzen, immer ist Ihre Beziehung zu diesen Lebensprozessen erotisch geprägt. Doch sind Sie dabei nie wirklich persönlich ausgeliefert, sondern die Freisetzung Ihrer Energien dient ganz bewußt dem Ziel, Ihre ganz persönliche Überlegenheit unter Beweis zu stellen. Angst haben Sie nur davor, daß Sie sich vielleicht plötzlich nicht mehr auf Ihre intuitiven Kräfte verlassen können.

HAUPTMERKMAL: Seltsam unberührte Begeisterung

LEBENSPRINZIP: Innerlich unabhängig, alle schöpferischen Strömungen in sich lustvoll zur Meisterschaft bringen

UNTER DIESEM DATUM HATTEN UND HABEN AUSSERDEM GEBURTSTAG:
Claude Debussy, franz. Komponist impressionistischen (1862–1918) – *Maximilian Oskar Bircher-Benner,* schweiz. Arzt, erfand d. „Bircher-Müsli" (1867–1939) – *Max Scheler,* dtsch. Philosoph, begr. u. a. die philosophische Anthropologie (1874–1928) – *Gorch Fock,* dtsch. Schriftsteller, schrieb über Fischer u. Seemänner (1880–1916) – *Samuel Goldwyn,* US-Produzent, Mitbegr. v. Paramount Pictures u. MGM (1882–1974) – *John Lee Hooker,* amerik. „Vater des Blues", *1917 – *Ray Bardbury,* genialer US-Autor klassischer Science-Fiction-Bücher u. Filme, *1920 – *Wolfdietrich Schnurre,* maßgeblicher dtsch. Schriftsteller, Mitbegr. d. Gruppe 47 (1920–1989) – *Karlheinz Stockhausen,* dtsch. Komponist, Pionier elektronischer Musik, *1928

23. AUGUST

Löwe / Jungfrau

VERANLAGUNG: Eigentlich wollen Sie auf die vielfältigen Vorgänge um sich herum direkt und spontan reagieren. Doch das können Sie seelisch nicht so einfach. Ohne möglichst viele Aspekte vorher bedacht und alle Erscheinungen beobachtet zu haben, sind Sie zu verunsichert, eine klare Position zu beziehen und einfach zu handeln. Da es immer wieder Unberechenbares gibt, das Sie nicht sofort erfassen können, entwickeln Sie nur schwer Vertrauen und sind deshalb leicht irritierbar, ständig unruhig und reagieren oft überempfindlich. Aus dieser inneren Not heraus konzentrieren Sie sich auf genaueste Beobachtungen und versuchen so die Methodik und das System von Vorgängen zu erfassen. Dabei hilft es Ihnen, daß Sie auch Ihr eigenes Unterbewußtsein genau erfassen wollen und dieses so eine ständige Quelle von Einfällen und intuitiven Ideen wird. Sie sind ein Mensch, der alles liebt, was mit Präzision und Überblick bewältigbar ist. So wird bei Ihnen sogar die Spontaneität sorgfältig berechnet. Sie lieben es deshalb überhaupt nicht, überrascht zu werden und geben Ihre eigene Unsicherheit in solchen Momenten oft als ironische Verunsicherung an andere weiter. Selbstquälerische Schwierigkeiten haben Sie meistens dann, wenn Sie gezwungen sind, gewohnte Pfade zu verlassen und sich für etwas Neues entscheiden zu müssen. So wird man Sie trotz aller Widrigkeiten meist auf Jahre dort finden, wo Sie sich einmal irgendwie festgesetzt haben.

HAUPTMERKMAL: Distanziert

LEBENSPRINZIP: Durch genaueste Beobachtung und Analyse die Vorgänge methodisch erfassen und so vorbereitet handeln

UNTER DIESEM DATUM HATTEN UND HABEN AUSSERDEM GEBURTSTAG:
Ludwig XVI., 1774–1792 König v. Frankreich, letzter franz. König (1754–1793) – *Georges Baron de Couvier*, herausragender franz. Zoologe u. Paläontologe (1769–1832) – *Albert Claude*, belg. Mediziner u. Biochemiker, Medizinnobelpreisträger (1899–1983) – *Gene Kelly*, herausragender US-Tänzer, Schauspieler u. Choreograph (1912–1996) – *Ephraim Kishon*, als Satiriker beliebter israel. Schriftsteller u. Journalist ungar. Herkunft, *1924 – *Clifford Geertz*, unbequemer US-Kulturanthopologe u. führender Rhetoriker, *1926

Jungfrau

24. AUGUST
Jungfrau

VERANLAGUNG: Da Ihr Sicherheitsbedürfnis im Leben davon abhängt, nicht von Außenvorgängen überrascht werden zu können, saugen Sie mit all Ihren Sinnen Beobachtungen, Analysen und Systematiken wie ein ausgetrockneter Schwamm in sich auf. Das Leben ist für Sie eine ständige Quelle der Beunruhigung, und Ihre äußerliche Besonnenheit steht deshalb im krassen Gegensatz zu Ihrer innerlichen Anspannung. Trotz dieser Irritierbarkeit gehen Sie als selbstbewußte Persönlichkeit mit Energie und unstillbarer Neugierde auf alle Lebenssituationen und schöpferischen Vorgänge zu. Dabei sind Sie in der Lage, aus dem kleinsten Detail auf den Charakter des Gesamten schließen zu können. Sie sind ein Mensch, der zwar alles erst einmal mit intellektueller Skepsis betrachtet, der aber gleichzeitig in der Lage ist, auf eine Intuition zu vertrauen, die kosmisch oder auch göttlich genannt werden könnte. So erfüllt auch das zuerst Unverstehbare für Sie eine vorwärtstreibende Funktion für die Gesamtentwicklung. Sie können das Anderssein des Gegenüber, die vielen kulturellen Unterscheidungen und mannigfaltigen Ausdrucksmöglichkeiten als organisches Muster wahrnehmen, das die Menschheit als Ganzes ausmacht. So sind Sie auf schöpferischem Gebiet vorurteilsfrei und immer offen für alles Neue. Deswegen steht Ihre technische Virtuosität nur in einem scheinbaren Gegensatz zu Ihrer formalen Verspieltheit.

HAUPTMERKMAL: Aufgeschlossen

LEBENSPRINZIP: Genau beobachten, sachlich analysieren und dann Vorgänge mit intuitiver Einfühlung wirklich erfassen

UNTER DIESEM DATUM HATTEN UND HABEN AUSSERDEM GEBURTSTAG:
Alexander II., 1214–1249 König v. Schottland (1198–1249) – *Georg v. Reichenbach,* dtsch. Hersteller astronomischer Geräte u. Erfinder solcher (1772–1826) – *Wilhelm I.,* 1815–40 König d. Niederlande (1772–1843) – *James Weddell,* brit. Seefahrer, erkundete n. ihm ben. Randmeer d. Atlantik (1787–1834) – *Ferdinand I,* 1914–27 König v. Rumänien (1865–1927) – *Jorge Luis Borges,* argent. Schriftsteller, einer der wichtigsten lateinamerik. Autoren (1899–1986) – *Fernand Braudel,* franz. Historiker, bedeutendster Vertreter d. Nouvelle Historie (1902–1985)

25. AUGUST
Jungfrau

VERANLAGUNG: Aus einer inneren Verunsicherung heraus beobachten Sie alle Vorgänge um sich herum genauestens. Sie kommen dabei schon früh zu dem Schluß, daß Sie den Regeln, nach denen das meiste in der verwirrenden Umwelt geschieht, nicht vertrauen können. So schaffen Sie sich Ihre eigenen Maßstäbe und stellen Ihr subjektives Interesse in den Mittelpunkt. Obwohl Sie eigentlich sehr gerne in kritischer Distanz verharren würden, zwingen Sie Ihr brennender Ehrgeiz, Ihr Selbstdarstellungsbedürfnis und Ihr kaum zu zügelnder Erlebnisdrang hinaus in die als Wildnis empfundene Konkurrenzwelt. Dabei sind Sie lange Zeit von einer solch starken Ichbezogenheit geprägt, daß es für Sie unmöglich ist, wahre Nähe und tiefes Vertrauen im Verhältnis zu anderen Menschen zu entwickeln. So finden Sie sich in Zeiten schöpferischer Leerläufe, mangelnder Außenreize oder gesellschaftlicher Behinderungen innerlich isoliert und eigentlich tieftraurig wieder. Sie spüren dann, daß Sie an das Leben zu subjektiv und egozentrisch herangegangen sind, um seelisch wirklich zufrieden werden zu können. So drängen Sie das distanziert-analytische Denken weg, öffnen sich mutig und machen Mitgefühl und Verständnis Platz. Sollte das nicht zu Ihrer Zufriedenheit angenommen werden, besteht die Gefahr ständiger innerer Zerrissenheit und vollkommener Abkehr vom Mitmenschlichen.

HAUPTMERKMAL: Eigenmaßstäblichkeit

LEBENSPRINZIP: Die aus einer ichbezogenen Haltung kommende Einsamkeit zum Anlaß nehmen, wahre Nähe herzustellen

UNTER DIESEM DATUM HATTEN UND HABEN AUSSERDEM GEBURTSTAG:
Johann Gottfried Herder, dtsch. Literat, Theologe, Philosoph, Freund Goethes (1744–1803) – *Ludwig I.,* 1825–48 König v. Bayern (1786–1868) – *Leonard Bernstein,* herausragender dtsch. Dirigent, Komponist u. Pianist (1918–1990) – *Emil Theodor Kocher,* schweiz. Chirurg, erforschte Schilddrüsenerkrankungen (1841–1917) – *Ludwig II.,* 1864–86 König v. Bayern, im See ertrunken (1845–1886) – *Sean Thomas O'Kelly,* ir. Politiker, u. a. Mitbegr. d. national. Partei Sinn Fein (1882–1966) – *Sean Connery,* überaus wandlungsfähiger schott. Schauspieler u. Hollywoodstar, *1930

26. AUGUST
Jungfrau

VERANLAGUNG: Da Sie nicht Ihrem Bedürfnis entsprechend wirklich alles untersuchen, verstehen oder analysieren können, was um Sie herum geschieht oder vorhanden ist, sind Sie leicht verunsicherbar, immer ein wenig irritiert und ständig unruhig. Obwohl Sie eigentlich von der Angst geprägt sind, andauernd irgendwo etwas zu versäumen, Ihr Lebenstrieb und auch Ihr Selbstdarstellungsbedürfnis stark ausgeprägt sind, bleiben Sie selbst immer innerlich distanziert und auch äußerlich ein wenig abseits von den Situationen, in denen Sie sich für wirkliches Leben entscheiden müßten. Stattdessen verlagern Sie Ihr Tun viel lieber auf Gebiete, in denen sich Leben nur widerspiegelt. Das hat sehr oft eine Ursache in einem tiefen Gefühl von Allein-Sein und einer grundsätzlichen Entfremdung. Haben Sie sich jedoch erst einmal für eine Person oder eine Aufgabe entschieden, erfüllen Sie Ihre Verantwortlichkeiten bis zur Selbstaufgabe. Dabei vertrauen Sie in Situationen äußerster Herausforderung und seelischer Angst immer auf innere Kräfte, die Psychologen Urinformationen nennen, Sie selbst aber als spirituelle Hilfe oder natürlich-kosmische Intuition ansehen. Da Sie bereit sind, von persönlichen Wünschen Abschied zu nehmen, liegt es für Sie nahe, sich Menschen anzuschließen, die direkt und ohne Zurückhaltung leben, und für diese den organisatorischen Rahmen zu schaffen.

HAUPTMERKMAL: Anpassungsfähig

LEBENSPRINZIP: Das Vertrauen auf eine innere intuitive Kraft dafür benutzen, einer Gemeinschaft Form zu geben

UNTER DIESEM DATUM HATTEN UND HABEN AUSSERDEM GEBURTSTAG:
Johan Heinrich Lambert, elsäss. Mathematiker, entwickelte Milchstraßenmodell (1727–1777) – *Antoine Laurent de Lavoisier,* franz. Chemiker, entdeckte d. Oxygen (1743–1794) – *Charles Richet,* franz. Physiologe, forschte über Antikörper (1850–1935) – *Rudolf Belling,* dtsch. Bildhauer, Pionier d. abstrakten Praxis (1886–1972) – *Christopher Isherwood,* brit. Schriftsteller, lieferte d. Vorlage f. d. Musical „Cabaret" (1904–1986) – *Julius Döpfner,* dtsch. kath. Theologe, ab 1965 Vors. d. dtsch. Bischofskonferenz (1913–1976) – *Werner Schneyder,* österr. Kabarettist u. Multitalent d. Gegenwart, *1937

27. AUGUST

Jungfrau

VERANLAGUNG: Um sich selbst und Ihr Tun richtig einordnen zu können, haben Sie schon früh Ihre Umwelt untersucht und festgestellt, daß offensichtlich kein Mensch wirklich unabhängig davon ist, in welche Situation, Kultur und Gemeinschaft er hineingeboren worden ist. Dabei empfinden Sie es als Zeichen innerer Unreife, daß die Menschen zu sehr wirklich vorhandene Unterschiede als Gegensätze und nicht als Ergänzung sehen. So versuchen Sie stets, Ihr Denken von Vorurteilen, Eigenheiten und Moralgrundsätzen zu befreien, die Ihre Ursache klar ersichtlich in Ihrer persönlichen Herkunft haben. Sie sind in erster Linie vernunftgeprägt und das Mensch-Sein beginnt für Sie mit der Erkenntnis, daß jeder Einzelne ein Recht darauf hat, als Vertreter der Gesamtheit angesehen zu werden, und daß jeder noch so befremdlich wirkende Unterschied einen gleichen Wert im Gesamtzusammenhang der Menschheit zu erfüllen hat. Diesem Engagement für soziale und kulturelle Belange in der Außenwelt steht ein inneres Bedürfnis entgegen, sich trotz allem nicht zu weit von der eigenen inneren ‚Heimat' zu entfernen. So sind Sie meist von dem Konflikt geprägt, sehr bodenständig in Traditionen verhaftet und gleichzeitig ein sehr weltoffener, toleranter Mensch zu sein. Das lösen Sie, indem Sie sich einer selbst verschriebenen Aufgabe bis zur Selbstverleugnung widmen.

HAUPTMERKMAL: Vernunftgeprägt

LEBENSPRINZIP: Sich von Vorurteilen befreien und jeden Menschen und sein Anderssein als Teil der Gesamtheit sehen

UNTER DIESEM DATUM HATTEN UND HABEN AUSSERDEM GEBURTSTAG:
Friedrich Hegel, dtsch. Philosoph, bedeutender Vertreter d. dtsch. Idealismus (1770–1831) – *Gideon Blackburn Presbyterian,* Geistlicher, Gelehrter, Missionar b. d. Cherokees (1772–1838) – *Barthold Georg Niebuhr,* dtsch. Historiker, führte d. quellenkritische Methode ein (1776–1831) – *Carl Bosch,* herausragender dtsch. Chemiker, Nobelpreisträger (1874–1940) – *Mutter Teresa,* ind. Ordensschwester, Innbild d. Nächstenliebe, Friedensnobelpreis (1910–1997) – *Martha Raye,* US-Multitalent, Ehrungen f. d. Unterh. d. US-Truppen im 2. Weltkrieg (1916–1994) – *Jasir Arafat,* paläst. Politiker, u. a. seit 1969 Führer d. PLO, *1929

28. AUGUST
Jungfrau

VERANLAGUNG: Da Sie von einer unstillbaren Neugierde und einer unbestimmten Versäumnisangst geprägt sind, wollen Sie den Dingen unbedingt auf den Grund gehen, Zusammenhänge herstellen und Lebenssituationen in ihrer Gesamtheit erfassen. Äußerst empfindlich gegen alles Unechte und Verlogene, öffnen Sie Ihre Sinne ganz weit und schlucken quasi die Umwelt, um sie zu verarbeiten. Wo aber viele nur an der Oberfläche der äußeren Erscheinung verhaften bleiben, versuchen Sie auch die dahinter versteckten Ursachen und Energieprozesse zu erfassen. Sie wollen sich die inneren Kräfte bewußt machen, die sich in den verschiedensten Lebensformen äußern. Dabei helfen Ihnen Ihre außergewöhnlich große Vorstellungskraft, Ihre starke Empfindungsfähigkeit und das Können, beides zusammen mit eigenen Erfahrungen in schöpferische Verbindung bringen zu können. Bei Ihnen gehen also vernunftgeprägte Analyse und spirituelle Intuition Hand in Hand und erlauben Ihnen eine ganzheitliche Sicht aller Vorgänge. Plötzlich ist deshalb für Sie nichts mehr unwichtig, alles hat eine tiefere Bedeutung, und Sie versuchen aus dieser Erkenntnis und aus den erspürten Energien schöpferische Formen zu gießen. Sie haben die Begabung, Vorstellungskraft und Realität quasi zu vereinigen und Ihre klugen Erkenntnisse optimal zu verarbeiten.

HAUPTMERKMAL: Genaue Beobachtungsgabe

LEBENSPRINZIP: Das Äußere analysieren, intuitiv verborgene Energieprozesse erfassen und so ganzheitlich erkennen

UNTER DIESEM DATUM HATTEN UND HABEN AUSSERDEM GEBURTSTAG:
Johann Wolfgang v. Goethe, einer der ganz großen dtsch. Dichter (1749–1832) – *Antoine Augustin Cournot,* franz. Sozialökonom, entwarf Angebots-Nachfragekurve (1801–1877) – *Andre Eugène Blondel,* franz. Physiker, baut 1893 d. ersten Oszillographen (1863–1938) – *Umberto Giardano,* ital.Komponist, einer d. führenden Vertreter d. Verismus (1867–1948) – *George Hoyt Whipple,* US-Pathologe, entwickelte Behandlungsmeth. d. Anämie (1878–1976) – *Ernst Weiß,* österr. Arzt u. Schriftsteller nahe d. literarischen Expressionismus (1882–1940) – *Godfrey Newbold Hounsfield,* brit. Elektroing., ermöglichte Computertomographie (1925–1981)

29. AUGUST

Jungfrau

VERANLAGUNG: Sie erfühlen in sich eine ungewöhnlich stark ausgeprägte Lebensenergie. Und Sie müssen schmerzlich erfahren, daß Sie in regelmäßigem Rhythmus Opfer Ihrer nur schwer zu kontrollierenden Emotionalität werden. Gerade weil Sie alles, was Sie mit wem wie tun, sehr bewußt wahrnehmen, sind Sie innerlich immer unruhig. Sie finden eigentlich nie den inneren oder äußeren Ort, an dem Sie wirklich zur Ruhe kommen können. Das einzige, was Sie nicht verzweifeln läßt, sind Ihr dynamischer Lebenswille und Ihre ausgeprägte psychische Kraft. Trotzdem entwickeln Sie daneben mannigfaltige Schutzverhalten, um dem eigenen Hang zur Verwirrung zu entgehen: Sie beobachten noch kritischer, lassen sich in Ihrem Denken nicht bestechen und stürzen sich kopfüber in immer neue Herausforderungen. Immer wenn Sie ein Tal im Lebensrhythmus durchschritten haben, starten Sie mit um so geballterer Kraft wieder neu durch. Sie brechen immer wieder aus und verlassen dabei vororganisierte Wege und Erhaltungshaltungen anderer. Alles in Ihnen schreit danach, sich zu beweisen und sich einer Aufgabe oder Person bis zur Erschöpfung aller vitalen Energien hinzugeben. Sie wollen Ihre Meisterschaft unter Beweis stellen und so Ihre Lebenskraft irgendwie objektiv messen können. Nur in der totalen Verausgabung hoffen Sie die eigene Mitte wieder- oder überhaupt erst einmal zu finden.

HAUPTMERKMAL: Geschicklichkeit

LEBENSPRINZIP: Lebenskraft meßbar machen, indem man sich bis zur Erschöpfung Herausforderungen hingibt und sie meistert

UNTER DIESEM DATUM HATTEN UND HABEN AUSSERDEM GEBURTSTAG:
John Locke, engl. Philosoph, Begr. d. Schule d. Empirismus (1632–1704) – *Andrew Fisher,* austr. Politiker, u. a. 1908–09, 1910–13, 1914–15 Premierminister (1862–1928) – *Hermann Löns,* dtsch. Heimatdichter, feierte d. germanische Brauchtum (1866–1914) – *Werner Forßmann,* dtsch. Chirurg, erfand 1929 Herzkatheder, Medizinnobelpreis (1904–1979) – *Ingrid Bergman,* schwed. Schauspielerin u. absoluter Weltstar, drei Oscars (1915–1982) – *Michael Jackson,* US-Multitalent, Megastar m. Millionenauflagen – pro Platte, *1958

30. AUGUST
Jungfrau

VERANLAGUNG: Sie öffnen sich den verschiedensten Reizen der Außenwelt sehr weit und fühlen sich diesen auch weitgehend ungeschützt ausgeliefert, da Sie keine echte eigene Standortruhe haben. So sind Sie dadurch zwar sehr heftigen Gefühlsschwankungen ausgesetzt, doch leiden Sie darunter eigentlich nicht wirklich. Im Gegenteil, Sie erleben den Rhythmus der Auf und Abs sehr oft als sinnliche Stimulanz für Ihr schöpferisches Tun. So sind Sie neugierig auf jede neue Herausforderung und stets bereit weiterzuziehen. Sie könnten ja sonst irgendwo, irgendwas oder irgendwen versäumen. Durch Ihre untersuchende Beobachtungsfähigkeit erkennen Sie, daß Sie nicht der einzige Mensch sind, der alles erproben will, aber Sie wollen wenigstens derjenige sein, der eine besondere Anerkennung dadurch erlangt, daß er es auf seinem Gebiet zur absoluten Meisterschaft bringt. Dabei berauschen Sie sich häufig und gerne an den eigenen Emotionen und hoffen in Momenten des vielleicht bitteren Nachgeschmacks, das Wunder des ersten Erlebens wieder einfangen zu können. So ist auch die Zeit des Wartens für Sie angefüllt mit starkem Gefühlserleben: dem beglückenden Gefühl aufgeregter Hoffnung.

HAUPTMERKMAL: Ehrgeizige Berauschtheit

LEBENSPRINZIP: Sich der treibenden Kraft eigener Emotionen hingeben und sie für schöpferische Meisterschaft nutzen

UNTER DIESEM DATUM HATTEN UND HABEN AUSSERDEM GEBURTSTAG:
Mary Shelley, brit. Schriftstellerin, erweckte (1818) „Frankenstein" (1997–1851) – *Georg Graf v. Arco,* dtsch. Physiker u. Ing., Arbeiten z. drahtlosen Telegraphie (1869–1940) – *Lord Ernest Rutherford,* brit. Physiker, Wegbereiter z. Nutzung v. Kernenergie (1871–1937) – *Theo van Doesburg,* holl. Künstler, Architekt u. Kunsthistoriker (1883–1931) – *Theodor Svedberg,* herausragender schwed. Chemiker, Nobelpreisträger (1884–1972) – *Edward Mills Purcell,* US-Physiker, Physiknobelpreisträger, *1912 – *Wolfgang Wagner,* dtsch. Regisseur u. Theaterleiter (1951–61 Bayreuther Festsp.), *1919 – *Jean-Claude Killy,* franz. Skisportler, u. a. drei olympische Goldmedaillen, *1943

31. AUGUST
Jungfrau

VERANLAGUNG: Durch Ihre Fähigkeit, sich selbst zu erkennen, und durch Ihre ausdauernde Lernbereitschaft können Sie schon früh das Talent in sich entwickeln, das für Sie die nächstliegende Möglichkeit des Selbstausdrucks ist. Doch Sie spüren unterschwellig, daß Sie unendlich viel mehr Möglichkeiten hätten, wenn Sie nicht durch eine große Angst vor dem Unberechenbaren geprägt wären. So wollen Sie zu früh und zu genau wissen, wo Sie landen, wenn Sie sich Ihren ureigensten Leidenschaften hingeben. Irgendwann trauen Sie sich – aber doch nicht so ganz. Sie untersuchen deshalb zuerst alle Möglichkeiten der Außenwelt auf deren Verwendbarkeit und Nutzen für Sie und probieren sich und Ihre Talente dann in fest abgesteckten Grenzen aus. Dabei ist alles noch stark bestimmt von persönlichen oder gesellschaftlichen Vorbildern und von traditionellen Mustern. Sie können sich davon nie ganz oder nur sehr kurzzeitig abnabeln. Immer geprägt von der Furcht, die eigene Perspektive zu verlieren oder mit der Umwelt nicht übereinzustimmen, hat das zur Folge, daß sie die einmal erreichten schöpferischen Leistungen sehr lange in immer gleicher Form wiederholen. Doch immer ist tief in Ihnen auch die Fähigkeit vorhanden, doch noch auszubrechen und Ihren ureigensten Weg zur Selbstverwirklichung zu finden.

HAUPTMERKMAL: Vorsichtig

LEBENSPRINZIP: Trotz der Angst vor dem Unberechenbaren traditionelle Wege verlassen und eigene Talente ausleben

UNTER DIESEM DATUM HATTEN UND HABEN AUSSERDEM GEBURTSTAG:
Hermann Ludwig Ferdinand v. Helmholtz, herausragender dtsch. Physiker u. Arzt (1821–1894) – *Maria Montessori,* ital. Pädagogin u. Ärztin, Gründ. d. Montessori-Kindergärten (1870–1952) – *Alma Mahler-Werfel,* US-Künstlerin u. Autorin einer faszinierenden Biographie (1897–1964) – *Wilhelmina,* 1890–1948 Königin d. Niederlande (1880–1962) – *Sir Alfred Charles Bernard Lovell,* brillanter brit. Astronom u. Physiker, 1961 geadelt, *1913 – *Van Morrison,* einflußreicher ir. Rockmusiker, Sänger u. Songwriter, *1945 – *Richard Gere,* US-Schauspieler, Megastar, z. Buddhismus konvertiert, *1949

1. SEPTEMBER
Jungfrau

VERANLAGUNG: Da Sie von einem ungewöhnlich entwickelten Selbstvertrauen geprägt sind, wollen Sie Ihr ureigenstes Wertempfinden durchsetzen. Doch in den traditionellen Formen und vororganisierten Wegen der Sie umgebenden Gesellschaft sehen Sie keine in Ihren Augen angemessene Möglichkeit dafür. Sie leiden deshalb außergewöhnlich stark darunter, sich derart behindert zu fühlen, jemand zu sein. So gehen Sie bewußt auf einen trotzigen Antikurs und fordern durch provokatives Verhalten Aufmerksamkeit heraus. Sie wollen durch ein äußeres Anderssein und einem unerwarteten Reagieren herausfinden, wo Ihr wirkliches Selbstsein beginnt und wie es sich anfühlt. Doch da Sie nicht gerne von anderen überrascht werden, sind Sie auf eine Weise immer auf dem Sprung. Sie können deshalb keinen eigenen sicheren Standort entwickeln, und es bleibt oft lediglich bei dem Versuch, ein Original zu sein. Sie ahnen zwar den Weg zur individuellen Selbstfindung, sind aber zu sehr darauf konzentriert, bei anderen etwas bloßzustellen, Regeln in Frage zu stellen und sich insgesamt zu sehr auf Außenreize zu konzentrieren. Die Chance zur wahren Eigenpersönlichkeit ergibt sich für Sie nur, indem Sie sich auf eigene Werte besinnen und nicht ausschließlich gegen andere aggressives Profil zeigen.

HAUPTMERKMAL: Selbstdarstellung

LEBENSPRINZIP: Eigene Individualität nicht im provokativen Gegensatz zu anderen, sondern aus sich selbst entwickeln

UNTER DIESEM DATUM HATTEN UND HABEN AUSSERDEM GEBURTSTAG:
Emanuel Schikaneder, dtsch. Librettist („Die Zauberflöte") u. Theaterleiter (1751–1812) – *Chester Harding*, US-Portraitmaler d. Reichen u. Berühmten d. frühen 19. Jahrh. (1792–1866) – *Auguste Henri Forel*, schweiz. Psychiater, entdeckte Ursprung d. Gehörnervs (1848–1931) – *Engelbert Humperdinck*, dtsch. (Märchen-) Komponist u. Assistent R. Wagners (1854–1921) – *Carl Freiherr Auer v. Welsbach*, österr. Chemiker, erfand u. a. das Gasglühlicht (1858–1929) – *Edgar Rice Burroughs*, US-Schriftsteller, Vater v. Tarzan (1875–1950) – *Seiji Ozwawa*, jap. Dirigent, Schüler H. v. Karajans u. ehem. Assistent L. Bernsteins, *1935 – *Rocky Marciano*, US-Boxer, u. a. 1952–56 Weltmeister i. Schwergew., *1923

2. SEPTEMBER
Jungfrau

VERANLAGUNG: Sie sind ein Mensch, der mit beiden Beinen fest auf dem Boden steht und mit großer Übersicht das Geschehen um sich herum zu verstehen versucht. So nehmen Sie erst einmal die Tatsache zur Kenntnis, daß es überall auf der Welt und auch im engsten Rahmen heftige Konflikte und große Gegensätze gibt. Im Gegensatz zu vielen anderen haben Sie sich jedoch so intensiv mit den scheinbaren Gegensätzen wie Licht und Schatten, Leben und Tod, Freude und Trauer oder Entwicklung und Stillstand beschäftigt, daß Sie ein Gefühl des Verstehens entwickelt haben. Obwohl Sie sich gedanklich noch nicht vollkommen darüber erheben können, begreifen Sie langsam, daß sich diese Gegensätze in Wahrheit ergänzen und deshalb für ein ausgewogenes Menschsein notwendig sind. So fühlen Sie sich eigentlich nie als ein wehrloses Opfer von Außenweltbedingungen und sind selten wirklich überrascht. Sie bereiten sich rechtzeitig auf den Schatten vor, den Ihre eigene leuchtende Begeisterung irgendwann werfen wird. Und Sie warten geduldig auf das neue schöpferische Leben nach einem inneren Sterben. Gerade weil Sie wissen, daß allein Sie es sind, der Übergriffe stoppen kann, sind Sie ein Mensch, der sich heftig wehren kann. So sind Sie in allem, was Sie tun, echt, überzeugend und oft bis zur Erschöpfung engagiert. Denn Ihrem Verständnis nach beginnt erst am Ende der Kraft die mögliche befriedigende Ernte der Taten.

HAUPTMERKMAL: Realistisch

LEBENSPRINZIP: Gegensätze als für die Entwicklung notwendig begreifen und so das eigene Dasein tiefer verstehen lernen

UNTER DIESEM DATUM HATTEN UND HABEN AUSSERDEM GEBURTSTAG:
Ernst Curtius, dtsch. Archäologe u. Autor, Leiter d. erst. Ausgrabungen i. Olympia (1814–1896) – *Wilhelm Ostwald,* dtsch. Naturwissenschaftler u. Philosoph, Chemienobelpreis (1852–1932) – *Joseph Roth,* österr. Schriftsteller, verarbeitete d. Erfahrungen d. Emigration (1894–1939) – *Harro Schulze-Boysen,* dtsch. Jurist i. Widerstand gegen Hitler u. UdSSR-Spion (1909–1942) – *Wolfgang Zeidler,* dtsch. Jurist, u. a. 1983–87 Präs. d. Bundesverfassungsgerichts (1924–1987) – *„Jimmy" Connors,* US-Tennisspieler, u. a. 1974–78 Spitze d. Weltrangliste, *1952

3. SEPTEMBER

Jungfrau

VERANLAGUNG: Sie benötigen zum freien Handeln unbedingt das Sicherheitsgefühl, von keinem Problem wirklich überrascht werden zu können. So entwickelt sich, neben einem ungewöhnlich ausgeprägten Forschungsinteresse, eine fast grenzenlose Bildungsbegeisterung. Analytische Vorstellungskraft und Kritikfähigkeit werden zum täglichen Einmaleins Ihres Lebens. Dabei machen Sie immer wieder die Erfahrung, daß am Anfang einer Aufgabenstellung stets zwei gegensätzliche Richtungen möglich scheinen und daß nach der ersten Entscheidung alles Weiterkommen letztlich das Ergebnis von Erfolg oder Scheitern beim Probieren ist. Ob Sie sich für groß oder klein, lang oder kurz, stark oder schwach entscheiden, hängt von Ihrer Fähigkeit ab, sich genau vorstellen zu können, worauf diese oder jene Entscheidung hinauslaufen wird. Obwohl Sie ein Mensch mit großen Träumen sind, der ständig Perspektiven entwickelt und dem Wahren und Schönen dienen will, vergessen Sie nie die kleinen Schritte, die dahin führen. Sie verknüpfen also Phantasie und Machbarkeit zu einer unschlagbaren Einheit. Sie sind dabei ein skeptischer Träumer mit einem Hang zum Einerseits-Anderseits-Denken. Und Sie gehen einem seelischen Risiko so weit wie möglich aus dem Wege, indem Sie schon vor dem wirklichen Wahrnehmen des Lichts freiwillig den Schatten suchen und sich so vorbereiten.

HAUPTMERKMAL: Skeptisches Träumen

LEBENSPRINZIP: Wirkliche Weiterentwicklung entsteht durch die Verbindung von Vorstellungskraft und Machbarkeit

UNTER DIESEM DATUM HATTEN UND HABEN AUSSERDEM GEBURTSTAG:
Louis Henry Sullivan, herausragender u. wegweisender US-Architekt (1856–1924) – *Jean Jaurès*, franz. Politiker u. Publizist, gründ. 1904 d. Zeitschrift „L'Humanité" (1859–1914) – *Fritz Pregl*, österr. Chemiker u. Chemienobelpreisträger (1869–1930) – *Ferdinand Porsche*, österr. Ingenieur u. Unternehmer, entwarf d. VW-„Käfer" (1874–1952) – *Max Brauer*, dtsch. sozialdemokr. Politiker, u. a. 1924–33 Oberbürgerm. v. Altona (1887–1973) – *Sir Frank McFarlane Burnett*, brillanter austr. Mediziner, Nobelpreis, 1951 geadelt (1899–1985) – *Carl David Anderson*, US-Physiker, wies d. Positron nach, Nobelpreisträger (1905–1991)

4. SEPTEMBER
Jungfrau

VERANLAGUNG: Sie sind sehr empfindsam und fühlen sich deshalb oft tief im Innern stark verunsichert, was manchmal sogar in einer Art Verfolgungsgefühl münden kann. Dagegen wehren Sie sich und wollen auf keinen Fall dem Leben passiv ausgeliefert sein. Da Sie immer wieder unruhig werden, wenn Sie Gesetzmäßigkeiten nicht erkennen können, wenn die Natur ein Mysterium für Sie bleibt, fühlen Sie sich ständig angestachelt, das aufzudecken, was sich hinter den äußeren Erscheinungsformen verborgen hält. Sie fangen an, alles um Sie herum kritisch zu beobachten, methodisch zu untersuchen und analytisch zu verarbeiten. Sie wollen und müssen Ordnung in das beängstigend erscheinende Chaos bringen und versuchen deshalb immer das Einheitliche aller Lebensvorgänge herauszuarbeiten. Es ist Ihnen klargeworden, daß das psychologische So-Sein sehr eng mit dem Da-Sein innerhalb der Naturgesetze zu tun hat. Jedes Tun kann in Ihren Augen nur dann erfolgreich sein, wenn die im Menschsein steckende Uridee enthüllt wird. Nur wenn Sie mit Ihrer eigenen und der Sie umgebenden Natur zusammenfließen, fühlen Sie sich wirklich sicher. Dieser Versuch, Ihre Instinkte bewußt zu entwickeln, läßt Sie zu einem schöpferischen Menschen werden, der viel früher als andere Entwicklungen erahnt und Zeitströmungen ausnutzt.

HAUPTMERKMAL: Systematisches Denken

LEBENSPRINZIP: Die verborgenen Gesetzmäßigkeiten im Dasein enthüllen, ehe schöpferisches Tun frei fließen kann

UNTER DIESEM DATUM HATTEN UND HABEN AUSSERDEM GEBURTSTAG:
François René Vicomte de Chateaubriand, franz. Schriftsteller u. Politiker, (1768–1848) – *Emil Devrient,* dtsch. Schauspieler, Darsteller vornehmlich junger Helden (1803–1872) – *Anton Bruckner,* österr. Komponist u. Organist, wichtigster Symphonist s. Jahrh. (1824–1898) – *Darius Milhaud,* franz. Komponist, Zusammenarbeit u. a. mit Jean Cocteau (1892–1974) – *Kenzo Tange,* jap. Architekt, u. a. der Olympiahallen in Tokio, *1913 – *Rudolf Schock,* intern. anerkannter dtsch. Sänger u. Filmschauspieler (1915–1986) – *Henry Ford II.,* US-Unternehmer, Enkel d. Firmengründ., baute d. Konzern aus (1917–1987)

5. SEPTEMBER
Jungfrau

VERANLAGUNG: Genau wie für viele andere stellt sich Ihnen die Welt als unüberschaubare Vielfalt von Störungen dar. Unterschwellig von der Angst geprägt, sich selbst im Großen zu verlieren, das Wichtigste nicht wirklich zu verstehen oder einfach nur ausgeschlossen zu sein, läßt Sie um so genauer hinschauen, um verstehen zu lernen. Sie öffnen sich dabei so vollkommen für die Entwicklungen um sich herum, daß Sie plötzlich spüren, daß nicht Positiv oder Negativ, Gut oder Schlecht, Richtig oder Falsch für Ihr Tun ausschlaggebend sind, sondern das Ausprobieren, das intuitive Mitschwingen auf der nur schwer kontrollierbaren Welle von Auf und Abs der Möglichkeiten. Für Sie bedeutet dies zwar, daß Sie nicht immer sicher wissen, was bei einem Vorhaben herauskommen wird, daß Sie sich aber lieber allein darauf vorbereiten und dann im vermeintlichen Chaos Regie führen, als vielleicht blind jemandem folgen zu müssen, der noch unwissender ist. Sie spüren, daß Sie in Ihrem mutigen Vorangehen eine so glaubwürdige Ausstrahlung haben, daß Sie sehr leicht zu einer charismatischen Leitfigur werden. Was unstrukturiert oder unausgesprochen war, noch nie erprobt oder nie so gewagt wurde, wird von Ihnen mit einem untrüglichen Gefühl für mögliche Grenzüberschreitungen angegangen. Dabei erweitern Sie eher schon Vorhandenes, als Neues zu schaffen. Aber Sie geben der Vielfalt einen sehr persönlichen Stempel und begeistern mit Ihrem Mut zum improvisierten Tun.

HAUPTMERKMAL: Führungsanspruch

LEBENSPRINZIP: Sich trotz des Versuchs der Planung mit der Entwicklung treiben lassen können, um Ziele zu erreichen

UNTER DIESEM DATUM HATTEN UND HABEN AUSSERDEM GEBURTSTAG:
Ludwig XIV., 1643–1715 König v. Frankreich, ab 1661 Selbstregierung (1638–1715) – *Christoph Martin Wieland*, maßgeblicher dtsch. Schriftsteller d. dtsch. Aufklärung (1733–1813) – *Caspar David Friedrich,* dtsch. Maler, Inbegriff d. romantischen Landschaftsmalerei (1774–1840) – *Jesse James*, m. Bruder Alexander Wildwest-Bandit u. Filmvorlage (1847–1882) – *Carl Friedrich v. Siemens*, dtsch. Industrieller, Sohn d. Elektrokonzerngründers (1872–1941) – *John Cage*, US-Komponist, einer d. einflußreichsten (1912–1992

6. SEPTEMBER

Jungfrau

VERANLAGUNG: Obwohl Sie eigentlich sehr sensibel auf alle Umweltvorgänge reagieren und innerlich leicht verunsichert sind, sind Sie doch überzeugt, daß Sie sich in Krisen auf Ihre individuellen Herkunftswurzeln und damit auf Ihre Instinkte verlassen können. Sie sind aus diesem Grunde in der Lage, jederzeit spontan zu reagieren und kreativ an Lösungen heranzugehen. Trotzdem ziehen Sie es vor, auf alles jederzeit vorbereitet zu sein, und es ist daher Ihr Hauptanliegen, die Vielfalt um sich herum zu entwirren. So beziehen Sie eine festumrissene, oft kritische Position, von der aus Sie hoffen, mehr Übersicht zu bekommen. Sollten Sie in einer Situation trotzdem verunsichert sein, kann Ihr Hang zum genauen Untersuchen in Detailversessenheit ausarten. Neben einer Art Witterung für zukünftige Entwicklungen und Ihren anderen intuitiven Eigenschaften hängt Ihr Zugang zum Leben ebenso eng mit Ihren analytischen Fähigkeiten zusammen. Diese versetzen Sie in die Lage, Lebensvorgänge sachgerecht wie mit Messer und Gabel zu zerlegen und damit anschaulich und übersichtlich zu machen. Sie können alles auf den Punkt bringen. Treffsicher und überzeugend. Dieses Ihnen in die Wiege gelegte Können ist so stark ausgeprägt, daß Sie sehr leicht Leitbild für andere werden können. Besonders auch deswegen, weil Sie echt sind, nie Ihre Herkunft vergessen und glaubwürdig wirken.

HAUPTMERKMAL: Kritische Unsicherheit

LEBENSPRINZIP: Neben der genauen Analyse den eigenen Instinkten und Wurzeln vertrauen und dann beherzt handeln

UNTER DIESEM DATUM HATTEN UND HABEN AUSSERDEM GEBURTSTAG:
Ivan V., 1682–96 nomineller Zar v. Rußland (1666–1696) – *Moses Mendelssohn*, dtsch. Philosoph, Wegbereiter d. jüdischen Emanzipation (1729–1786) – *Leopold Ullstein*, dtsch. Verleger, baute Verlagsimperium (Zeitungen/Bücher) auf (1826–1899) – *Jane Addams*, US-Sozialreformerin u. Pazifistin, Friedensnobelpreisträgerin (1860–1935) – *Sir Edward Victor Appleton*, brit. Physiker (Radarentw.), 1941 geadelt, Nobelpreis (1892–1965) – *Franz Josef Strauß*, dtsch. CSU-Politiker, u. a. 1978–88 bayer. Ministerpräsident (1915–1988) – *Richard J. Roberts*, brit. Biochemiker (Spezialgeb. Gentechnik), mit P. Sharp Nobelpreis, *1943

7. SEPTEMBER
Jungfrau

VERANLAGUNG: Ihr angestrebtes Sicherheitsgefühl im Leben hängt sehr stark davon ab, ob Sie sich an Leitbildern orientieren können. Sie sind deshalb immer neugierig auf die Lebens- und Wirkungsgeschichte schöpferischer Menschen und untersuchen das genau, was diese wollen oder gewollt haben mögen. Durch diese analytische Offenheit für die Gesamtzusammenhänge haben Sie schon früh ein Gespür für das bekommen, was in der Gesellschaft fehlt, was schiefläuft und wohin sich Bedürfnisse ausrichten. Durch Ihre intuitive Kreativität, die in Ihren Genen vielseitig angelagert ist, haben Sie unzählige Ideen, Dinge fortzuentwickeln, und von Zeit zu Zeit neigen Sie auch zu schöpferischen Ausbrüchen, die immer nützlich für das Ganze sind. Sie erspüren in solchen Momenten umrißhaft etwas, beginnen detailverliebt mit der Lösung und gehen dann unbeirrbar auf dem einmal eingeschlagenen Weg weiter. Sie bleiben sich dabei immer selbst treu und setzen sich mutig für Ihre Ideen ein. Froh über Ihre eigenen Stärken sind Sie weit davon entfernt, einen überheblichen Stolz aus Ihren außergewöhnlichen Fähigkeiten abzuleiten. Im Gegenteil, Sie stellen Ihre ausdauernde Kraft und Ihren Mut zur Kritik auch immer in den Dienst derjeniger, die vom Schicksal nicht so begünstigt wurden. So hat Ihr sehr persönliches Denken und Tun immer und überall mit der Sie umgebenden Gemeinschaft und der allen gemeinsamen Kultur zu tun.

HAUPTMERKMAL: Talentiertes Tun

LEBENSPRINZIP: Das eigene intuitive Gespür für Lösungen im Sinne einer gemeinschaftlichen Kulturentwicklung einsetzen

UNTER DIESEM DATUM HATTEN UND HABEN AUSSERDEM GEBURTSTAG:
Elisabeth I., 1558–1603 Königin v. England (1533–1603) – *Georges Louis Leclerc Graf von Buffon*, herausragender franz. Naturforscher (1707–1788) – *Grandma Moses*, US-Laienmalerin naiv realistischer Bilder (1860–1961) – *Michael Ellis de Bakey*, US-Chirurg, transplantierte 1963 d. erste künstl. Herz, *1908 – *Elia Kazan*, herausragender US-Schriftsteller, Bühnen- u. Filmregisseur, *1909 – *Kurt A. Körber*, dtsch. Industrieller, Leiter polit. Diskussionsrunden, Kunstmäzen (1909–1992) – *Buddy Holly*, US-Rock'n Roll Musiker, einer d. ersten u. wichtigsten (1936–1959)

8. SEPTEMBER

Jungfrau

VERANLAGUNG: Da Ihnen nichts mehr Angst macht, als etwas nicht zu verstehen, sind Sie für alle neuen Entwicklungen schon deshalb aufgeschlossen, um sie als erster wirklich kennenlernen zu können. So wurde aus Ihnen ein Mensch mit starkem Einfühlungsvermögen in die schöpferischen Vorgänge um sich herum. Alles, was Ihnen wert zu sein scheint, Teil Ihres Denkens, Wissens oder Tuns zu werden, übernehmen Sie leichter als viele andere und machen es zu Ihrem geistigen Eigentum. Durch dieses Verhalten kommt es vor, daß Sie sich manchmal zu schnell und zu weit für Vorgänge öffnen und sich ungeschützt und verletzlich fühlen. Sie schützen sich davor durch eine äußere Sachlichkeit und Skepsis. Was nicht leicht ist, da Sie nicht nur allen Strömungen der Außenwelt ausgeliefert sind, sondern noch viel stärker einer ungeheuer starken Kraft des Urmenschlichen tief in sich selbst. Gerade weil Sie sich dieser Vitalkraft aus der Urzeit des Menschen manchmal hilflos ausgeliefert fühlen, versuchen Sie diese an die Oberfläche zu bringen, um Sie für sinnvolles Tun nutzen zu können. So sind Sie schöpferisch meist dann am besten, wenn Sie auch einen Teil der tierischen Urgewalt in Ihr Tun mit einfließen lassen, die der Mensch in seinen Genen angelagert hat. Doch manchmal wissen auch Sie selbst nicht, welcher Teufel Sie geritten hat, wenn Sie die Ergebnisse Ihres Tun im nachhinein aus einer inneren Distanz heraus betrachten.

HAUPTMERKMAL: Aus dem Bauch denken

LEBENSPRINZIP: Sich neben den äußeren Entwicklungen auf die unterschwellige urmenschliche Vitalkraft einlassen

UNTER DIESEM DATUM HATTEN UND HABEN AUSSERDEM GEBURTSTAG:
Richard I. „Löwenherz“, 1189–99 König v. England (1157–1199) – *Katherina v. Bologna*, ital. Mystikerin, Verf. spiritueller Schriften, 1712 heiliggespr. (1413–1463) – *Ferdinand IV.*, ab 1646 König v. Böhmen, und ab 1947 v. Ungarn u. Röm. König (1633–1654) – *Wilhelm Raabe*, dtsch. Schriftsteller, maßgebl. f. den poetischen Realismus (1831–1910) – *Jean-Louis Barault*, brillanter franz. Schauspieler, Pantomime u. Regisseur (1910–1994) – *Peter Sellers*, internation. erfolgreicher brit. Schauspieler, Meister d. Verwandlung (1925–1980)

9. SEPTEMBER
Jungfrau

VERANLAGUNG: Sie haben durch Ihre vielen Antennen meist einen großen Überblick, versuchen sich äußerlich im Griff zu behalten und handeln überwiegend vernunftgeprägt. Da Sie aber nichts so sehr verabscheuen wie Unechtheit und Verlogenheit und diese Eigenschaften Ihrer Meinung nach weit verbreitet sind, gehört auch beißende Kritik zu Ihrem Lebenseinmaleins. Sie nehmen trotzdem lange Zeit vieles hin, werden deshalb ständig von einer unterschwelligen Unruhe getrieben, die sich als geballte Explosionskraft ihren Weg bahnt, sobald Sie spüren, daß Sie den Druck nicht mehr aushalten können. Sie stellen dann nicht nur wie so oft richtig, rücken zurecht oder demaskieren im wahrsten Sinne des Wortes Ihre Mitmenschen. Nein, Sie müssen dann einfach alles Verborgene und Unterdrückte in vulkanartigen Aktionsschüben aus sich herauslassen. Obwohl das für Sie selbst und andere zerstörerisch sein kann, fühlen Sie die Notwendigkeit, diese Kräfte in kreativen Handlungen ihren Ausdruck finden zu lassen. So sind Ihre schöpferischen Ausdrucksformen immer von innerer Wut und geballter Kraft geprägt. Sie spüren intuitiv, daß Sie einfach klare Luft schaffen müssen, um nicht innerlich zugrunde zu gehen. So lassen Sie diese Ausbrüche meist laufen und versuchen erst gar nicht, alles genau zu analysieren. Auch deshalb, weil Sie sich nachher meist irgendwie wohltuend leer fühlen, zur Ruhe kommen und sich selbst wiederfinden.

HAUPTMERKMAL: Nicht lange hinnahmefähig

LEBENSPRINZIP: Um sich selbst als Einheit wiederzufinden, die angestauten inneren Kräfte kreativ explodieren lassen

UNTER DIESEM DATUM HATTEN UND HABEN AUSSERDEM GEBURTSTAG:
Arman Jean du Plessis Richelieu, franz. Kardinal u. (absolutistischer) Staatsmann (1585–1642) – *Clemens Brentano,* dtsch. Dichter, Dramatiker, Vertreter d. jüng. dtsch. Romantik (1778–1842) – *Leo Tolstoi,* russ. Schriftsteller, Wegbereiter f. d. historischen Roman (1828–1910) – *Max Reinhardt,* österr. Schauspieler, Regisseur, Mitbegr. d. Salzburger Festspiele (1873–1943) – *Daniel Carletan Gajdusek,* US-Kinderarzt u. Virologe, Medizinnobelpreisträger (1923–1976) – *Markus Wasmeier,* dtsch. Skirennläufer, u. a. zwei Goldmed. bei einer Olympiade, *1963

10. SEPTEMBER
Jungfrau

VERANLAGUNG: Da Sie von einer großen Versäumnisangst geprägt sind und eigentlich alle Möglichkeiten Ihres Tätigkeitsgebietes gleichzeitig nutzen wollen, sind Sie fast schon allergisch gegen alle Einengungsversuche von außen. Sie beobachten und analysieren die in Ihren Augen oft feindliche Umwelt mit einem sicheren Instinkt, können sich sehr präzise äußern und sind in der Lage, alles Verwertbare im schon Vorhandenen für sich so zu nutzen, daß Sie oft eine neue Qualität daraus entwickeln. Sie setzen Unterschiedliches miteinander in Beziehung, vermengen vorher nicht Zueinandergehörendes und schaffen so in den Augen vieler vollkommen Neues. Ihre Sicherheit, Ihrer inneren Stimme vertrauen zu können, wächst mit dem Grad Ihres Erfolges und läßt Sie sich immer mehr öffnen für alles nicht gleich Erklärbare. Dazu gehören eben auch Ihre Eingebungsschübe und Entwicklungsahnungen, die so spontan und heftig über Sie kommen, daß Sie sie nur unter großen Schwierigkeiten unter Kontrolle halten können. Sie wissen nicht einmal, ob Sie das überhaupt sollten, da aus diesen Kraftschüben auch ein großer Teil Ihrer konkreten Handlung entsteht. Sollten Ihre Gefühle mit Ihnen zu sehr durchgehen, retten Sie sich meist in eine Detailversessenheit, die Ihre intellektuellen und schöpferischen Kräfte kanalisiert und damit nicht ausufern läßt.

HAUPTMERKMAL: Versäumnisangst

LEBENSPRINZIP: Aus Vorhandenem durch das kontrollierte Zulassen von Eingebungsschüben neue Zusammenhänge schaffen

UNTER DIESEM DATUM HATTEN UND HABEN AUSSERDEM GEBURTSTAG:
Robert Koldewey, dtsch. Archäologe, Leiter d. Ausgrabungen v. Babylon (1855–1925) – *Elsa Schiaparelli,* franz. Modeschöpferin, schockte i.d. 30ern m. Unkonventionalität (1890–1973) – *Franz Werfel,* österr. Autor, entkam den Nazis u. schrieb „Das Lied v. Bernadette" (1890–1945) – *Carl Jacob Burckhardt,* schweiz. Diplom. u. Historiker, Friedenspr. d. dtsch. Buchh. (1891–1974) – *Manfred Hausmann,* dtsch. Schriftsteller geprägt v. d. Wandervogelbewegung (1898–1986) – *Karl Lagerfeld,* dtsch.-franz. Couturier u. Leiter d. Pariser Modehauses Chanel, *1938 – *José Montserate Feliciano,* vielseitiger US-Musiker, weltweit höchste Auszeichnungen, *1945

11. SEPTEMBER
Jungfrau

VERANLAGUNG: Ihr eigenes inneres Ordnungsgefühl hängt stark davon ab, ob Sie alle Vorgänge in der Sie umgebenden Außenwelt genau untersuchen und verstehen können. Sie sind also sehr stark abhängig von der Gemeinschaft und suchen einen angemessenen Platz darin, indem Sie sich dem allgemein verbreiteten Konkurrenzkampf nicht verschließen. Durch Ihren Ehrgeiz, so viele Talente wie möglich mit größter Präzision zu entwickeln, lernen Sie, sich auf immer breiter gefächerten Gebieten erfolgreich zu behaupten. Sie wehren sehr oft Ihre eigene Unsicherheit durch eine sehr kritische Betrachtung anderer ab. Und schon allein weil es Ihrem Bedürfnis entgegenkommt, die Regeln, nach denen alles abläuft, verstehen zu wollen, versuchen Sie überall Ihre Vorstellungen und Gedanken durchzusetzen. Doch da Sie trotz allem innerlich unzufrieden und irritierbar bleiben, begreifen Sie langsam, daß der sehr ichbezogene Ehrgeiz, Erfolg haben zu wollen, Sie vielleicht daran hindert, dem wirklichen Mensch-Sein näherzukommen. Und daß Sie bei der Durchsetzung von immer besseren Detailvorstellungen vielleicht das Gesamte aus dem Blick verloren haben. So entwickeln Sie eine gelassenere Einstellung und verändern Ihr ursprüngliches Konkurrenzgebaren, das immer gegen jemanden gerichtet war und wechseln über in ein sportliches Wetteifern um die bessere Lösung für alle. So werden Sie zu einem innerlich zufriedenen Initialzünder für viele, die auf einen besseren Umgang miteinander hoffen.

HAUPTMERKMAL: Kritiklust

LEBENSPRINZIP: Aus dem zu eitlen Konkurrenzkampf um Erfolg ausscheren und Herausforderungen an alle für sich annehmen

UNTER DIESEM DATUM HATTEN UND HABEN AUSSERDEM GEBURTSTAG:
Carl Zeiss, dtsch. Mechaniker u. Produzent optischer u. feinmechanischer Geräte (1816–1888) – *O'Henry*, US-Schriftsteller, bekannt f. Kurzgeschichten m. überraschenden Pointen (1862–1910) – *D. H. Lawrence*, einer der gewagtesten u. umstrittensten engl. Schriftsteller s. Zeit (1885–1930) – *Ferdinando Marcos*, philipp. diktatorischer Politiker, u. a. 1973–81 Premiermin. (1917–1989) – *Franz Beckenbauer*, dtsch. Fußballer d. absoluten Weltspitzenklasse, *1945

12. SEPTEMBER
Jungfrau

VERANLAGUNG: Sie sind von der inneren Unrast geprägt, immer und überall von der Sie umgebenden Gemeinschaft anerkannt zu werden. So hören Sie außerordentlich sensibel darauf, was um Sie herum geschieht, prüfen wirklich alle Möglichkeiten und geben sich dann einer bestimmten Aufgabe bis zur Erschöpfung hin. Obwohl Sie also ehrgeizig sind und Sie auf dem Gebiet Höchstleistungen vollbringen wollen, das Ihnen einen besonderen Platz in Ihrer Gemeinschaft einräumen könnte, sind Sie weit davon entfernt, dieses alles vorwiegend aus einem eitlen Konkurrenzbedürfnis tun zu wollen. Nein, Sie wollen der Welt zeigen, daß Sie überhaupt da sind, und damit verbinden Sie automatisch, daß Sie nie für sich alleine stehen, sondern immer für eine Gruppe und der Gemeinsamkeit eines Interesses, einer Überzeugung, einer Weltanschauung oder einer idealistischen Idee. Immer sind Sie von der tiefen Hoffnung angetrieben, durch Ihr mutiges Beispiel irgendetwas in der Umwelt verändern zu können. Sie wollen Türen öffnen für die Menschen, die auf Sie vertrauten. Und Sie sind von einem so starken Willen geprägt, daß niemand und nichts Sie von Ihrem einmal eingeschlagenen Weg abbringen kann. Daneben machen Sie auf Ihrem Weg die befriedigende Erfahrung, daß im Gegensatz zu dem kräftezehrenden individuellen Konkurrenzkampf die Anstrengungen für eine Gemeinschaft auch ein großes Abenteuer der Bewußtwerdung sein können.

HAUPTMERKMAL: Beachtet werden wollen

LEBENSPRINZIP: Die eigenen willensstarken Energien und besonderen Talente für gemeinschaftliche Ziele einsetzen

UNTER DIESEM DATUM HATTEN UND HABEN AUSSERDEM GEBURTSTAG:
Franz I., 1515–47 franz. König (1494–1547 – *Anselm Feuerbach*, führender dtsch. Maler d. Romantischen Klassizismus (1829–1880) – *Florence Kelley*, herausragende US-Sozialreformerin (1859–1932) – *Gertrud Bäumer*, dtsch. Frauenrechtlerin, Politikerin u. Autorin (1873–1954) – *Irène Joliot-Curie*, franz. Naturwissenschaftlerin, Marie Curies Tochter (1897–1956) – *„Jesse“ Owens*, US-Leichtathlet, u. a. (1935) binnen 45 Min. sechs Weltrekorde (1913–1980) – *Lore Lorentz*, dtsch. Kabarettistin i. Nachkriegsdeutschland (1920–1994)

13. SEPTEMBER

Jungfrau

VERANLAGUNG: Die Sie umgebende Gesellschaft stellt sich Ihnen als eher unüberschaubare Vielfalt von Strömungen dar. Unterschwellig von der Angst geprägt, sich selbst im Großen zu verlieren, das Wichtigste vielleicht nicht wirklich zu verstehen oder einfach nur ausgeschlossen zu sein, läßt Sie den Anschluß an eine kleine Gruppe suchen. Sie wollen das, was Sie gemeinschaftlich tun, bis ins letzte Detail überschauen und mitprägen können. So verlassen Sie sehr leicht vorgeprägte Wege und versuchen diejenigen Menschen um sich zu scharen, mit denen Sie Ihre Vorstellungen am besten verwirklichen können. Ihnen ist eigentlich nicht wirklich wichtig, ob und wie erfolgreich Sie sind, Hauptsache, Sie sind auf Ihrem Gebiet etwas Besonderes, also irgendwie nicht wirklich vergleichbar. Ihr Ichbewußtsein, Ihr sogenanntes Ego, will also immer sehr hoch hinaus, indem es ein System schafft, in dem Sie sich sehr direkt widerspiegeln können. Da Sie natürlich nicht überall und auf jedem Gebiet Neuland betreten können, entwickeln Sie ein außergewöhnliches Talent dafür, Situationen, Bedingungen, Aufgaben und Möglichkeiten zu erkennen, die Sie weiterentwickeln und so auf besondere Weise verwerten können.

HAUPTMERKMAL: Hang zum Besonderssein

LEBENSPRINZIP: Lieber in einer selbtgewählten kleinen Gruppe eigene Ideen umsetzen als sich im Großen verlieren

UNTER DIESEM DATUM HATTEN UND HABEN AUSSERDEM GEBURTSTAG:
Clara Schumann, dtsch. Pianistin u. (ab 1940) Frau d. Komponisten R. Schumann (1819–1896) – *Marie v. Ebner-Eschenbach*, herausragende dtsch. Schriftstellerin (1830–1916) – *Arnold Schönberg*, österr. Komponist, entwickelte i. d. 20ern d. Zwölftontechnik (1874–1951) – *Sir Robert Robinson*, brit. Chemiker, fand u. a. die Struktur d. Morphin u. Strychnin (1886–1975) – *Leopold Ruzicka*, schweiz. Chemiker, stellte erstmals Androsteron künstlich her (1887–1976) – *John B. Priesley*, brit. Schriftsteller v. Ruf eines „modernen Dickens“ (1894–1984) – *Claudette Colbert*, franz. Hollywoodschauspielerin u. Oscarpreisträgerin, *1903 – *Roald Dahl,* brit. Verf. makaberster Geschichten v. bestem „schwarzen Humor“ (1916–1990)

14. SEPTEMBER

Jungfrau

VERANLAGUNG: Eigentlich sehen Sie sich nicht gerne zu großen Lebensentschlüssen gedrängt. Doch da Sie sehr genau umrissene Vorstellungen und Träume davon haben, wie ein lebenswertes schöpferisches Dasein auszusehen hat, kommt unweigerlich für Sie der Moment, in dem Sie sich durch keinen äußeren Einfluß und keine Erinnerung davon ablenken lassen, sich ganz einem Entscheidungszwang hinzugeben, der in Ihren Augen die Erfüllung Ihres Lebenstraumes möglich macht. In solchen Augenblicken können Sie mit großem Überblick zupackend und instinktsicher handeln. Da für Sie das Wunder der gesamten Schöpfung in jedem Detail zu erkennen ist, können Sie vielschichtige Zusammenhänge sehr genau auf den Punkt bringen und treffsicher in eine neue kreative Form gießen. Doch da sich das alles sehr tief in Ihrem Inneren abspielt, kann es sein, daß Sie nach außen überraschend spröde und auch skeptisch wirken. Ihr eigener Standort ergibt sich automatisch aus der übernommenen Aufgabenstellung. Sie sind dann genau das, was Sie tun. Und haben Sie erst einmal Ihre Übereinstimmung mit dem Außen gefunden, sind Sie fortan der Aufgabe und den dazugehörenden Personen bis zur Erschöpfung treu ergeben. Ihre eigene Individualität verwirklichen Sie also gerne innerhalb eines festen Gruppengefüges und übernehmen dort auch auf ganz natürliche Weise Verantwortung.

HAUPTMERKMAL: Phantasievoller Realismus

LEBENSPRINZIP: In einer schöpferischen Aufgabe aufzugehen bedeutet, im richtigen Moment völlig konzentriert zu sein

UNTER DIESEM DATUM HATTEN UND HABEN AUSSERDEM GEBURTSTAG:
Agrippina v. Nettesheim, dtsch. Arzt, Naturphil. u. Magier, Vorbild f. Goethes Faust (1486–1535) – *Alexander v. Humboldt*, herausragender dtsch. Naturforscher, Geograph u. Autor (1769–1859) – *Theodor Storm*, dtsch. Novellist, Repräsentant des poetischen Realismus (1817–1888) – *Ivan Petrovitch Pavlow*, russ. Physiologe („Pavlowschen Reflex"), Nobelpreis (1849–1936) – *Alice Stone Blackwell*, US-Feministin u. Chefred. d. führenden femin. US-Zeitschrift (1857–1950) – *Alexander Meissner*, österr. Ingenieur u. Weiterentwickler d. Telegraphie (1883–1958) – *Rolf Liebermann*, herausragender schweiz. Opernintendant u. Komponist, *1910

15. SEPTEMBER
Jungfrau

VERANLAGUNG: Da Ihr Sicherheitsgefühl gegenüber der Außenwelt sehr wesentlich davon abhängt, ob Ihr eigener seelischer Haushalt in Ordnung ist, wollen Sie die inneren und äußeren Vorgänge immer bis ins letzte Detail untersuchen und damit für sich übersichtlich aufarbeiten. Dabei sind Sie aus Angst vor Irrtümern sehr oft kritisch, zumindest aber skeptisch. Die Entscheidung für ein eindeutiges Ja oder Nein fällt Ihnen ungewöhnlich schwer. Trotzdem werden Sie verstanden. Denn Sie nehmen eine der wichtigsten Möglichkeiten zu Hilfe, die der Mensch entwickelt hat: die Sprache. Sie wollen das, was Sie denken und bewegt, deutlich an- und aussprechen. Dabei verlieren Sie nur selten die Form. Sie legen Wert auf eine äußere Distanz, und es widerstrebt Ihnen, sich überschäumend oder nicht angemessen zu entäußern. Ihr Auftreten ist deshalb eher sachbezogen engagiert zu nennen als mitreißend, und es umgibt Sie oft eine Aura von natürlicher Vornehmheit. Sie wollen andere überzeugen und damit auch Verantwortung übernehmen. Ihre aufopfernde Hingabe an eine Aufgabe, berufliche Präzision und Ihr fleißig erworbenes Fachwissen lassen Sie trotz Ihrer inneren Zurückhaltung zum Führer der Gruppe aufsteigen, gleichgültig auf welcher Stufe sich diese gerade befindet.

HAUPTMERKMAL: Zurückhaltende Autorität

LEBENSPRINZIP: Wer Meinungsführerschaft und Verantwortung übernehmen will, sollte sich selbst immer hinterfragen

UNTER DIESEM DATUM HATTEN UND HABEN AUSSERDEM GEBURTSTAG:
Ettore Bugatti, franz. Automobilkonstrukteur v. Luxus- u. Rennwagen (1881–1957) – *Dame Agatha Christie*, brit. Bestsellerautorin, Mutter v. Hercule Poirot, Miss Marple (1890–1976) – *Jean Renoir*, herausragender franz. Filmregisseur, Sohn Auguste Renoirs (1894–1979) – *Gunnar Ekelof*, herausragender schwed. Dichter u. Essayist (1907–1969) – *Helmut Schön,* dtsch. Fußballspieler u. Trainer, u. a. 1964–78 Bundestrainer d. DFB, *1915 – *Margaret Lockwood*, brit. Filmschauspielerin, Superstar d. späten 40er (1916–1990) – *Cannonball Adderley*, herausragender US-Jazzer, Altsaxophonist u. Bandleader (1928–1975) – *Oliver Stone*, US-Filmregisseur schonungslos realistischer Filme, *1946

16. SEPTEMBER
Jungfrau

VERANLAGUNG: Dicht unter Ihrer äußerlich ruhig wirkenden Oberfläche brodeln tierharte Vitalenergien, die von Ihnen nur mit Mühe zurückgehalten werden können. Sie wollen diese Kräfte zwar schöpferisch nutzen, wissen aber in Ihrer Ungeduld und Sprunghaftigkeit häufig nicht wie und wofür. Das hat zur Folge, daß Sie Ihren wildwuchernden Gefühlen nicht vertrauen und die Außenweltvorgänge lieber mit Ihrer bestechlich genauen Beobachtungsgabe rational erfassen wollen. So ist Ihre ungebändigte Persönlichkeit hinter Ihrem gesellschaftlichen Funktionieren oft nicht wirklich erkennbar. Man hat bei Ihnen immer das Gefühl, daß Sie sich nach außen durch das Zurschautragen einer inneren Neutralität verstecken wollen. Sie empfinden sehr leicht jede gesellschaftliche Ordnung als Übergriff und als Einengung Ihrer Persönlichkeitsentfaltung. Sie wollen keiner Erwartungshaltung genügen und sind deshalb immer für eine solche Überraschung gut, die sich oft in einem äußeren Anderssein ausdrückt. Das versteht aber nicht jeder, und so kann es geschehen, daß Sie mit verletzter Eitelkeit die Vorgänge um sich herum immer stärker aus einem eingeengten persönlichen Sichtwinkel betrachten. So gehen Sie durch eine Zeit innerer Hin- und Hergerissenheit und schaffen es erst mühselig, die Geduld aufzubringen, Ihre Kraft entschlossen auf ein festes Ziel auszurichten. Sie machen aber dann die beglückende Erfahrung, daß Ihre Vitalenergie und Ihr Tun eine Einheit bilden können.

HAUPTMERKMAL: Sehr subjektive Sichtweise

LEBENSPRINZIP: Die Geduld aufbringen, seine Vitalenergien auf ein Ziel auszurichten und dadurch konstruktiv handeln

UNTER DIESEM DATUM HATTEN UND HABEN AUSSERDEM GEBURTSTAG:
Hildegard v. Bingen, u. a. bedeutende dtsche. Prophetin u. Heilerin, Äbtissin (1098–1179) – *Ernst Deutsch*, dtsch. Bühnen/Filmschauspieler, „Herold“ d. expression. Theaters (1890–1969) – *Werner Bergengruen*, dtsch. Schriftsteller u. Übersetzer, Wilhelm-Raabe-Preis (1892–1964) – *Peter Falk*, weltweit als „Columbo“ bekannter US-Filmschauspieler, *1927 – *Oskar Lafontaine*, SPD-Politiker, u. a. (seit 1985) Ministerpräsident d. Saarlandes, *1943

17. SEPTEMBER

Jungfrau

VERANLAGUNG: Ihr Sicherheitsbedürfnis im Leben hängt sehr stark mit Ihrer Fähigkeit zusammen, wie gut Sie Aufgaben und Herausforderungen in Ihrer Umwelt bewältigen können. Sie müssen sich auf ein Ziel einstellen können und auf dem Wege dorthin so viel wie möglich vorklären können. Sie hoffen dadurch nicht nur einen Überblick über die Vorgänge in der Außenwelt zu bekommen, sondern gleichzeitig Ordnung in Ihrem Inneren schaffen zu können. Bis Sie sich selbst direkt um einen Vorgang gekümmert haben, sind Sie in Ihrem Urteil unsicher und vorsorglich skeptisch. Deshalb fühlen Sie sich umso sicherer, je häufiger Sie eine ähnliche Aufgabe wiederholen können, gleichgültig wie schwierig diese sein mag. So gehen Sie immer routinierter und mit spielerisch wirkender Leichtigkeit auf die im Prinzip gleichbleibenden Herausforderungen zu. Nur Sie wissen, wieviel Energie zu bändigen und welche Entschlossenheit nötig ist, um immer wieder echte Höchstleistungen erreichen zu können. Durch Ihre großen individuellen Erfolge sind Sie ständig der Gefahr ausgesetzt, sich an sich selbst zu berauschen und die eigene Eitelkeit mit dem täglichen Drama um Kampf und Sieg zu befriedigen. Sollten Sie sich Ihre ursprüngliche kindliche Neugier und Ihre innere Harmlosigkeit nicht erhalten können, besteht die Gefahr, daß Sie trotz all Ihrer Leistungen mit einer geistigen Leere zurückbleiben. Zielgerichtetes Handeln würde dann durch reinen Aktionismus ersetzt werden.

HAUPTMERKMAL: Wiederholungstäter

LEBENSPRINZIP: Sich nicht an der individuellen Tüchtigkeit berauschen, sondern die kindlich harmlose Neugier bewahren

UNTER DIESEM DATUM HATTEN UND HABEN AUSSERDEM GEBURTSTAG:
Paul V., 1605–1621 Papst v. Rom, verurteilte Galilei, indizierte Kopernikus' Bücher (1552–1621) – *Friedrich Wilhelm v. Steuben*, US-General, u. a. militär. Berater George Washington (1730–1794) – *Hugo Hartung*, mal heiter-ironischer, mal zeitkritisch-satirscher dtsch. Schriftsteller (1902–1972) – *Edgar D. Mitchell*, US-Astronaut, u. a. (1971) Teilnehmer d. Apollo-14-Mission, *1930 – *Reinhold Messner*, herausragender ital. Bergsteiger, div. Rekorde, 1944

18. SEPTEMBER

Jungfrau

VERANLAGUNG: Sie sind außerordentlich phantasiereich und können sich analytisch scharf alle Entwicklungen in den schrecklichsten Farben ausmalen. So fühlen Sie sich sehr leicht innerlich unsicher und wollen sich vor Übergriffen schützen, indem Sie sich hinter einer kühlen Wand äußerer Neutralität verstecken. Hinter dieser skeptischen Fassade registrieren Sie seismographisch genau jede Fehlleistung anderer, sind ständig auf der Hut und erkennen auf Anhieb jede sich bietende Möglichkeit, Umstände für den eigenen Weg zu nutzen. Sie spüren instinktiv, daß Sie wirklichen Erfolg nur bei solchen Aufgaben und ihren Lösungsarten haben können, die nicht gefühlsabhängig sind. Sonst besteht Ihrer Meinung nach die Gefahr, daß Sie den Überblick verlieren. So übernehmen Sie verantwortliche Rollen auf den Gebieten, die kein echtes inneres Engagement verlangen. Sie gehen sogar so weit, daß Sie private Bindungen und Emotionen hinter Ihrem gesellschaftlichen Tun zurücktreten lassen. So konsequent eingestellt, äußern sie mit dem, was Sie tun und wie Sie es tun, ganz eindeutig Ihren Anspruch auf Führung. Deshalb erleben Sie selten gefühlsgeprägte Zuneigung, immer aber Anerkennung oder sogar Bewunderung für Ihr Können. Was Sie sich einmal vorgenommen haben, führen Sie ohne große Rücksichtnahme zu Ende und erreichen eine Art Unvergeßlichkeit bei denen, die sich nicht so vollständig auf eine Sache konzentrieren können.

HAUPTMERKMAL: Rollengeprägt

LEBENSPRINZIP: Die eigene Gefühlswelt schützen, indem man in einer gesellschaftlichen Aufgabe vollkommen aufgeht

UNTER DIESEM DATUM HATTEN UND HABEN AUSSERDEM GEBURTSTAG:
Marcus Ulpius Trajan, 98–117 Kaiser d. Heilig. Röm. Reiches (53–117) – *Gregor XVI.*, 1831–1846 Papst v. Rom (1765–1846) – *Siegfried Marcus*, baute vier d. weltersten benzinbetriebenen Automobile (1831–1898) – *Henry James Scullin*, austral. Staatsmann, u. a. Führer d. Australian Labor Party 1876–1953) – *Greta Garbo*, „die Göttliche“, Hollywoodstar d. Stumm- u. frühen Tonfilmzeit (1905–1990) – *Sarah Palfrey Danzig*, brillante US-Tennisspielerin, u. a. 18 Grand-Slam Titel (1912–1996) – *Wolfgang Schäuble*, CDU-Politiker, i. Gespräch als Bundeskanzler Kohls Nachfolger, *1942

19. SEPTEMBER

Jungfrau

VERANLAGUNG: Ihr Selbstwertgefühl ist sehr stark von dem Erfolg innerhalb einer sozialen Gemeinschaft abhängig. Dabei halten Sie es instinktiv für besser, Ihre leichte Verletzbarkeit hinter einer äußeren Schale zu verstecken, die ja nach Bedarf beinhart freundlich, kumpelhaft burschikos oder vornehm zurückhaltend sein kann. Immer aber haben Ihre Aktivitäten den Anschein, als ob Sie diese an einem Urmuster messen, dem umfassendere Maßstäbe zugrunde liegen, als ein dem Augenblick ausgelieferter Zeitgeist. Egal wie klein oder groß Ihre zu bewältigende Aufgabe sein mag, immer haben Sie das sichere Gefühl, Teil der großen menschlichen Entwicklungsgeschichte zu sein. Alles Tun hat Ihrer Meinung nach einen tieferen oder auch höheren Sinn. Einer einmal ausgewählten Aufgabe verschreiben Sie sich dann meist auch so vollkommen, daß es Ihnen irgendwann unmöglich erscheint, sich neu zu orientieren. Sie verändern vielleicht Details, aber nie die grundsätzliche Ausrichtung. Obwohl Ihre Ausstrahlung eher zurückhaltend bescheiden wirkt und eher zuhörend als forsch aufdrängend, erzwingen Sie von Ihrer Umwelt auf schwer nachahmliche Art ungeteilte Aufmerksamkeit. Scheinbar losgelöst von menschlicher Kleinkariertheit, erzeugen Sie in anderen oft das Gefühl, nichts wirklich Wesentliches begriffen zu haben.

HAUPTMERKMAL: Gewissenhaft

LEBENSPRINZIP: Jede Aktivität ist wesentlich und Teil der Evolution und sollte mit großer Sorgfalt ausgeführt werden

UNTER DIESEM DATUM HATTEN UND HABEN AUSSERDEM GEBURTSTAG:

Antonius Pius, 138–161 röm. Kaiser (86–161) – *Charles Carroll,* überlebte alle andern, die d. Unabhängigkeitserkl. unterzeichneten (1737–1832) – *Lajos Kossuth,* ungar. Freiheitskämpfer (1802–1894) – *Fritz Richard Schaudinn,* dtsch. Mikrobiologe, u. a. Entdecker d. Syphilliserregers (1871–1906) – *Victor Frederick Weisskopf,* US-Kernphysiker, beteiligt a. US-Atombombenprogramm, *1908 – *William Golding,* brit. Schriftsteller, u. a. „Herr d. Fliegen", Literaturnobelpreis (1911–1993) – *Emil Zátopek,* tschech. Langstreckenläufer, u. a. drei olympische Goldmedaillen, *1922 – *Jeremy Irons,* brit. Bühnen- u. Filmschauspieler, höchste Auszeichn. d. Theaterwelt, *1922

20. SEPTEMBER
Jungfrau

VERANLAGUNG: Sie sind geprägt von zweifelnder Unsicherheit und dem daraus entstehenden Gefühl, sich wehren zu müssen. So nehmen Sie die vielfältigen Strömungen in Wirtschaft, Kultur Gesellschaft wie ein Gefäß auf und verarbeiten diese durchgemischte Menge, indem Sie versuchen, daraus eine grundsätzliche Sehenweise abzuleiten, die Sie schützt. Diesem Bedürfnis, sich in der Umwelt und in den Menschen zurechtzufinden und damit zu behaupten, widerstrebt es, daß viele grundsätzliche Werte alle paar Jahre nicht mehr gültig sein sollen. Ihrer Meinung nach sollte eine Gesellschaft ganz genau prüfen, ob es nicht voreilig ist, Traditionen einfach für veraltet zu erklären, ohne wirklich neue Werte entwickelt zu haben. Manchmal kommt es Ihnen so vor, als ob viele in der Mißachtung von Formen des Miteinanderumgehens schon eine Basis zum neuen Zusammenleben sehen. Sie hingegen wollen das erhalten, was gut ist und nicht alles der Schnellebigkeit und der Nützlichkeitserwägung opfern. Für Sie gibt es natürlich oder kulturell gewachsene Ordnungen, die gerade in Krisen das gemeinsame Zusammenleben erleichtern. So sind Sie zumeist ein nach außen angemessen auftretender Mensch, der stets bereit ist, für Bewahrenswertes zu kämpfen, der Veränderungszwänge eher im Detail sieht und alles in überlegten Schritten vor sich gehen lassen will.

HAUPTMERKMAL: Sorgfältig

LEBENSPRINZIP: Neue Entwicklungen sollten Traditionen und Formen beachten, um sich schrittweise durchsetzen zu können

UNTER DIESEM DATUM HATTEN UND HABEN AUSSERDEM GEBURTSTAG:
Alexander Mitscherlich, brillanter dtsch. Mediziner, Psychoanalytiker u. Autor (1908–1982) – *Matthias Erzberger*, dtsch. Politiker (Zentrum) setzte sich f. den Frieden ein (1872–1921) – *Upton Sinclair*, US-Autor, prangerte gesellschaftliche Mißstände an (1878–1968) – *Maxwell Perkins*, US-Verleger, entdeckte nahezu alle wichtigen Literaten s. Zeit (1884–1947) – *Hans Bernhard Scharoun*, dtsch. Architekt, entwarf u. a. d. Berliner Philharmonie (1893–1972) – *Rudolf August Oetker*, dtsch. Unternehmer, Gründ. gleichnamiger Firma, *1916 – *Sophia Loren*, intern. erfolgreiche ital. Schauspielerin, *1934

21. SEPTEMBER

Jungfrau

VERANLAGUNG: Immer wenn Sie geglaubt haben, Sie hätten das Geschehen um sich herum einigermaßen im Griff, werden die persönlichen oder gesellschaftlichen Bedingungen radikal verändert. So werden Sie immer stärker von dem Zweifel geprägt, daß die Zustände irgendwann einmal von Dauer sein könnten und fühlen sich der realen Welt deshalb zu passiv ausgeliefert. Ihrer Erfahrung nach beginnt der ‚Teufel' sein Spiel mit kleinen Schritten im Detail, und Sie beobachten deshalb jede noch so kleine Veränderung sehr genau. So sind Sie durch Ihre Verunsicherung in ständiger Abwehrhaltung, unruhig und leicht bereit, sich durch Aggressivität gegen Übergriffe zu wehren. Da Sie sich der realen Lebensachterbahn hilflos ausgeliefert fühlen, fliehen Sie aus der Wirklichkeit und gestalten durch Ihren Willen eine von Ihnen leicht beeinflußbare Phantasiewelt. Es entwickelt sich in Ihnen dabei eine innere Distanz, die zur Folge hat, daß Sie selbst nur in der von Ihnen angenommenen Rolle echt sein können: So, wie Sie sein wollen, so sind Sie. Wenigstens nach außen. Doch es hat auch konkrete Folgen, daß Sie für sich entschieden haben, das Leben durch die eigene Willenskraft zu beherrschen: Es gelingen Ihnen nämlich unglaubliche Dinge, und das läßt für Sie die Grenze zwischen Vorstellung und Wirklichkeit nur noch fließender erscheinen.

HAUPTMERKMAL: Innere Distanz

LEBENSPRINZIP: Die Unterwerfung der Wirklichkeit durch den Willen und die Phantasie mindert das Ausgeliefertsein

UNTER DIESEM DATUM HATTEN UND HABEN AUSSERDEM GEBURTSTAG:
Friedrich III., 1440–93 dtsch, König, 1452–93 Kaiser d. Heilig. Röm. Reichs (1415–1493) – *Girolamo Savonarola,* ital. Ordensgeistlicher, 1947 als Ketzer entkommuniziert (1452–1498) – *Heike Kamerlingh Onnes*, holl. Physiker, Nobelpreisträger (1853–1926) – *H. G. Wells,* herausragender engl. Autor utopischer Romane (1866–1946) – *Hans Hartung*, franz. Maler u. Grafiker m. Vorliebe f. Abstrakte (1904–1989) – *Donald Arthur Glaser*, US-Physiker, Physiknobelpreisträger, *1926 – *Leonard Cohen*, kanad. Barde mit Hang zur Melancholie, Lyriker u. Erzähler, *1934 – *Stephen King,* US-Schriftsteller u. Drehbuchautor d. Horrorgenres, *1947

22. SEPTEMBER
Jungfrau

VERANLAGUNG: Ihr ursprünglich kämpferischer Versuch, Ihre Individualität durchzusetzen, wird durch Ihre tiefe Angst, dem zukünftigen Geschehen hilflos ausgeliefert zu sein, gestoppt. Sie müssen einsehen, daß Ihre Handlungssicherheit und Ihr Seelenfrieden sehr stark davon abhängen, ob Sie das Kommende in Ihrem Leben voraussehen können oder nicht. Da Sie dieses starke Bedürfnis nach Übersicht und Harmonie in Ihrer konkreten Umwelt nicht befriedigen können, schaffen Sie sich einen eigenen kleinen Kosmos, der meistens aus einer für Sie einschätzbaren Gruppe besteht, in der Sie eine bestimmte Rolle übernehmen und der Sie bis zur Selbstaufgabe treu bleiben. Sie geben lieber Direktheit, Originalität und Unangepaßtheit auf, vereinfachen die Wirklichkeit oder unterwerfen sie sogar ganz Ihrem So-Sehen-Wollen, als in die Gefahr zu kommen, Ihr Leben nicht mehr voraussehen zu können. Da aber augenscheinlich eine harmonische Außenweltentwicklung nicht möglich ist, sehen Sie eine Art beruhigender Vorhersehbarkeit sogar darin, daß die nächste ‚Katastrophe' bestimmt kommen wird und Sie ständig darauf vorbereitet sind. So sind Sie gegenüber positiven Entwicklungen oft mißtrauisch und verlernen immer mehr, echtes Vertrauen zu entwickeln. Durch diese innere Neutralität sind Sie in der Lage, in Ihrem Tun großen Erfolg zu haben. Doch Sie erkennen, daß nur Krisen, die Sie sich auch eingestanden haben, Entwicklung ermöglichen.

HAUPTMERKMAL: Anpassung

LEBENSPRINZIP: Die lähmende Unvorhersehbarkeit des Lebens durch Vorbereitetsein und Gruppenharmonie entschärfen

UNTER DIESEM DATUM HATTEN UND HABEN AUSSERDEM GEBURTSTAG:
Anna v. Kleve, vierte Frau Heinrich VIII., König v. England (1515–1557) – *Michael Faraday,* brit. Physiker u. Mathematiker, entwickelte d. „Faraday-Käfig" (1791–1867) – *Anita Augspurg,* dtsch. Frauenrechtlerin u. Pazifistin (1857–1943) – *Hans Albers,* Bühnen- u. Filmschauspieler, männl. Idol d. 30er bis 50er Jahre (1891–1960) – *Charles Brenton Huggins,* US-Mediziner, erforschte Prostatakrebs, Nobelpreisträger, *1901 – *Eugen Sänger,* einfallsreicher dtsch. Raketenforscher u. Raumfahrttechniker, *1905 – *Hans Scholl,* dtsch. Widerstandskämpfer, Mitbegr. d. Weißen Rose, hingerichtet (1918–1943)

23. SEPTEMBER
Jungfrau / Waage

VERANLAGUNG: Sie haben schon früh versucht, sich selbst zu verwirklichen und gegen Übergriffe von außen energisch bis aggressiv vorzugehen. Deshalb müssen Sie schwere Krisen durchleiden, Enttäuschungen hinnehmen und ahnen doch gleichzeitig, daß all das wohl notwendig ist, wenn Sie auf einer höheren Ebene des Mensch-Seins weiterleben wollen. So sind Sie ständig abwehr- und verteidigungsbereit und entwickeln eine tiefe Sehnsucht nach einer Harmonie, die Sie in der rauhen Außenwelt nicht finden. Doch Sie finden eine Ersatzorientierung in einer Aufgabe für eine Gruppe oder einer Person, die ähnliche Erfahrungen gemacht hat und der Sie sich hingeben können. Sie entwickeln innerhalb dieser neuen Absicherung das Vertrauen, im Augenblick Ihres Empfindens oder Handelns, jede Nebensächlichkeit aus Ihrem Beobachtungsspektrum ausschließen und sich völlig konzentrieren zu können. Das Jetzt und auch die Geister der Vergangenheit können nicht verhindern, daß Sie sich innerlich leer machen und sich einer Phantasie, einem Gedanken oder einem Spiel völlig ausliefern. Sie sind dann in der Lage, schöpferische Welten entstehen zu lassen, dem Spiel der Kreativität unendlichen Raum zu geben. Im Vertrauen auf die Kraft Ihrer eigenen Vorstellungswelt fließen Sie mit dem Leben und finden den Mut, einfach nur zu sein. Sollte das irgendwann einmal nicht mehr gelingen, entsteht die Gefahr, daß Sie sich in zerstörenden Zweifeln verlieren können und von kleinen Wirklichkeiten ablenken lassen.

HAUPTMERKMAL: Harmoniebedürfnis

LEBENSPRINZIP: Sich von Augenblickseinflüssen abkapseln, um völlig konzentriert kreative Welten entstehen zu lassen

UNTER DIESEM DATUM HATTEN UND HABEN AUSSERDEM GEBURTSTAG:
Robert Bosch, gründ. Vorläufer d. Bosch-AG, führte (1906) 8-Std.-Arbeitstag ein (1861–1942) – *Suzanne Valadon,* franz. Malerin m. extravagantem Umgang m. Formen/Farben (1865–1938) – *John Coltrane*, trendsetzender US-Jazzsaxophonist, Bandleader u. Komponist (1926–1967) – *Ray Charles*, auch v. allen Kollegen verehrter US-Jazz- u. Bluespianist u. Sänger, *1932 – *Romy Schneider*, eine d. begnadetsten dtsch. Filmschauspielerinnen aller Zeiten (1938–1982)

Waage

24. SEPTEMBER

Waage

VERANLAGUNG: Ihr Sicherheitsgefühl hängt nicht so stark davon ab, ob Sie ihre von Unruhe geprägte Individualität gegen die Umwelt durchsetzen können, sondern davon, ob Sie Teil einer Gemeinschaft werden können, die sich an einem Idealbild des Menschen orientiert und Ihrem persönlichen Bedürfnis nach Harmonie und Ausgleich entspricht. Dabei können Sie sich ein Miteinander nicht vorstellen, ohne daß verbindliche Regeln geschaffen und auch durchgesetzt werden. Sie stellen sich dieser widerstandsorientierten Aufgabe selbst zur Verfügung: ausdauernd, zielorientiert, zäh und immer bereit zu persönlichen Opfern. Sie sind in Ihrem Handeln überraschend umgänglich, obwohl Sie in Ihrem Denken aggressiv auf die Durchsetzung formaler Prinzipien beharren. Sie haben sogar dann ein sicheres Stilempfinden, wenn Sie althergebrachte Formen durchbrechen. Und Sie sehen deshalb äußerlich immer genau so aus, wie man sich einen Menschen mit Ihrer Aufgabe vorstellt. Sie lieben es, Ideen in Köpfen anderer wachzurufen, Pläne für sie zu entwerfen und somit Wunschgedanken und Vorstellungswelten Leben einzuhauchen. So halten Sie mit Ihren Ansprüchen einzelne oder auch ganze Heerscharen auf Trab. Sie sind aber immer in der Gefahr, vergangene Strukturen, Werte oder Persönlichkeiten zu konservieren, indem Sie daraus für sich und andere idealisierte Leitbilder zu machen versuchen.

HAUPTMERKMAL: Handlungsantreibend

LEBENSPRINZIP: Seine Erfüllung finden, indem man sich für ein werteorientiertes geregeltes Miteinander einsetzt

UNTER DIESEM DATUM HATTEN UND HABEN AUSSERDEM GEBURTSTAG:
Andre Frederic Cournand, US-Mediziner u. Herzspezialist, Nobelpreisträger (1895–1988) – *Francis Scott Fitzgerald,* US-Autor, einer der Hauptvertreter der Lost-Generation (1896–1940) – *Sir Howard Walter Florey*, austr. Pathologe, erforschte m. Fleming Penicillin weiter (1898–1968) – *John W. Young,* US-Astronaut, nahm a. Gemini u. Apollo-Space-Shuttle-Projekt teil *1930 – *Manfred Wörner,* dtsch. CDU-Politiker, u. a. 1982–87 Verteidigungsminister d. BRD (1934–1994) – *Jim Henson,* US-Puppenspieler u. -hersteller, TV-Produzent, Vater d. „Muppets“ (1936–1990)

25. SEPTEMBER
Waage

VERANLAGUNG: Sie durchdenken alle Möglichkeiten, bevor Sie entscheiden – und das in Kategorien wie Taktik, Strategie, Organisation und Bewegungsabläufen. Das ermöglicht Ihnen, in Ihrem Tun schon sehr früh erfolgreich zu sein, viele nützlichen Erfahrungen zu verinnerlichen und zu einer fertigen Persönlichkeit zu reifen. Doch Sie empfinden Ihre Talente, Erfahrungen und Energien als verschwendet, wenn Sie diese nicht nutzbringend für die Sie umgebende Gemeinschaft einbringen können. Da Sie sich eher durch Widerstände orientieren und bloß nicht stillstehen wollen, beginnen Sie, auf einer höheren Ebene des Selbstwertgefühls, Neues zu wagen und mit grundsätzlichen Erwägungen regelnd einzugreifen. Sie bleiben dabei Ihrem äußeren Auftreten und Stil treu und wirken auf die meisten als in sich ruhend, manchmal sogar kühl distanziert. Gleichgültig welche Rolle von Ihnen ausgefüllt werden muß, Sie scheinen genau der richtige Mensch am richtigen Platz zu sein. Sie können sich fast alles vorstellen und spielen jeden Denkansatz durch. Dabei versuchen Sie auf eigenwillige Art, die Grenzen zu erweitern, die eine funktionierende Gemeinschaft Ihrer Meinung nach unbedingt haben sollte. Durch Ihr Gefestigtsein können Sie Ihre schöpferische Kraft auf das Erzielen wirklicher Ergebnisse konzentrieren und müssen sich nicht in eitlen Kämpfen selbst beweisen.

HAUPTMERKMAL: Sich selbst treu

LEBENSPRINZIP: Erfolgreich Erfahrungen verinnerlichen, dann in sich ruhend, schöpferisch denkend, Grenzen ausdehnen

UNTER DIESEM DATUM HATTEN UND HABEN AUSSERDEM GEBURTSTAG:
Friedrich Wilhelm II., 1786–1797 König von Preußen (1744–1797) – *Karl Alfred Ritter v. Zittel,* genialer dtsch. Paleontologe, erforschte d. Sahara (1839–1904) – *Robert Maldoon*, neuseeländ. Buchhalter, Politiker u. 1975–84 Premierminister (1921–1992) – *Sir Colin Davis*, brit. Dirigent, leitet s. 1983 Symphonieorch. d. BR, 1979 geadelt, *1927 – *Juliet Prowse,* langbeinige brit.(Can-Can-)Tänzerin, u. a. Geliebte v. Sinatra u. Elvis (1936–1996) – *Michael Douglas,* US-Hollywoodsuperstar, Filmproduzent, Frauenschwarm, *1944 – *Karl-Heinz-Rummenigge*, dtsch. Fußballer, u. a (Nationalmannschaft) 1980 Europameister, *1955

26. SEPTEMBER
Waage

VERANLAGUNG: Sie sind sich Ihres individuellen Daseins im riesigen Kosmos und damit auf der Welt sehr deutlich bewußt. Und da Sie sich überwiegend über das Denken mit dem Leben auseinandersetzen, versuchen Sie immer das zu entdecken, was Ihnen eine grundsätzliche Orientierung geben könnte. Schon allein deshalb halten Sie die formalen Regeln des Miteinanderumgehens strikt ein. Gleichzeitig wird man Sie aber immer bei denen finden, die für schöpferisches Anderssein und erneuertes Denken eintreten. Sie wollen zu Ihrem eigenen Kern vorstoßen, die darin verborgene Energie und eine vollkommenere Form freilegen. Aber es macht Ihnen unterschwellig Angst, daß Sie trotz aller Überlegung den Sinn Ihres persönlichen Lebendigseins nicht klar erfassen können, und Sie suchen deshalb einen Ersatz darin, daß Sie gesellschaftliche Geltung erringen wollen, um dadurch einen von außen bestätigten Nachweis der eigenen Besonderheit zu erhalten. Sie fühlen sich dabei aber nicht nur herausgehoben, sondern sehr oft auch allein und können die Distanz zu anderen nur schwer überbrücken. Und gerade weil Sie nie wirklich das direkt herauslassen, was sich in Ihnen abspielt, ist Ihre Seele sehr oft überlastet, und Sie fließen nicht mehr. Es fällt Ihnen dann schwer, spontan zu reagieren und verharren dort in einer entschlußlosen Verwirrung, wo konkretes Handeln oder zielorientiertes Denken gefordert wäre.

HAUPTMERKMAL: Geltungsbewußt

LEBENSPRINZIP: Im Bewußtsein der eigenen Individualität zum wahren Kern vordringen und schöpferisch neu denken

UNTER DIESEM DATUM HATTEN UND HABEN AUSSERDEM GEBURTSTAG:
Carl Duisberg, dtsch. Chemiker, Industrieller, machte erstes Medikament f. Bayer (1861–1935) – *T. S. Eliot,* engl. Schriftsteller, beeinflußte u. a. das Spätwerk Benns (1888–1965) – *Martin Heidegger,* dtsch. (Existenz-) Philosoph, als NS-Sympathisant umstritten (1889–1976) – *Paul VI.,* 1963–78 Papst v. Rom, lockerte u. a. die kath. Liturgie (1897–1978) – *George Gershwin,* US-Komponist v. Musicals u. jazziger Unterhaltungsmusik (1898–1937) – *Fritz Wunderlich,* dtsch. lyrischer Tenor. Glanzrolle: Tamino aus d. „Zauberflöte“ (1930–1966)

27. SEPTEMBER

Waage

VERANLAGUNG: Sie sind randvoll mit Energie und wollen die ausgefahrenen Wege verlassen, die Ihnen Ihre Herkunft anbietet. Dabei sind Sie dadurch beeinträchtigt, daß Sie Ihr Selbstwertgefühl überwiegend aus der Anerkennung einer möglichst großen Gruppe schöpfen. Dabei offenbaren Sie aus Angst, vielleicht nicht liebenswert zu sein, nie wirklich Ihr Innerstes, sondern verstecken sich hinter der Fassade förmlicher Verbindlichkeit. So haben Sie zwar eine Sehnsucht nach Verbundenheit, können aber Nähe nicht wirklich herstellen. Sie fühlen sich deshalb sehr oft allein und suchen um so eifriger den Anschluß an eine Gemeinschaft, mit der Sie Ihre Vorstellungen vom Leben durchsetzen können. Dabei wollen Sie alle Abläufe vorher durchdenken, planen und vielleicht sogar proben. Und verlernen so sehr leicht, spontan zu handeln. Ihr Bedürfnis, sich mit anderen zusammenzutun, hat nur dann Aussicht auf Erfolg, wenn sich alle gemeinsam an einer zündenden Idee begeistern können. Nur dann kann aus gemeinsamen Handeln auch eine seelische Übereinstimmung entstehen. Sollten Sie sich Menschen anschließen können, die wirklich ähnlich leben und neue Wege probieren wollen wie Sie, fühlen Sie sich wirklich zu Hause, und Ihre schöpferische Lebenskraft entfaltet sich explosionsartig.

HAUPTMERKMAL: Sehnsucht nach Anerkennung

LEBENSPRINZIP: Echte seelische Übereinstimmung mit anderen finden, indem man eine zündende Idee gemeinsam umsetzt

UNTER DIESEM DATUM HATTEN UND HABEN AUSSERDEM GEBURTSTAG:
Louis XIII, 1610–43 König v. Frankreich, berief Richelieu z. leitenden Minister (1601–1643) – *Samuel Adams,* US-Patriot, Gegner d. brit. Politik i. Massachusetts (1722–1803) – *Louis Botha,* südafrik. Militär u. Politiker, leitete (Lands Act 1913) d. Apartheid ein (1862–1919) – *Jacques Thibaud,* herausragender franz. French Violinist, insb. Mozart, Beethoven (1880–1953) – *Elly Ney,* dtsch. Pianistin, u. a. Lehrerin am Salzburger Mozarteum (1882–1968) – *Sir Martin Ryle,* brit. Astrophysiker, an d. Radarentwicklung beteiligt, 1966 geadelt (1918–1984) – *Arthur Penn,* herausragender US-geschichtskritischer amerik. Theater u. Filmregisseur, *1922 – *„Earl" Powell,* US-Pianist u. Komponist, Mitbegr. d. Bepob (1924–1966)

28. SEPTEMBER

Waage

VERANLAGUNG: Da Sie äußerlich sehr oft typisch männlich oder außerordentlich weiblich sind, überrascht es Ihre Umwelt, daß Sie sich dieser Ausstrahlung nicht bewußt zu sein scheinen. Ihnen geht es viel mehr um Ihre manchmal abgründige gedankliche Welt: Lebendigkeit, Aggression und Energie kommen bei Ihnen immer aus Denkimpulsen. Sie wollen, daß allgemein gültige formale Regeln eingehalten werden und verletzen deshalb auch selbst nur selten äußerliche Umgangsformen. Sie haben sich irgendwann im Leben an einem Vorbild orientieren können und dadurch ein Gefühl der Sicherheit bekommen, daß Sie nach Niederschlägen immer wieder zu sich selbst finden werden. Sie haben durch das Beispiel, das Ihnen jemand vorgelebt oder sonst irgendwie vermittelt hat, erkannt, daß Sie immer wieder den Mut aufbringen werden, sich an Ideen zu entzünden, Gleichgesinnte zu suchen und Neues anzugehen. Dabei ist im Gegensatz zu Ihrem äußeren Gebaren Ihr Denken immer geprägt von Aggressivität und Ihr Sprechen von einem charmanten Überzeugungs- und Siegeswillen. Sie sind mit Schwung, Elan und dem Blick für das Machbare dabei, wenn es darum geht, Ideen organisatorisch umzusetzen, Leute auf Trab zu halten und Menschen für sich einzunehmen. Es scheint so, als ob Ihnen jemand genau vorgibt, was gerade noch richtig oder falsch ist. Sie sind mehr als Sie tun.

HAUPTMERKMAL: Aggressives Denken

LEBENSPRINZIP: Durch das Beispiel eines Vorbildes erfahren, was wirkliches Sein bedeutet und sich für Ideen begeistern

UNTER DIESEM DATUM HATTEN UND HABEN AUSSERDEM GEBURTSTAG:
Avery Brundage, US-Sportfunktionär. u. a. 1946–52 Vize-, 1952–72 Präs. d. IOC (1887–1975) – *Max Schmeling*, dtsch.Boxer, als erster Europäer Weltmeister im Schwergew. (1905–1987) – *Peter Finch,* austr. Bühnen- u. Filmschauspieler, bekam posthum einen Oscar (1916–1977) – *Siegfried Unseld,* dtsch. Verleger („edition suhrkamp") u. Schriftsteller, *1924 – *Marcello Mastrioanni*, internat. erfolgreicher ital. Filmstar (1925–1996) – *Brigitte Bardot*, franz. Schauspielerin u. Sexsymbol d. 50er u. 60er Jahre, *1934

29. SEPTEMBER

Waage

VERANLAGUNG: Sie haben Träume, Ideale und eine große Lebenssehnsucht. Doch aus Angst vor der Auslieferung an Ihre Gefühlswelt versuchen Sie sich durch rationales Denken vor möglichen Verletzungen zu schützen. So verlagern sich Ihre Lebendigkeit in Ihr Denken und Ihr Lustgewinn in die Welt des Formulierens. Sie sind eher Stratege als wirklich spontaner Handelnder. Sie haben das, was Sie sagen, vorher genau durchdacht und umfassend verstanden und können deshalb auch präzise und mit kühlem Herz treffend formulieren. So werden Sie immer dort zu finden sein, wo andere mit Worten unterrichtet, motiviert oder auf Trab gebracht werden sollen. Auseinandersetzungen sehen Sie dabei eher sportlich als emotional und wirken deshalb auf viele unbeteiligt und menschlich distanziert. Die Ebene des Wortführers verlassen Sie nur, wenn Sie sich nach langem Zögern ganz genau darüber klar geworden sind, wo der Platz ist, den Sie mit Ihren Begabungen für Bewegungsabläufe, Organisation oder Vermittlung ausfüllen können. Haben Sie sich dann endlich für eine Position entschieden, entsteht die Gefahr, daß für Sie die einmal eingenommene Rolle (manchmal wider besseres Wissen) zum Strohhalm wird, an dem Sie sich festhalten.

HAUPTMERKMAL: Überzeugend sein wollen

LEBENSPRINZIP: Einen Gedanken deutlich zu Ende denken, ihn klar formulieren und andere von der Richtigkeit überzeugen

UNTER DIESEM DATUM HATTEN UND HABEN AUSSERDEM GEBURTSTAG:
Horatio Nelson, brit. Admiral, wurde d. seine Siege z. See z. Nationalhelden (1758–1805) – *Peter Josef Lenne*, dtsch. Gartenbaumeister, u. a. Sanssouci i. Potsdam (1789–1866) – *Walter Ratenau*, dtsch. Industrieller, Politiker, Autor, Sohn des AEG-Gründers (1867–1922) – *Enrico Fermi*, ital. Physiker, schaffte 1942 erste kontroll. atomare Kettenreaktion (1901–1954) – *Jerry Lee Lewis*, US-Rock'n Roller, Heirat m. 13jähriger beendete s. (riesige) Karriere, *1935 – *Silvio Berlusconi*, ital. Unternehmer u. Politiker (dem Korruptionsvorwürfe gem. werden), *1936 – *Lech Walensa*, poln. Gewerkschaftler u. Politiker, Friedensnobelpreisträger, *1943

30. SEPTEMBER

Waage

VERANLAGUNG: Sie sind im Alltagsleben eher kein handelnder Revolutionär. Da wollen Sie mit den richtigen Leuten ein harmonisches Auskommen pflegen. Doch daneben erheben Sie den absoluten Anspruch, denken, sagen oder schreiben zu dürfen, was Sie für richtig halten. Da das Denken Ihr Hauptlebensimpuls ist und sich bei Ihnen oft aggressiv gegen Einengungen wehrt, liegen Erfolg und Scheitern immer dicht beieinander. Denn ein Mensch wie Sie, der bereit ist, Provokation als Sport anzusehen, wird immer polarisieren. Sie haben sich Ihre kindliche Offenheit für neue Sichtweisen bewahrt: Die Aufhebung von typisch Männlichem und Weiblichem, die Verwischung von Oben und Unten, von Ernstem und Trivialem, von Lächerlichkeit und Tiefe sind Herausforderungen des Denkens, die Sie unmittelbar schöpferisch umsetzen wollen. Es fällt Ihnen dabei schwer, zu begreifen, daß jeder dieser Gedanken bei anderen Angst erzeugen kann. So kann Liebe Haß erzeugen, provokative Offenheit ängstliche Verschlossenheit, lässiger Humor Feindschaft und Großzügigkeit Habgier. Als Reaktion darauf könnte bei Ihnen die Gefahr der sarkastisch-zynischen Entfremdung entstehen, sollten Sie sich nicht aus Selbstschutz zur Vorsicht durchringen.

HAUPTMERKMAL: Freigeist

LEBENSPRINZIP: Sich allen neuen Möglichkeiten des Denkens kindlich neugierig öffnen und diese schöpferisch umwandeln

UNTER DIESEM DATUM HATTEN UND HABEN AUSSERDEM GEBURTSTAG:
Jurek Becker, Schriftsteller u. Drehbuchautor von u. a. „Liebling Kreuzberg" (1937–1997) – *Johannes „Hans" Geiger*, dtsch. Kernphysiker, konstruierte d. Geigerzähler (1882–1945) – *Lil Dagover*, dtsch. Stummfilmsuperstar, dämonisch u. mondän zugleich (1887–1980) – *David Oistrach*, sowj. Violinist, für d. viele Kompositionen geschrieben wurden (1908–1974) – *Deborah Kerr*, intern. erfolgreiche brit. Filmschauspielerin, *1921 – *Truman Capote*, US-Autor, schuf m. „Kaltblütig" Mischform aus Realität u. Fiktion (1924–1984) – *Elie Wiesel*, US-Schriftsteller, Friedensnobelpreis u. a. für Engagement geg. Rassismus, *1928 – *Johann Deisenhofer*, herausragender dtsch. Biophysiker, Chemienobelpreisträger, *1943

1. OKTOBER
Waage

VERANLAGUNG: Sie können sehr gut in Ihr Innerstes hineinhorchen und gerade wegen dieser Intuition das Ineinandergreifen äußerer Vorgänge genauer als andere erfassen. Das wirkliche Leben erscheint Ihnen zu banal, als daß Sie nur durch die Bewältigung des Alltags eine Ahnung vom tieferen Sinn des Seins bekommen könnten. Deshalb fühlen Sie sich inspiriert von der Möglichkeit, die Grenzen der geistigen Einengung zu sprengen, indem Sie sich selbst einmal oder immer wieder grundsätzlich neu ausdenken. Sie lieben es, sich in eine bestimmte oder auch mehrere Rollen hineinzudenken und diese dann mit größter Präzision auszufüllen. Dadurch daß Sie dabei nicht wirklich gefühlsmäßig engagiert sind und innerlich distanziert bleiben können, kommt Ihr Talent, sich geistig in fremde Bewußtseinsstufen zu versetzen, nur noch mehr zum Tragen. Es kann dabei sogar geschehen, daß Sie sich von Ihrer eigenen Mitte so weit entfernen, daß Sie mit der Rückkehr zur ursprünglichen Identität Schwierigkeiten haben. Und obwohl Sie also nur eine Rolle perfekt ausfüllen und im Innersten nicht wirklich das sind, was Sie vorgeben zu sein, macht Ihnen die Wirklichkeit dieser freigewählten Existenz auch Angst. Trotz dieser persönlich verzweifelten Situation, die sich überwiegend als Schockerlebnis im Kopf abspielt, gibt Ihnen das, was Sie spielerisch verinnerlicht und gelernt haben, die Hoffnung auf einen neuen Anfang, der Ihnen mit der Hilfe wohlmeinender Menschen auch immer gut gelingt.

HAUPTMERKMAL: Rollenidentität

LEBENSPRINZIP: Der geistigen Einengung entfliehen, indem man sich in Situationen hineindenkt und Rollen ausfüllt

UNTER DIESEM DATUM HATTEN UND HABEN AUSSERDEM GEBURTSTAG:
Karl VI., v. 1711 röm. Kaiser Erzherzog v. Österr. u. König v. Ungarn (1685–1740) – *Annie Besant*, engl. Theosophin u. Leiterin nationaler Bewegungen i. Indien (1847–1933) – *William E. Boeing*, US-Flugzeugkonstrukteur, 1916 Mitbegr. d. Boeing Werke (1881–1956) – *Vladimir Horowitz*, herausragender klassischer US-Pianist russ. Herkunft (1903–1989) – *Walter Matthau*, enorm wandlungsfähiger US-Filmschauspieler russ. Abst., *1920 – *„Jimmy“ Carter*, 1977–81 d. 39. Präs. d. USA u. Erdnußfarmer, *1924

2. OKTOBER
Waage

VERANLAGUNG: Ihr eigener Standort hängt stark davon ab, ob die Gemeinschaft, der Sie sich zugehörig fühlen, die Werte und Regeln verinnerlicht hat, die Sie akzeptieren können. Sie mußten aber erkennen, daß sich der Mensch auf vielen Gebieten weit von dem entfernt hat, was Sie selbst als Quelle des Daseins bezeichnen würden. Nicht mehr sehr viel ist von Vernunft geprägt und nur sehr wenig hat mit dem Bewahren von wirklicher Lebensqualität zu tun. Da Ihre eigene seelische Sicherheit von der Möglichkeit äußerer Harmonie abhängt, reagieren Sie sehr sensibel auf Mißverhältnisse, Ungerechtigkeiten und Ungereimtheiten jeglicher Art. Und da Ihr Hauptenergieträger Ihr Denken ist und Sie sich im Widerstand selbst erkennen, können Sie in Ihren Gedanken und Worten außerordentlich aggressiv sein, nicht aber im direkten Handeln. Sie sind eher Stratege und motivieren andere, als wirklich selbst einzugreifen. Sie wollen Ideale in Menschen verankern und die Grundregeln des Zusammenlebens verwirklicht sehen, auf denen zukünftige Generationen aufbauen können. Für Sie bedeutet es, wahre Werte zu erhalten, indem man gemeinsam den Mut aufbringt, neue Anfänge zu wagen. Manchmal geht Ihr unterschwelliges Harmoniebedürfnis aber so weit, daß Sie denken, daß es schon ein neuer Anfang ist, wenn Sie nur Auswüchse wortreich bekämpfen und nicht die Ursachen. Oder es entsteht die Gefahr, daß Sie formale Traditionen nur deswegen als Werte verkennen, weil diese anscheinend schon immer vorhanden waren und gepflegt wurden.

HAUPTMERKMAL: Motivation durch Widerstand

LEBENSPRINZIP: Wahre Werte wiedergewinnen, indem man alles immer wieder an Grundbedürfnissen des Menschseins mißt

UNTER DIESEM DATUM HATTEN UND HABEN AUSSERDEM GEBURTSTAG:
Richard III., 1483–1485 König v. England (1452–1485) – *Paul v. Hindenburg,* dtsch. General, schuf 1933 rechtl. Grundlage f. d. NS-Diktatur (1847–1937) – *„Mahatma“ Gandhi,* ind. Politiker, verfocht gewaltlosen politischen Widerstand (1869–1948) – *Leopold Figl,* österr. ÖVP-Politiker, u. a. 1945–53 Bundeskanzler (1902–1965) – *Sting,* eigenwilliger u. brillanter brit. Rockmusiker, Sänger v. Police u. Solist, *1951

3. OKTOBER
Waage

VERANLAGUNG: Sie sind sich eigentlich nie Ihrer selbst wirklich sicher und finden Ihren eigenen Standort nur sehr schwer. So träumen Sie sehr gerne und stellen sich schon sehr früh ganz genau vor, wie Ihre Umwelt, Ihre Gemeinschaft und Ihr beruflicher Werdegang auszusehen haben, damit Sie sich darin wohlfühlen könnten. Das kann so weit gehen, daß Sie die persönliche Wirklichkeit an dem genau vorgestellten Bild Ihrer Phantasie messen und bei mangelnden Übereinstimmungen extrem enttäuscht sind. Ihr Bedürfnis nach formaler Harmonie und Ihre tief verwurzelte Beißhemmung führen dazu, daß Sie, anstatt etwas aktiv eingreifend zu verändern, den Situationen dann einfach den Rücken zukehren. Sie weichen der direkt handelnden Auseinandersetzung auch deswegen aus, weil sich Ihre Energie und Aggressivität fast ausschließlich im Denken abspielt. Das macht Sie geeignet, auf Gebieten Erfolg zu haben, wo Sie Leute und Ideen zusammenbringen, Menschen auf Trab halten, verschiedenste Vorgänge koordinieren oder auch Abläufe organisieren müssen. Dabei verbleiben Sie nie gerne lange an einer Aufgabe festgebunden. Sie brauchen stets neue Anreize und Herausforderungen, um sich immer wieder neu zu finden. Die innere Unruhe, gepaart mit der äußeren Anpassung an eine Rolle können zu Schwierigkeiten führen, da sich Ihre Seele nie wirklich entlädt und damit erholt. Sollten Sie aber die Gelassenheit entwickeln, sich Ihre inneren Kämpfe wirklich anzuschauen und Ihre emotionellen Krisen in den Griff zu bekommen, werden Sie mit leichter Hand die vor Ihnen liegenden Aufgaben lösen.

HAUPTMERKMAL: Aggressives Harmoniebedürfnis

LEBENSPRINZIP: Mangelnde Übereinstimmung von Wunsch und Wirklichkeit gelassen ertragen und so Leichtigkeit lernen

UNTER DIESEM DATUM HATTEN UND HABEN AUSSERDEM GEBURTSTAG:
Eleonora Duse, ital. Charakterdarstellerin, eine d. größten aller Zeiten (1858–1924) – *Carl v. Ossietzky,* Publizist u. Pazifist, Widerstand gegen Hitler, Friedensnobelpreis (1889–1938) – *Charles John Pedersen,* herausragender US-Chemiker (1904–1989) – *Victor Saneyev,* sowj. Athlet d. Weltklasse, u. a. div. olymp. (Gold-) Medaillen, *1945

4. OKTOBER
Waage

VERANLAGUNG: Um Ihr eigentlich auf Ausgleich und Harmonie gerichtetes Naturell äußerlich zu schützen, wirken Sie körperlich sehr oft wild und männlich oder männermordend weiblich. Unterstützt wird die Betonung Ihrer äußeren Kennzeichen dadurch, daß Sie sich große Herausforderungen geradezu suchen, um diese mit logischen Überlegungen, durchdachter Organisation und Motivierung von Menschen bewußt zu bewältigen. Das ist geprägt von Ihren alles bestimmenden Denkimpulsen, in denen sich immer wieder die Sehnsucht breit macht, mit Gefühl für Pathos und mit einem zur Rolle passenden Auftreten, das Leben dadurch zu bejahen, daß man es heldenhaft riskiert. Wobei es in Ihren Augen kein Fehler ist, das Risiko durch Planung zu verringern. All das dient Ihrem Wunsch, große Erlebnisse zu haben und wichtige Erfahrungen zu machen, um diese dann einer interessierten Gemeinschaft in schöpferisch faszinierender Form mitzuteilen. Sie sehen in allem zuerst die Vielfalt des Menschen und die Schönheit der scheinbar ewigen Natur, und Sie wollen die Augen anderer dafür öffnen. Auf welche Art auch immer. Dabei stören Sie Disharmonien nur, wenn Sie diese nicht überspielen können. Sie verlieren nie den Blick dafür, daß vorgelebte Lebendigkeit das wirklich Wichtige ist, um mit Autorität die Lust am Leben und an der überblickbaren Herausforderung vermitteln zu können. Augenzwinkernd durch das Leben gehen und sich selbst manchmal sogar als inszenierte Karikatur erkennen können.

HAUPTMERKMAL: Beispielgebend

LEBENSPRINZIP: Wissen durch Erfahrung ansammeln und durch vorgelebte Lust am Leben anderen menschlich zu vermitteln

UNTER DIESEM DATUM HATTEN UND HABEN AUSSERDEM GEBURTSTAG:
Frederic Remington, US-Maler, Illustrator u. Bildhauer, portrait. d. amerik. Westen (1861–1909) – *Walther v. Brauchitsch,* dtsch. Generalfeldmarschall, 1941 Zerwürfnis m. Hitler (1881–1948) – *Buster Keaton,* US-Stummfilmkomiker m. riesigen Ups u. Downs i. Leben (1895–1966) – *Richard Sorge,* dtsch. Journalist, KPD-Mitglied, ab 1929 Spion f. Russland i. China (1895–1944) – *Franz Jonas,* österr. SPÖ-Politiker, u. a. 1965–74 Bundespräsident v. Österreich (1899–1974)

5. OKTOBER
Waage

VERANLAGUNG: Da Sie sich selbst immer nur im Zusammenhang mit der Sie umgebenden Gesellschaft sehen können, haben Sie die tiefe Sehnsucht, sich in einer verwirrend wirkenden Welt genau zu orientieren und dabei immer tiefer in die Wirklichkeit des Daseins vorzudringen. Sie wollen Maßstäbe und Werte durchgesetzt wissen, die es möglichst vielen erlauben, in mitmenschlicher Harmonie zu leben. Sie wollen so an der Spitze derer sein, die durch das Versuchen neuer Wege den eigene Idealen näherkommen. Dabei sind Sie nicht so sehr der Handelnde als derjenige, der Erfolg versprechende Strategien durchdenkt und Leute durch eigene Denkimpulse aufrüttelt. Deshalb sind Sie auch in Ihrem schöpferischen Tun kein Freund von spontanen Eingebungen, sondern einer, der eher neue Techniken probiert und so langsam zu Ergebnissen kommt oder der Altes mit Modernem zu neuen Konstruktionen zusammenfügt. Sie achten im persönlichen Umgang darauf, freundlich, verständnisvoll und ausgleichend zu sein. Um so überraschender ist es für viele, daß sich dahinter ein aggressiv scharfes Denken verbirgt, daß genau analysiert, auf dem aktuellen Stand des Geschehens ist und sich durchzusetzen weiß. Sie sind aber durch Ihr ständiges Angestrengtsein oft am Rande der Belastbarkeit und sollten darauf achten, auch einmal alle viere gerade sein zu lassen und einfach absichtslos zu leben, um die notwendige Kreativität nicht zu verlieren.

HAUPTMERKMAL: Harmlosigkeit als Tarnkappe

LEBENSPRINZIP: Nicht an der Oberfläche bleiben, sondern durch schöpferisches Denken neue Zusammenhänge aufdecken

UNTER DIESEM DATUM HATTEN UND HABEN AUSSERDEM GEBURTSTAG:
Louis Lumière, franz. Chemiker u. Fabrikant, entwickelte u. a. d. Kinematographen (1864–1948) – *Otto Falckenberg,* expressionistisch-avantgardistischer dtsch. Theaterregisseur (1873–1947) – *Francis Peyton Rous,* US-Krebsforscher, m. C. Higgins Chemienobelpreis (1879–1990) – *Chester Alan Arthur,* nach Präs. Garfields Ermordung 1881–85 d. 21. Präs. d. USA (1829–1886) – *Oswald Wiener*, herausragender eigenwilliger österr. Autor u. Kommunikationsforscher; *1935 – *Václav Havel,* tschech. Autor, Bürgerrechtler, Politiker; Symbolfigur d. demokat. Wandels, *1936

6. OKTOBER

Waage

VERANLAGUNG: Ihr Selbstwertgefühl hängt sehr stark davon ab, welche Aufgabenstellung Sie für die Gemeinschaft lösen können, der Sie sich zugehörig fühlen. So wechselt Ihr Wohl- und Sicherheitsgefühl ständig mit dem Grad der Anerkennung, die Sie erhalten. Sie leben aus dieser Standortunsicherheit ein emotional eher verhaltenes Leben und sind geprägt von dem Wunsch, Harmonie dadurch zu erzeugen, daß Sie die großen Probleme der Menschheit oder die kleinen Schwierigkeiten des Alltags erklären und entsprechend logisch lösen können, indem Sie immer von einem ganzheitlichen Weltbild ausgehen. Dabei ist Ihnen das ‚Wie' einer Lösung wichtiger als die konkrete Art der Problemstellung. Ihre Lebendigkeit findet also eher in strategischen Planspielen, logischen Analysen und im Durchdenken dessen statt, was so noch nie gedacht wurde, als in spontanen Reaktionen. Dabei ist Ihnen meist die Vollkommenheit Ihrer Vorstellungswelt wichtiger als die Auseinandersetzung mit dem, was aus Ihrem Denken folgt. Dabei kommt Ihre Lust an der Zeremonie des Vorganges Ihrem höflich distanzierten Verhalten entgegen, und Sie sind auf jeden Fall durch Ihr organisiert dynamisches Denken beruflich äußerst erfolgreich.

HAUPTMERKMAL: Aufgabenfixiert

LEBENSPRINZIP: Die großen und kleinen Problemstellungen der Gesellschaft durch ganzheitliches Denken lösen

UNTER DIESEM DATUM HATTEN UND HABEN AUSSERDEM GEBURTSTAG:
Jesse Ramsdon, brit. Pionier in d. Entwicklung v. Präzisionswerkzeugen (1735–1800) – *Louis Philippe,* 1830–48 König d. Franzosen (1773–1850) – *Jenny Lind,* „schwedische Nachtigall", herausragende schwed. Sopranistin (1820–1887) – *Richard Dedekind,* dtsch. Mathematiker, Mitbegr. d. modernen Algebra (1831–1916) – *Edwin Fischer,* schweiz. Pianist u. Dirig. u. a. d. Wiener u. Berliner Philharmoniker (1886–1960) – *Le Corbusier,* wichtiger franz.-schweiz. Architekt, Städteplaner, Maler u. Autor (1887–1965) – *Wolfgang Liebeneiner,* dtsch. Schauspieler, UFA-Prod.-Chef u. opportunist. Regiss., 1905–1987 – *Carole Lombard,* US-Schauspielerin u. Clark Gables Frau, tödl. Flugzeugabsturz (1908–1942)

7. OKTOBER
Waage

VERANLAGUNG: Ihre Selbstfindung hängst sehr eng mit den Aufgaben zusammen, die Sie für die Gesellschaft übernehmen und wie weit Sie sich mit diesen identifizieren. So sind Sie ständig von der Außenwelt herausgefordert und haben meist nicht genügend Zeit, Ihren eigenen Standort zu finden, von dem aus Sie Ihr Tun beurteilen können. Sie sind also ununterbrochen aktiv und haben manchmal das unbestimmte Gefühl, daß Ihnen Ihr Leben geschieht und nicht, daß Sie es wirklich selbstbestimmt leben. Sie fühlen zwischenzeitlich instinktiv, daß Sie selbst und auch die Bedingungen in Ihrem sozialen Umfeld nicht gesund bleiben können, wenn Sie sich nicht irgendwann Pausen gönnen. Aber die Sachzwänge scheinen Sie vorwärts zu treiben. So sind Sie ständig überempfindlich, nicht wirklich belastbar und reagieren aus erschöpfter Überlastung so, wie Sie es ursprünglich nie gewollt haben. Das geht solange gut, bis Sie spüren, daß Sie nur noch funktionieren und nichts mehr verarbeiten. Daß Sie zwar organisieren, aber nicht mehr dem eigenen verantwortlichen Denken nachgehen können. Hier stellt sich dann die für Sie schwierige Entscheidung: Entweder halten Sie den Druck von außen aus und nehmen sich die Zeit zur Selbstwiederfindung oder machen weiter und verlieren sich im Gestrüpp von Detailentscheidungen, hinter dem Ihr eigenes Ich vollkommen verloren geht.

HAUPTMERKMAL: Erschöpft

LEBENSPRINZIP: Ständiges Tun und seelische Herausforderung bedürfen der Pausen zur Verarbeitung und Selbstfindung

UNTER DIESEM DATUM HATTEN UND HABEN AUSSERDEM GEBURTSTAG:
Rosalba Carriera, an zahlreichen Fürstenhöfen tätige ital. (Rokoko-) Malerin (1675–1757) – *Nils Bohr,* brill. dän. Physiker, wandte als erster Quantentheorie an, Nobelpreis (1885–1962) – *Henry Wallace,* 1941–45 einflußreicher 33. Vizepräsident d. USA (1888–1965) – *Annemarie Renger,* dtsch. SPD-Politikerin, u. a. 1972–76 erste weibl. Bundespräsidentin,*1919 – *Georg Leber,* dtsch. SPD-Politiker, Gewerkschaftler, u. a. 1969–72 Verkehrs- u. Postmin., *1920 – *Desmond Toto,* südafr. anglik. Geistlicher, Apartheitsgegner, Friedensnobelpreis, *1931 – *Ulrike Meinhof,* dtsch. Journalistin u. Mitbegr. d. RAF-Terrororganisation (1934–1976)

8. OKTOBER

Waage

VERANLAGUNG: Sie können nur sehr schwer ein Gefühl für sich selbst entwickeln und sind seelisch eigentlich nirgends verankert. Dadurch fühlen Sie den Zwang, sich mit Ihrem theoretischem Denken Gefühle auszumalen, um in Vorstellungswelten und Rollen schlüpfen zu können und sich so emotional nicht zu verlieren. Ihr Sicherheitsgefühl hängt also stark davon ab, ob um Sie herum ein harmonisches Miteinander möglich ist. Aus diesem Grunde reagieren Sie außergewöhnlich sensibel auf alle von Ihnen analysierten Unausgewogenheiten. Äußerlich umgänglich, ist dagegen Ihr Denken ungewöhnlich aggressiv, wenn es Ihnen darum geht, Ungerechtigkeiten zu verhindern. Das nicht so sehr durch wirkliches Handeln als durch das Nutzen Ihrer schöpferisch reichen Phantasie. Gerade weil Sie von Denkimpulsen geprägt sind, sind Sie genauer als andere, und können schon im Detail die Schwäche des Gesamten aufdecken und für Ihr Wirken nutzen. Dabei stellen Sie fest, daß sich trotz Ihrer ständigen Veränderungsbemühungen alles im Leben in veränderter Form wiederholt. Einer endlosen Spirale ähnelnd. Diese Erkenntnis kann Sie schöpferisch lähmen, oder Sie treten einen Schritt zurück, betrachten die Vorgänge von einer distanzierten Position aus und erkennen in den kreisförmigen Bewegungen auch etwas Beruhigendes, eine höhere Gesetzmäßigkeit, die friedlich stimmen kann.

HAUPTMERKMAL: In Formen gepreßte Wut

LEBENSPRINZIP: Überzeugt weitermachen und sich nicht von der spiralförmig wiederholenden Entwicklung lähmen lassen

UNTER DIESEM DATUM HATTEN UND HABEN AUSSERDEM GEBURTSTAG:
Philipp v. Zesen, dtsch. Dichter, gilt als erster Berufsschriftsteller, 1653 geadelt (1619–1689) – *Otto Warburg,* dtsch. Biochem., fand wichtiges Atmungsenzym, Medizinnobelpreis (1853–1970) – *Emil von Sauer,* außerordentlich erfolgreicher dtsch. Pianist i. Stile Liszts (1862–1942) – *Ejnar Hertzsprung,* herausragender dän. Astronom (1873–1967) – *Heinrich Focke,* dtsch. Flugzeugkonstrukt., baute Hubschrauber u. Militärflugzeuge(1890–1979) – *Juan Perón,* argent. Politiker, 1946–55 u. ab 1973 Staatspräsident, dazw. i. Exil (1895–1974) – *Helmut Qualtinger,* herausragender österr. Schauspieler, Kabarettist, Schriftsteller (1928–1986)

9. OKTOBER

Waage

VERANLAGUNG: Sie haben die Möglichkeiten, die Ihnen die Gesellschaft zur Eigenentwicklung angeboten hat, freudig angenommen. Doch Sie fühlen unterschwellig, daß sich Ihr Ich nicht nur aus dem Annehmen von Regeln, Strukturen und Werten zusammensetzen kann, sondern daß da mehr sein muß. So versuchen Sie extremste Ebenen gedanklich zu erfassen, genau zu erforschen und vielleicht beides miteinander zu verbinden: die riesigen Energien des Außen und die Tiefe des unbewußten Inneren. Sie wollen das Abenteuer wagen, in sich selbst wirklich alles kennenzulernen. Dabei müssen Sie Ihrer Meinung nach das Risiko eingehen, den Halt, den gemeinschaftliche Richtlinien bilden, zu verlassen und dabei vielleicht jegliche Orientierung zu verlieren. Unterstützt werden Sie in Ihrem Vorhaben dadurch, daß Ihr Denken immer schon viel radikaler, unbestechlicher und aggressiver war als Ihr äußeres Verhalten. Sie fühlen, daß Ihr Bedürfnis nach Harmonie in der Gemeinschaft in immer krasserem Gegensatz zu Ihren Überzeugungen steht. Und da Sie fühlen, daß für Sie wirkliche Entwicklung nur gegen Widerstände stattfindet, wenden Sie sich von hergebrachten Regeln und Überzeugungen ab und lassen Ihr tiefstes Inneres an die Oberfläche. Sollten Sie sich dabei zu weit von vertrauten Verbindungspunkten entfernen, wird die Rückkehr sehr schwer, und Sie brauchen Menschen, die Sie aus den psychischen Stürmen wieder herauszubringen helfen.

HAUPTMERKMAL: Risikobereites Denken

LEBENSPRINZIP: Mit dem Risiko, sich zwischenzeitlich ganz zu verlieren, das Unbewußte ins Ich-Bewußtsein befördern

UNTER DIESEM DATUM HATTEN UND HABEN AUSSERDEM GEBURTSTAG:
Karl Schwarzschild, herausragender dtsch. Astronom (1873–1916) – *Max v. Laue,* herausragender dtsch. Physiker, Nobelpreisträger (1879–1960) – *Heinrich George,* dtsch. Bühnen- u. Filmschauspieler, spielte i. Propagandafilmen (1893–1946) – *Léopold Sédar Senghor,* sozialistischer senegales. Politiker u. Autor, *1906 – *Jacques Tati,* franz. Filmschauspieler u. Regisseur, Oscar f. besten ausländ. Film (1908–1982) – *John Lennon,* polit. engagierter Originalbeatle u. Sologitarrist/Sänger (1940–1980)

10. OKTOBER

Waage

VERANLAGUNG: Da Ihre Lebendigkeit überwiegend durch Ihre mutigen Denkimpulse bestimmt wird und Sie alles wissen und alles verstehen wollen, haben Sie sich schon sehr früh psychischen Stürmen ausgesetzt. Aufgewühlt von diesen inneren Kämpfen und Krisen, sind Sie langsam müde geworden und haben sich auf Ihr Harmoniebedürfnis besonnen, das eigentlich Ihr schöpferisches Sein ausmacht. Als überaus empfindlicher Mensch mit einer daraus entstehenden unruhigen Beobachtung haben Sie ein sensibel sicheres Gefühl für ästhetische Ausgewogenheit und Ebenmaß im Formalen entwickelt. In welchem Alter auch immer Sie sich jenseits von Kampf und Sieg begeben, Sie strahlen plötzlich eine innere Heiterkeit aus und faszinieren durch eine Weisheit, die das glückliche Ergebnis überstandener Kämpfe ist. Sie geben Ihr Wissen weiter, gehen auf Entdeckungsfahrten durch die Landschaften der Seele und beschränken sich darauf, den ruhigen Geist der wahren Erkenntnis zu pflegen. Alle Auseinandersetzungen, Gefühle wie Liebe und Haß, finden in aller Lebendigkeit nur noch in Ihrem schöpferischen Werk statt, mit dem Sie sehr oft andere Menschen anregen. Ihre Begeisterung für gedachte Gefühle, Ihre Abkehr vom Alltag, Ihre Objektivität und das Gefühl für Sprache lassen Sie ungewöhnlich abgeklärt sein.

HAUPTMERKMAL: Sprachlust

LEBENSPRINZIP: Nach überstandenen Stürmen des Erkennens in heiterer Gelassenheit schöpferisches Leben vermitteln

UNTER DIESEM DATUM HATTEN UND HABEN AUSSERDEM GEBURTSTAG:
Johann Ludwig Krebs, herausragender dtsch. Organist u. Komponist (1713–1780) – *Hugh Miller,* überaus populärer schott. Geologe u. Laientheologe (1802–1856) – *Guiseppe Verdi,* ital. Opernkomponist v. außerordentlicher Bedeutung (1813–1901) – *Christopheros Buys Ballot,* holl. Meteorologe, schmückte sich m. fremden Federn (1817–1890) – *Maurice Brazil Pendergrass,* einer d. bedeutendsten US-Aquarellmaler (1859–1924) – *Thomas Gwynn-Jones,* walis. Sprachpoet, Verf. traditioneller keltischer Gedichte (1871–1949) – *Jean-Iona Gottmann,* herausragender franz. Geograph, Professor in d. USA (1915–1994) – *Edward Blackwell,* US-Jazzschlagzeuger, wegweisend f. d. Free Jazz (1929–1992)

11. OKTOBER
Waage

VERANLAGUNG: Sie haben keinen wirklich persönlich geprägten Standort und müssen deshalb immer wieder neu auf Außenweltvorgänge reagieren. Um das nur schwach vorhandene Sicherheitsgefühl auszugleichen, neigen Sie dazu, sich sehr festgefügte Grundsätze zu schaffen, nach denen Sie reagieren und die Ihnen Orientierung bieten können. Wer Sie selbst im tiefsten Inneren sind, bleibt dabei für Sie und für Ihre Umgebung unklar. Sie fühlen nur, daß in Anbetracht der Unausgewogenheiten in Ihrer Umwelt Stürme der trotzigen Entrüstung, der unangepaßten Wünsche und widerspenstigen Überzeugungen in Ihnen brodeln. Durch schmerzliche Erfahrungen mußten Sie aber feststellen, daß Sie Ihre Aggressivität im Denken hinter einem umgänglichen Auftreten verstecken müssen, um überhaupt Gehör in der Gesellschaft finden zu können. Notgedrungen müssen Sie lernen, Kompromisse einzugehen und stehen ständig vor der Entscheidung: Kampf oder Anpassung. So entsteht die Gefahr, daß Sie emotional geprägte Grundsätze immer stärker unterdrücken müssen und Gefühle nur noch darstellen. Ihre gelegentlichen Ausbrüche sind dann eine Art Ventil, kommen immer von ganz tief drinnen und polarisieren eher als zu versöhnen. Aber Sie sind ein überzeugendes Beispiel dafür, welche Kraft der Einzelne besitzt und welche Risiken er auf sich zu nehmen bereit ist. Doch sollten Sie auch immer bereit sein, sich den Konsequenzen der Risiken zu stellen.

HAUPTMERKMAL: Stehvermögen

LEBENSPRINZIP: Äußerlich gefällig, aber innerlich beinhart, eigene Grundüberzeugungen gegen Widerstände verteidigen

UNTER DIESEM DATUM HATTEN UND HABEN AUSSERDEM GEBURTSTAG:
Conrad Ferdinand Meyer, schweiz. Balladendichter, Wegbereiter d. Symbolismus (1825–1898) – *Karl Hofer,* dtsch. Maler u. Grafiker, mischte d. verschiedensten Stilrichtungen (1878–1955) – *Friedrich Bergius,* herausragender dtsch. Chemiker, m. C. Bosch Chemienobelpreis (1884–1949) – *Eleanor Roosevelt,* US-Politikerin, u. a. USA UN-Delegierte, Frau von F. D. Roosevelts (1884–1962) – *Roman Jakobson,* US-Sprach- u. Literaturwissenschaftler, Mitbegr. d. Strukturalismus (1896–1982)

12. OKTOBER
Waage

VERANLAGUNG: Da Ihr eigenes Wohlgefühl in starkem Maße davon abhängt, ob es in Ihrer Umgebung ausgewogen und harmonisch zugeht, beobachten Sie gemeinschaftliche Strukturen mit großer Sensibilität. Da sich Ihre Lebendigkeit im Denken und in der Sprache ausdrückt, beschäftigen Sie sich ständig geistig mit in Ihren Augen notwendigen Veränderungen allzu starrer Formen Ihres Betätigungsfeldes. Dabei müssen Sie die unangenehmen Erfahrungen machen, daß es sehr schwer ist, überkommene Einteilungen, Strukturen und Prinzipien in Frage zu stellen, ohne eine gleichgesinnte Gruppe um sich geschart zu haben. Die Bemühungen des Einzelkämpfers bleiben Ihrer Erfahrung nach oft ungehört und werden mit Ausgrenzung bestraft. So lernen Sie zu taktieren und Ihren auf Veränderung dringenden Durchsetzungswillen manchmal hinter einer freundlich verbindlichen Maske zu verstecken. Doch das strategische Planen, das argumentative Überzeugen anderer und der überlegte Wechsel von Liebenswürdigkeit zur Unangepaßtheit gefallen Ihnen insgeheim immer besser. Obwohl Sie das Durchbrechen von bisher üblichen Normen und Formen lieben, tun Sie das aber nie ohne außerordentliches Gefühl für einen neuen Stil. In allen Auseinandersetzungen geht es Ihnen um Grundsätzliches und nie um Kleinlichkeiten. So sind Sie meist tolerant und damit angenehm im Umgang.

HAUPTMERKMAL: Nie stromlinienförmig

LEBENSPRINZIP: Wenn überkommene Strukturen das eigene Gefühl für Harmonie stören, mit Gleichgesinnten dagegen angehen

UNTER DIESEM DATUM HATTEN UND HABEN AUSSERDEM GEBURTSTAG:
Arthur Nikisch, dtsch. Dirigent u. a. d. Berliner Philharmoniker (1855–1922) – *Sir Arthur Harden,* brillanter brit. Biochemiker, Chemienobelpreis, 1936 geadelt (1865–1940) – *James Ramsey MacDonald,* brit. Politiker, u. a. erster Premiermin. d. Labor Party (1866–1937) – *August Horch,* dtsch. Automobilbauer, gründ. u. a. 1910 die Audiwerke i. Zwickau 1886–1951) – *Edith Stein,* z. Katholizismus konvertierte jüd. Philosophin u. Laientheologin (1891–1942) – *Luciano Pavarotti,* ital. Tenor, einer d. drei Weltbesten, *1935

13. OKTOBER
Waage

VERANLAGUNG: Ihr grundsätzliches Bedürfnis nach Harmonie wird dadurch gestört, daß die Gesellschaft im Ganzen nicht dem entspricht, was Sie in Ihrer genauen Vorstellungswelt von einem geordneten Miteinander entwickelt haben. So geht Ihr gesamtes Bestreben dahin, Gemeinschaften mitzugründen oder sich solchen anzuschließen, die sich an Mustern ausrichten, die den Ihrigen nahekommen. Dabei ist es Ihnen gleichgültig, wie groß die Gruppe ist, es können also Parteien, Kulturrichtungen, Konfessionen oder einfach nur Familienverbände sein. Haben Sie sich dann erst einmal für das Mitmachen in einer bestimmten Ausrichtung entschieden, weichen Sie so schnell auch nicht mehr davon ab. Auf diese Art verringern die manchmal sehr starren gemeinschaftlichen Grundsätze die Lebensängste und Orientierungsunsicherheiten aller. Innerhalb der Gemeinschaft übernehmen Sie gerne die Rolle des planenden Strategen, des Wortführers oder desjenigen, der auf Einhaltung der Regeln drängt. Dabei verbirgt sich hinter Ihrem verbindlichen äußeren Auftreten ein beinharter Wille. Sie vertrauen auf Ihre Intuition und darauf, daß Sie davon überzeugt sind, daß der Einzelne eine stabile Bindung zu einer gleichorientierten Gruppe und einen bestimmten Stil haben sollte, um effektiv sein zu können.

HAUPTMERKMAL: Einmal so, immer so

LEBENSPRINZIP: Sich einer Gemeinschaft mit festen Werten und Mustern anschließen, um in Harmonie tätig sein zu können

UNTER DIESEM DATUM HATTEN UND HABEN AUSSERDEM GEBURTSTAG:
Rudolf Virchow, dtsch. Pathologe u. Multitalent, erkannte d. Ursache v. Seuchen (1821–1902) – *Camille Saint-Saëns,* herausragender franz. Komponist, Pianist u. Organist (1835–1921) – *Kurt Schumacher,* dtsch. Politiker, erreichte d. Wiederaufbau d. SPD (1895–1952) – *Karl Holzarmer,* dtsch. Philosoph u. Pädagoge, u. a. 1962–77 (erster) Intendant d. ZDF, *1906 – *Yves Montand,* einer d. bedeutsamsten franz. Sänger u. Schauspieler (1921–1991) – *Margaret Thatcher,* konservative engl. Politikerin, u. a. 1979–1990 GB-Premierministerin, *1925 – *Turgut Özal,* türk. Politiker, 1983–89 Minister, ab 1989 Staatspräsident d. Türkei (1927–1993) – *Paul Simon,* US-Singer-Songwriter, mit A. Garfunkel erfolgr. Pop-Rock-Duo d. Welt, *1942

14. OKTOBER

Waage

VERANLAGUNG: Da Sie eigentlich nie eine wirkliche innere Sicherheit entwickeln und oft orientierungslos sind, suchen Sie die Anerkennung in einer entsprechenden Gemeinschaft oder der Gesellschaft. So passen Sie sich den Zeitströmungen an und haben ein sensibles Gespür für Entwicklungen, deren Vorankommen Sie mit zögerlichem Einsatz mit ermöglichen. Sie wollen stets vorbereitet sein und orientieren sich deshalb an grundsätzlichen Regeln, Mustern oder Formen. Für Sie ist das Erleben von Gemeinsamkeit und Harmonie einer der wichtigsten Aspekte im Leben. Beim Eintauchen in die wohlige Wärme gemeinsam empfundener Ideale erleben Sie Lust. In diesen Momenten, in denen Sie sich eins fühlen mit dem grundsätzlichen Rhythmus des Lebens, kann sich auch Ihre eingeengte Seele einmal entlasten, und Sie empfinden eine Leichtigkeit des Seins, die an kindliche Unschuld erinnert. Für die Möglichkeit, daß Sie mitschwingen können mit den gesellschaftlichen Kräften, sind Sie sogar bereit, Ihr oft aggressives Denken zu verleugnen, zumindest aber, es hinter einem harmlosen Äußeren zu verstecken. Sie achten derart auf äußere Form und Ästhetik, daß dabei echte Inhalte zugunsten der Anpassung immer weiter zurückgedrängt werden. Sie wollen stets das Gute und Richtige, könnten es aber nur schwer ertragen, wirklich selbst zu kämpfen und so womöglich persönliche Konsequenzen tragen zu müssen.

HAUPTMERKMAL: Anpassungsgeneigt

LEBENSPRINZIP: Sich daran begeistern, mit anderen zusammen den harmonischen Rhythmus des gemeinsamen Daseins zu spüren

UNTER DIESEM DATUM HATTEN UND HABEN AUSSERDEM GEBURTSTAG:
William Penn, brit. Quäker, Sozialphilosoph; gründ. 1681 d. Kolonie Pennsylvania (1644–1718) – *Friedrich Kohlrausch,* dtsch. Physiker, verf. 1870 heute noch gültiges Standardwerk (1840–1910) – *Katherine Mansfield,* neuseeländ. Autorin, Meisterin d. Kurzgeschichte (1888–1923) – *Dwight Eisenhower,* 1953–1961 d. 34. Präs. d. USA, beendete 1953 d. Koreakrieg (1890–1969) – *Heinrich Lübke,* dtsch. CDU-Politiker , u. a. 1959–69 Bundespräsident (1894–1972) – *Hannah Ahrendt,* kontrovers diskutierte US-Soziologin u. Politologin dtsch. Abst. (1906–1975)

15. OKTOBER

Waage

VERANLAGUNG: Sie haben schon sehr früh in Ihrem Leben das Gefühl, von irgendwoher ein Wissen und Verstehen intuitiv zu empfangen, das Ihnen die Sicherheit gibt, die eigenen Vorstellungen zum Maßstab erheben zu können. Alles, was Sie mit unbestechlicher Genauigkeit um sich herum wahrnehmen, ist Ihrer Meinung nach geprägt von Unausgewogenheiten, falschen Werten und Fehlerhaftigkeiten. Sie fühlen sich deswegen aufgerufen, die Welt vom Kopf auf die Füße zu stellen und mit Ihrem Sinn für Analyse, Organisation und Perspektive die Menschen von Ihrem Denken zu überzeugen, Sie zu motivieren und auf Trab zu bringen. So sind Sie eher ein Mensch, der denkt, schreibt und spricht und damit die Zustände verändert, als einer, der selbst aktiv handelnd eingreift. Dieser Impuls zur Weitergabe Ihres Wissens an Menschen entspringt ursprünglich einer spontanen, fast naiven Fürsorglichkeit, kann aber, bei bedingungsloser Bewunderung durch andere, zu mangelnder Kritikfähigkeit sich selbst gegenüber führen. Ob sie sich als richtig oder falsch erweisen, sehr viele Ihrer Aussagen werden von Ihren Mitmenschen wie von einem nassen Schwamm aufgesogen und zum Grundsatz erhoben. Doch im Gegensatz zu den menschlichen Nachahmern sind Sie als der originale Denker in der Lage, immer wieder neu und immer wieder anders auf Situationen und Herausforderungen zu reagieren und bleiben deshalb flexibel.

HAUPTMERKMAL: Sich selbst der Maßstab

LEBENSPRINZIP: Das eigene, irgendwoher empfangene Wissen und Verstehen dafür nutzen, Menschen und Zustände zu beeinflußen

UNTER DIESEM DATUM HATTEN UND HABEN AUSSERDEM GEBURTSTAG:
Friedrich Wilhelm IV., 1840–1861 König von Preußen (1795–1861) – *Wolfgang Weyrauch,* dtsch. Schriftsteller, eines d. ersten Mitglieder d. Gruppe 47 (1904–1980) – *Wilhelm v. Kaulbach,* erfolgreicher dtsch. Historienmaler, Portraitist, Buchillustrator (1805–1874) – *Friedrich Nietzsche,* dtsch. Philosoph, bedeutender, genialer u. umstritt. Denker (1944–1900) – *Herman Josef Abs,* dtsch. Bankier, u. a. 1967–76 Aufsichtsratsvors. d. Dtsch. Bank (1901–1994) – *Hoimar v. Dittfurth,* herausragender dtsch. Mediziner u. Wirtschaftsjournalist, *1921

16. OKTOBER

Waage

VERANLAGUNG: Da Ihr Wohlgefühl davon abhängt, ob in Ihrem Umfeld Regeln, Strukturen und Werte berücksichtigt werden, die mit Ihren Vorstellungen übereinstimmen, achten Sie sehr genau auf alle Strömungen. Sie nehmen früher als andere von dem Witterung auf, was kommen wird, und erkennen deutlicher als andere, was wirklich ist. So sind Sie oft ein Pionier und versuchen mutig das noch Verdeckte für alle klar erkennbar zu machen. Da Sie ein ausgeprägtes Ego haben, laufen Sie dabei manchmal Gefahr, zu denken, daß Sie, als der Verkünder von vorher verdeckten Wahrheiten, diese auch erfunden haben. Da Ihre innere Sicherheit von dem gewonnenen Überblick abhängt, schaffen Sie sich bewußt eine innere Distanz, die leicht zu einer gefühlsmäßigen Verhärtung führen kann. So liegt es nahe, daß Sie eine deutliche Sprache sprechen und Ihre Meinung nicht hinter diplomatischen Floskeln verstecken. Neben diesem rigorosen Auftreten gehen Sie mit Lust und schöpferischer Freude an die sich zyklisch erneuernden Lebensvorgänge heran. In jeder Auseinandersetzung, in der sich neues Denken gegen überkommene Traditionen durchsetzen will, sind Sie durch nichts zu schockieren, legen dabei aber immer großen Wert auf Form, Stil und Intelligenz. Sollte das nicht der Fall sein, sind Sie leicht irritierbar und ziehen sich verletzt zurück. Für Sie hat Form auch immer mit Inhalt zu tun.

HAUPTMERKMAL: Kein Inhalt ohne Form

LEBENSPRINZIP: Die eigenen Fähigkeiten dazu nutzen, früher zu erkennen, was kommt und deutlicher zu sagen, was ist

UNTER DIESEM DATUM HATTEN UND HABEN AUSSERDEM GEBURTSTAG:
Adolph Freiherr v. Knigge, dtsch. Autor, schrieb „Über d. Umgang m. Menschen" (1752–1796) – *Arnold Böcklin,* schweiz. Maler mythischer u. allegorischer Themen (1827–1901) – *Oscar Wilde,* genialer ir. Schriftsteller, führender Vertreter d. ästhet. Bewegung (1854–1900) – *Eugene O'Neill,* herausragender US-Dramatiker, Literaturnobelpreis (1888–1953) – *David Ben Gurion,* israel. Politiker, rief 1948 d. (–53 u. 55–63) unabhäng. Israel aus (1886–1973) – *Stefan Reuter,* dtsch, Fußballer, 1990 Welt- u. 1996 Europameister, *1966

17. OKTOBER

Waage

VERANLAGUNG: Da Ihr Sicherheitsgefühl grundsätzlich davon abhängig ist, ob um Sie herum die Möglichkeit besteht, solidarisch miteinander umzugehen, haben Sie versucht, alle Unausgewogenheiten und Ungerechtigkeiten in ständigem Bemühen auszugleichen oder zu übersehen. Dabei spüren Sie, daß Sie mit der Zeit Ihre eigene Mitte verlieren und Ihre Gefühlswelt immer stärker negativ von den Außeneindrücken beeinflußt wird. So kommen Sie in eine Situation, in der Sie zwar äußerlich umgänglich bleiben, Ihr desillusioniertes Denken aber aggressiver wird und nach einem radikalen Neuanfang sucht. Sie spüren intuitiv, daß Sie Ihr gesamtes Leben verändern müssen, um eine geistige Wiedergeburt erfahren zu können und so seelisch nicht zu verkümmern. Nachdem Ihnen das klargeworden ist, fühlen Sie eine Kraft in sich aufsteigen, die Ihr gesamtes Leben verändert. Sie analysieren zwar noch genauso scharf wie vorher, aber jetzt ist der Antrieb aus Herz und Bauch hinzugekommen, der Sie instinktsicher, fast automatisch, einen Schritt nach dem anderen tun läßt. Sie schöpfen neue Lebenskraft aus dem Gefühl, jetzt ein Ihnen gemäßes Dasein gefunden zu haben und genießen die Freude einer Gesinnungsgemeinschaft solidarischer Menschen.

HAUPTMERKMAL: Zum Wechsel bereit

LEBENSPRINZIP: Einer ausweglosen Lebenssituation entkommen, indem man die Kraft findet, sich völlig neu zu orientieren

UNTER DIESEM DATUM HATTEN UND HABEN AUSSERDEM GEBURTSTAG:
Rita Hayworth, weltberühmte rothaarige US-Hollywooddiva (1918–1987) – *Arthur Miller,* US-Dramatiker, Bühnenautor; schrieb Klassiker d. modernen US-Theaters, *1915 – *Georg Büchner,* dtsch. Schriftsteller u. Dramatiker, Vorreiter d. Expressionismus (1813–1837) – *Emanuel Geibel,* dtsch. Verf. national-konservativer Gedichte (1815–1871) – *Alfred Polgar,* spitzzüngiger u. pointierter österr. Schriftsteller u. Kritiker (1873–1955) – *Alexander S. Neill,* brit. Psychologe, begr. d. antiautoritären Erziehung (1883–1973) – *Johannes Paul I.,* 26.8.–28.9. 1978 traditionalistischer Papst v. Rom (1912–1978) – *Montgomery Clift,* herausragender US-Bühnen- u. Filmschauspieler (1920–1966)

18. OKTOBER
Waage

VERANLAGUNG: Mit einer fast kindlichen Kraft glauben Sie an die Möglichkeit eines mitmenschlichen Umganges, und das läßt Sie versuchen, Unausgewogenheiten auszugleichen oder Ungerechtigkeiten zu verhindern. Dabei tritt Ihr eigenes Ich zwangsläufig hinter Ihrem vermittelnden Auftreten zurück. So geraten Sie in eine Zerrissenheit des eigenen Gefühlslebens: Einerseits haben Sie ein festgefügtes Wertebewußtsein mit einem aggressiv geprägten Denken. Andererseits ist Ihre Fähigkeit, aktiv zu werden, von der Außenweltharmonie so abhängig, daß Sie sich hinter einer äußeren Rolle meinen verstecken zu müssen. So kommt es auf direktem Wege nur selten zu einer seelischen Entlastung, und Sie verlegen Ihre Kämpfe auf Ersatzschauplätze. Doch da Sie ein Gefühl für Echtheit haben und die allgemein üblichen Verlogenheiten verabscheuen, sehen Sie sich gezwungen, immer mal wieder von Ihrer Sehnsucht nach Harmonie Abschied zu nehmen und mutig auf Konflikte zuzugehen. Für Sie ist die Erkenntnis, daß es scheinbar unmöglich ist, wirklich solidarisch miteinander umzugehen, ein Stück innerer Tod, den Sie kaum verkraften und den Sie nur in kurzen Momenten eines liebenden Zusammenseins verdrängen können. Sie sind durch diese Erlebnisse so sensibel geworden, daß Sie sehr klar durch die Oberfläche der Erscheinungen hindurchsehen und die Wahrheit erkennen.

HAUPTMERKMAL: Verletzlich

LEBENSPRINZIP: Trotz niederschmetternder Erfahrungen immer wieder durch die Oberfläche hindurch die Wahrheit sehen

UNTER DIESEM DATUM HATTEN UND HABEN AUSSERDEM GEBURTSTAG:

Prinz Eugen v. Savoyen, österr. Feldherr u. Staatsmann, ab 1707 Reichsmarschall (1653–1736) – *Heinrich v. Kleist,* herausragender dtsch. Dramatiker, m. H. Vogel Doppelsuizid (1777–1811) – *Lotte Lenya,* österr.-amerik. Sängerin, brillante Brecht-Interpretin (1898–1981) – *Klaus Kinski,* internat. berühmt-berüchtigter dtsch. Schauspieler u. Schriftsteller (1926–1991) – *Lee Harvey Oswald,* eventueller Attentäter JFK's, v. Jack Ruby erschossen (1939–1963) – *Pascual Jordan,* dtsch. Physiker, an d. Ausarbeitung d. Quantentheorie beteiligt (1902–1980) – *Martina Navratilova,* US-Tennisspielerin, zw. 1978–87 siebenmal Weltranglistenerste, *1956

19. OKTOBER
Waage

VERANLAGUNG: Für sehr lange Zeit spielt sich der Hauptanteil Ihrer Lebendigkeit in Ihrem Denken ab. Die innere Wirklichkeit Ihrer Vorstellungswelt ist für Sie planbar, beeinflußbar und erfüllt damit Ihr Bedürfnis nach einer strukturierten und damit durchschaubaren Welt. So gewöhnen Sie sich daran, Probleme bis ins letzte Detail geistig durchzuspielen. Dabei wird die umfangreiche Gefühlswelt, die echtes Leben mit sich bringt, von Ihnen zurückgedrängt und macht gedachten Emotionen Platz. So werden Sie Berichterstatter des Lebens und handeln nicht wirklich selbst. Perspektiven von Lösungsmöglichkeiten, Strukturierungen von Problemen und Sandkastenspiele des Denkens putschen Ihre Seele auf und lassen Sie in einer Art inneren Isolation leben. Ihr Leiden unter der mangelnden seelischen Entlastung, Ihr Bedürfnis nach einem erfüllteren Leben und Ihre zwangsläufig auftretenden zwischenmenschlichen Krisen lassen Sie die Mangelerscheinungen in Ihrem Bewußtsein immer stärker wahrnehmen. Sie können die Augen nicht mehr länger davor verschließen, daß Ihr Dasein nicht ausschließlich durch den rational gesteuerten Willen zu bewältigen ist. Es fehlt das Prinzip Liebe, um eine Lösung zu ermöglichen. Das Wechselspiel von intuitiver Hingabe und denkerischer Kontrolle prägt plötzlich Ihr Streben nach einer höheren, nach der wahren Erkenntnis. Nur der Ausgleich der inneren Widersprüche führt zur Rundheit.

HAUPTMERKMAL: Denkspiele

LEBENSPRINZIP: Will man das Leben mehr als nur geistig erfassen, muß man Intuition, Hingabe und Liebe wagen

UNTER DIESEM DATUM HATTEN UND HABEN AUSSERDEM GEBURTSTAG:
Cassius Marcellus Clay, US-Führer d. Antisklavenbewegung u. Zeitungsgründ. (1810–1903) – *Arnold Böcklin,* schweiz. Maler, meist phantastischer Motive (1827–1901) – *Auguste Lumière,* franz. Chemiker, präsentierte m. Bruder Louis d. ersten Kinofilm (1862–1954) – *Hermann Knaus,* österr. Gynäkologe, fand mit K. Ogino natürl. Verhütungsmeth. (1892–1970) – *Hilde Spiel,* österr. Schriftstellerin, Hauptthema: das Schicksal d. Emigranten (1911–1990) – *Jean Dausset,* franz. Immunologe, schuf Voraussetzung f. Organtransplantationen, *1916

20. OKTOBER

Waage

VERANLAGUNG: Sie sind ein Mensch, der sich durch den Einsatz seines Verstandes und seiner Vernunft über die Konflikte und Nöte des persönlichen Lebens erheben und die wahren Zusammenhänge von einer höheren Ebene aus erkennen kann. Deshalb leiden Sie, ob nun im kleinen oder großen Lebenszusammenhang, unter den Unausgewogenheiten, die Sie nicht mit den Vorstellungen in Übereinstimmungen bringen können, die Sie sich schon sehr früh von einem geregelten Miteinander gemacht haben. So suchen Sie überall nach der Möglichkeit, Regelungen zu schaffen, die Gerechtigkeit erzeugen sollen, und sind immer da zu finden, wo man sich an grundsätzlichen Werten orientieren kann. Dabei sind Sie ein Mensch, der eher im Denken radikal ist als im direkten Handeln. Sie lieben es, zu planen, zu organisieren, zu motivieren und zu überzeugen. Sollte Ihnen das trotz Ihrer Durchsetzungsfähigkeit im Alltagsleben nicht möglich sein, verlegen Sie oft Ihre Lebendigkeit auf ein schöpferisches Tun, indem Sie eine von der realen Welt getrennte Wirklichkeit erschaffen. Sie fliehen aus dem Alltag in Ihre Vorstellungswelt, in der eine von Ihnen erzeugte Ordnung herrscht. Aber auch so bleiben Sie sich selbst treu, da Sie stets versuchen, auch dort das Gemeinsame der menschlichen Existenz jenseits aller Gegensätzlichkeit durch Ihre Phantasie erkennbar zu machen.

HAUPTMERKMAL: Grundsatztreu

LEBENSPRINZIP: Sich über den eigenen Alltag erheben und in Phantasie oder Realität Gemeinsam-Menschliches aufzeigen

UNTER DIESEM DATUM HATTEN UND HABEN AUSSERDEM GEBURTSTAG:
Balint Balassi, brillanter ungar. Lyriker, der Beste bis z. Ende d. 18. Jahrh. (1554–1594) – *Henry Palmerston,* brit. Politiker, bestimmte 35 Jahre lang d. brit. Politik (1784–1865) – *Bela Lugosi,* US-Filmschauspieler ungar. Herkunft, weltberühmt als „Dracula" (1884–1956) – *Sir James Chadwick,* brit. Physiker, Nobelpreisträger, 1945 geadelt (1891–1974) – *Peter Bamm,* dtsch. Schriftsteller m. Welterfolg (1897–1975) – *Adelaide Hall,* US-scat-Sängerin, auf Duke Ellingtons „Creole Love Call" verewigt (1901–1993) – *Frederic Dannay,* eine Hälfte d. US-Erfolgskrimiduos „Ellery Queen" (1905–1982)

21. OKTOBER
Waage

VERANLAGUNG: Sie müssen die schmerzliche Erfahrung machen, daß das auf sich selbst konzentrierte Denken und Handeln immer ein Zurückdrängen des seelischen Austausches nach sich zieht und damit eine starke Einengung des Gefühlslebens. Obwohl Sie schon sehr früh sich selbst und Ihre Vorstellungen zum Maßstab von Beurteilungen der Außenweltvorgänge gemacht haben, erfühlen Sie deshalb intuitiv, daß Sie eine wie auch immer geartete Zugehörigkeit brauchen, um sich nicht selbst zu verlieren. Deshalb ändern Sie Ihre persönliche Isolation und scharren Gleichgesinnte um sich oder schließen sich einer grundsatzähnlich ausgerichteten Gruppe an. Dabei hilft Ihnen die Lust am strategisch taktischen Denken, Positionen zu erkämpfen, die Ihnen Gestaltungsmöglichkeiten eröffnen. Sie fühlen innerhalb Ihrer Mitstreiter plötzlich ein Glücksgefühl im gemeinsamen Handeln und erfahren ein befriedigendes Zugehörigkeitsgefühl zu einem größeren Ganzen, das Sie so vorher nicht kannten. Sie sind plötzlich von einer Handlungsgewißheit beseelt, die Ihnen eine fast schlafwandlerische Sicherheit der Orientierung beschert. Da Sie aber nie ganz davon abrücken, daß Ihre ureigensten Motive, Ziele oder Maßstäbe immer auch diejenigen Ihrer Gemeinschaft sein müssen, besteht die Gefahr, daß Sie sich von niemandem wirklich korrigieren lassen.

HAUPTMERKMAL: Strategisch denkend

LEBENSPRINZIP: Die Selbstkonzentriertheit überwinden versuchen und Eins-Sein im gemeinschaftlich orientierten Tun finden

UNTER DIESEM DATUM HATTEN UND HABEN AUSSERDEM GEBURTSTAG:
Katsushita Hokusai, jap. Maler u. Meister d. Farbholzschnitts (1760–1849) – *Alphonse de Lamartine,* franz. Dichter u. Politiker, Wortführer d. lit. Romantik (1790–1869) – *Alfred Nobel,* schwed. Chemiker, erfand d. Dynamit, stiftete d. Nobelpreis (1833–1896) – *Kurt Scharf,* dtsch. ev. Theologe, u. a. 1961–67 Vorsitzender d. Rates d. EKD (1902–1990) – *Sir Georg Solti,* herausragender engl. Dirigent u. Pianist ungar. Abst., 1969 geadelt, *1912 – *Leo Kirch,* dtsch. Medienmanager u. Magnat, dauernd i. Clinch m. d. Kartellamt, *1926 – *Pelé,* brasil. Fußballspieler, es heißt der Beste aller Zeiten, *1940

22. OKTOBER
Waage

VERANLAGUNG: Sie haben schon sehr früh fest umrissene Vorstellungen vermittelt bekommen oder selbst entwickelt, wie Ihr Leben, das Mensch-Sein und Ihr Daseinsziel im Prinzip aussehen sollten. Und Sie sehen Ihre Hauptaufgabe darin, Ihre Vorstellungen anderen zu vermitteln. Dabei bildet immer die Sprache den Mittelpunkt Ihrer Aktivitäten. Sie wollen dem an freiwillig gewählten Grundsätzen orientierten Bild so genau wie möglich entsprechen und sind dafür bereit, sich aufopferungsbereit einzusetzen und eigene Gefühle und Wünsche zurückzustellen. Das birgt die Gefahr in sich, daß sich in Ihrem seelischen Haushalt Staus bilden, die keinen Weg zur direkten Entladung finden. Das führt häufig dazu, daß Sie ein schöpferisches Ersatzdasein suchen, in dem Sie, losgelöst von Ihrem persönlichen Leben, Gefühle darstellen können, ohne ihnen zu erliegen. Sie haben aber in allem, was Sie tun, die tiefe Gewißheit, Teil einer Kette zu sein, die von Generation zu Generation die Ergebnisse eigener Erfahrung aufnimmt und sehr bewußt weitergibt. Auch wenn Sie möglicherweise für nur sehr wenige Menschen ein Beispiel sein können, hilft die Gemeinschaftsorientierung auch Ihre eigene Vereinsamung zu überwinden. So lassen Sie Ihr Empfinden für die Werte der Gemeinschaft und Ihre Hoffnung auf eine wirkliche Zivilisation auch in Momenten tiefster Verzweiflung kraftvoll durchhalten.

HAUPTMERKMAL: Sprache

LEBENSPRINZIP: Sich als Teil einer langen Kette sehen und eigene Vorstellungen vom Mensch-Sein als Bild vermitteln

UNTER DIESEM DATUM HATTEN UND HABEN AUSSERDEM GEBURTSTAG:
Johann Reinhold Forster, dtsch. Naturforscher, reiste u. a. 1772–75 m. James Cook (1729–1789) – *Franz Liszt,* herausragend innovativer ungar.-dtsch. Pianist u. Komponist (1811–1886) – *Auguste Sabatier,* franz. protest. Theologe, revolutionierte d. Interpretation d. Bibel (1839–1901) – *Robert Capa,* herausragender ungar. Bildjournalist (1913–1954) – *Doris Lessing,* engl. Autorin, wichtige Repräsentantin d. Romans i. 20. Jahrh., *1919 – *Timothy Leary,* US-Psychologe, Drogenpapst d. 60er u. 70er Jahre, Kultfigur (1920–1996)

23. OKTOBER

Waage / Skorpion

VERANLAGUNG: Ihr inneres Sicherheitsgefühl hängt stark davon ab, ob Sie die Fähigkeiten auf Ihrem Tätigkeitsgebiet so weit entwickeln können, daß Sie sich selbst gut genug empfinden, um für andere vielleicht sogar Vorbild zu sein. Dabei sind Sie nicht wie viele andere in der Lage, sich selbst etwas vorzumachen. In Ihren Augen setzt die Gesellschaft zu leicht schöpferisches Schaffen und die Ansammlung von Wissen mit Lebensweisheit gleich. Ihre unbestechliche Beobachtungsfähigkeit und die schmerzlichen Erfahrungen mit der Unzulänglichkeit des Menschen haben Sie die Erkenntnis verinnerlichen lassen, daß die Weisheit eines erfüllten Lebens jenseits eines angehäuften Wissens beginnt: Nämlich beim Verstehen der inneren Zusammenhänge des gemeinschaftlichen Daseins. Und in Ihren Augen gehört zum Verstehen dazu, daß jeder seine eigenen Grenzen erfährt und vielleicht dadurch überwindet, daß er mit großem Aufopferungswillen an sich arbeitet. Sie jedenfalls sind immer wieder bereit, sich selbst herauszufordern, um sich Ihren Vorstellungen anzunähern. Deshalb schütteln Sie sehr oft den Kopf über die, die sich mit oberflächlichen Halbheiten zufrieden geben und so nie den Lustgewinn erleben werden, der in der Klarheit der Erkenntnis liegt.

HAUPTMERKMAL: Besserwissen

LEBENSPRINZIP: Jenseits der Wissensansammlung beginnt das Verstehen der Zusammenhänge und der Anfang des Klarsehens

UNTER DIESEM DATUM HATTEN UND HABEN AUSSERDEM GEBURTSTAG:
Groucho Marx, Kopf d. fünf Marx Brothers, d. populären US-Comedy-Team (1892–1977) – *François de Cuvilliès d. Ä.,* einfallsreicher fläm.-dtsch. Baumeister u. Stukkateur (1695–1768) – *Albert Lortzing,* dtsch. Opernkomponist, u. a. Kapellmeister i. Leipzig, Berlin, Wien (1801–1851) – *Adalbert Stifter,* österr. Schriftsteller u. Maler, Erzähler d. bürgerlichen Realismus (1805–1868) – *Wilhelm Leibl,* dtsch. Maler, u. a. von bedeutenden Portraits (1844–1900) – *Dominikus Böhm,* dtsch. Architekt, Erneuerer d. kath. Kirchenbaus (1880–1955) – *Felix Bloch,* schweiz.-amerik. (Kern-) Physiker, mit E. Mills Physiknobelpreis (1905–1983) – *Johnny Carson,* US-Fernsehmoderator, Mitbegr. d. täglichen TV-Talkshow, *1925

Skorpion

24. OKTOBER
Skorpion

VERANLAGUNG: Sie haben schon früh ein inneres Leitbild entwickelt, an dem Sie sich sehr genau ausrichten wollen. Aber die Erkenntnis, so gut wie nie dem eigenen absoluten Anspruch zu genügen, führt zu einer ständigen Enttäuschung, die nur mit um so größerer Bemühung um Perfektion kurzzeitig verdrängt werden kann. Zu diesem ständigen Konflikt kommt hinzu, daß sich die Menschen um Sie herum, gemessen an der Notwendigkeit der Erkenntnis eines vernünftigen Miteinanders, in Ihren Augen egoistisch und geradezu widersinnig verhalten. Offenbar nimmt sich der Mensch als Individuum außerordentlich wichtig und macht sich sehr wenig Gedanken um eine sinnvolle Erfüllung seines Daseins. Dieses absurde Verhalten führt bei Ihnen dazu, daß wenigstens Sie selber eine Ausnahme bilden wollen. So widmen Sie sich mit großer Selbstaufopferung dem direkten Kampf gegen die Engstirnigkeit, oder aber Sie ziehen sich auf eine Position zurück, auf der Sie alles ironisch-satirisch demaskieren. Sie wollen auch durch Ihr eigenes Beispiel anderen die Augen öffnen, die neuen Strukturen erkennbar machen und sind eigentlich immer wieder bis ins tiefste Innere erschüttert, daß das Handeln dem Denken nicht folgt oder nur sehr, sehr langsam.

HAUPTMERKMAL: Nie wirklich zufrieden

LEBENSPRINZIP: Das Ganze zu erfassen versuchen, um als Mensch im sinnvollen Miteinander seine Aufgaben zu erfüllen

UNTER DIESEM DATUM HATTEN UND HABEN AUSSERDEM GEBURTSTAG:
Jan Lievens, am holl. u. fläm. Barock orientierter holl. Maler (1607–1674) – *Antoni van Leeuwenhoek,* holl. Naturforscher, fand u. a. die roten Blutkörperchen (1632–1723) – *August Graf v. Platen,* dtsch. Verf. klassizistischer Gedichte (1776–1835) – *Karlfried Graf Dürckheim,* herausragender dtsch. Psychotherapeut u. Schriftsteller (1996–1988) – *Theodor Eschenburg,* dtsch. Politwissenschaftler u. Publizist, kritisierte laut Mißstände, *1904 – *Horst Stern,* dtsch. Journalist u. Schriftsteller, entwarf neue Form d. Tiersendung, *1922 – *Luciano Berio,* ital. Komponist, Mitbegr. d. seriellen u. elektronischen Musik, *1925 – *Gilbert Bécaud,* „Monsieur 100 000 Volts“, weltber. franz. Sänger, Komponist u. Pianist, *1927

25. OKTOBER
Skorpion

VERANLAGUNG: In der Lage, Ihre Emotionen dem Prinzip zu unterwerfen, wissen Sie schon früh, wie etwas auszusehen hat, um Ihrer Erwartungshaltung genau zu entsprechen. Doch Sie müssen die enttäuschende Erfahrung machen, daß im wirklichen Leben Perfektion eine Größe ist, die ein Mensch wohl nie erreicht. Trotzdem fühlen Sie sich von dem eigenen Anspruch ständig angetrieben und betreten deshalb immer wieder vollkommenes Neuland und brechen mit Konventionen. Doch da vieles aus Zufälligkeiten entsteht, werden Sie oft von neuen Einsichten und Möglichkeiten überrascht und sind innerlich noch nicht wirklich bereit, das Vertraute der vorherigen Erfahrungen ganz loszulassen. So versuchen Sie zwar, immer besser zu werden und so Ihrem inneren Leitbild zu entsprechen und wollen doch nicht ganz die Verbindung zum eigenen Ursprung verlieren. Sie sind deshalb eine faszinierende Mischung aus Sentimentalität, uralten Werten, nostalgischen Überbleibseln und revolutionären Schritten. Alles in allem eine Art wertkonservativer Erneuerer, der die Anmut der Einfachheit zu sehr lieben gelernt hat, als sich vollkommen dem Neuen verschreiben zu können. Ihr Hang, etwas vollkommen zu beherrschen, war in Anbetracht einfacherer Strukturen leichter und damit für Sie auch befriedigender.

HAUPTMERKMAL: Formorientiert

LEBENSPRINZIP: Beim Erkennen und Erlernen des erregend Neuen, die Qualität des Vertrauten nicht außer acht lassen

UNTER DIESEM DATUM HATTEN UND HABEN AUSSERDEM GEBURTSTAG:
Karl Reichsfreiherr von u. zum Stein, preuß. Staatsmann, Reformierer (1757–1831) – *Evariste Galois,* franz. Mathematikgenie, 21jährig Begr. d. modernen Algebra (1811–1832) – *Johann Strauss Sohn,* österr. „Walzerkönig" u. Operettenkomponist (1825–1899) – *Pablo Picasso,* herausragender span. Maler, schuf ca. 20 000 Werke (1881–1973) – *Floyd Bennett,* US-Flugpionier, flog als erster (1926) über d. Nordpol (1890–1928) – *Paul Draper,* US-Step- u. Ballettanzstar d. 30er u. 40er Jahre, Schwarze Liste (1909–1996) – *Michael I.,* 1940–47 König v. Rumänien, widerrief aus d. Exil erfolglos s. Abdankung, *1921 – *Kornelia Ender,* brillante dtsch. Schwimmerin, u. a. 4 Goldmed. b. einer Olympiade, *1958

26. OKTOBER
Skorpion

VERANLAGUNG: Für Ihr eigenes Sicherheitsgefühl und für Ihre Zufriedenheit brauchen Sie genaue Zielvorstellungen von dem, wie der Mensch, sein Tun und das menschliche Miteinander auszusehen haben. So formt sich in Ihrem strategischen Denken langsam das Gesamtbild eines organisierten Miteinanders, von dem Sie nur ungern wieder abrücken wollen. Sie sind sogar bereit, Ihre eigenen Emotionen den prinzipiellen Notwendigkeiten unterzuordnen. Das führt dazu, daß Sie sich fast nie eine seelische Entlastung erlauben, und Sie sind deshalb im persönlichen Bereich nicht belastbar. Grundvoraussetzung für Ihr Gemeinschaftsbild ist, daß sich jeder Einzelne für das Ganze mitverantwortlich fühlt. In Ihren Augen ist es gerade dann notwendig, wie seit jeher gemeinsam zu handeln, wenn man unter neuen Bedingungen neue Wege beschreiten muß. Sie selbst übernehmen dabei gerne die Rolle des Strategen, des kühlen Taktikers oder des Wortführers, der mit Sinn für Rituale auf die Einhaltung der Grundsätze achtet. Auf sich selbst bezogen gehen Sie manchmal so weit, daß Sie Ihre eigenen individuellen Bedürfnisse und Gefühlsneigungen als prinzipielle Schwäche ansehen. Ein Dogma wird daraus dann, wenn Sie diesen Eigenanspruch auf andere zu übertragen versuchen.

HAUPTMERKMAL: Prinzipienorientiert

LEBENSPRINZIP: Wer neue Wege erfolgreich beschreiten will, sollte mit Sinn für Gemeinsamkeit Verantwortung übernehmen

UNTER DIESEM DATUM HATTEN UND HABEN AUSSERDEM GEBURTSTAG:
Domenico Scarlatti, ital. Komponist von u. a. geistl. u. weltlicher Vokalmusik (1685–1757) – *Danton,* franz. Advokat u. Revolutionär v. umstrittenem Platz i.d. Geschichte (1759–1794) – *Helmuth Graf v. d. Moltke,* preuß. Militär, entwickelte d. mod. Massenkriegsführung (1800–1891) – *Hans Bender,* dtsch. Parapsychologe, wollte Okkultes methodisch erfassen (1907–1991) – *Mahalia Jackson,* herausragende u. weltberühmte US-Gospelsängerin (1911–1972) – *Don Siegel,* herausragender US-Filmregisseur v. insbes. Actionfilmen (1912–1991) – *François Mitterrand,* linksdemokr. franz. Politiker, u. a. 1981–1995 Staatspräsident (1916–1996) – *Mohammed Resa Pahlawi,* 1941–1979 autokratischer Schah v. Persien (1919–1980)

27. OKTOBER
Skorpion

VERANLAGUNG: Sie haben beobachtet, daß sich Gemeinschaften das Zusammengehörigkeitsgefühl schaffen oder erhalten, indem sie sich gemeinsame kulturelle Symbole schaffen. So haben von frühester Kindheit an Rituale und Zeremonien eine faszinierende Anziehungskraft auf Sie ausgeübt und ein Sicherheitsgefühl erzeugt. Das konnte ein Fußballspiel genauso sein wie ein feierlicher Gottesdienst oder eine Karnevalsparade. Immer war da ein festgefügter Ablauf, der Ihr Bedürfnis nach formaler Präzision erfüllte und Ihnen ein befriedigendes Gefühl verschaffte. Sollte Ihnen der dahinter stehende Inhalt nicht gefallen, zeigt sich Ihr Aufbegehren zuerst in einer veränderten Form. Für Sie ist die schöpferische Gestaltung eines Vorganges auch gleich eine inhaltliche Aussage. Und die Überwindung von Verhaltensmustern eine Veränderung im Denken. Es kann sogar sein, daß Sie aus diesem Grunde, in der von Ihnen zelebrierten Erotik, einem festgefügten Muster folgen. Veränderungen oder gar Revolten gegen überkommene Inhalte, zum Beispiel im Berufs- oder Gesellschaftsleben, führen bei Ihnen immer über die Veränderung der äußeren Umgangsformen. Sie werden immer bei denen zu finden sein, die Sehnsucht haben nach präzisen Abläufen, klaren Strukturen und eindeutigen Wertvorstellungen.

HAUPTMERKMAL: Ritualfixiert

LEBENSPRINZIP: Inhalte werden über gemeinsame Rituale vermittelt und ein Wechsel zeigt sich zuerst in der Form

UNTER DIESEM DATUM HATTEN UND HABEN AUSSERDEM GEBURTSTAG:
Erasmus v. Rotterdam, holl. Theologe u. Philosoph, forderte „Freiheit d. Geistes" (1469–1536) – *James Cook,* herausragender brit. Seefahrer, Entdecker u. Forscher (1728–1779) – *Niccolò Paganini,* d. „Teufelsgeiger", ital. Violinvirtuose u. Komponist (1782–1840) – *Hans Thoma,* dtsch. Maler stimmungsvoller naturalistischer Heimatbilder (1839–1924) – *Theodore Roosevelt,* 1901–09 d. 26. Präsident der USA u. einer der beliebtesten (1858–1919) – *Owen Young,* US-Jurist, entwarf d. Youngplan z. Regelung der Reparationsfrage (1874–1962) – *Dylan Thomas,* walis. Schriftsteller, huldigte d. Schönheit d. Natur (1914–1953) – *Warren Christopher,* US-Politiker, u. a. seit 1993 Außenminister d. USA, *1925

28. OKTOBER

Skorpion

VERANLAGUNG: Jedes gemeinschaftliche Zusammenleben bedarf einer in den Köpfen fest verankerten Form, um gegen Stürme gewappnet zu sein. Deshalb entwickelt eine Gesellschaft kulturelle Symbole und Rituale, in denen sie ihre speziellen Denk-, Empfindungs- und Verhaltensweisen ausdrückt. Das dauert durch die verschiedensten Widerstände normalerweise sehr lange. Doch hat sie diese erst entwickelt, sind sie nur noch sehr schwer wieder zu verändern. Dieser Vorgang entspricht Ihrem Naturell und Sie sind bereit, sollten Sie mit den Normen und Prinzipien der Gesellschaft übereinstimmen, sich nach diesen zu richten. Sollten die Grundsätze und Werte aber nicht Ihren festgefügten persönlichen Vorstellungen und Leitbildern entsprechen, ist es Ihnen gleichgültig, welche Opfer es von Ihnen verlangt, Sie werden sich zielorientiert gegen alle Unausgewogenheiten zur Wehr setzen. Wie Sie das auch immer innerlich verkraften, äußerlich bleiben Sie aus Prinzip beherrscht. Sie versuchen ein Fels in der Brandung zu sein und ohne Panik neue Perspektiven zu entwickeln. Aber dieses Zurückdrängen der eigenen Gefühlswelt kann Schwierigkeiten im menschlichen Kontakt nach sich ziehen und birgt die Gefahr, daß hinter der Form der Mensch nicht mehr erkennbar ist.

HAUPTMERKMAL: Eigene Grundsätze

LEBENSPRINZIP: Das gemeinschaftliche Miteinander bedarf der stabilen Struktur und sollte doch hinterfragt werden

UNTER DIESEM DATUM HATTEN UND HABEN AUSSERDEM GEBURTSTAG:
Hans Driesch, dtsch. Biologe u. Philosoph, führender Vertreter d. Vitalismus (1867–1941) – *D. T. Suzuki,* japan. buddhist. Gelehrter, brachte d. Zen-Buddhismus i. d. Westen (1870–1966) – *Edith Head,* US-Filmkostümdesignerin, 8 Oscars – f. 34 nominiert! (1898–1981) – *Francis Bacon,* brit. Maler, einer d. bedeutendsten neoexpressionist. Künstler (1909–1992) – *Evelyn Waugh,* brit. Schriftstellerin, bis 1930 witzig ironische Gesellschaftskritikerin (1903–1966) – *Erich Mende,* dtsch. erst FDP, dann CDU-Politiker, als letzter (bis 1980) i. Bundesrat, *1916 – *„Bill" Gates,* US-Gründ. d. Microsoft Corp., einer d. reichsten Männer d. Welt, *1955

29. OKTOBER
Skorpion

VERANLAGUNG: Schon sehr früh leiden Sie darunter, daß Sie sich nicht ausreichend geliebt fühlen und auch nicht die Anerkennung in der Gemeinschaft bekommen, nach der Sie sich sehnen. Sie versuchen das dadurch auszugleichen, daß Sie sich auf der Suche nach Ausweitung Ihrer Möglichkeiten auf der materiellen wie auf der geistigen Ebene machen. Sie haben festumrissene Träume und manchmal sogar eine Vision von dem, wie Ihr Leben und die dazugehörenden Umstände auszusehen haben. Sie sind bereit, sich dafür von allem bisher Vertrauten zu trennen und alles zu riskieren. Dabei können Sie Ihre Gefühlswelt so Ihren Prinzipien unterordnen, daß Sie nüchtern planend, systematisch denkend und organisatorisch begabt vorgehen. Es entsteht die Gefahr, daß Sie in irgendwelchen Menschen oder Gemeinschaften die Nähe zu finden hoffen, die Sie privat schmerzlich vermissen. So schließen Sie sich oft einer Person oder Gemeinschaft an, deren Werte präzise dem Leitbild entsprechen, das Sie vom Leben haben. Den vorher vermißten Anteil an Zuneigung erhoffen Sie dann dadurch zu erhalten, daß Sie mit großem Charme eine Ihnen gemäße Rolle an herausgehobener Stelle spielen können und so mehr Macht, mehr Wohlstand und vor allem mehr Anerkennung bekommen.

HAUPTMERKMAL: Voller Einsatz

LEBENSPRINZIP: Versuchen, ein reiches Leben, Anerkennung und Nähe in einer Gruppe mit gleichen Prinzipien zu finden

UNTER DIESEM DATUM HATTEN UND HABEN AUSSERDEM GEBURTSTAG:
Adolph Diesterweg, weitsichtiger dtsch. Pädagoge u. Publizist (1790–1866) – *Otto Flake,* dtsch. Schriftsteller, setzte sich für d. dtsch.-franz. Aussöhnung ein (1880–1963) – *Jean Giradoux,* franz. Verf. v. Bühnenwerken v. a. antiker Motive, biblischer Stoffe (1882–1944) – *Joseph Goebbels,* dtsch. Politiker, u. a. 1933–45 Reichsminister f. (...) Propaganda (1897–1945) – *Susan Vera Barker Cooper,* mehrfach preisgekrönte brit. Keramikdesignerin (1902–1995) – *Eddie Constantine,* franz. Filmschauspieler, weltweite Kultfigur d. 50er Jahre (1917–1993) – *Niki de Saint Phalle,* franz. Künstlerin zw. Objektkunst d. Neuen Realisten u. Pop-art, *1930 – *Winona Ryder,* bereits 15jährig überzeugende US-(Jung-)schauspielerin, *1971

30. OKTOBER
Skorpion

VERANLAGUNG: Sie entwickeln Ihr Sicherheitsgefühl dadurch, daß Sie versuchen, sich an Leitbildern zu orientieren, die Sie meinen, tief in Ihrem eigenen Inneren zu finden und hervorholen zu können. Dabei zieht Sie alles Magische in den Lebenszusammenhängen an und auch die Begegnung mit dem Mystischen in sich selbst. Sie wollen in verborgenen Tiefen Ihres Unterbewußtseins nach der Ursächlichkeit des Seins forschen und dabei dem Muster der Gattung Mensch so nahe wie möglich kommen. Alles, was Sie tun, was Sie schöpferisch hervorbringen oder wie Sie Zustände beurteilen, folgt einem Grundmuster, das Sie intuitiv erfühlen und von dem Sie nur ungern je wieder abweichen. So sind Sie ein Mensch, der sich auf sein eigenes Urteilsvermögen verläßt und sich nicht nach allgemein gültigen Regeln verhält. Wenn Ihnen einer sagt, das kann so nicht gut gehen, ist das nur eine Herausforderung mehr für Sie. Sie wollen dann Ihre Stärke beweisen, um sich im richtigen Moment, losgelöst von allen Gefühlen, auf das richtige Tun konzentrieren zu können. Und der Erfolg gibt Ihnen oft recht. So entwickeln Sie sich selbst oder Ihre schöpferischen Leistungen und Produkte zu eigenen Mustern. Die Gefahr besteht darin, daß Sie es nur schwer ertragen, dem eigenen Ideal nicht entsprechen zu können. Hinzu kommt, daß die Erforschung und Auseinandersetzung mit dem eigenen Inneren und den eigenen Abgründen einen ausgeformten starken Charakter voraussetzen.

HAUPTMERKMAL: Eigenmaßstäblich

LEBENSPRINZIP: Tief im eigenen Unbewußten das Muster des Seins erkennen und sich im Tun mutig danach ausrichten

UNTER DIESEM DATUM HATTEN UND HABEN AUSSERDEM GEBURTSTAG:
Ezra Pound, bedeutsamer avantgardistischer US-Dichter, Kritiker u. Übersetzer (1885–1972) – *Hermann Fürst v. Pückler-Muskau,* berühmtester dtsch. Reiseschriftsteller s. Zeit (1785–1871) – *Georg Heym,* dtsch. Dichter d. dtsch. Frühimpressionismus (1887–1912) – *Louis Malle,* weltweit erfolgreicher franz. Filmregisseur provozierender Filme (1932–1995) – *John Adams,* 1789–97 erster Vize-, 1797–1801 zweiter Präsident d. USA (1735–1826)

31. OKTOBER
Skorpion

VERANLAGUNG: Sie sind schon früh in der Lage, sich selbst und die eigene Emotionalität so weit zurückzunehmen, daß Sie offen werden für Inspirationen, die ihre Kraft von einer höheren Ebene beziehen, als aus dem einfachen Hier und Jetzt. So entsteht in Ihnen ein festgefügtes Bild, das Sie von außen leitet. Ein Leitbild, das Ihnen die Kraft gibt, Draufgänger, Provokateur, Charmeur und Revolutionär in einer Person zu sein. Wobei aber eigentlich niemand wirklich Ihr Innerstes erreicht und für andere immer eine befremdliche Isoliertheit jenseits der ausdrucksreichen Äußerlichkeit bleibt. Sie sind eigentlich im Alltag geprägt von der Bereitschaft zur Stille und davon, inneren Stimmen zuzuhören und eine Art überirdisches Licht auf sich wirken zu lassen. Und so scheint im Moment Ihres schöpferischen Tuns viel mehr aus Ihnen hervorzubrechen als nur Ihr eigenes Ich. Sie explodieren förmlich, wenn es Ihrer Meinung nach wieder einmal Zeit dazu ist, nach außen zu treten. Sie sind in Ihren Taten oft vollkommen anders als im Privatleben und flüchten sich in Ironisierungen, sollte jemals jemand zu genau hinter Ihre Fassade sehen wollen. Ihr Bestreben, immer besser zu werden, immer stärker dem Leitbild zu entsprechen und eigentlich nie wirklich zufrieden zu sein, läßt Sie selbst zu einer Art Vorbild werden, dem die Aufmerksamkeit zu jeder Zeit sicher ist. Sogar, wenn Sie gar nichts mehr sagen wollen.

HAUPTMERKMAL: Plötzlich aus sich herausbrechen

LEBENSPRINZIP: Durch das Annehmen der erhellenden Stille ist man in der Lage, mehr auszudrücken als nur sich selbst

UNTER DIESEM DATUM HATTEN UND HABEN AUSSERDEM GEBURTSTAG:
Klemens XIV., 1769–1774 Papst v. Rom (1705–1774) – *Adolf Baeyer,* Ritter von, dtsch. Chemiker, stellte als erster künstl. Indigo her (1835–1917) – *Theodore Dwight Woolsey,* US-Gelehrter, 1846–71 innovativer Präs. d. Yale-Uni (1801–1889) – *Heinrich Graetz,* dtsch. Historiker u. Autor v. internationalem Ruf (1817–1891) – *Juliette Low,* Gründerin d. US-Pfadfinderinnen (1860–1927) – *Jean Améry,* österr. Schriftsteller, geprägt v. (1943–45) KZ-Erfahrungen (1912–1978) – *Charles Moore,* herausragender US-Architekt (ab Mitte d. 70er d. Postmoderne), *1925

1. NOVEMBER
Skorpion

VERANLAGUNG: Die Zustände und auch die menschlichen Verhaltensweisen, die Sie in Ihrer Umgebung antreffen, entsprechen überhaupt nicht Ihren schon früh entwickelten Denkmodellen und dem beständigen Wunsch nach Klarheit und Überschaubarkeit. Die Hoffnung, daß Ihr Leben irgendwann an absoluten Maßstäben zu messen sein wird, haben Sie aufgegeben und stattdessen erkennen müssen, daß jede Ihrer Entscheidungen immer häufiger nur eine Korrekturmaßnahme einleitet, die Ihnen die offenbar aus den Fugen geratene Gesellschaft abverlangt. Ein wirklich persönliches Schicksal, das vielleicht einer höheren Idee folgt, können Sie in Ihrem Lebenslauf nicht mehr oder nur noch schwer entdecken. So besteht die Gefahr, daß Sie sich eine eigene Ordnung schaffen, indem Sie sich das Leben neu ausdenken und so eine Art heile Welt schaffen. Oder Sie organisieren um sich herum eine eigene Gemeinschaft, in der nur Ihre Vorstellungen verwirklicht werden, koste es, was es wolle. Das geht natürlich nur, wenn Ihnen der Zusammenhang wichtiger ist als der Einzelne und auch Sie selbst Ihre Gefühle zurückstellen. So benutzen Sie Ihren großen Einfallsreichtum, um als gefragter Nothelfer aus dem Ruder gelaufene Vorgänge oder Menschen wieder in eine Ordnung zu zwingen. Sie vergessen dabei aber sehr leicht Ihre eigene Seelenentlastung.

HAUPTMERKMAL: Sehnsucht nach heiler Welt

LEBENSPRINZIP: Wenn schon das Absolute nicht erreichbar ist, das Kaputte organisieren oder phantasievoll reparieren

UNTER DIESEM DATUM HATTEN UND HABEN AUSSERDEM GEBURTSTAG:
Ilse Aichinger, österr. Autorin, wichtige Repräsentantin dtsch.-sprachiger Nachkriegslit., *1921 – *Gustav IV. Adolf,* 1792–1809 König v. Schweden, mußte Finnl. an Russl. abtreten (1778–1837) – *Stephen Crane,* US-Schriftsteller, Wegbereiter d. amerik. Naturalismus (1871–1895) – *Alfred Wegener,* dtsch. Geophysiker, entwarf Theorie d. Kontinentalverschiebung (1880–1930) – *Hanna Höch,* dtsch. Künstlerin, zeigte ihre Fotocollagen 1920 auf d. Dada-Messe (1889–1978) – *Alexander Aljechin,* russ. Schachspieler, 1927–35 u. 1937–46 Schachweltmeister (1892–1946) – *Edgar Reitz,* dtsch. Regisseur fiktiv-dokumentarischer Fortsetzungsfilme, *1932

2. NOVEMBER
Skorpion

VERANLAGUNG: In Ihren Augen muß der einzelne Mensch seine Bedürfnisse hinter der Erfüllung einer gemeinschaftlichen Aufgabe zurücktreten lassen. Das Gefühl, mit jemandem vereint zu sein, entsteht bei Ihnen immer erst durch das gemeinsame Erleben oder Schaffen. Und Verbindungen sind so stark, wie das ineinandergreifende Tun Abhängigkeiten schafft. Diese Einstellung führt dazu, daß Sie manchmal sogar Zuneigung oder Liebe nach dem Nützlichkeitsprinzip verteilen. Immer beherrschen Sie Ihr Gefühlsleben, sind diszipliniert, ehrgeizig und haben Sinn für den großen Auftritt, für das Rituelle eines Vorganges. Sie verbeißen sich regelrecht in Aufgaben und geben nicht auf, bis Sie es zur Meisterschaft gebracht haben. Das notwendige Sicherheitsgefühl entsteht bei Ihnen dadurch, daß Sie sich in den Werten wiedererkennen können, die Ihre Gruppe darstellt. Und Sie sind bereit, für die Aufrechterhaltung einer sinnvoll tätigen Gemeinschaft große persönliche Opfer zu bringen, die so weit gehen, daß Ihr individuelles Mensch-Sein dahinter verschwindet. Immer steht das zu schaffende Werk, die Aufgabe oder die Leistung im Vordergrund, nie das Ausleben persönlich gefärbter Lust. So werden Sie immer ein guter Kamerad sein, auf den man sich verlassen kann.

HAUPTMERKMAL: Kameradschaftlich

LEBENSPRINZIP: Dem Ideal folgen, individuelle Bedürfnisse dem gemeinschaftlichen Erleben und Handeln unterzuordnen

UNTER DIESEM DATUM HATTEN UND HABEN AUSSERDEM GEBURTSTAG:
Edward V., April–Juni 1483 König v. England, wahrscheinlich ermordet (1470–1483) – *Marie Antoinette,* 1774–93 als Frau Louis. XVI. Königin von Frankreich (1755–1793) – *Maurice Blondel,* franz. dialektischer Philosoph, formulierte „Philosophie d. Aktion" (1861–1949) – *Warren Harding,* 1921–23 d. 29. Präsident d. USA, starb v. Ende d. Amtszeit (1865–1923) – *Aga Khan III.,* einziger Sohn Aga Khan II., ab 1885 Imam d. Nizari Ismailite Sekte (1877–1957) – *Paul Abraham,* erfolgreicher ungar. Komponist m. (i.d. 20ern) Wahlheimat Berlin (1892–1960) – *Luchino Visconti,* linkspolitisch engagierter ital. Film-, Opern- u. Theaterregisseur (1906–1976) – *Burt Lancaster,* herausragender, überaus wandlungsfähiger US-Schauspieler (1913–1994)

3. NOVEMBER
Skorpion

VERANLAGUNG: Ihr Sicherheitsgefühl und die damit verbundene Leistungsfähigkeit hängen stark davon ab, wie sehr Sie sich einer Gemeinschaft und Ihren Werten zugehörig fühlen. Das Idealbild einer für Sie stimmigen Gesellschaft ist geprägt von dem Prinzip: Einer für alle, alle für einen. So wollen Sie Ihren Ehrgeiz, Ihr Gefühl für Strukturen und Abläufe, Ihr Organisationstalent und Ihre Ausdauer dafür nutzen, an herausgehobener Stellung Verantwortung für das Ganze zu übernehmen. Sollte eine entsprechende Wertegemeinschaft für Sie nicht erreichbar sein, ergreifen Sie kurzerhand die Initiative und schaffen sich Ihre eigene kleine Welt. Das kann zum Beispiel ein Verein, eine Firma, eine Familie, eine Berufsgruppe oder eine Partei sein. Die Gefahr besteht hierbei, daß Sie Ihre ureigensten Ideale, Vorstellungen und Vorgehensweisen dem Ganzen einfach überzustülpen versuchen. Da Ihrer Ansicht nach der Einzelne hinter dem Gesamtablauf zurückzutreten hat, unterstützen Sie nur den, der sich ins Gesamtkonzept einfügt; das dann aber vorbehaltlos und mit großer Geduld und Hinnahmefähigkeit. Haben Sie sich erst einmal für eine Aufgabe innerhalb einer Gemeinschaft entschieden, halten Sie daran mit großer Disziplin fest. Sie ahnen vielleicht, daß mit dem Wegfall der Aufgabe für Sie auch der Sinn Ihres Lebens wegfällt.

HAUPTMERKMAL: Diszipliniert

LEBENSPRINZIP: Ein Ideal erfüllen, indem man sich einer gemeinschaftlichen Aufgabe verantwortungsvoll hingibt

UNTER DIESEM DATUM HATTEN UND HABEN AUSSERDEM GEBURTSTAG:
Friedrich Schröder, dtsch. Schauspieler u. extrem erfolgreicher Theaterintendant (1744–1816) – *Karl Baedeker,* dtsch. Gründ. d. Baedeker-Reisebuchverlages (1801–1859) – *Vincenzo Bellini,* ital. Komponist, europaweit an d. besten Häusern größte Erfolge (1801–1835) – *Heinrich Campendonk,* dtsch. Maler u. Grafiker, Mitglied v. d Blaue Reiter (1889–1957) – *Adolf Dassler,* dtsch. Unternehmer, gründ. 1925 d. spätere Sportartikel-Firma adidas (1900–1978) – *Gerd Müller,* herausragender dtsch. Fußballspieler, d. „Bomber d. Nation", *1945 – *Charles Bronson,* US-Filmschauspieler, sieht – wie weltweit bekannt – oft Rot. *1922

4. NOVEMBER
Skorpion

VERANLAGUNG: Da bei Ihnen die Vorstellung, die Sie sich von der Welt machen, vor dem Erleben kommt, haben Sie schon sehr früh ein festgefügtes Idealbild davon, wie die Abläufe vom Individuum zur Gruppe und von Gruppen untereinander aussehen sollten. Es ist für Sie eine Frage der kulturellen Reife, wie wer mit wem umgeht. Und das Miteinanderaustauschen auf vielerlei Ebenen und auf hohem Niveau kann Ihrer Meinung nach eine Möglichkeit sein, den Alltag zu überwinden und eine Art Modell zu schaffen, an dem andere sich orientieren können. Gemessen an diesem Anspruch, kann die scharf beobachtete Wirklichkeit Sie nur enttäuschen. So zeigen Ihre Äußerungen und schöpferischen Taten Ihre Geringschätzung der herrschenden Zustände und Sie selbst versuchen immer wieder aus Zusammenhängen auszubrechen. Sie wollen sich herausheben aus den Niederungen des Daseins und das Menschliche überhöhen. Sie versuchen, die Alltäglichkeiten durch Stilisierung und Ritualisierung aus Ihrer Unzulänglichkeit zu befreien. Kultur entsteht dabei für Sie in erster Linie durch die Form, in die der Inhalt gepreßt wird. In ihren Augen macht nur das festgefügte Formale, die Ästhetik, den manchmal chaotisch anmutenden Inhalt einigermaßen erträglich.

HAUPTMERKMAL: Leben als Vorstellung

LEBENSPRINZIP: Der gesellschaftliche Austausch wird erst durch hohes Niveau und ritualisierte Form sinnvolle Kultur

UNTER DIESEM DATUM HATTEN UND HABEN AUSSERDEM GEBURTSTAG:
Père Joseph, franz. Kapuziner u. Diplomat, verantwortl. f. d. Hugenottenverfolgung (1577–1638) – *Richard Brinsley Sheridan,* anglo-ir. Autor v. Sittenkomödien u. Lustspielen (1751–1816) – *Karl Tausig,* poln. Pianist u. Komponist, wahrscheinlich Liszts bester Schüler (1841–1871) – *Geores Edward Moore,* herausragender brit. Philosoph u. Sprachforscher (1873–1958) – *Klabund,* dtsch. Autor, umstrittener Verfasser provokanter Themen (1890–1928) – *Otto Bayer,* dtsch. Chemiker, fand 1932 Verfahren z. Herstellung neuer Kunststoffe (1902–1982) – *Walter Cronkite,* US-Journalist, eine d. einflußreichsten TV-Größen in d. USA, *1916

5. NOVEMBER
Skorpion

VERANLAGUNG: Sie halten die einem Leitbild untergeordnete Leistungsbereitschaft jedes Einzelnen für die Wurzel jeglicher Zivilisation. Deshalb haben Sie kein Verständnis für Menschen, die sich einfach mit den vorhandenen Halbheiten abfinden wollen. Sie können das auch deshalb bissig zum Ausdruck bringen, weil Sie selbst so stark an der Unvollkommenheit leiden und von Zeit zu Zeit jegliches menschliche Sein nur noch absurd finden können. Alles ist dann in Ihren Augen sinnlos und dem Untergang geweiht. So bleiben Sie tief in Ihrem Inneren immer ein wenig isoliert, und Ihre Seele kann sich nicht durch wirkliche Hingabe entlasten. Trotz aller zwischenzeitlichen Enttäuschungen kämpfen Sie experimentierfreudig für die Entwicklung von immer mustergültigeren Formen des gesellschaftlichen Austausches. Ihr Leben ist dabei geprägt von dem ständigen Versuch, bis an die Wurzel der Zusammenhänge vorzudringen. Sie wollen verstehen lernen und erforschen, wie man gemeinsam das Ideal ansteuern kann, das in Ihnen schon sehr früh fest umrissen vorhanden ist. Dabei unterordnen Sie prinzipiell Ihr zielorientiertes Tun und Ihr präzises Denken übergeordneten Leitlinien. Sie sind unabhängig, manchmal trotzig, sehr oft verletzend und manchmal sich selbst und anderen gegenüber auch unnachgiebig. Meist aber rettet Sie Ihre wache Intuition vor zu großen Irrläufern.

HAUPTMERKMAL: Gradlinig bis zur Sturheit

LEBENSPRINZIP: Dem Ideal des immer besseren Miteinanders sollte jeder seine gesamte Kraft zur Verfügung stellen

UNTER DIESEM DATUM HATTEN UND HABEN AUSSERDEM GEBURTSTAG:
Hans Sachs, dtsch. Meistersinger u. Dichter, sprach s. für d. Reformation aus (1494–1576) – *Paul Sabatier,* franz. Chemiker, Wegbereiter f. d. Margarineherstellung, Nobelpreis (1854–1941) – *Raymond Loewy,* genialer US-Industriedesigner, entwarf u. a. die Colaflasche (1893–1986) – *Vivien Leigh,* US-Schauspielerin, unvergessen als Scarlet O'Hara (1913–1967) – *Douglass Cecil North,* brillanter US-Wirtschaftshistoriker, Nobelpreisträger, *1920 – *Rudolf Augstein,* dtsch. Publizist, s. 1947 Hrgs. d. „Spiegel", *1923 – *Uwe Seeler,* dtsch. Fußballspieler, u. a. dreimal Spieler d. Jahres, *1936 – *Sam Sheppard,* US-Dramatiker, experimenteller Bühnenautor u. Schauspieler, *1943

6. NOVEMBER
Skorpion

VERANLAGUNG: Die Lebens- und Arbeitsformen wandeln sich in einem immer schnelleren Rhythmus. Alte Ordnungen zerfallen in Einzelheiten, und in Ihren Augen gibt es kaum noch erkennbare Strukturen, die ein wirkliches Zusammenleben mit echten Werten ermöglichen könnten. Ihrer Meinung nach sollte sich wenigstens die Kommunikation den neuen Umständen anpassen und einem Ideal der Mitmenschlichkeit und Ehrlichkeit folgen. Doch die Sie umgebende Realität ist noch schmerzhaft weit entfernt von Ihrer festgefügten Vorstellung, wie Menschen miteinander umgehen sollten. Der Mensch ist nicht mehr selbstbestimmt, er folgt nur noch sogenannten Sachzwängen, und Unterhaltung ist eigentlich eher eine geschwätzige Sprachlosigkeit. Wirkliches Miteinander-Umgehen setzt Ihrer Meinung nach den Willen zur Übereinstimmung und die Freiwilligkeit der Einsicht voraus. Jeder sollte Teile seines eigenen Seins im anderen Menschen zu erkennen versuchen und sich dann entsprechend solidarisch verhalten. Sie selbst verlangen Ehrlichkeit und versuchen diesem Prinzip der Verantwortung so weit wie möglich zu folgen. Dabei kann es geschehen, daß Sie Ihr Eigenleben diesem Ideal der Wahrhaftigkeit fast selbstzerstörerisch stur und unnachgiebig unterordnen.

HAUPTMERKMAL: Gnadenlos ehrlich

LEBENSPRINZIP: Zerfallene Strukturen des Miteinanders mit einer echten Kommunikation wieder aufzubauen versuchen

UNTER DIESEM DATUM HATTEN UND HABEN AUSSERDEM GEBURTSTAG:
Agrippina d. J., Nichte v. Caligula, soll 54 Nero zuliebe Claudio vergiftet haben (15–59) – *Charles II.,* 1665–1700 König v. Spanien, d. letzte d. Habsburger Linie (1661–1700) – *Alois Senefelder,* österr. Erfinder u. a. der Farblithographie m. Kalkschieferplatten (1771–1834) – *Charles Garnier,* franz. Baumeister („Grand Opera", Paris) u. Kunstschriftsteller (1825–1898) – *Sir William Boog Leishman,* schott. Tropenarzt, entwickelte u. a. Thyphusimpfstoff (1865–1926) – *Roland B. Dixon,* herausragender US-Kulturanthropologe (1875–1934) – *Robert Musil,* österr. Schriftsteller, einer d. Schöpfer d. modernen Romans (1880–1942) – *Ernst v. Körber,* österr. Staatsmann, u. a. 1900–04 Premierminister (1850–1919)

7. NOVEMBER
Skorpion

VERANLAGUNG: Ihr in Ihren eigenen Augen eigenes kleines Leben und damit Ihre seelische Verankerung treten hinter den Aufgaben in der Außenwelt zurück, und Sie konzentrieren sich ausschließlich auf das, was Sie dort beobachten. Da Sie dabei nicht von Instinktzwängen und emotionalen Verwicklungen abgelenkt werden, kann Ihr Denken, unbeeinflußt von persönlichen Lebensprozessen, präzise und unbestechlich urteilen. Angesichts der Unzulänglichkeiten um Sie herum stellen Sie erst einmal alles in Frage: Ordnungsprinzipien, Konventionen oder angeblich bewiesenes Wissen. Es stellt sich dabei heraus, daß Sie vom Schicksal mit der Möglichkeit ausgestattet worden sind, einen höheren Geist zu entwickeln, der originell, absolut unabhängig und schöpferisch die Entwicklung der Gesellschaft begünstigt. Die Gefahr ist aber dabei groß, daß Sie mit Ihren offenbar unendlichen Einsichtsmöglichkeiten manchmal zu spielerisch und sorglos umgehen. Einerseits, weil Sie mit Ihrem präzisen Denken so leicht neue Dimensionen erreichen und anderseits, weil Ihnen die seelische Entlastung fehlt und Ihnen deshalb vieles sehr oft nichtig und absurd vorkommt. Grundsätzlich aber treibt Sie die Ahnung vorwärts, einen Zipfel der wahren Erkenntnis zu fassen zu haben, und Sie wollen das auch anderen mit missionarischem Eifer kundtun.

HAUPTMERKMAL: Ausnahmeerscheinung

LEBENSPRINZIP: Die eigenen schöpferischen und geistigen Fähigkeiten für die Weiterentwicklung des Ganzen einsetzen.

UNTER DIESEM DATUM HATTEN UND HABEN AUSSERDEM GEBURTSTAG:
Albert Camus, herausragender franz. Schriftsteller u. Philosoph, Literaturnobelpreis (1913–1960) – *Paul Lincke,* dtsch. Komponist, populärer Begründ. d. Berliner Operettenkunst (1866–1946) – *Lisa Meltner,* österr.-schwed. Physikerin, prägte d. Begriff „Kernspaltung" (1878–1968) – *Leon Trotzki,* russ. Revolutionär u. Publizist, Begr. d. Trotzkismus (1879–1940) – *Konrad Lorenz,* österr. Zoologe, Mitbegründ. d. Ethologie u. Nobelpreisträger (1903–1989) – *Joan Sutherland,* austral. Koloratursopranistin m. Welterfolgen, *1926 – *Gwyneth Jones,* walis. Sopranistin u. absoluter Weltstar, *1936

8. NOVEMBER
Skorpion

VERANLAGUNG: Sie sind ein Mensch, der daran glaubt, daß sich jeder frei entscheiden kann, nicht wildwechselnden Meinungen zu folgen, sondern Grundsätze zu wählen und dann konsequent einzuhalten. Sie selbst suchen sich immer ganz bewußt ein bestimmtes Ziel, behalten es fest im Auge und verhalten sich dann dementsprechend. Dabei ist zum Beispiel das Lächeln ein genauso absichtlich eingesetztes Mittel wie eine unbewegliche Miene. Sie wollen etwas oder Sie lassen es. Ihnen behagt nicht, daß die Gesellschaft versucht, Ihnen Verhaltensnormen abzuverlangen, die in Ihren Augen keinen wirklichen Wert darstellen und somit nicht die Ihrigen sein können. Sie nehmen sich das Recht, direkt und ohne Umwege das zu sagen und zu tun, was Sie für richtig erachtet haben. So ist es Ihre Art, vorgegebene Grenzen, Tabus oder Spielregeln immer wieder kritisch zu hinterfragen, und es ist Ihr leidenschaftliches Bedürfnis, immer neue Erlebnisse, Erfahrungen oder Wege zu erforschen. Und Sie wollen dabei Ihre Entscheidungen nach bewußt gewählten Leitbildern treffen und sich nicht durch Unbewußtes getrieben fühlen. Daß dieses scheinbar kühl überlegte Verhalten Sie trotzdem zu einem beachteten und oft sogar umschwärmten Menschen macht, ist Ihrer tiefverwurzelten Begeisterung vom Leben und Ihrem bewußt charmanten Umgang zuzuschreiben.

HAUPTMERKMAL: Bewußt eingesetztes Verhalten

LEBENSPRINZIP: Auf Neues kann man sich nur dann erfolgreich einlassen, wenn man sich dabei immer selbst treu bleibt.

UNTER DIESEM DATUM HATTEN UND HABEN AUSSERDEM GEBURTSTAG:
Gottlobe Frege, maßgeblicher dtsch. Mathematiker u. Philosoph (1848–1925) – *Margaret Mitchell,* US-Autorin, schrieb auflagenstärksten Roman d. 20. Jahrh. (1900–1949) – *Rudolf Harbig,* einer d. erfolgreichsten dtsch. Mittelstreckenläufer (1913–1944) – *Peter Weiss,* dtsch. Verf. experimenteller Prosa u. politisch engagierter Dramen (1916–1982) – *Hermann Zapf,* herausragender dtsch. Schrift- u. Buchdesigner, *1918 – *Christiaan Barnard,* südafrik. Herzchirurg, transplantierte als erster menschl. Herz, *1922 – *Alain Delon,* franz. Filmstar, Produzent u. Regisseur v. Weltruhm, Parfumhersteller *1935

9. NOVEMBER

Skorpion

VERANLAGUNG: Sie sind geprägt von intuitiven Eingebungen, die in Ihnen ständig das Gefühl erzeugen, daß nichts in der realen Umwelt Ihren Vorstellungen wirklich entspricht. So fühlen Sie sich eigentlich immer ein wenig verunsichert und seelisch nirgends richtig verankert. Sie können sich mit Ihrer Umgebung nicht identifizieren und bleiben irgendwie immer ein distanzierter Beobachter, der sich durch äußerliche Arroganz schützt und innerlich nicht sehr belastbar ist. Sie wollen sich bis zuletzt und darüber hinaus alle Wege offenhalten und müssen schmerzlich feststellen, daß das in einer komplex gewordenen Welt so nicht geht. Sie wollen großen Ideen folgen, ideale Modelle verwirklicht sehen oder von einem rauschhaften Höhepunkt zum nächsten springen. Und zu selten gleicht der Alltag Ihren inneren Höhenflügen, als daß Sie nicht unbefriedigt nach anderen Möglichkeiten suchen zu lassen. Unwillkürlich achten Sie deshalb um so mehr mit einer ungewöhnlichen Tiefe und Konzentration auf das, was in Ihnen selbst geschieht. Die Loslösung von den äußeren Attributen des Egos und der Weg nach Innen geben Ihnen ein befriedigendes Gefühl der Verbindung zu einer Art überpersönlichen, kosmischen Einsichtsmöglichkeit. Sie vertrauen auf die Kraft des lebendigen Geistes tief in sich. Ihr Urvertrauen auf diese Kraft steigert sich so, daß Sie nach kurzer Zeit sehr oft vollkommen verändert auf Ihre Umwelt wirken und ohne einen wehmütigen Blick auf das Gestern fortan völlig neu fließen.

HAUPTMERKMAL: Nirgendwo wirklich dabei

LEBENSPRINZIP: Sich von Außenweltabhängigkeiten loslösen und die Kraft in sich selbst erkunden und fließen lassen

UNTER DIESEM DATUM HATTEN UND HABEN AUSSERDEM GEBURTSTAG:
Bernhard v. Langenbeck, dtsch. Chirurg u. Plastikchirurg, 1864 geadelt (1810–1887) – *Iwan Turgenjew,* russ. Schriftsteller, Mitbegründ. d. russ. Realismus (1818–1883) – *Eduard VII.,* 1901–10 König v. England u. Irland, Kaiser v. Indien (1841–1910) – *Hermann Weyl,* dtsch. Mathematiker, Förderer d. Quantenmechanik (1885–1955) – *Ronald Norrish,* brit. Physiochemiker, schaffte Erfassung einer Milliardstel Sek. (1897–1978) – *Björn Engholm,* 1992 dtsch. SPD-Kanzlerkandidat, stolperte über d. Barschelaffäre, *1939

10. NOVEMBER

Skorpion

VERANLAGUNG: Sie haben große Schwierigkeiten damit, das offenbar ungeordnete Geschehen um sich herum seelisch zu verarbeiten. So schaffen Sie Ihre eigene schöpferische Welt, oder Sie greifen aktiv ordnend in das Geschehen ein. So leben Sie ein Leben, in dem, unbeeindruckt von persönlichen Schicksalsschlägen, die unbeirrbare Hoffnung auf grundsätzliche Veränderungen das Kleinlich-Enge der Wirklichkeit verdrängt. Ihren ausgeprägten Vorstellungen von einem menschenwürdigen Da-Sein und von idealtypischen Abläufen des Zusammenlebens steht eine egoistische, raffgierige, kriegerische und insgesamt unaufgeklärte Gesellschaft gegenüber. Sie lassen alle diese Eindrücke auf sich wirken, beobachten genau, beurteilen, verurteilen und reagieren, indem Sie in Ihre Worte und Taten ein zukunftsweisendes Ideal einfließen lassen, das seine Überzeugungskraft tief aus Ihrem Inneren erfährt. Sie müssen und können überhaupt nicht anders als aufzubegehren und Ordnung in die vermeintlich chaotischen Entwicklungen zu bringen – manchmal missionarisch und oft ein wenig humorlos. Sie empfinden nur Glück, wenn Sie mit Ihrer ausgeprägten Persönlichkeit, Ihrem ungewöhnlichen Können und Ihrer intellektuellen Kraft für eine ideale Zukunft kämpfen, in der ein Menschenbild vorherrscht, dem Sie in gedanklichen Ansätzen schon zu entsprechen glauben.

HAUPTMERKMAL: Feste Vorstellungen

LEBENSPRINZIP: Für ein Ideal immer dann eintreten, wenn der Mensch sich zu weit von jeglichem Leitbild entfernt hat

UNTER DIESEM DATUM HATTEN UND HABEN AUSSERDEM GEBURTSTAG:
Martin Luther, dtsch. Reformator u. Bibelübersetzer (1483–1546) – *William Hogarth,* engl. Maler u. Kupferstecher, Wegbereiter d. Karikatur (1697–1764) – *Friedrich v. Schiller,* dtsch. Dramatiker, einer d. Hauptvertreter d. dtsch. Klassik (1759–1805) – *Robert Blum,* dtsch. Führer d. demokrat. Linken in d. Frankf. Nationalversammlung (1807–1848) – *Arnold Zweig,* weltw. bekannter dtsch. Schriftsteller, engagierter Zionist u. Sozialist (1887–1968) – *Ernst Otto Fischer,* überragender dtsch. Chemiker, Nobelpreis f. Chemie, *1918 – *Richard Burton,* walis. Bühnen- u. Filmschaupieler d. allerersten Weltklasse (1925–1984)

11. NOVEMBER
Skorpion

VERANLAGUNG: Sie haben ein tief ausgeprägtes Mißtrauen gegen alles, was von Ihnen als ungerechtfertigte Einmischungsversuche von außen gewertet wird. So sind Sie innerlich eigentlich immer ein wenig distanziert zu den Vorgängen um Sie herum, persönlich unverbindlich, aber in der Sache umso kritischer. Im Gegensatz zu Ihrem Zweifel an der Unfehlbarkeit der herrschenden Ordnung haben Sie das Vertrauen, daß es zwischen dem augenscheinlichen Hier und Jetzt und dem unendlichen Kosmos Verbindungen gibt, die unsere direkten Erkenntnismöglichkeiten bei weitem übersteigen. Und daß in diesen möglichen intuitiven Erfahrungen mehr Weisheit versteckt ist als in der gesamten von Menschen geschaffenen Ordnung. Sie sind durch Ihr unerschütterliches Vertrauen in diese unerklärbaren Kräfte in der Lage, Ihr eigenes zielgerichtetes Denken von Zeit zu Zeit zurücktreten zu lassen, um in die innere Stille zu lauschen. In diesen Phasen stimmt sich Ihr Inneres auf das Empfangen von Erkenntnissen ein, die das normale geistige Begreifen weit übersteigt. Sie folgen dabei nicht augenblicklichen Zeitgeisterscheinungen, sondern lassen den Rhythmus höherer Intelligenz auf sich wirken und werden so zu einem Werkzeug des Empfangens des aus dem Irgendwo kommenden Wissens. Ehe Sie Ihr Wissen dann an andere weitergeben, schalten Sie Ihre ausgeprägten intellektuellen Fähigkeiten dazwischen, um das Empfangene nicht unverantwortlich vertrauensselig passieren zu lassen, sondern kanalisieren es bewußt.

HAUPTMERKMAL: Aus dem Bauch in den Kopf

LEBENSPRINZIP: Losgelöst vom Alltäglichen sein Innerstes öffnen für das Empfangen nicht gleich erklärbaren Wissens

UNTER DIESEM DATUM HATTEN UND HABEN AUSSERDEM GEBURTSTAG:
Paracelsus, schweiz. Arzt u. Naturforscher, erklärter Gegner d. Schulmedizin (1493–1541) – *Paul Signac,* franz. Maler, Mitentwickler d. Pointillismus (1863–1935) – *Alfred Fried,* österr. Schriftsteller u. Pazifist, Mitbegründ. d. Dtsch. Friedensges. (1864–1921) – *Martin Held,* herausragender dtsch. Bühnen- u. Filmschauspieler (1808–1992) – *Carlos Fuentes,* mexik. Schriftsteller, wichtigster lateinamerik. Gegenwartsautor, *1928

12. NOVEMBER
Skorpion

VERANLAGUNG: Sie haben eine sehr feste Vorstellung davon, wie der Mensch und das Miteinander auszusehen haben. Da Sie immer wieder feststellen müssen, daß dabei Wunsch und Wirklichkeit weit auseinanderklaffen, gehen Sie innerlich auf Distanz und finden vieles absurd. Sie können deshalb aber um so genauer beobachten, was eigentlich genau im Alltag um Sie herum schief läuft. Dabei äußern Sie Ihre Kritik sehr präzise, mit Sinn für das Detail, immer mit einer zurückhaltenden Entschiedenheit. Da Sie es schon früh aufgeben, sinnlose Kämpfe in der Außenwelt auszufechten, die den engen Prinzipien von Für-oder-Wider und Entweder-Oder folgen, versuchen Sie in die wirkliche Tiefe des Denkens und der Phantasie vorzudringen und lassen sich mutig auf das weibliche Prinzip der Intuition ein. Mut gehört deshalb dazu, weil Sie auf eine führende Kraft vertrauen, mit der Sie sich weiter in die Tiefe der menschlichen Seele vorwagen, als es in Ihrem Umfeld vertraut, überliefert oder überhaupt bekannt ist. Sie glauben an schicksalsnotwendige Fügungen, mystische Zusammenhänge und kosmische Prägungen und wachsen so über die engen, sehr ichbezogenen Kleinheiten des Alltags hinaus. Sie ahnen, daß nur mit Hilfe der ungebremsten Phantasie ein Hauch von der Wirklichkeit des Menschen erkennbar wird. Durch Ihre konsequente Haltung dem Unbekannten gegenüber öffnen Sie Erkenntniswege für die, die sich einen Traum, ein Leitbild oder eine Eingebung nicht zu leben trauen.

HAUPTMERKMAL: Freundliche Entschiedenheit

LEBENSPRINZIP: Entschieden der eigenen Intuition vertrauen und sich so der Idee und Wirklichkeit des Lebens nähern

UNTER DIESEM DATUM HATTEN UND HABEN AUSSERDEM GEBURTSTAG:
Ulrich v. Hassel, dtsch. Diplomat i. Widerstand gegen Adolf Hitler u. hingerichtet (1881–1944) – *Loriot,* (Victor v. Bülow), dtsch. satirischer Zeichner, „Wum u. Wendelins" Vater, *1923 – *Michael Ende,* einer d. wichtigsten dtsch. Kinder- u. Jugendbuchautoren (1929–1995) – *Grace Kelly,* US-Schauspielerin, ab 1956 Grazia Patrizia, Fürstin von Monaco (1929–1982) – *Neil Young,* den US-Folkrock massiv beeinflussender kanad. Rockmusiker, *1945

13. NOVEMBER
Skorpion

VERANLAGUNG: Ihre innere Ausgeglichenheit hängt stark davon ab, ob Sie das, was Sie sich zur Aufgabe gemacht haben, vollständig erfassen und erledigen können. Meist hat diese mit dem Mensch-Sein und dem Ideal seines schöpferischen Tuns zu tun. So drängen Sie Ihre eigene Gefühlswelt zurück und analysieren in einer Art abstrakten Distanz alles, was in der Gemeinschaft um Sie herum vorgeht. Dabei findet Ihre Forderung nach dem Recht auf Individualität nur schwer eine Durchsetzungsmöglichkeit in den hierarchisch strukturierten Wegen einer aggressiven Gesellschaft. Ihr Menschheitsbild fußt auf dem Ideal, daß der Mensch alles Wesentliche nach eigenem Ermessen und Gewissen entscheiden können müßte. Auf jeden Fall nehmen Sie dieses Leitbild für sich in Anspruch. Das setzt voraus, daß Sie Ihre ureigensten Wertmaßstäbe haben, denen Sie Ihr Denken und Handeln strikt unterordnen. Jede Abweichung wäre für Sie ein unerträglicher Fehler und schwerer zu ertragen als jede mögliche gesellschaftliche Strafaktion. Sie behalten um jeden Preis Ihre Überzeugungen bei und sind in diesem Kampf zwar immer kämpferisch engagiert, gleichzeitig aber auch schicksalsergeben bereit für jede äußere Einengung durch übermächtige gesellschaftliche Kräfte. Für Sie bleibt ja immer noch der Rückzug auf die innere Freiheit der Gedankenwelt.

HAUPTMERKMAL: Mensch-Sein als Idee

LEBENSPRINZIP: Sich die Freiheit nehmen, individuellen Wertmaßstäben zu folgen und alle Folgen auf sich nehmen

UNTER DIESEM DATUM HATTEN UND HABEN AUSSERDEM GEBURTSTAG:
Augustinus Aurelius, Kirchenvater, 391 z. Priester, 395 z. Bischof geweiht (354–439) – *Dorothea Christiane Erxleben,* d. erste promovierte Ärztin Deutschlands (1715–1762) – *Helene Stöcker,* dtsch. Feministin, focht (1905) f. Mutterschutz u. Sexualreform (1869–1943) – *Mary Wigman,* herausragende dtsch. Tänzerin, Choreographin, Tanzpädagogin (1886–1973) – *Edward Doisy,* US-Biochemiker, erforschte Geschlechtshormone, Nobelpreis (1893–1986) – *Peter Graf Yorck von Wartenburg,* dtsch. Jurist u. Widerstandskämpfer (1904–1944) – *Oskar Werner,* begnadeter österr. Bühnen- u. Filmschauspieler (1922–1884)

14. NOVEMBER
Skorpion

VERANLAGUNG: Sie wollen das Mensch-Sein in seiner Gesamtheit erfassen. Neben den klar erkennbaren Äußerlichkeiten gehören für Sie dazu auch die niederen Instinkte, die seelischen Abgründe und das unerklärlich Mystische. Sie selbst fühlen intuitiv, daß Sie von einer fast nicht zu bändigenden Aggressivität geprägt sind. Ihnen ist jedes tierische Zwangsverhalten vertraut: vom Imponiergehabe über das Wegbeißen von Konkurrenten bis zum Leitwolf-Spielen. Um sich darin nicht zu verlieren und dem Bedürfnis nach Strukturen nachzukommen, haben Sie lernen müssen, diese Triebe in schöpferische Rituale oder Zeremonien zu zwängen. Auch um so eine gesellschaftliche Anerkennung der eigentlich nicht sehr geliebten Instinkte zu erreichen. Da auch Sie selbst Ihre Anwandlungen nur sehr schwer mit Ihrem Idealbild vom Mensch-Sein in Einklang bringen können, befinden Sie sich fast ständig auf der rastlosen Suche nach Anerkennung Ihres Verhaltens durch andere. Dabei haben Sie gelernt, Ihr schöpferisches oder gesellschaftliches Tun vom privaten Leben zu trennen. So können Sie sich eine Art Spielwiese schaffen, auf der Sie sich ausleben oder Ihre Instinkte in anerkannte Rituale überführen können und so trotzdem ein einigermaßen angepaßtes Leben führen.

HAUPTMERKMAL: Gebändigte Aggressivität

LEBENSPRINZIP: Das eigene Mensch-Sein mit all seinen Instinkten annehmen und in anerkannten Ritualen ausleben

UNTER DIESEM DATUM HATTEN UND HABEN AUSSERDEM GEBURTSTAG:
Wilhelm III., u. a. 1689–1702 König von England, Schottland u. Irland (1650–1702) – *Claude Monet,* franz. Maler, Initiator d. Impressionismus (1840–1926) – *Jawaharlal Nehru,* ind. Lehrer u. Politiker, Vertreter d. ind. Unabhängigkeitsbew. (1889–1964) – *Aaron Copland,* herausragender US-Komponist u. Dirigent (1900–1990) – *Astrid Lindgren,* weltweit erfolgreiche u. bekannteste (schwed.) Kinderbuchautorin, *1907 – *Joseph McCarthy,* US-Politiker u. „Kommunistenjäger" übelster Sorte (1909–1957) – *Butros Ghali,* ägypt. Politiker, tritt u. a. zur Friedenssicherung in d. Welt ein, *1922 – *Horst Janssen,* dtsch. Zeichner u. Grafiker, u. a. von Bordellstudien (1929–1995) – *Hussein II.,* seit 1952 König v. Jordanien, bemüht sich um Frieden in Nahost, *1935 – *Charles, Prinz v. Wales,* Anwärter auf d. engl. Königsthron, *1948

15. NOVEMBER
Skorpion

VERANLAGUNG: Sie haben schon früh eigene Wertmaßstäbe entwickelt und gemessen an diesen vieles um sich herum als absurd oder zumindest stark verbesserungsbedürftig angesehen. So beurteilen Sie alles von einer höheren oder grundsätzlichen Warte aus, sind dadurch aber persönlich eher konturlos und beschützen sich auf diese Weise. Obwohl immer hypersensibel auf Empfang geschaltet, sind Sie weit davon entfernt, ein reiner Kopfmensch zu sein. Eher im Gegenteil: Sie sind dem Sinnlichen durchaus zugeneigt. Sie haben aber gelernt, Ihre manchmal schon fast schmerzhaft empfundenen Triebe in eine höhere Form von Potenz als der sexuellen überzuführen. So nehmen Sie Ihre instinktgeprägte Kraft und verschreiben sich mit Kopf und Herz vollkommen einer überpersönlichen Idealvorstellung und stellen das Eigenleben im täglichen Existenzkampf in den Hintergrund. Es kann dabei leicht sein, daß Sie bis zur Grenze der Erschöpfung, gegen jeden Selbsterhaltungstrieb, für Ihre Überzeugungen einstehen. Ihre Kraft, Ihre Wut und Ihre Aggressivität werden von Ihrem Denken, das zur Abstraktion fähig ist, formal strukturiert und damit in schöpferische Bahnen gelenkt. Trotz der Sie schüttelnden Gefühle haben Sie sich deshalb zumeist vollkommen in der Gewalt und handeln folgerichtig, immer Ihrem Gewissen verpflichtet.

HAUPTMERKMAL: Aufrechter Gang

LEBENSPRINZIP: Die eigene Potenz und Erkenntnisfähigkeit einer überpersönlichen Aufgabe konsequent unterordnen

UNTER DIESEM DATUM HATTEN UND HABEN AUSSERDEM GEBURTSTAG:
Friedrich Herschel, brit. Astronom, Begründ. d. modernen Stellarastronomie (1738–1822) – *Johann Kaspar Lavater,* schweiz. Autor, Pfarrer u. Begründ. d. Physiognomie (1741–1801) – *Gerhart Hauptmann,* dtsch. Schriftsteller, wichtigster Vertreter d. Naturalismus (1862–1946) – *Georgie O'Keeffe,* überragende amerik. abstrakte Blumenmalerin (1887–1986) – *Erwin Rommel,* dtsch. Generalfeldmarschall, erst pro Hitler, dann im Widerstand (1891–1944) – *Graf Claus Schenk von Stauffenberg,* dtsch. Offizier, verübte Attentat auf Hitler (1907–1944) – *Wolf Biermann,* herausragender dtsch. Lyriker, Liedersänger- u. Macher, *1936

16. NOVEMBER
Skorpion

VERANLAGUNG: Da Ihr Sicherheitsbedürfnis nach Denkmodellen und Ordnungsprinzipien verlangt und Sie diese in der realen Umgebung nicht in befriedigender Form vorfinden, öffnen Sie sich mit Ihrem sensiblen Ahnungsvermögen überpersönlichen Erfahrungen. Nicht sehr vielen Menschen ist die Fähigkeit gegeben, die möglichen geistigen Initialzündungen auch wirklich wahrzunehmen oder überhaupt erst inspirierende Erfahrungen irgendwelcher Art zu machen. Die Schwierigkeit bei solchen geistigen oder schöpferischen Gipfelerlebnissen besteht darin, das, was man erfahren hat, in den Alltag zu überführen. Es kann unter bestimmten persönlichen Voraussetzungen Ihre Integrität zerstören, Sie verwirren oder Ihre alltägliche Leistungsbereitschaft hemmen. So spüren Sie instinktsicher, daß sich das Erleben einer höheren Bewußtseinsebene nur dann konstruktiv für Sie auswirkt, wenn aus dem geistigen Impuls die Aufforderung abgeleitet wird, sich selbst auch wirklich an dem Ideal zu orientieren und handelnd zu verändern. So gewöhnen Sie sich daran, auch bei den geringsten Entscheidungen, etwas von der Inspiration, derer Sie teilhaftig wurden, einfließen zu lassen. Gelingt das, gibt es Ihnen ein Gefühl der Überlegenheit. Das kann soweit gehen, daß hinter der daraus entstehenden inneren Distanz Ihr wahres Mensch-Sein nicht mehr erkennbar ist.

HAUPTMERKMAL: Überlegenheitsgefühl

LEBENSPRINZIP: Gemachte inspirierende Erfahrungen müssen sehr bewußt in die alltäglichen Handlungen einfließen

UNTER DIESEM DATUM HATTEN UND HABEN AUSSERDEM GEBURTSTAG:
Jean Baptiste Le Ron d'Alembert, franz. Mathematiker, erforschte u. a. d. Dynamik (1717–1783) – *Jakob Amsler Laffon,* herausragender schweiz. Mathematiker u. Konstrukteur (1823–1912) – *Luigi Facta,* ital. letzter Premierminister, bev. Mussolini 1922 an d. Macht kam (1861–1930) – *W. C. Handy,* innovativer US-Komponist, integrierte d. Blues in Ragtime (1873–1958) – *Georges Seldes,* US-Journalist u. Autor, prangerte d. kommerz. Pressezensur an (1890–1995) – *Paul Hindemith,* dtsch, Komponist, prägender Vertreter avantgardistischer Musik (1895–1963) – *Ernest Nagel,* US-Philosoph, erforschte d. Auswirkungen d. Wissenschaft (1901–1985)

17. NOVEMBER
Skorpion

VERANLAGUNG: Da Sie genauer und schneller als andere durch die Oberfläche hindurch die Struktur gesellschaftlicher Abläufe aufdecken und die langfristigen Folgen eines nicht angepaßten Verhaltens erkennen können, haben Sie gelernt, Ihre Triebe und Instinkte so zu kanalisieren, daß daraus Fähigkeiten entstehen, die Ihnen gesellschaftliche Anerkennung einbringen. Intuitiv haben Sie aber trotzdem feste Vorstellungen davon, wie die Dinge eigentlich aussehen sollten. Zur Abstraktion fähig, können Sie in der Auseinandersetzung mit den gesellschaftlichen Bedingungen mit ironischer Distanz genau analysieren, warum von Ihnen bestimmte Verhaltensweisen eingefordert werden, die Sie eigentlich nicht abzuliefern bereit sind. So bleiben Ihnen nur zwei Möglichkeiten, um in diesen Ihrer Ansicht nach untauglichen und zerbrechlichen Strukturen zu überleben: Entweder ordnen Sie sich mit dem heimlichen Gefühl der Überlegenheit und stützen das System, oder aber Sie versuchen, in einer sehr persönlichen schöpferischen Handlungsnische eine eigene kleine perfekte Welt mit festen Strukturen aufzubauen. Wofür Sie sich auch entscheiden, in beiden Fällen ordnen Sie Ihre Emotionen unter das zu erreichende Ziel, handeln konsequent und leisten sich kein Eingeständnis irgendeiner Schwäche.

HAUPTMERKMAL: Konsequent

LEBENSPRINZIP: Das genaue Wissen um und das Bedürfnis nach Strukturen für sich persönlich oder für das Ganze nutzen

UNTER DIESEM DATUM HATTEN UND HABEN AUSSERDEM GEBURTSTAG:
Walter Hallstein, dtsch. Politiker, forderte u. a. die DDR völkerrechtl. anzuerkennen (1901–1982) – *Lee Strasberg,* US-Theaterleiter u. renommiertester Schauspiellehrer d. USA (1901–1982) – *Eugene Wigner,* US-Physiker ungar. Abst., erforschte Neutronenabsorption (1902–1995) – *Soichiro Honda,* japan. Unternehmer, gründ. 1948 Motorradfabrik (1906–1991) – *Stanley Cohen,* US-Biochemiker, erforscht u. a. das Zellwachstum, Nobelpreisträger, *1922 – *Rock Hudson,* US-Hollywoodstar, begann offiziell d. Kampf gegen (u. starb an) Aids (1925–1985) – *Toni Sailer,* österr. Skirennläufer, u. a. drei Goldmedaillen b. einer Olympiade, *1935 – *Martin Scorsese,* US-Filmregisseur, zeigt in s. Filmen oft d. gewalttätige Seite Amerikas, *1942

18. NOVEMBER
Skorpion

VERANLAGUNG: Ihr Bedürfnis nach Ausgewogenheit läßt Sie der intuitiven Vorstellung folgen, daß es für Sie am besten ist, sich im Fluß des Lebens treiben zu lassen. Sie stellen keine bewußten Forderungen, sondern lassen alles auf sich zukommen. Das führt zu einer inneren Distanz und genauen Beobachtungsfähigeit. Sie können die eigenen Emotionen zurückstellen, Probleme deshalb prinzipiell und abstrakt erkennen und dabei leistungsfähig handeln. Für alle, die etwas erzwingen wollen, haben Sie nur Spott und Überlegenheitsgefühle übrig. Durch den angeborenen Blick für Strukturen und Zusammenhänge können Sie sich, je nach Erfordernis, auf alle neuen Situationen und jeden Menschen einstellen. Nicht aber ohne eine kritisch-ironische Haltung zu bewahren, die in enttäuschten Lebenszyklen auch mal in Zynismus ausarten kann. Generell analysieren Sie zuerst, was hinter den oberflächlichen Erscheinungsformen versteckt ist, demaskieren es für sich oder auch für andere und nutzen die gewonnenen Erkenntnisse, um die erkannten Strukturteile mit lässiger Unabhängigkeit neu zusammenzusetzen. Der Kreislauf der Analyse, des Kampfes um Neues und das Eingehen auf jeden kann schnell zur erschöpfenden Selbstausbeutung führen, ist aber insgesamt ein prall gefülltes Menschenleben.

HAUPTMERKMAL: An zwei Enden brennend

LEBENSPRINZIP: Sich im Einklang mit dem Rhythmus des Lebens auf alle Situationen einstellen und handeln

UNTER DIESEM DATUM HATTEN UND HABEN AUSSERDEM GEBURTSTAG:
Lamoral Graf v. Egmont, niederl. Freiheitskämpfer, Vorlage f. Goethes Trauerspiel (1522–1568) – *Pierre Bayle,* franz. Philosoph u. Schriftsteller, u. a. Wegbereiter d. Aufklärung (1647–1706) – *Carl Maria v. Weber,* Komponist, begründ. d. romantische Schule d. dtsch. Oper (1786–1826) – *Freiherr Adolf Erik v. Nodenskjöld,* schwed. Polarforscher, 1880 geadelt (1832–1901) – *George Gullup,* US-Meinungsforscher, entw. d. repräsentat. Meinungsumfrage (1901–1984) – *Klaus Mann,* einer d. wichtigsten Vertreter antifaschistischer (Exil-) Literatur (1906–1949) – *Alan B. Shepard,* jr., US-Astronaut, flog (1961) als erster Amerik. in d. Weltraum, *1923 – *Margaret Atwood,* nationalistische u. feministische kanad. Schriftstellerin, *1939

19. NOVEMBER
Skorpion

VERANLAGUNG: Da Sie sehr leicht gefühlsverwirrt und im persönlichen Leben verunsicherbar sind, suchen Sie nach übergeordneten Maßstäben oder Leitbildern, die Ihrem Bedürfnis nach Ausgewogenheit und Klarheit entsprechen. Neben den Strukturen, die die Natur vorgegeben hat, entstanden kulturelle Übereinkünfte in den verschiedene Völkern, die sie von anderen unterscheiden. Für Sie persönlich entsteht ein erregender Stolz, wenn Sie die sozialpolitischen Werte Ihrer gesellschaftlichen Umgebung so stark verinnerlichen können, daß Sie als perfekte Fleischwerdung dieser überpersönlichen Strukturen angesehen werden. Fortan haben Sie keine persönlichen Meinungen mehr, sondern handeln nach festen Grundsätzen. Und Sie lieben die rituelle Zurschaustellung der kulturellen Werte. Kühl, diszipliniert und stets mit freundlicher Entschiedenheit findet man Sie immer an vorderster Front. Jedes Abweichen von gemeinsam errungenen Übereinkünften bedeutet in Ihren Augen nichts anderes als eine Schwäche, der Sie unter keinen Umständen verfallen wollen. Trotzdem sind Sie eigentlich immer unzufrieden, denn Ihre ehrgeizigen Idealvorstellungen, an denen Sie alles messen, werden eigentlich nie erreicht.

HAUPTMERKMAL: Abweichung ist Schwäche

LEBENSPRINZIP: Gemeinsame sozialpolitische Errungenschaften verinnerlichen und mit stolzer Überzeugung verteidigen

UNTER DIESEM DATUM HATTEN UND HABEN AUSSERDEM GEBURTSTAG:
James Garfield, 4.3.–19.9.1881 d. 20. Präs. d. USA, Attentatsopfer (1831–1881) – *Wilhelm Dilthey,* dtsch. Geschichts- u. Kulturphilosoph, Vertreter d. Hermeneutik (1833–1911) – *Vincenz Czerny,* dtsch. Chirurg, entwickelte u. a. neue Form d. Krebsbehandlung (1842–1916) – *Michail Kalinin,* 1922 (–46) erstes nominelles Staatsoberhaupt d. neugegr. UdSSR (1875–1946) – *José Raoul Capablanca,* kuban. Schachspieler, 1921–17 Schachweltmeister (1888–1942) – *Tommy Dorsey,* US-Jazzmusiker, führte d. beliebteste Tanzorchester d. USA (1905–1956) – *Indira Gandhi,* ind. Politikerin, u. a. 1966–77 u. 1980–84 Ministerpräsidentin Indiens (1917–1984) – *„Ted“ Turner III.,* US-Medienunternehmer u. Jane Fondas Ehemann, gründ. 1980 CNN, *1938 – *Jodie Foster,* herausragende US-Schauspielerin u. Regisseurin, div. Oscars, *1962

20. NOVEMBER
Skorpion

VERANLAGUNG: Da Sie nicht in der Lage sind, gefühlsmäßig spontan, quasi aus dem Bauch heraus, die Vorgänge um sich herum zu beurteilen und einzuordnen, haben Sie schon sehr früh das Bedürfnis entwickelt, ein sozialpolitisches Modell oder ein persönliches Leitbild zu finden, das Ihnen helfen soll, eine Orientierung in den verwirrenden Lebensprozessen zu finden. Sie haben eine tiefe Sehnsucht, sich einer Wertegemeinschaft zugehörig zu fühlen, sich auf diese intuitiv einzustellen und stolz auf das gemeinsam Errungene sein zu können. Ihrer Meinung nach muß es neben den offensichtlichen Gesetzmäßigkeiten der Natur und den chaotischen Strukturen des menschlichen Miteinanders ein zentrales Prinzip geben, das Ihnen den innersten Kern klarmacht. Ein grundsatzorientiertes Muster, auf das sich die Menschen mit ihren unterschiedlichsten Eigeninteressen einschwören und auf das Sie Ihr eigenes Verhalten einstellen könnten. Sie sind aber weit davon entfernt, das in einem König, Papst oder Weisen finden zu wollen. Viel eher entspricht es Ihrer Vorstellung, daß der Mensch selbst und seine Selbstverwirklichung das Prinzip sein müßten, die zum Mittelpunkt einer jeder Entscheidung durch die Gesellschaft gemacht werden sollten. Dafür lohnt es Ihrer Meinung nach zu kämpfen: Sie sind ja auch ein Mensch.

HAUPTMERKMAL: Freundliche Sturheit

LEBENSPRINZIP: Die Achtung der wirklichen Bedürfnisse des Menschen zum Grundprinzip erheben und dafür eintreten

UNTER DIESEM DATUM HATTEN UND HABEN AUSSERDEM GEBURTSTAG:
Thomas Chatterton, seinerzeit verkannter brit. Dichter, beging m. 17 Selbstmord (1752–1770) – *Selma Lagerlöf,* schwed. Schriftstellerin, bekam als erste Frau Literaturnobelpreis (1858–1940) – *Friedrich Graf v. d. Schulenburg,* dtsch. Diplomat u. Widerstandskämpfer (1875–1944) – *Kart Ritter v. Frisch,* österr. Zoologe, entdeckte u. a. die „Bienensprache“ (1886–1982) – *Otto v. Habsburg,* dtsch. Politiker, engagiert s. f. vereintes, christliches Europa, *1912 – *Nadine Gordimer,* südafr. Schriftstellerin, beschreibt Apartheid, Nobelpreisträgerin, *1923 – *Robert Kennedy,* US-Politiker, 1961–64 US-Justizmin., wie Bruder JFK ermordet (1925–1968) – *Maija Plissezkaja,* russ. Tänzerin, ab 1945 Ballerina, ab 1962 Primaballerina, *1925

21. NOVEMBER
Skorpion

VERANLAGUNG: Sie haben aus Angst, sich in den eigenen Gefühlen zu verfangen und damit dem eigenen Anspruch auf Perfektion vielleicht nie zu genügen, übergeordnete äußere Maßstäbe gesucht, um sich mit großer Zielstrebigkeit an diesen zu orientieren. Doch trotz dieses seelischen Schutzverhaltens haben Sie die Hoffnung nie aufgegeben, sich im Einklang mit Ihrer Natur doch noch frei entfalten zu können. So sind Sie immer wieder auf Menschen direkt und offen zugegangen, haben von Gemeinsamkeit geträumt, sich dem Mystischen geöffnet und sich in rastlosen Aktivitäten entladen. Doch da Sie alles an einem festen Maßstab gemessen haben, haben Sie sich am Ende, trotz dieser fast schon verzweifelten Bemühungen, doch nur auf sich selbst zurückgeworfen gesehen. Und da, als Sie schon die Hoffnung aufgeben wollen, haben Sie ganz plötzlich wirklich verstehen gelernt. Sie erkennen, daß Ihre Wut auf alles Unzulängliche in der Gesellschaft die Wut auf das eigene Begrenztsein ist. So lernen Sie mit den eigenen Unzulänglichkeiten genauso zu leben wie die menschlichen Abweichungen der anderen zu lieben. Sie schaffen es, Ihre Seelenverwandtschaft mit dem Gegenüber das erste Mal ohne Musterabgleich wirklich zu sehen und auch mit sich als ganzes Halbes zu leben, ohne das zwanghafte Bedürfnis, ständig als Ganzheit anerkannt werden zu wollen.

HAUPTMERKMAL: Ausbruchsversuche

LEBENSPRINZIP: Das Bedürfnis nach seelischer Verbundenheit ist über das Prinzip Liebe erfahrbar, für sich und andere

UNTER DIESEM DATUM HATTEN UND HABEN AUSSERDEM GEBURTSTAG:
Voltaire, franz. Philosoph u. Schriftsteller, begründ. d. mod. Geschichtsschreibung (1694–1758) – *Friedrich Schleiermacher,* maßgeblicher dtsch. ev. Theologe u. Philosoph (1768–1834) – *Benedikt XV.,* 1914–22 Papst v. Rom (1854–1922) – *Martha Wollstein,* US-Ärztin, erforschte u. a. die Mumps (1868–1939) – *Erik Robert Lindahl,* schwed. Ökonom, u. a. Mitglied d. „Stockholm-Schule" (1891–1960) – *Konosuke Matsushita,* japan. Unternehmer, Erfinder d. Firmenhymne (1894–1989) – *Maria Victoria Casares,* franz. Bühnen- u. Filmschauspielerin span. Abst., Tragödin (1922–1996) – *Heinz Bosl,* dtsch. Tänzer, seit 1962 Solist d. Bayerischen Staatsoper (1946–1975)

22. NOVEMBER

Skorpion / Schütze

VERANLAGUNG: Ihr Sicherheitsgefühl ist davon abhängig, ob Sie innerlich und äußerlich in Bewegung bleiben und sich so neue Erlebnisräume erschließen können. Sie suchen in der Außenwelt nach den Antrieben und Motiven, die Sie von sich aus nicht entwickeln können. So leiden Sie bei mangelnden Herausforderungen immer an inneren Spannungen. Ihre rebellischen Instinkte suchen deshalb immer nach entsprechenden Ausdrucksformen, da Sie sonst das Gefühl hätten, irgendwie aus der Bahn zu kippen. Dabei sind Sie in Ihrem persönlichen Auftreten angstfrei und fast schon zu unbedenklich. Ihr Drang nach neuen Erlebnissen, nach intensiven Erfahrungen und inspirierenden Kontakten lassen in Ihnen zwar das Bedürfnis nach Solidarität einer größeren Gruppe entstehen, aber die rebellischen Instinkte lassen sich auch hier nicht unterdrücken. So suchen Sie zielstrebig nach Wegen, wie Sie den Wunsch, Grenzen zu überschreiten, in Handlungen ummünzen können, die sich in einem gesellschaftlich noch einigermaßen akzeptierten Rahmen abspielen. So nutzen Sie jeden Freiraum und stürzen sich auf die Möglichkeiten des sportlichen Kampfes, der sozialpolitischen Auseinandersetzung oder des Unternehmertums. Erst einmal in Fahrt, sind Sie nicht zu stoppen. Sie folgen dann äußerst diszipliniert dem eingeschlagenen Weg und handeln auch deswegen so konsequent, weil Sie Halbheiten hassen.

HAUPTMERKMAL: Eigensinnig

LEBENSPRINZIP: In ständiger Vorwärtsbewegung bleiben und so die innere Spannung in erlaubten Freiräumen lösen

UNTER DIESEM DATUM HATTEN UND HABEN AUSSERDEM GEBURTSTAG:
Andreas Hofer, Tiroler Freiheitsheld (1767–1810) – *George Eliot,* engl. Autorin, Vorreiterin d. psychologisch orientierten Romans (1819–1880) – *Wilhelm Groener,* dtsch. General u. SPD-Politiker, u. a. 1828–32 Reichswehrmin. (1867–1939) – *Ernst Sachs,* dtsch. Unternehmer, u. a. Erfinder d. Zweitaktmotors f. Mofas (1867–1932) – *Charles de Gaulle,* franz. Politiker, 1959–69 Architekt d. V. Republik u. d. Präs. (1890–1970) – *Benjamin Britten,* brit. Komponist, gründ. u. a. 1947 d. English Opera Group (1913–1976) – *Boris Becker,* dtsch. Tennisas, u. a. dreimaliger Wimbledonsieger, *1967

Schütze

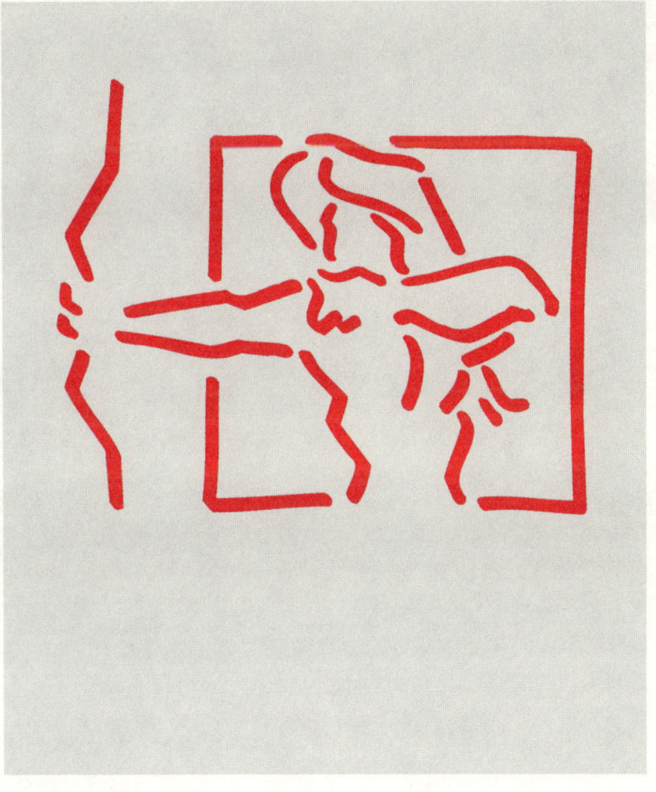

23. NOVEMBER
Schütze

VERANLAGUNG: Sie suchen sich immer neue Herausforderungen in der Umwelt, um nicht durch Stillstand in eine innere Leere zu stürzen. Da Sie also nicht in sich selbst ruhen, leidet Ihre Vertrauensfähigkeit, und Sie schützen sich durch ein absicherndes Denkvermögen, das provokativ bis aggressiv sein kann. Sie sind geprägt von dem Willen, gemeinsam errungene Ideale kämpferisch zu verteidigen und in einer ständigen Vorwärtsbewegung fortzuentwickeln. Ihrer Meinung nach setzt eine zukunftsorientierte Weiterentwicklung des menschlichen Miteinanders voraus, daß man über die erstrittenen Werte der Vergangenheit ganz genau Bescheid weiß. So versuchen Sie, diejenigen in der Gesellschaft wachzurütteln, die, ebenso wie Sie, durch Leitbilder und Ideale angetrieben sind und die in der Vergangenheit bewiesen haben, daß sie einen durch nichts zu erschöpfenden Durchhaltewillen haben. Zusammen mit diesen wollen Sie die gegenwärtigen Verhältnisse anprangern und das unzulängliche Jetzt in einer Art geistigem Feuer verbrennen, um damit der Zukunft Türen zu öffnen. Eigentlich leben Sie nur dann wirklich, wenn Sie sich im ständigen Machtkampf gegen das Festgefahrene befinden können. Sie lieben die Auseinandersetzung und sind nur mit voller Überzeugung motiviert, wenn Sie einen gleichwertigen Gegner vor sich haben und diesem etwas ‚klarmachen' können.

HAUPTMERKMAL: Streitlustig

LEBENSPRINZIP: Nur die Bereitschaft, gegen das beharrende Jetzt mit größter Schärfe anzugehen, ermöglicht die Zukunft

UNTER DIESEM DATUM HATTEN UND HABEN AUSSERDEM GEBURTSTAG:
François Noël Babeuf, franz. Revolutionär, trat f. d. Dikatatur d. Proletariats ein (1760–1797) – *Ralph Tyler Flewelling,* US-Philosoph, Begründ. d. Personalismus i. d. USA (1871–1960) – *Boris Karloff,* engl. Hollywoodschauspieler, König d. Horrorfilms über zwei Dekaden (1887–1969) – *Henry Mosley,* herausragender brit. Physiker, erforschte chem. Elemente (1887–1915) – *Kume Masao,* einer d. populärsten jap. Schriftsteller seiner Zeit (1891–1952) – *Klement Gottwald,* tschechoslow. Politiker, u. a. 1948–53 Staatspräs. (1896–1953) – *Paul Celan,* herausragender avantgardistischer dtsch. Lyriker u. Übersetzer (1920–1970)

24. NOVEMBER

Schütze

VERANLAGUNG: Da Sie nirgends wirkliche Wurzeln haben, sind Sie eindrucksoffen und haben den Drang, in fremde Welten einzutauchen und dadurch das eigene Zentrum zu finden. Ihr mangelndes Eigenleben läßt Sie ein ausgeprägtes Interesse für die unterschiedlichsten Charaktere entwickeln und als eine Art Voyeur das Leben wahrnehmen. Dabei sind Sie in Ihrem Tun angstfrei und können unsentimental auf alles und jeden zugehen. Sie spüren also, daß eines Sie wirklich antreibt: Die Faszination der schaurig-schönen Stürme der menschlichen Natur, die unheimlichen Begegnungen mit fremden Leben an immer anderen Orten und wirklich ungewöhnliche Erfahrungen. Erst der widerstreitende Rhythmus einer von Ihnen beobachteten Außenwelt, die ursprünglich mit Ihnen keine erkennbaren Zusammenhänge bildet, setzt die Energien in Ihnen frei, die Sie euphorisch werden lassen. Sie wollen Verstehen und damit Verständnis lernen. Erst das Fremdartige und die Grenzen des Mensch-Seins ziehen Sie immer wieder an und lassen Ihren Geist arbeiten. Erst der intensive Kontakt mit dem Leben anderer mobilisiert in Ihnen unbewußte Energien und läßt Sie wirklich initiativ werden. Sie sind dann außerordentlich begeisterungsfähig, ohne jedoch dabei zu sehr seelisch vereinnahmt zu werden. Es besteht aber die Gefahr, daß die Beobachtung und Darstellung, das Erlebnis selbst einsetzt.

HAUPTMERKMAL: Voyeur

LEBENSPRINZIP: Erst die intensive Beobachtung fremden Lebens setzt die eigenen Energien frei

UNTER DIESEM DATUM HATTEN UND HABEN AUSSERDEM GEBURTSTAG:
Baruch Spinoza, holl. Philosoph, glühender Vertreter d. Pantheismus (1632–1677) – *Zachary Taylor,* 1849–50 d. 12. Präs. d. USA, starb nur 16 Monate n. Amtsantritt (1784–1850) – *Carlo Collodi,* ital. Schriftsteller, „Pinocchios" Vater (1826–1890) – *Lilli Lehmann,* dtsch. Koloratursopranistin, dramatische Solistin, Gesangspädagogin (1848–1929) – *Frances Burnett,* anglo.-amerik. Schriftstellerin, Mutter v. „Little Lord Fontleroy" (1949–1924) – *August Bier,* dtsch. Chirurg, verbesserte u. a. die Amputationschirurgie (1861–1949)

25. NOVEMBER

Schütze

VERANLAGUNG: Da Ihre Sehnsucht, sich auszudehnen und in der Ferne die eigene Heimat zu finden, schon früh stark ausgeprägt war, haben Sie mit Unwillen oder sogar Aggressivität auf alles Einengende reagiert. Und das waren in Ihren Augen fast alle Lebensumstände. So haben Sie nicht die Möglichkeit, aus sich selbst heraus die notwendige Handlungssicherheit zu entwickeln, sondern brauchen den Antrieb von außen. Sie schließen sich deshalb gerne Menschen an, die Ihre innere Beweglichkeit fördern sollen. Da insgesamt der gemeinschaftliche Austausch in einer Gruppe für Sie außerordentlich wichtig ist, haben Sie gelernt, Ihre natürliche menschliche Aggressivität in Formen auszuleben, die gesellschaftlich akzeptiert sind. Das können kämpferische Spiele, eigene Lebensrisiken, Planspielereien, schöpferische Provokationen oder aber herausfordernde Sportarten sein. Um sich selbst begeistern zu können und um wirklich rund zu laufen, müssen Sie immer neue Herausforderungen von Menschen und Kulturen annehmen. Und Sie tun das ohne Scheuklappen und mit fast zu großer Unbedenklichkeit. Sie sitzen gleichsam auf einem Fahrrad und behalten nur die innere Balance, wenn Sie in Bewegung bleiben. Gleichgültig, wohin es geht. Manchmal birgt Ihr aufmerksam beobachtendes Verstehen-Wollen die Gefahr in sich, in bestimmten Situationen zu kritiklos zu werden, in Schwärmerei zu verfallen und dahinter Ihren eigenen Standort zu verlieren.

HAUPTMERKMAL: Neugierig

LEBENSPRINZIP: Aus Einengungen entstandene Aggressivität in gesellschaftlich akzeptierten Formen ausleben wollen

UNTER DIESEM DATUM HATTEN UND HABEN AUSSERDEM GEBURTSTAG:

Johannes XXIII., 1958–63 einer d. beliebtesten röm. Päpste (1881–1963) – *Andrew Carnegie,* kulturell engag. US-Unternehmer, stiftete u. a. „Carnegie Hall" (1835–1919) – *Carl Benz,* dtsch. Ingenieur u. Automobilpionier (1844–1929) – *Elzy Lay,* Wildwest-Bank- und Zugräuber, engster Freund v. Butch Cassidy (1868–1934) – *Georg Kaiser,* expressionistischer dtsch. Dramatiker (1878–1945) – *Wilhelm Kempf,* dtsch. Pianist u. Komponist v. Weltruhm (1895–1991)

26. NOVEMBER
Schütze

VERANLAGUNG: Ihre Sehnsucht nach freier Selbstbestimmung des Menschen, nach individuellen Lebensentwürfen und erfülltem Arbeiten findet in den vororganisierten Wegen der Gesellschaft kaum Entfaltungsmöglichkeiten. Sie wissen, daß Sie wachsen wollen und sich dafür loslösen müssen. Aber wohin dann? Da Sie nur schwer eine Begeisterungsfähigkeit aus sich selbst heraus entwickeln können, sind Sie ständig im Leben anderer oder in gesellschaftlichen Verhältnissen auf Motivsuche. Sie suchen die Nähe von Menschen, die Ihre Ideen entzünden und Sie in Bewegung halten können. Sie sind fasziniert von den unendlich erscheinenden Austauschmöglichkeiten von Individuum und Kultur, aber Sie spüren auch die Kluft zwischen Ihrer hoffnungsfrohen Erwartung und der meist enttäuschenden Wirklichkeit. Je mehr Sie beobachten, verstehen und Zusammenhängen auf den Grund gehen, desto absurder kommt Ihnen das meiste vor. So vieles erscheint in Ihren Augen zufällig, unecht, unwesentlich und letztlich lächerlich. Diese Erkenntnis stürzt Sie in eine frühe Lebenskrise, in der Sie den Boden unter den Füßen zu verlieren drohen. Um wieder weitermachen zu können, vertrauen Sie darauf, daß da ein Prinzip Leben, eine natürliche kosmische Kraft sein muß, die dem Ganzen mehr Sinn zu geben in der Lage ist, als der eigene kleine Horizont. Und langsam, Schritt für Schritt, lernen Sie Ihren inneren Konflikt durch schöpferische Aktivität zu lösen. Auch dadurch, daß Sie Ihre Probleme direkt zum Thema machen.

HAUPTMERKMAL: Sehnsucht nach Sinn

LEBENSPRINZIP: Die eigene Lebens- und Sinnkrise dadurch überwinden, daß man diese schöpferisch zum Thema macht

UNTER DIESEM DATUM HATTEN UND HABEN AUSSERDEM GEBURTSTAG:
Ferdinand de Saussure, herausragender schweiz. Sprachwissenschaftler (1857–1913) – *Heinrich Brüning*, dtsch. Politiker (Zentrum), u. a. 1930–1932 Reichspräsident (1885–1970) – *Norbert Wiener*, herausragender US-Mathematiker (1894–1964) – *Kurt Waldemar Ziegler*, dtsch. Chemiker, verbesserte d. Kunststoffherstellung (1898–1973) – *Tina Turner*, US-Rocksängerin, nach „Ike u. Tina Turner" 1984 Comeback als Solistin, *1939

27. NOVEMBER

Schütze

VERANLAGUNG: Da Sie sich nicht wirklich verwurzelt fühlen, beobachten Sie genau und nehmen dafür Ihr eigenes Ego zurück. So können Sie sich im Gegensatz zu anderen mit großer Leichtigkeit verborgene Elemente um sich herum bewußt machen. In Anbetracht der vielen Möglichkeiten, die sich durch Ihren offenen Entdeckerdrang auftun, fühlen Sie sich in der realen Lebenssituation meist stark eingeengt. Sie haben einen sehr natürlichen und direkten Zugang zur Existenz und wollen keine Grenzen akzeptieren. Sie können sich in Situationen und Menschen hineinversetzen und nehmen das zum Anlaß, alles in Ihr Tun einfließen zu lassen. Sie suchen nicht bewußt Konflikte, sondern wollen nur Ihre Ziele erreichen. Da für Sie Stillstand unerträglich ist, gehen Sie in sportlich-spielerischer Weise neue Wege. Unsentimental nehmen Sie dabei Abschied vom Dagewesenen und vermitteln seltsam leicht Visionen, die anderen Angst machen, aber gleichzeitig auch faszinieren. Ihr unstillbarer Drang zu Experimenten saugt seine mitreißende Kraft aus der Sicherheit, mit der Sie durch den Schleier des Konventionellen blicken. Für Sie hat das alles eigentlich keine wirkliche Bedeutung, für Sie zählt nur die Weiterbewegung. Und so gehen Sie oft tollkühn, mit festem Blick auf den Horizont, über vermeintliche Abgründe und schocken Ihre Mitmenschen, deren Beharrungsverlangen Ihrer Meinung nach der wahre Abgrund ist.

HAUPTMERKMAL: Aufgeschlossen

LEBENSPRINZIP: Mit klarer Wahrnehmungsfähigeit durch den Schleier von nichtigen Konventionen das Neue erkunden

UNTER DIESEM DATUM HATTEN UND HABEN AUSSERDEM GEBURTSTAG:
Alessandro Algardi, herausragender ital. Bildhauer u. Baumeister (1595–1654) – *Anders Celsius,* schwed. Astronom, Entwickler d. n. ihm benannten Temperaturskala (1701–1742) – *Georg Forster,* dtsch. Naturforscher, begründ. neue Form d. Reisebeschreibung (1754–1794) – *Nico Dostal,* österr. Komponist v. Kirchen- u. Operettenmusik (1895–1981) – *Lars Onsager,* überragender US-Physiochemiker (1903–1976) – *Jimi Hendrix,* legendärer US-Rockgitarrist u. Sänger, einer d. innovativsten (1942–1970) – *Danny de Vito,* herausragender US-Schauspieler u. Regisseur, *1944

28. NOVEMBER

Schütze

VERANLAGUNG: Da Sie Ihren Daseinssinn immer in der Außenwelt suchen, ist die Rolle, die Sie innerhalb einer sozialen Gemeinschaft erfüllen, für Ihre Bereitschaft, etwas zu leisten, sehr wichtig. Und da Sie sich sehr leicht in fremde Zusammenhänge und unterschiedlichste Menschen hineindenken können, finden Sie sich oft in herausgehobener Position wieder. Dabei vernachlässigen Sie zwangsläufig die Möglichkeiten zur Entlastung der eigenen Seele. Obwohl Sie sich durch Intellektualisierung und geistige Analyseschärfe zu schützen versuchen, können Sie sich nie ganz fallenlassen. So bleiben Sie in ständiger Bewegung und erlauben keinen Stillstand. Sie sind deshalb extrem offen für neue Denkräume, und schon die Beschäftigung mit dem Verhältnis von Individuum und Gesellschaft läßt in Ihnen den Funken der Begeisterung überspringen. Doch Ihrem Wunsch, sich sinnvollen Werten, deren Schutz und Zukunftsentwicklung, zur Verfügung zu stellen, steht Ihre Erkenntnis entgegen, daß eigentlich nichts wirklich dauerhaft und wertvoll ist. So neigen Sie eher dazu, den Verfall zu beobachten, zu dokumentieren und zu beklagen. Sie hoffen, diese Identitätskrise zu überwinden, indem Sie trotzdem die einmal eingenommene Rolle in der Gemeinschaft um so konsequenter auszufüllen versuchen.

HAUPTMERKMAL: Unsentimental

LEBENSPRINZIP: Um gemeinsame Werte zu entwickeln und zu schützen, muß der Einzelne seine Rolle solidarisch erfüllen

UNTER DIESEM DATUM HATTEN UND HABEN AUSSERDEM GEBURTSTAG:
Alberto Moravia, ital. Autor, einer d. erfolgreichsten u. umstrittensten dazu (1907–1990) – *Stefan Zweig,* österr. Autor, einer d. „letzten großen Realisten dtsch.-sprach. Lit." (1881–1942) – *William Blake,* absolut herausragender engl. Dichter, Maler u. Kupferstecher (1757–1827) – *Friedrich Engels,* dtsch. Philosoph u. Politiker, Mitbegründ. d. Marxismus (1820–1895) – *Ernst Röhm,* dtsch. Offizier u. Politiker, war führend b. Aufbau d. NSDAP u. SA (1887–1934) – *Claude Lévi-Strauss,* franz. Philosoph u. Ethnologe, erforscht Völkermythen, *1908 – *Heinz Galinski,* dtsch.-jüd. Verbandsfunktionär, Vors. d. Zentralrats dtsch. Juden (1912–1992) – *„Toni" Ungerer,* franz. Karikaturist u. Illustrator m. Hang z. makaberen Humor, *1931

29. NOVEMBER
Schütze

VERANLAGUNG: Sie suchen Ihr eigenes Zentrum, indem Sie sich visionellen Wunschbildern hingeben, wie die Außenwelt auszusehen hat. Durch diese Art gedanklicher Getriebenheit vernachlässigen Sie oft das Hier und Jetzt und die zur Selbstregeneration notwendigen Alltäglichkeiten. So achten Sie zu wenig auf die eigene Seele und lernen nie, in sich zu ruhen. Ihr Blick ist immer auf eine Erwartung oder eine Hoffnung ausgerichtet, die Sie zusammen mit Helfern, aber nicht unbedingt für diese erreichen wollen. Sie schützen dabei Ihre eigene sensible Verletzlichkeit durch scharfe Analysefähigkeit, die es Ihnen ermöglicht, geistig immer schon dort zu sein, wo der nächste Angriff herkommen könnte. Da Sie sehr zielgerichtet handeln, gehen Sie ohne Bösartigkeit und trotzdem unbedenklich rücksichtslos auf jede in Ihren Augen notwendige Konfrontation zu. Hinzu kommt, daß Sie auf viele Menschen oft unnahbar wirken, weil Sie immer irgendwo zu sein scheinen, nur nicht wirklich im Gespräch mit dem jeweiligen Gegenüber. Dabei kann Ihre geistige Dynamik, die allgemeingültige Maßstäbe ignoriert, manchmal sogar zu antisozialen Verhaltensweisen führen, was Ihnen aber überhaupt nicht bewußt wird. Durch Ihr ständiges Weiterstreben, durch die Unvernunft und durch die ständige Suche nach dem Ideal erreichen Sie eine Gefühlsintensität, die Sie anders nicht zu finden glauben. Man könnte diesen Zustand eine befriedigte Erschöpfung nennen, die Sie immer wieder wie neugeboren dastehen läßt.

HAUPTMERKMAL: Getrieben

LEBENSPRINZIP: Die Sehnsucht nach idealen Zuständen durch konsequentes Zugehen auf das nächste Ziel befriedigen

UNTER DIESEM DATUM HATTEN UND HABEN AUSSERDEM GEBURTSTAG:
Gottfried Semper, dtsch. Baumeister, schuf u. a. die „Semper-Oper" i. Dresden (1803–1879) – *Theobald v. Bethmann Hollweg,* dtsch. Politiker, Mitauslöser d. 1. Weltkriegs (1856–1921) – *Julius Raab,* österr. Politiker, u. a. (1954) Mitbegründ. d. Österr. Volkspartei (1891–1964) – *Jacques Chirac,* franz. Politiker, seit 1995 Staatspräsident, begeht Sozialabbau, *1932 – *Petra Kelly,* dtsch. Politikerin, Mitbegründ. d Grünen, Friedenskämpferin (1947–1992)

30. NOVEMBER

Schütze

VERANLAGUNG: Sie wollen Menschen und Charaktere, ja, eigentlich alles um sich kennenlernen und möglichst auch verstehen. Ihr Sicherheitsgefühl entsteht gerade dadurch, daß Sie sich allen Strömungen öffnen. Dabei sind Ihnen Ihre persönlichen Äußerlichkeiten völlig unwichtig. Und anders als die Menschen, die in sich das tägliche Allerlei verwickeln lassen, wirken die Herausforderungen der Außenwelt auf Sie so, daß Sie eine wirkliche innerliche Veränderung im Lauf Ihres Lebens erfahren. Gerade weil Sie so hingebungsbereit auf Ziele zusteuern, sich mit Menschen identifizieren und unkonventionell auseinandersetzen, kommt etwas zurück, was einen natürlichen menschlichen Wachstumsrhythmus auslöst. Auf Sie bezogen, muß man sagen, daß Sie mit Ihren Aufgaben wirklich wachsen. Ihre Einsicht in Zusammenhänge entsteht auch durch Ihre unerbittliche Ehrlichkeit sich selbst aus dem Augenscheinlichen gegenüber. Sie sagen jedem und in jeder Form Ihre Meinung: Unsentimental, aber auch mit großem Humor und ohne Rücksicht auf Ihre eigenen Lebensperspektiven. Sie öffnen sich schon fast zu mutig für jedes Wagnis und sind für alle Herausforderungen gewappnet: Hauptsache es entsteht kein Stillstand. Ihr Denken und Ihr Handeln bekommen Ihre Dynamik durch die intensive Liebe zum Leben und Ihre ungebremste Neugier.

HAUPTMERKMAL: Humorvoll ehrlich

LEBENSPRINZIP: Mit allen Sinnen Herausforderungen erspüren, Risiken eingehen und sich so fast automatisch entwickeln

UNTER DIESEM DATUM HATTEN UND HABEN AUSSERDEM GEBURTSTAG:
Andrea Doria, ital. Seeheld u. genuesischer Staatsmann (1466–1560) – *Andrea Palladio,* ital. Baumeister m. völlig eigenem Stil: Palladianismus (1508–1580) – *Jonathan Swift,* anglo-ir. Schriftsteller, Berichterstatter v. „Gullivers Reisen" (1667–1745) – *Carl Loewe,* dtsch. Komponist u. a. des „Erlkönig" (1796–1869) – *Theodor Mommsen,* dtsch. Historiker, Literaturnobelpreisträger (1817–1903) – *Mark Twain,* US-Schriftsteller, Vater v. „Tom Sayer" u. „Huckleberry Finn" (1835–1910) – *Sir Winston Churchill,* brit. Politiker. u. a. 1940–45 u. 1951–55 Premierminister (1874–1965) – *Johann Nepomuk David,* österr. Komponist v. Chormusik, Organist, Dirigent (1895–1977)

1. DEZEMBER

Schütze

VERANLAGUNG: Sie suchen in der Sie umgebenden Gemeinschaft nach Werten und Leitbildern, an denen Sie sich ausrichten und begeistern können. Doch Sie fühlen sich in eine Umwelt geworfen, die zwar zivilisiert und geordnet erscheint, in Ihren Augen aber mit den natürlichen Bedürfnissen der Menschen nur sehr wenig zu tun hat. So lernen Sie nur mit Mühe, sich mit einer Welt anzufreunden, deren künstliche Wege ausschließlich auf Funktionalität ausgerichtet zu sein scheinen. Sie versuchen ständig, einen Ausgleich zwischen Ihrer persönlich-chaotischen Ursprünglichkeit und der notwendigen Organisation des Lebens zu finden. Ständig haben Sie das Bedürfnis, etwa für humanistische Ziele, Solidarität oder Ideale einzutreten. Sie wollen fast bedenkenlos mutig dem Alltag die Maske der Verlogenheit herunterreißen und allen das wahre Gesicht, den typischen Charakter zeigen. So bleiben Sie innerlich immer in Distanz zum herrschenden System und können deshalb ohne Sentimentalität in ihm effektiv funktionieren. Doch das währt nie sehr lange. Eine unzufriedene Unruhe zwingt Sie, immer wieder abzuspringen. So stürzen Sie sich auf die Möglichkeit, durch eigenes Beispiel den anderen den vermeintlichen Wahnsinn klarzumachen und ihnen zu helfen, sich zurechtzufinden. Insgesamt sind Sie ein eher etwas melancholischer Vermittler von dem, wie und was sein könnte, als einer, der nur funktioniert.

HAUPTMERKMAL: Fürsorglich

LEBENSPRINZIP: Anderen durch schöpferisches Tun helfen, sich in der unnatürlichen Zivilisation zurechtzufinden

UNTER DIESEM DATUM HATTEN UND HABEN AUSSERDEM GEBURTSTAG:
Karl Schmidt-Roftluff, dtsch. Maler, Mitbegründ. d. Künstlergruppe „Die Brücke“ (1884–1976) – *John Ford,* US-Westernregisseur, d. erfolgreichste d. Filmgeschichte (1895–1973) – *Alicia Markova,* erste engl. Primaballerina, u. a. Leiterin d. Royal Ballet School, *1910 – *Karl Otto Pöhl,* dtsch. Finanzfachmann, 1980–91 Präs. d. Dtsch. Bundesbank, *1929 – *Woody Allen,* US-Filmregisseur, Schauspieler u. Autor satirischer Komödien, *1935 – *Bette Midler,* „die göttliche Miss M“, grandiose US-Sängerin u. Schauspielerin, *1945

2. DEZEMBER

Schütze

VERANLAGUNG: Gemessen an Ihren Bedürfnissen, fühlten Sie sich durch Ihre Herkunft in Ihren Möglichkeiten eingeengt und sind deswegen immer ein wenig unsicher, wenn Sie nicht in Bewegung bleiben können. So versuchen Sie, alle Strömungen zu beobachten, Charaktere zu erfassen und Strukturen zu analysieren, um sich so die Wege zu eröffnen, die Ihnen vielleicht sonst verschlossen bleiben. Sie kommen dabei zu dem Schluß, daß eine Gesellschaft um so erfolgreicher funktioniert, je eher sie in der Lage ist, dem einzelnen Menschen Positionen, Güter oder Errungenschaften anzubieten, die dieser persönlich auch erringen will. So kann also der Ehrgeiz des Individuums Fortschritt der Zivilisation bedeuten. Für Sie ist jedes Tun im Sinne des eigenen Erfolges ein Engagement für die Gesellschaft. Sie kämpfen mit eigenem Beispiel Wege frei, die nur durch Sie aufgezeigt werden. Ihr Vorwärtsdrängen, Ihre Risikobereitschaft und Ihr Durchhaltewillen sind demzufolge immer auch sozio-kulturelle Leistungen. Ob künstlerisch, politisch, sportlich oder unternehmerisch, immer wird man Sie in dem Kampf um die Spitze finden. Nur manchmal, wenn Sie auf dem Wege nach oben die Erschöpfung erreicht oder aus anderem Grunde ein Innehalten notwendig ist, fragen Sie sich, ob diese Form der Auswahl nicht auch etwas Unmenschliches beinhalten könnte.

HAUPTMERKMAL: Verklärter Ehrgeiz

LEBENSPRINZIP: Erst der von der Gesellschaft provozierte Ehrgeiz des Einzelnen bringt diese insgesamt sozial voran

UNTER DIESEM DATUM HATTEN UND HABEN AUSSERDEM GEBURTSTAG:
Heinrich Barkhausen, herausragender dtsch. Physiker (1881–1956) – *George Minot,* US-Mediziner, erforschte i. Team d. Anämie, teilt Medizinnobelpreis (1885–1950) – *Otto Dix,* dtsch. Maler u. Graphiker zw. u. a. Expressionismus, Dadaismus, Realismus (1891–1969) – *Marion Gräfin Dönhoff,* Journalistin, s. 1973 Mithrgs. d. Wochenzeitung „Die Zeit", *1909 – *Maria Callas,* US-Koloratursopranistin, eine d. besten u. berühmtesten aller Zeiten (1923–1977) – *Botho Strauß,* dtsch. Dramatiker d. Nachkriegsgeneration, Georg-Büchner-Preisträger, *1944 – *Rudolf Scharping,* dtsch. SPD-Politiker, als Kanzlerkandidat 1994 gescheitert, *1947

3. DEZEMBER

Schütze

VERANLAGUNG: Da Ihr Sicherheitsgefühl in starkem Maße davon abhängt, ob Sie sich mit Werten und Zielen Ihrer Umgebung identifizieren können, beobachten und analysieren Sie alles sehr genau. Eine Zeitlang gliedern Sie sich ein und machen Sie vom Kopf her mehr oder weniger lustlos mit. Doch Ihre Lern- und Einsichtsfähigkeit hindert Sie irgendwann daran. Da spüren Sie es irgendwie körperlich, daß da etwas vollkommen schief läuft mit dem Mensch-Sein. Es sind in Ihren Augen Menschen am Werk und an der Macht, die zwar feste Denkmodelle haben und alles schön logisch und scheinbar intellektuell beantworten können, die aber nichtsdestotrotz insgesamt falsch liegen müssen. Sie wissen nicht genau, woher Ihr Unwohlsein dem allzu glatten Denken gegenüber herrührt, aber eines fühlen Sie sicher, daß Sie Ihrem Körper und seiner ‚natürlichen' Intelligenz vertrauen dürfen. Alles in Ihnen schreit nach einer Abkehr von den vorgeprägten Denkmustern, denen sich alle widerstandslos unterwerfen sollen, nur weil es immer so war. Sie hingegen sind mit sich selbst nur im Gleichgewicht, wenn Sie Visionen über wahre Gerechtigkeit entwickeln können und Ziele verfolgen dürfen, die andere nicht einmal zu denken wagen. Sie wollen sich weiterentwickeln, alles Menschliche vom Kopf auf den Bauch stellen, und Sie wollen Ihre Freiheiten auch für andere einklagen. Den erwarteten Ehrverletzungen und persönlichen Anfeindungen derjenigen, die den alten Denkmustern unterliegen, begegnen Sie mit einer sich scheinbar selbstregenerierenden entwaffnenden Frische.

HAUPTMERKMAL: Streitbar

LEBENSPRINZIP: Auf die natürliche Intelligenz des Körpers hören, nicht ständig mit dem Kopf veralteten Mustern folgen

UNTER DIESEM DATUM HATTEN UND HABEN AUSSERDEM GEBURTSTAG:
Anton Friedrich Wilhelm v. Webern, österr. Komponist, Vorreiter d. seriellen Musik (1883–1945) – *Anna Freud,* innovative brit. Kinderpsychologin, Tochter v. Sigmund Freud (1895–1982) – *Alice Schwarzer,* dtsch. Publizistin u. Feministin, s. 1977 Hrgs. v. „Emma", *1942 – *Katarina Witt,* dtsch. Eiskunstläuferin, u. a. vierfache Weltmeisterin, *1965

4. DEZEMBER

Schütze

VERANLAGUNG: Da Sie kein Mensch sind, der aus sich heraus Antriebe entwickeln kann, suchen Sie immer wieder nach aufregenden Höhepunkten oder sogenannten Gipfelerlebnissen in der Außenwelt. Das bedeutet, daß Sie sich im Leben so weit vorwagen und so viele fremde Strukturen kennenlernen wollen, daß Sie bis zur höchstmöglichen Bewußtseinsebene vordringen können. Alle Ihre Sinne, Ihre ausgeprägte Phantasie und das leicht zu entfachende Feuer Ihrer Begeisterung ist dabei auf das Erfühlen der zukünftigen Entwicklungen ausgerichtet. Sie wollen – und sind es dank Ihrer schnellen Auffassungsgabe meist auch – der erste Mensch in Ihrer Umgebung sein, der das herannahende Neue erkennt und anderen verkündet. Ist da auch nur der Hauch einer neuen Strömung am Horizont, machen Sie sich sofort daran, die keimende Idee schöpferisch zu tatsächlichem Leben zu erwecken. Aber nur bis wieder etwas offenbar Noch-Nie-Dagewesenes auf Ihre Erkundung wartet. Es geht Ihnen also eher um die Erfüllung einer unbefriedigten Raum-Sehnsucht in die Zukunft, als um das einengende zähe Ausarbeiten eines Konzeptes. So sind Sie nur schwer faßbar und meist schon längst wieder auf der Suche, wenn andere Sie gerade an Ihrem Tun erkennen wollen. Dabei entsteht die Gefahr, daß Sie, ähnlich wie der morgendlich krähende Hahn, glauben, durch Ihr verkündendes Krähen ursächlich für das Herannahen des Tages verantwortlich zu sein.

HAUPTMERKMAL: Flüchtig

LEBENSPRINZIP: Die eigenen Sinne immer wieder auf das herannahende Neue ausrichten und dieses zum Leben erwecken

UNTER DIESEM DATUM HATTEN UND HABEN AUSSERDEM GEBURTSTAG:
Thomas Carlyle, brit. Essayist u. Geschichtsschreiber m. feudalist. Einstellung (1795–1881) – *Kandinsky,* russ. Maler, Graphiker u. Kunsttheoretiker, Wegbereiter d. mod. Kunst (1866–1944) – *Rainer Maria Rilke,* österr. Schriftsteller, einer d. bedeutendsten d. Weltliteratur (1875–1926) – *Erwin v. Witzleben,* dtsch. General, war an beiden Attentaten gegen Hitler beteiligt (1881–1844) – *Horst Buchholz,* dtsch. Schauspieler, Star d. 50er, meist d. junge Rebell, *1933 – *Harald Nägeli,* schweiz. Graffiti-Künstler, *1939

5. DEZEMBER

Schütze

VERANLAGUNG: Sie entwickeln das Gefühl, sich in der Welt der Alltäglichkeiten nicht wirklich entwickeln zu können. So haben Sie Probleme, irgendwo zu verwurzeln und bleiben innerlich distanziert. Nur in der dynamischen Fortbewegung fühlen Sie sich sicher, alles erscheint Ihnen dann möglich, und Sie wollen es jetzt und hier und nicht erst morgen. So entwickeln Sie phantastische Visionen und gehen immer wieder mutig an die Lösung schwierigster Problemstellungen heran. Sie sind eindrucksoffen und neugierig auf jeden Charakter, der sich Ihnen offenbart, und alles wird von Ihnen mit dem Feuer der Begeisterung für eine schöpferische Umwandlung genauestens beobachtet. Dabei halten Sie sich nicht mit einengender Moral und zu großer Sentimentalität auf. Sie wollen den großen Wurf, und Sie besitzen die dazugehörende Phantasie überreichlich. So fliehen Sie aus den einengenden Spannungsfeldern des Alltags und finden instinktsicher Ihre höhere Aufgabe. Und müssen doch sehen, wie sich gerade an einem Neubeginn das von Ihnen nicht Verarbeitete, das in Ihnen Eingeschlossene immer wieder den Weg an die Oberfläche bahnt. Obwohl Sie also mit aller Kraft auf das Neue zugehen, begegnen Ihnen alte Ängste, Verknotungen und Erziehungsreste vergangener Tage und Generationen und fließen in Ihr Schaffen ein.

HAUPTMERKMAL: Zukunftsorientiert

LEBENSPRINZIP: Gerade wegen unterbewußter Ängste aus dem Gestern auf das Neue begeistert zugehen und es erobern

UNTER DIESEM DATUM HATTEN UND HABEN AUSSERDEM GEBURTSTAG:
Henry Drummond, brit. Bankier, Autor u. Begründ. d. Kath. Apostolischen Kirche (1786–1860) – *Thomas Pringle,* schott.-südafr. Dichter, d. „Vater südafrik. Poesie" (1789–1834) – *Fritz Lang,* Multitalent, v. allem Vorreiter d. expressionistischen Films (1890–1976) – *Walt Disney,* US-Trickfilmzeichner u. -produzent, Vater der „Mickey Mouse" (1901–1966) – *Otto Preminger,* genialer US-Schauspieler, Regisseur u. Produzent österr. Abst. (1906–1986) – *Bhumibol (Rama IX),* s. 1946 König v. Thailand u. relig. Oberhaupt thail. Buddhisten, *1927 – *José Carreras,* span. Tenor, m. Placido Domingo u. Luciano Pavarotti einer d. drei Weltgrößen, *1946

6. DEZEMBER

Schütze

VERANLAGUNG: Mit dem vordergründigen Geschehen in Ihrer Umwelt können Sie sich nur sehr schwer identifizieren. Sie bleiben deshalb sehr oft innerlich distanziert und versuchen, in schöpferische, wissenschaftliche oder musische Bereiche zu entfliehen. Als eigentlich romantisch veranlagter Nachdenker erleben Sie eine Welt, in der sich immer mehr immer schneller und immer unübersichtlicher zu verändern scheint. Die Evolution scheint sich im Zeitraffertempo wohler zu fühlen als in der Zeitlupe, die einem Zeit zum Hinschauen und Nachdenken läßt. Um mit der Entwicklung mithalten zu können, ja um ihr vorauseilen zu können, versuchen Sie, durch die vielen Ablenkungsversuche der Zeitläufe hindurch an die Wurzel zum Wesentlichen zu gelangen. Wie selbstverständlich finden Sie in diesem Prozeß zurück zu dem Vertrauen in die Urkräfte des Geistes und das seit Generationen tief im Menschen verankerte Wissen. Ihrer Meinung nach mußte die Seele schon immer Unbegreifliches in Zusammenhänge führen, die erst so erklärt werden konnten. Sie fühlen deshalb das Bedürfnis in sich, die Kraft des spirituellen Erfühlens wirken zu lassen und sich so auf eine kosmische Weisheit zu verlassen, die tief in Ihrem Ich-Bewußtsein in früherer Vorzeit verankert worden ist.

HAUPTMERKMAL: Offen für Eingebungen

LEBENSPRINZIP: Auf das spirituelle Ur-Wissen in einem vertrauend, unter der Oberfläche Wesentliches erkennen

UNTER DIESEM DATUM HATTEN UND HABEN AUSSERDEM GEBURTSTAG:
Louis Joseph Gay-Lussac, franz. Chemiker u. Physiker, Begründ. d. Gasanalyse (1778–1850) – *Wilhelmine Schröder-Devrient,* zu ihrer Zeit vielgefeierte dtsch. Sopranistin (1804–1860) – *Ira Gershwin,* US-Lyriker, schrieb m. Bruder George über 20 Broadway-Musical (1896–1983) – *Alfred Eisenstaedt,* US-Photograph, lieferte 80 Titelfotos f. d. US-Magazin „Life“ (1898–1995) – *Gunnar Myrdal,* i.d. Friedensforschung engag. schwed. Nationalökonom, Politiker (1998–1987) – *„Dave“ Brubeck,* herausragender US-Jazzer, Kopf d. Brubeck Quartetts („Take five“), *1920 – *Michael Harnoncourt,* österr. Dirigent, Cellist u. Musikforscher, *1929 – *Peter Handke,* avantgardistischer österr. Schriftsteller, *1942

7. DEZEMBER
Schütze

VERANLAGUNG: Sie haben das Gefühl, Teil einer langen Informationskette zu sein, die sich über Jahrhunderte gebildet hat. Und daß der Mensch nicht nur dazugelernt hat, sondern auch immer wieder mit dem konfrontiert wird, was sich an Dunklem angesammelt hat. So entwickeln Sie schon früh ein Gefühl für gesellschaftliche und darüber hinaus planetare Rhythmen. Für einen wissensgeprägten und wortgewandten Menschen wie Sie es sind, ist es schier unerträglich zuzusehen, wie der in Ihren Augen abgestumpfte Mensch im Fluß der Gesamtentwicklung dahingleitet, ohne offenbar wirklich interessiert zu sein, wo er selbst angespült oder wo der Fluß münden wird. Sie jedenfalls wollen heraus aus dem allgemeinen Sog und dem hilflosen Gefühl des Mitgerissenwerdens entsteigen. So klettern Sie aus dem Wasser ans neutrale Ufer. Vollkommen durchnäßt von der allgemeinen Entwicklung beginnen Sie auf erhöhter Position die Quelle des Flusses und das direkt Vorbeifließende zu beobachten und versuchen auch das zu erkennen, wo vielleicht alles münden wird. Dabei sind Sie in Ihren Auen zwar immer noch nicht mitbestimmend am Lauf der Dinge und eigentlich auch nicht verantwortlich. Aber immerhin erlangen Sie eine relative Sicherheit in Ihrem Lebensgefühl, indem Sie als einsamer Rufer am Ufer die Vorbeitreibenden warnen. So ermöglicht die sensible Analyse des Vergangenen, daß Sie die mögliche Entwicklung der Zukunft voraussagen können und so immerhin nicht mehr unvorbereitet lebensnaß werden müssen.

HAUPTMERKMAL: Kommentierend

LEBENSPRINZIP: Durch genaue Analyse des Vergangenen die Gegenwart begreifen, um die Zukunft vorhersagen zu können

UNTER DIESEM DATUM HATTEN UND HABEN AUSSERDEM GEBURTSTAG:
Gian Lorenzo Bernini, ital. Bildhauer u. Baumeister d. Hochbarock (1598–1680) – *Johann Nestroy,* österr. Autor, Hauptvertreter d. Wiener Volkstheaters (1801–1862) – *Theodor Schwann,* dtsch. Arzt, begründ. d. moderne Histologie (1810–1882) – *Hermann Götz,* dtsch. Komponist, vertonte „Der Widerspenstigen Zähmung" (1840–1876) – *Erich Eyck,* brillanter (liberaler) Historiker, reflektierte über d. Geschichte Weimars (1878–1964)

8. DEZEMBER

Schütze

VERANLAGUNG: Sie handeln nicht aus ureigensten inneren Antrieben, sondern sind in Ihrer Leistungsbereitschaft sehr außenweltabhängig. So entwickeln Sie schon früh den starken Wunsch, gesellschaftliche Aufmerksamkeit zu erlangen. Nur dieser rastlose Ehrgeiz, anders zu sein, sich abzuheben, auf welche Art auch immer, treibt Sie voran und läßt Sie einigermaßen rund laufen. Ständig und ohne erkennbare Sperre sind Sie als ‚Hans Dampf in allen Gassen' nicht zu bremsen. Alles, was sich Ihnen in den Weg stellt an Meinungen, Konventionen oder Einschränkungen wird unsentimental niedergewalzt. Es gibt keine Probleme, es gibt nur Lösungen. Sinnenfroh, wie Sie angelegt sind, lassen Sie sich vereinnahmen, indem Sie alles annehmen, was die Gesellschaft als belohnende Stimulation für den Erfolgreichen bereit hält. Doch Sie spüren, daß langsam die wirkliche Freude weicht und Platz macht für erschöpft erlebte Vergnügungen. Irgendwann geht es nur noch um die Darstellung von vorher echten Überzeugungen und Ihr Ehrgeiz, von der geschockten Gesellschaft beachtet zu werden, zeigt Ihnen eine Abhängigkeit, die Sie eigentlich überwinden wollten.

HAUPTMERKMAL: Niederwalzend

LEBENSPRINZIP: Aufmerksamkeit durch Anderssein erlangen und als Belohnung mitnehmen, was die Gesellschaft anbietet

UNTER DIESEM DATUM HATTEN UND HABEN AUSSERDEM GEBURTSTAG:
Maria Stuart, 1542–67 Königin v. Schottland (1542–1587) – *Adolf Kolping,* dtsch. kath. Priester, Gründ. d. heutigen Internat. Kolpingwerks (1813–1865) – *Adolph v. Menzel,* dtsch. Maler u. Zeichner, Wegbereiter d. Impressionismus (1815–1905) – *Georges Melies,* franz. Filmregisseur, Multitalent, m. A. Lumiere „Vater d. Films" (1861) – *Jean Sibelius,* finn. Komponist, der bedeutendste s. Landes (1865–1957) – *Sammy Davis jr.,* US. Entertainer u. Schauspieler, einer d. ganz Großen (1925–1990) – *Niklas Luhmann,* dtsch. Soziologe, entwickelte d. Systhemtheorie, *1927 – *Hans-Jürgen Syberberg,* dtsch. Filmregisseur herausragender Filme, Dokumentationen, *1935

9. DEZEMBER

Schütze

VERANLAGUNG: Ihre innere Ausgeglichenheit ist davon abhängig, ob Sie in Bewegung bleiben können. Sie müssen Hoffnung auf Weiterentwicklung haben, sich der Begeisterung hingeben können oder Träume von der Zukunft hegen dürfen. Wenn dies alles nicht möglich sein sollte, besteht die Gefahr, daß Sie, unbedenklich wie Sie sind, einfach aus den einengenden Zusammenhängen ausbrechen. Gleichgültig wie die Konsequenzen aussehen mögen. Das können Sie auch deshalb, weil Sie ein Urvertrauen in spirituelle Zusammenhänge von Lebensrhythmen haben. Sie sehen in tiefster seelischer Einsamkeit, in schicksalshaften Lebenseinschnitten oder auch nur in tristen Zeiten eine Art winterliche Not, die zwangsläufig im Frühling des Neubeginns wieder vorbeigehen wird. Nur aus der Angst, vielleicht alleine durch die kargen Zeiten gehen zu müssen, überwinden Sie Ihre eigentlich mißtrauische Distanz und gehen auf fremde Charaktere zu. Dabei kennen Sie nur selten den Weg der Konfrontation, sondern sind bereit, Moral und Vorurteil über Bord zu werfen, und mit begeisterter Neugierde fremde Menschenschicksale kennen zu lernen. Immer offen für neue Perspektiven, probieren Sie fremde Rollen, leben mit anderen zusammen, ohne sich dabei jedoch wirklich persönlich mit diesen zu identifizieren. So bleiben Sie in einer Art neutraler Zwischenstation von hier nach dort und damit eigentlich ein Ewig-Jugendlicher. Immer auf dem Weg zu seiner endgültigen Form.

HAUPTMERKMAL: Toleranz

LEBENSPRINZIP: Mit einem Urvertrauen in den spirituell geprägten Rhythmus des Lebens Schicksalhaftes überwinden

UNTER DIESEM DATUM HATTEN UND HABEN AUSSERDEM GEBURTSTAG:
John Milton, d. wichtigste engl. Schriftsteller nach Shakespeare (1608–1674) – *Johann Winckelmann,* herausragender dtsch. Archäologe u. Kunstgelehrter (1717–1768) – *Emil Waldteufel,* franz. Pianist u. einer d. populärsten Walzerkomponisten s. Zeit (1837–1915) – *Fritz Haber,* dtsch. Chemiker, entwickelte Chlor- u. Senfgas, Nobelpreisträger (1868–1934) – *Ödön v. Horváth,* österr. Schriftsteller i. d. Tradition Nestroys (1901–1938) – *Kirk Douglas,* einer d. besten u. produktivsten US-Filmschauspieler, *1916

10. DEZEMBER

Schütze

VERANLAGUNG: Sie selbst nehmen für sich in Anspruch, sich auszuprobieren. Und Ihrer Meinung nach sollte auch jeder andere Mensch die Möglichkeit haben, Wagnisse eingehen und Grenzen ertasten zu dürfen. So wie die Sonne als Naturgewalt töten und vernichten kann bei einem Zuviel, kann sie, in richtigen Maßen genommen, wärmen, heilen und wachsen lassen. Diesem Sinnbild entsprechend, sehen Sie in der wärmenden Fürsorge, die kulturelle, religiöse oder andere soziale Institutionen anbieten, die Möglichkeit für Menschen, sich in geschützten Strukturen zu entwickeln. Sie selbst sind bis an jede Grenze oder sogar darüber hinaus gegangen und haben dabei das stützende Korsett der Gemeinschaft als Orientierung angenommen. Durch diese an sich positive Erfahrung entsteht trotzdem eine große Gefahr: Sollten Sie nämlich selbst in entsprechende Positionen gelangen, in denen Sie zu bestimmen haben, kann Ihre Absicht, andere zu schützen, die Freiheit des Einzelnen zu stark einschränken. Sie lassen aus fürsorglicher Angst, Bequemlichkeit oder mangelnder Fähigkeit zur Auseinandersetzung alles nur mit zu engen Vorschriften stattfinden. So wird aus der ursprünglich als Schutz gemeinten Idee am Schluß ein Mittel, die Freiheit zu vernichten. Sie sollten sich im Zweifel auf Ihre Tugenden besinnen und Einsicht, Lernbereitschaft und Toleranz demjenigen gegenüber zeigen, der seine eigenen Fehler machen will oder vielleicht muß.

HAUPTMERKMAL: Mißtrauisch

LEBENSPRINZIP: Zu fürsorgliche Strukturen können manchmal die Freiheit zu stark einschränken, die sie schützen sollen

UNTER DIESEM DATUM HATTEN UND HABEN AUSSERDEM GEBURTSTAG:
Felice Orsini, ital. nationalistischer Revolutionär, wollte Napoleon III. töten (1819–1858) – *Emily Dickinson,* experimentelle US-Lyrikerin, nahezu alle Veröffentl. posthum (1830–1886) – *Wilhelm v. Bode,* dtsch. Kunsthistoriker, u. a. 1905–20 Gen.-dir. d. Berliner Museen (1845–1929) – *Henry Nicholas Ridley,* engl. Botanist, etablierte d. Gummiindustrie i. Malaysien (1855–1956) – *Adolf Loos,* österr. Architekt, Vorreiter eines sachl. Stils d. Bauens i. Europa (1870–1933) – *Ludwig Klages,* dtsch. Philosoph, Psychologe, Begründ. d. wissensch. Graphologie (1872–1956)

11. DEZEMBER

Schütze

VERANLAGUNG: Da Sie nur schwer Ihren eigenen Standort in der Welt finden, entsteht der Drang, Ihre individuellen Freiheiten auszudehnen, alles kennenzulernen und vielleicht im noch Unbekannten die eigene Heimat zu finden. Doch Ihr Bedürfnis, sich möglichst ungehindert von Natur und Gesellschaft zu entwickeln, läßt Sie schon sehr früh in Ihrem Leben an natürliche oder gesellschaftliche Grenzen stoßen. Die Verletzungen aus diesen schmerzhaften Begegnungen mit stärkeren Kräften machen Sie einerseits analytisch hellhörig und unbestechlich beobachtend, andererseits wollen Sie wiederum sich selbst nicht einschränken. In Ihren Augen besteht die Gefahr, daß, wenn Sie andere einfach gewähren lassen, so vielleicht falsche Ziele zum Durchbruch kommen. So sind Sie immer hin- und hergerissen: Sie wollen alles verstehen lernen und deshalb Ihr eigenes kleines Leben so selbstbestimmt wie möglich leben. Gleichzeitig ist Ihnen aber nur zu deutlich klar, daß Sie nicht allein auf der Welt sind und die Suche und Durchsetzung neuer Lebensweisen auch schwere Opfer für Sie selbst bedeuten. Es macht Sie manchmal verbittert und traurig, daß Ihr Engagement in Anbetracht der scheinbaren Unaufhaltsamkeit der negativen Entwicklungen eher einem Windmühlenkampf gleicht als einem Anstoß zum Umdenken.

HAUPTMERKMAL: Hin- und hergerissen

LEBENSPRINZIP: Entgegen dem eigenen Bedürfnis verlangt die Durchsetzung arterhaltender Lebensweisen persönliche Opfer

UNTER DIESEM DATUM HATTEN UND HABEN AUSSERDEM GEBURTSTAG:
Karl Zelter, dtsch. Komponist, Musikpädag., Wegbereiter d. Männergesangvereins (1758–1832) – *Christian Dietrich Grabbe,* dtsch. Schriftsteller u. Wegbereiter d. mod. Dramas (1801–1836) – *Robert Koch,* dtsch. Arzt, Begründ. d. mod. Bakteriologie, Medizinnobelpreisträger (1843–1910) – *Ellen Key,* auch als Autorin überaus erfolgreiche schwed. Reformpädagogin (1849–1926) – *Harald Kreutzberg,* herausragender dtsch. Tänzer (1902–1968) – *Aleksandr Solschenizyn,* russ. Schriftsteller, mit d. bekannteste Dissident d. Sowjetunion, *1918 – *Jean-Louis Trintignant,* franz. Schauspieler v. Weltrang, *1930 – *Bhagwan Shree Rajneesh,* ind. Guru, gründ. d. Sanyassi-Sekte, Poona (1931–1990)

12. DEZEMBER

Schütze

VERANLAGUNG: Sie sind so neugierig auf alle Vorgänge um sich herum, daß Sie ständig unruhig und leicht irritierbar sind und sich deshalb oft zu wenig Zeit nehmen, alle Eindrücke seelisch zu verarbeiten. Sie haben immer schon an die Fähigkeiten geglaubt, die es Ihnen ermöglichen, weiter als andere zu kommen, mutiger und unbedenklicher auf alle Erfahrungen zuzugehen. Schon früh für große Vorbilder entflammt, sind Sie zielstrebig auf ein Ziel nach dem anderen zugerannt. Dabei half und hilft Ihnen die seltene Verquickung von schöpferischem Talent und dem Gefühl für organisatorische Durchsetzung. Wer Sie voranbringt, kann auf Sie ein Leben lang zählen, wer Sie in Zeiten der Schwäche behindert, wird in Ihnen einen nachtragenden Feind haben. Schock und Anpassung, Ausbruchsversuche und Konservativismus, Drohgebärde und einschmeichelnder Charme wechseln derart oft, daß sich keiner der Faszination dieses anstrengenden Wechselbades entziehen kann. Eher gefürchtet als geachtet, eher bewundert als geliebt, gehen Sie unbeirrbar Ihren Weg. Es geht auf und ab, vor und zurück, aber der feste Blick auf das Weiterkommen bleibt der Kick Ihres Lebens. Nichts fürchten Sie so wie den Stillstand. Wie das Auge des Hurrikans sind auch Sie erst beruhigt, wenn es um Sie herum brodelt und wirbelt. Sie sind wie ein Rad, das nur aufrecht bleibt, solange es rollt.

HAUPTMERKMAL: Ruhelos

LEBENSPRINZIP: Trotzig auf und ab, vor und zurück, nicht innehalten, immer weiter auf das angestrebte Ziel zulaufen

UNTER DIESEM DATUM HATTEN UND HABEN AUSSERDEM GEBURTSTAG:
Marie Louise, 1810–15 Kaiserin d. Franzosen u. zweite Frau Napoleons I. (1791–1847) – *Max Devrient,* dtsch. Schauspieler, exzellenter Interpret u. a. Goethes u. Schillers (1857–1929) – *Edvard Munch,* norw. Maler u. Grafiker, Wegbereiter d. Expressionismus (1863–1944) – *Edward G. Robinson,* einer d. genialsten US-Charakterschauspieler (1893–1973) – *Frank Sinatra,* „die Stimme" legendärer US-Sänger, Entertainer, Schauspieler (1915–1998) – *Helen Frankenthaler,* US-Malerin, innovative abstrakte Expressionistin, 1928 – *Hans Kresnik,* österr. Tänzer u. Choreogaph, nimmt s. gesellschaftskritischer Themen an, *1939

13. DEZEMBER

Schütze

VERANLAGUNG: Die kontaktliebende Beobachtung von Menschen unterschiedlicher Kulturen und seltsamster Eigenheiten bestimmt Ihr eigenes Sein. Nachahmenswertes saugen Sie auf, lernen dadurch und verschieben so äußerlich Ihre Begrenzungen. Doch auch die Schwäche des Menschen, das Tragisch-Komische oder das Nichterklärbare der Existenz beschäftigt Sie. Analytisch scharf und unsentimental machen Sie sich lustig über die wichtige Miene der Menschen zu offensichtlich lächerlichem Spiel. Auch zu sich selbst stehen Sie in ironisierender Distanz und übertreiben in jeder Rolle, die Sie annehmen, das für diese Rolle Typische, um durch ein eventuelles Urteil nicht persönlich betroffen sein zu müssen. Sie entwickeln Energie nur im Widerstand und machen sich in schöpferischer Form über Wesensmerkmale lustig, die der Betroffene als tragisch empfindet. Sie verstecken sich hinter Masken, Mythen und Spielereien, um alles sagen und sein zu dürfen. So kann es geschehen, daß Sie immer verkleidet sind, sogar in privatesten Momenten und daß Sie deshalb immer sehnsüchtiger nach Entspannung lechzen, die nur entstehen kann, wenn Sie wirklich ab und zu innehalten und nicht immer nur ein Spiegel der Umgebung sind.

HAUPTMERKMAL: Widerspiegelnd

LEBENSPRINZIP: Die eigene Festlegung und Verletzlichkeit durch ironische Distanz zu sich und anderen durchbrechen

UNTER DIESEM DATUM HATTEN UND HABEN AUSSERDEM GEBURTSTAG:
Heinrich IV., 1594–1610 König v. Frankreich, trat z. Katholizismus über (1553–1610) – *Johann W. Döbereiner,* dtsch. Chemiker, konstruierte u. a. das Platinfeuerzeug (1780–1849) – *Heinrich Heine,* einer d. größten dtsch. Dichter auch witzig satirischer Lyrik (1797–1856) – *Werner v. Siemens,* dtsch. Erfinder u. Unternehmer, Wegbereiter f. spät. Weltfirma (1816–1892) – *Franz v. Lenbach,* herausragender dtsch. Maler u. Portraitmaler (1836–1904) – *Rudolf von Laban,* überragender ungar. Choreograph u. Tanzpädagoge (1879–1958) – *Curd Jürgens,* unvergessener dtsch. Filmschauspieler m. internat. Erfolgen (1915–1982) – *Aga Khan IV,* Harvard-Absolvent u. (s. 1957) Iman d. Nizari Ismailite Sekte, *1937 – *Robert Gerhardt,* dtsch. Karikaturist, Maler, Autor, Mitbegründ. d. Satiremags „Titanic", *1937 – *Keith Richards,* Gitarrist d. legendären engl. Rockgruppe „Rolling Stones", *1943

14. DEZEMBER
Schütze

VERANLAGUNG: Durch natürliche Umstände oder familiäre Herkunft haben Sie schon früh lernen müssen, daß andere sehr oft an Ihrem wahren Ich, Ihren tiefsten Gefühlen und Überzeugungen nicht wirklich interessiert sind. Sie fühlen sich daher nirgends verankert und machen aus der Not die Tugend, sich auf alles einstellen zu können. So haben Sie also gelernt, sich selbst vordergründig zurückzunehmen, bis zu einem gewissen Grad diszipliniert das zu tun, was man von Ihnen erwartet und dabei trotzdem nicht die eigene Integrität aufzugeben. Begeisterungsfähig wie Sie sind, lassen Sie sich zu vielen Dingen überreden, auch wenn Sie ahnen, daß diese falsch sein könnten. Da Sie letztlich Ihre Orientierung durch äußeren Widerstand und Widerspruch erhalten, verlassen Sie nie die Grenzen, die das schützen, was Sie tief im Innersten eigentlich sind. Selbstüberzeugt und stolz lassen Sie lieber Falscheinschätzungen oder Anfeindungen über sich ergehen, als daß Sie von Ihrem Weg abkommen. Sind Sie nicht zum abwartenden Stillstand verurteilt, behalten Sie auch in extremsten Situationen einen inneren Halt. Obwohl dabei die Sehnsucht nach seelischer Entspannung immer stärker wird, können Sie sich auf Ihre Handlungsfähigkeit verlassen. Mit Ihrem Sinn fürs Dekorative und Theatralische finden Sie sich auf jedem Parkett und in jeder Rolle zurecht.

HAUPTMERKMAL: Verläßlich

LEBENSPRINZIP: Durch Selbstzurücknahme in schwierigen Situation das schützen, was man eigentlich ist

UNTER DIESEM DATUM HATTEN UND HABEN AUSSERDEM GEBURTSTAG:
Karl Renner, sozialdemokr. österr. Politiker, u. a. 1945–50 Bundespräsident (1870–1950) – *Erich Ponto,* weltweit etablierter dtsch. Bühnen- u. Filmschauspieler (1884–1957) – *Georg VI.,* 1936–52 König v. Großbritannien, Vater Elisabeths II. (1895–1952) – *Thomas Dehler,* dtsch. Politiker, u. a. Mitbegründ. d. FDP (1897–1967) – *Karl Carstens,* dtsch. CDU/CSU-Politiker, u. a. 1976–79 Bundestagspräs. (1914–1992) – *Agnes Fink,* eine d. ganz großen (schweiz.) Charakterdarstellerinnen (1919–1994) – *Leonardo Boff,* brasilian. kath. Theologe, Vertreter d. „Befreiungstheologie", *1938

15. DEZEMBER

Schütze

VERANLAGUNG: Zuerst eignen Sie sich schneller als andere durch genaues Beobachten und Nachahmen das erforderliche Rüstzeug an, ohne daß eine Weiterentwicklung Ihrer Meinung nach unmöglich erscheint. Erst muß man etwas wie im Schlaf beherrschen, dann erst kann man den weiteren Schritt wagen, mit den eigenen Möglichkeiten zu jonglieren. So sind Sie schon sehr früh außerordentlich erfolgreich und versuchen unablässig, immer größere Aufgaben anzupacken. Da Sie dabei sehr unbedenklich vorgehen, können Sie überraschend mit schockierenden Erlebnissen konfrontiert werden, die eine innere Zerreißprobe für Sie bedeuten. Einerseits wollen Sie Visionen der Zukunft in die Machbarkeit der Gegenwart zerren, andererseits spüren Sie, daß Ihnen das Innehalten und die seelische Entlastung fehlen. Da Sie diese risikoreichen Wagnisse aber trotzdem irgendwie überstehen, wächst Ihr schon ausgeprägtes Selbstbewußtsein zu einem fest geschlossenen Persönlichkeitsbild. Sie wissen, was Sie können, und stellen dieses auch dekorativ zur Schau. Aber nur mit dieser inneren Überzeugung können Sie die Ängste und Rückschläge in einer Art ‚Flucht nach vorne' so bewältigen, daß diese sich als ein Übergang zu neuen Daseinsbereichen entpuppen.

HAUPTMERKMAL: Selbstbewußt

LEBENSPRINZIP: Das Bisherige virtuos beherrschen, um die Kraft zu haben, die Zukunft schon heute zu erleben

UNTER DIESEM DATUM HATTEN UND HABEN AUSSERDEM GEBURTSTAG:
Nero, 54–68 tyrannischer u. brutaler röm. Kaiser (37–68) – *Josef Hoffmann,* österr. Architekt u. Mitbegründer der Wiener Werkstätte (1870–1956) – *François VI La Rochefoucauld,* franz. Autor, etablierte d. Aphorismus i. Frankr. (1613–1680) – *Gotthard Langhans,* dtsch. Baumeister, u. a. das „Brandenburger Tor" i. Berlin (1732–1808) – *Ludwig Devrient,* Theaterfamilie entstammender großer dtsch. Charakterdarsteller (1784–1832) – *Ludwig Dessoir,* exzellenter dtsch. Bühnenschauspieler u. Shakespeare-Interpret (1810–1874) – *Gustave Eiffel,* franz. Konstrukt. u. a. des Pariser Eiffelturms, d. NY-Freiheitsstatue (1832–1923) – *Charles Augustus Young,* US-Astrophysiker, Begründ. d. Sonnenphysik (1834–1908) – *Friedensreich Hundertwasser,* österr. Architekt, Graphiker, Spiralenmaler, *1928

16. DEZEMBER

Schütze

VERANLAGUNG: Für Sie ist ein Zustand der Absichtslosigkeit im Handeln und der Ziellosigkeit im Leben nicht oder nur sehr schwer erträglich. Sie sind in Ihrem unbedingten Bewegungsstreben so wie ein Rad, das ja auch umfällt, wenn es nicht vorwärts rollt. Durch familiäre und dann auch durch gesellschaftliche Umstände sind Sie schon früh immer dann mit Anerkennung belohnt worden, wenn Sie mit unermüdlicher Tatkraft und mutigem Durchsetzungsvermögen die von außen vorgegebenen Aufgaben erfüllt haben. So sind Ihre Ziele und die der Leistungsgesellschaft eine Einheit geworden. Immer wieder neu begeisterungsfähig streben Sie nicht vordringlich nach innerer Entwicklung, sondern unterordnen Ihre Wünsche viel eher dem, was man ein Gesellschaftsideal nennen könnte. Dabei gehen Sie jedoch nicht soweit, daß Sie opportunistisch Ihr Fähnlein in jeden Wind hängen, sondern Sie entscheiden mit intuitiver Sicherheit, mit wem Sie für welches Ziel wie weit gehen können, ohne sich selbst untreu zu werden. Gelingt Ihnen diese Gratwanderung, so erleben Sie, daß dann auch das seelische Glücklichsein mit dem Tüchtigen ist.

HAUPTMERKMAL: Zielfixiert

LEBENSPRINZIP: Befriedigende Anerkennung erhält nur der, der sich einem vorgegebenen Ziel vollkommen verschreibt

UNTER DIESEM DATUM HATTEN UND HABEN AUSSERDEM GEBURTSTAG:
Gebhard Leberecht Blücher, siegreicher preuß. Generalfeldmarschall (1742–1814) – *Jane Austen,* geist- u. erfolgreiche engl. (Gesellschaftsroman-) Schriftstellerin (1775–1817) – *Leopold I.,* 1831–65 König v. Belgien (1790–1865) – *Ernst v. Bergmann,* dtsch. Arzt, führte die Dampfsterilisat. chirurg. Instrumente ein (1836–1907) – *Edward E. Barnard,* US-Astronom, verbesserte d. Himmelsphotographie (1857–1923) – *George Santayana,* US-Philosoph u. Autor, führender Vertreter d. krit. Realismus (1863–1952) – *Zoltan Kodaly,* ungar. Volksliedforscher u. Komponist (1882–1967) – *Noel Coward,* brit. Dramatiker, Meister d. Boulevardtheaters (1899–1973) – *Margaret Mead,* herausragende (vorr. m. Erziehungsmeth. befaßte) US-Ethnologin (1901–1978) – *Arthur C. Clarke,* visionärer engl. Science-Fiction-Autor, einer d. ganz großen, *1917 – *Liv Ullmann,* herausragende u. weltberühmte norw. Bühnen- u. Filmschauspielerin, *1938

17. DEZEMBER

Schütze

VERANLAGUNG: Sie sind neugierig, wollen die engen Begrenzungen durchbrechen und sich frei entwickeln. So fordern Widerstände, Einengungen und jugendbedingte Abhängigkeiten Ihre Energie schon sehr früh heraus. Tief in Ihrem innersten Kern tobt die Vorfreude auf glorreiche Erlebnisse, die das Leben Ihnen noch bescheren wird. Diese Freude auf die Zukunft hilft Ihnen, die oft ernüchternde Realität der Gegenwart auszuhalten. So entfernen Sie sich zuerst innerlich immer stärker von der Enge Ihrer Herkunft und suchen nach Ihren ureigensten Ausdrucksformen. Nicht einem äußeren Vorbild streben Sie nach, sondern einem tief in Ihnen verborgenen eigenen Maßstab. Schon früh also ist Ihr Verhalten geprägt von einer Art sendungsbewußtem Selbstbewußtsein. Irgendwann wird die Zeit für Sie arbeiten, und irgendwann später in Ihrem Leben werden Sie Großes vollbringen. Dieses hoffnungsfrohe Wissen läßt Sie oft von sich selbst begeistert sein. Und das so sehr, daß es Sie manchmal mit dekorativem Pathos in eine Welt der Wunschvorstellung trägt, aus der Sie nur schwer wieder auf den Boden zurückkehren. Aber in all Ihrem schöpferischen Tun schwingt ein Rhythmus mit, der auf Sie und andere urwüchsig, erotisch und mitreißend wirkt.

HAUPTMERKMAL: Erwartungsfroh

LEBENSPRINZIP: Fest darauf vertrauend, daß irgendwann die tief verborgenen Fähigkeiten zum Ausbruch kommen können

UNTER DIESEM DATUM HATTEN UND HABEN AUSSERDEM GEBURTSTAG:
Ludwig van Beethoven, Pianist u. einer der wichtigsten dtsch. Komponisten (1770–1827) – *Otto Schott,* dtsch. Chemiker u. Industrieller, fertigte u. a. Mikroskoplinsen (1851–1935) – *Erwin Piscator,* dtsch. Theaterregisseur, Pazifist u. Sozialist, polit. Agitator (1893–1966) – *Hans Henny Jahn,* dtsch. (expressionistischer) Schriftsteller u. Orgelbauer (1894–1959) – *Erskine Caldwell,* US-Autor sozialkritischer Werke voll v. groteskem Humor (1903–1987) – *William Frank Libby,* US-Chemiker u. Geophysiker, erfand 1946 d. Atomuhr (1908–1980) – *Armin Mueller-Stahl,* internat. erfolgreicher dtsch. Filmschauspieler, *1930 – *Klaus Kinkel,* dtsch. FDP-Politiker, seit 1992 Bundesaußenminister, *1935

18. DEZEMBER

Schütze

VERANLAGUNG: Da Sie unbedenklich auf alles Neue zugehen und mit Abenteuerlust Herausforderungen annehmen, haben Sie schon sehr früh im Leben Wertmaßstäbe, Ideale und Visionen entwickelt oder angenommen, die vielen Ihrer Mitmenschen erst später oder auch nie, bewußt werden. Die kindliche Geradlinigkeit verläßt Sie eigentlich nie und Sie stellen ohne Wenn und Aber Ihr Leben, Ihr Schaffen und Ihre Integrität den Kräften zur Verfügung, die Ihrer ideellen Vorstellung von einem menschenwürdigen Leben am nächsten kommen. Sie sehen dabei alle Lebensäußerungen als Einheit: Die kulturellen Errungenschaften ebenso wie die gemeinschaftliche Solidarität, die Ermöglichung eines sinnenfrohen Lebens genauso wie die gesellschaftliche Auseinandersetzung. So ziehen Sie dann auch viele mißgünstige Blicke auf sich. Schon alleine wegen Ihres Hanges zur dekorativen Übertreibung, und weil Sie häufig das menschgewordene Ideal sind, das eine Ihnen wirklich entsprechende Lebenskultur verkörpert. Doch trotz der Anfeindungen nehmen Sie, mit Blick auf das Ganze, die Rolle auf sich, die Ihnen zuteil wird. Oft ist das die Rolle des Ermahners, des Erneuerers, des Vorreiters oder einfach die eines Menschen, der noch zu träumen wagt.

HAUPTMERKMAL: Sinnenfroh

LEBENSPRINZIP: Hingabebereit durch das eigene Beispiel für das Ideal eines menschenwürdigen Lebens aller kämpfen

UNTER DIESEM DATUM HATTEN UND HABEN AUSSERDEM GEBURTSTAG:
Christine, 1632–54 Königin v. Schweden, Selbstregierung ab 1644 (1626–1669) – *Peter Thumb,* dtsch. Baumeister d. späten Barock u. Rokoko (1681–1766) – *Sir Joseph J. Tomson,* brit. Physiker, Nobelpreisträger, geadelt 1908 (1856–1940) – *Paul Klee,* innovativer u. einflußreicher schweiz. Maler, Grafiker, Radierer (1879–1940) – *Willy Brandt,* SPD-Politiker, u. a. 1969–74 Bundeskanzler, Friedensnobelpreis (1913–1992) – *Josef Llemp,* poln. kath. Theologe, u. a. seit 1981 Erzbischof v. Warschau, *1928 – *Harold Varmus,* US-Mediziner u. Krebsforscher, m. M. J. Bishop Nobelpreis, *1939 – *Anna,* Nov. 1740–Nov. 1741 stellvertretend f. ihren Sohn Zarin v. Russland (1718–1746) – *Steven Spielberg,* US-Filmregisseur aufwendiger Action- u. Science Fiction Filme, *1947

19. DEZEMBER

Schütze

VERANLAGUNG: Schon sehr früh haben Sie eindrucksoffen und neugierig zu verstehen versucht, welche Möglichkeiten der Selbstverwirklichung das Leben für Sie bereithält. So haben Sie aus der Beobachtung kleiner Begebenheiten schnell auf das Ganze zu schließen gelernt. Alles in Ihnen strebt seitdem danach, durch schöpferische Arbeit Ihrer ureigensten Individualität Ausdruck zu verleihen. Gleichgültig auf welchem Gebiet, mit wem, wofür: Hauptsache, Sie können sich in oft rastlosem Bewegungsdrang verwirklichen. Da Sie sich selbst und andere als eine Art Rohmaterial sehen, versuchen Sie auch manchmal Menschen so zu manipulieren, daß man diese als Ihre Geschöpfe ansehen könnte. Da Sie sehr überzeugend sind in Ihrer weltoffenen, unkonventionellen und draufgängerisch verwegenen Art, lassen das die meisten auch zu. Sie gehen an Neues geistig großzügig heran, verharren aber nicht sehr lange an derselben Problemstellung. Stark ablenkbar treibt es Sie weiter und läßt Sie oft unkontrollierbar wirken. Durch die mangelnde seelische Entlastung sind Sie oft gereizt und noch häufiger einfach müde. Da Sie aber keinen Stillstand ertragen können, machen Sie weiter, und das Lebens um Sie herum wird zu einer Projektion eigenen Könnens.

HAUPTMERKMAL: Elastisch

LEBENSPRINZIP: Die eigene unkonventionelle Individualität durch das schöpferische Formen der Umwelt ausdrücken

UNTER DIESEM DATUM HATTEN UND HABEN AUSSERDEM GEBURTSTAG:
Gustav II. Adolf, 1611–32 König v. Schweden u. Modernisierer (1594–1632) – *Paul Dessau,* dtsch. Komponist u. Dirigent, vertonte u. a. Brecht (1894–1979) – *Leonid Breschnew,* u. a. 1964–1982 sowj. Generalsekretär d. KPdSU (1906–1982) – *Jean Genet,* franz. Schriftsteller, beschreibt „Die Ästhetik d. Bösen" (1910–1986) – *Gisele Freund,* franz. Photographin, arbeitete u. a. für „Paris Match" u. „Life", *1912 – *Edith Piaf,* der „Spatz v. Paris", franz. Chansonsängerin d. Weltklasse (1915–1963) – *Elisabeth Noelle-Neumann,* mitbegründ. erstes dtsch. Meinungsforschungsinstitut, *1916 – *Tankred Dorst,* dtsch. Autor zeitkritischer Lit., Georg-Büchner-Preisträger, *1925

20. DEZEMBER
Schütze

VERANLAGUNG: Sie sind eigentlich nur zufrieden, wenn Sie die Bedingungen in der Außenwelt durch Ihr geschicktes Zutun verändern können. Sie sehen zwar, daß vieles eine natürliche Schönheit besitzt, aber es wäre für Sie ein unerträglicher Zustand, nur zusehen zu dürfen, wenn sich etwas einfach entwickelt. So vermissen Sie auch beim gemeinsamen schöpferischen Tun manchmal Ihre persönlichen Gestaltungsmöglichkeiten. Trotzdem können Sie sich in das Innerste der mit Ihnen handelnden Menschen hineinversetzen und dadurch helfen, das Beste aus jedem herauszuzaubern. So genügt es Ihnen zwar einerseits, Ihre Kreativität für ein kollektives Ziel einzusetzen, vermissen gleichzeitig aber die Befriedigung, die ein vollkommen eigenes Produkt Ihnen ermöglichen könnte. So sind Sie bereit, das schöne Wilde, das ausufernd Chaotische im Schaffen der anderen solange zu bündeln und in die notwendige Ordnung zu zwingen, wie Sie der Maßstäbliche des Ganzen sein können. Doch nicht jeder ist bereit, seine schöpferische Freiheit Ihren organisatorischen Vorschlägen unterzuordnen. Das hat zur Folge, daß Sie immer mehr Unternehmungen vollkommen alleine anpacken wollen.

HAUPTMERKMAL: Wunsch nach Kontrolle

LEBENSPRINZIP: Jede natürliche Schönheit und schöpferische Leistung muß bearbeitet werden, um dauerhaft zu wirken

UNTER DIESEM DATUM HATTEN UND HABEN AUSSERDEM GEBURTSTAG:
John Fletcher, engl. Dramatiker, arbeitete m. Shakespeare zusammen (1579–1625) – *Edouard F. Buisson,* franz. Pädagoge u. Politiker, Friedensnobelpreis (1841–1932) – *Baron Shibasaburo Kitasato,* jap. Bakteriologe, identifizierte u. a. Erreger d. Ruhr (1852–1931) – *Kuno Meyer,* dtsch. Sprachforscher kelt. Sprachen, Übersetzer früher ir. Literatur (1858–1919) – *Charlotte Bühler,* dtsch. Psychologin, entwickelte Baby- u. Kinderintelligenztest (1893–1974) – *Otto Graf Lambsdorff,* dtsch. FDP-Politiker, u. a. 1988–93 Parteibundesvorsitzender, *1926 – *William Ferguson,* US-Cowboy, gewann mehrmals sämtliche mögliche Rodeotitel, *1950 – *Madame Bellecour,* franz. Schauspielerin, u. a. exzellente Moliere-Interpretin (1730–1799) – *Bob Hayes,* US-Sprinter, hielt m. neun and. Läufern 1960–68 100-m-Weltrekord, *1942

21. DEZEMBER
Schütze / Steinbock

VERANLAGUNG: Gerade weil Ihnen die Maßstäbe, nach denen sich das gemeinschaftliche Leben vollzieht, sehr wichtig sind, stehen Sie nie abseits und lassen die Dinge einfach geschehen. Ihrer Vorstellung nach sollte sich der Einzelne einem Idealbild so unterordnen, daß sein Verhalten und Tun gut für das Gesamte ist. Das Problem beginnt, wenn geklärt werden muß, wer die Strukturen dieses gemeinschaftlichen Verhaltens festlegt und wer auf die Einhaltung achtet. Sie halten sich selbst für denjenigen, der am ehesten den Überblick hat und deshalb am besten dafür geeignet ist, Regeln aufzustellen, umzustoßen oder zu kritisieren. Der auf seine Individualität und Selbstverwirklichung pochende Mensch ist für Sie in einem unverantwortlichen Zustand und muß aufgeweckt, geführt oder beeindruckt werden, um die richtige Form zu erhalten. Sie formen sich selbst dabei so genau passend für die Richtung, in die es geht, daß jeder denkt, Sie wären die Personifizierung des Zeitgeistes. Und das um so mehr, als Sie Ihre einmal eingeschlagene Ausrichtung für alle sehr überzeugend, streitbar und standhaft durchhalten. Gefährlich wird Ihr Bedürfnis nach Führerschaft, wenn Ihre Ziele beliebig werden und Sie nur noch auf Bewunderung hoffen, egal für welchen Inhalt.

HAUPTMERKMAL: Maßregelnd

LEBENSPRINZIP: Sich auf gesellschaftliche Entwicklungen so genau einstellen, daß man als deren Verkörperung gilt

UNTER DIESEM DATUM HATTEN UND HABEN AUSSERDEM GEBURTSTAG:
Leopold v. Ranke, einflußreicher dtsch. Historiker, Begründ. d. Historismus (1795–1886) – *Benjamin Disraeli,* brit. Politiker u. Autor, u. a. 1886 u. 1874–80 Premierminister (1804–1881) – *Hermann J. Muller,* herausragender US-Biologe u. Genetiker, Medizinnobelpreis (1890–1976) – *Heinrich Böll,* wichtiger polit. engag. dtsch. Autor v. Literatur d. Nachkriegszeit 1917–1985) – *Kurt Waldheim,* österr. Politiker, u. a. (1972–81) 4. Generalsek. d. UN, *1918 – *Jane Fonda,* herausragende US-Filmschauspielerin u. Menschenrechtlerin, *1937 – *Frank Zappa,* US-Rockmusik Außenseiter u. Geheimtip zugleich (1940–1993) – *Florence Griffith Joyner,* US-Leichtathletin, div. Weltrekorde u. Olympiamed., *1959

Steinbock

22. DEZEMBER

Steinbock

VERANLAGUNG: Ihrer Meinung nach bedarf jede Gruppe oder Gesellschaft gemeinsamer Maßstäbe und Formen, an denen sie sich orientieren kann. So entstehen Werte der Moral und Ethik, eine allgemeine Sprache, sozialpolitische Umgangsgewohnheiten und auch gemeinsame Feindbilder. In Ihnen ist das Gefühl für das Grundsätzliche besonders stark ausgebildet, und so sind Sie bereit, alles Persönliche der Einhaltung gemeinsamer Regeln unterzuordnen. Sie wirken deshalb auf viele als die Personifizierung des gemeinsamen Leitbildes und vermitteln so ein Gefühl von Sicherheit und Verläßlichkeit. Sie bieten sich deshalb ganz selbstverständlich als Vorbild und Orientierungspunkt an. Gerade weil Sie außergewöhnlich empfindsam, sensibel und phantasievoll sind, haben Sie schon früh gelernt, die Auswüchse Ihrer vielen Triebe und Talente zu kappen und in zielgerichtete Formen zu bündeln, um ein einigermaßen gesichertes Lebensgefühl zu erreichen. Dieses Vorgehen verlangen Sie auch von denjenigen, die Sie zum natürlichen Vorbild erkoren haben. Bei Androhung von Ausschluß aus der Gemeinschaft oder Liebesentzug fordern Sie, daß auch sie die eigene Individualität den gemeinsamen Idealen unterzuordnen haben und leben diesen Grundsatz am eigenen Beispiel fast schon selbstverleugnend vor. Die Gefahr besteht darin, daß dabei Lebendigkeit eingeengt wird und Künstlichkeit Platz macht.

HAUPTMERKMAL: Vorbild durch Selbstverleugnung

LEBENSPRINZIP: Jeder hat seine individuellen Sehnsüchte und lebendigen Triebe dem gemeinsamen Ideal unterzuordnen

UNTER DIESEM DATUM HATTEN UND HABEN AUSSERDEM GEBURTSTAG:
Jakob Bachofen, einflußreicher schweiz. Rechtshistoriker u. Anthropologe (1815–1887) – *Christian Rohlfs,* dtsch. Maler realistischer u. impressionistischer Landschaftsbilder (1849–1938) – *Giacomo Puccini,* ital. Komponist, maßgeblicher Repräsentant d. ital. Oper (1858–1924) – *Herman Joseph Olbrich,* österr. Architekt, Wegbereiter d. funktionalen Bauens (1867–1908) – *Camille Guerin,* franz. Mitentwicklerin eines erfolgreichen Tuberkuloseimpfstoffes (1872–1961) – *Gustaf Gründgens,* herausragender dtsch. Schauspieler, Regisseur u. Intendant (1899–1963)

23. DEZEMBER

Steinbock

VERANLAGUNG: Für Ihr eigenes Sicherheitsgefühl ist es außerordentlich wichtig, daß Sie sich einer Gemeinschaft anschließen können, deren Wertorientierung auch die Ihre ist. Sie sind bereit, sich den Regeln unterzuordnen und hoffen, Ihre eigenen Grundüberzeugungen zusammen mit den anderen durchsetzen zu können. Für die bestmögliche Lösung gemeinschaftlicher Probleme arbeiten Sie beharrlich, pflichtbewußt, diszipliniert und zupackend. So ist Ihr gesamtes Verhalten zielorientiert und eigentlich nie absichtslos. Weil Sie im Gegensatz zu vielen anderen keine wechselnden Meinungen haben, sondern Grundsätzen folgen, kann es leicht geschehen, daß Sie sich in zufällig entstehenden Situationen dazu berufen fühlen, Autorität für sich zu beanspruchen. In diesem Augenblick sind alle Ihre Fähigkeiten gefordert, diese übertragende Macht auch verantwortungsvoll und erfolgreich für das Ganze zu gebrauchen: mit Ihrem Blick für das Wesentliche und Ihrem ordnungserhaltenden analytischen Denken. Doch gerade diese Eigenarten bergen auch die Gefahr, daß Sie sehr leicht im Maßstäblichen verharren und Aktualitätsentscheidungen die langfristige Perspektive verwischen.

HAUPTMERKMAL: Pragmatisch

LEBENSPRINZIP: Wenn es nötig erscheint, die Verantwortung übernehmen und grundsatzorientiert für andere entscheiden

UNTER DIESEM DATUM HATTEN UND HABEN AUSSERDEM GEBURTSTAG:
Martin Opitz, dtsch. Dichter, prägte d. Entwicklung europäischer Lyrik (1597–1639) – *Jean-Francois Champolion,* franz. Ägyptologe, Begründ. der Ägyptologie (1790–1832) – *Friedrich Wolf,* dtsch. politisch u. sozial engagierter Dramatiker, Kommunist, Arzt (1888–1953) – *Josef Greindl,* dtsch. Wagnerinterpret, einer d. bekanntesten nach dem II. Weltkrieg (1912–1993) – *Helmut Schmidt,* dtsch. SPD-Politiker, u. a. 1974–82 Bundeskanzler, *1918 – *Antoni Tapies,* span. Maler, Wegbereiter d. informellen Kunst, *1923 – *„Chet“ Baker,* herausragender US-Jazzer, führender Vertreter d. Cool Jazz (1929–1988 – *Akihito,* seit 1889 (reformfreudiger) japan. Kaiser, *1933 – *Silvia,* seit 1976 Königin v. Schweden, Frau König Karl XVI. Gustav, *1943

24. DEZEMBER
Steinbock

VERANLAGUNG: In Ihnen stehen zwei sich widersprechende Überzeugungen im ständigen Kampf. Einerseits sind Sie der Meinung, daß sich das individuelle Verhalten den allgemein anerkannten Maßstäben unterzuordnen hat, andererseits sind Sie eigentlich nicht bereit, sich auch selbst konsequent diesen Regeln zu beugen. So entsteht die Gefahr, daß Sie Ihr Bestreben, eigene Grundsätze durchsetzen zu wollen, auf die Art verklären, daß Sie so tun, als seien Ihre Interessen und die der Gemeinschaft übereinstimmend. Anspruch und Tun driften bei Ihnen also weit auseinander. Sie glauben, daß Ihr eigener Durchsetzungswille meistens gut für die Allgemeinheit ist, gehen aber bei anderen von schlechten Absichten und Zielen aus. Da Sie also kein echtes Vertrauen entwickeln können, sind Sie bis zur Erschöpfung mit dem beschäftigt, was wer warum tut und verlieren dabei die eigene Mitte. So sind Sie zwar ein konsequenter Verfechter des Sich-Einordnens, folgen aber selbst Regeln, die leicht zur Zerstörung der Gruppe führen können. Zum Glück für alle finden Sie meist Spielräume, in denen Sie sich schöpferisch austoben können, ohne zu großen Einfluß auf die Strukturen einer Gemeinschaft nehmen zu können.

HAUPTMERKMAL: Machtspiele

LEBENSPRINZIP: Jeder sollte sich gemeinsamen Maßstäben unterordnen – die eigene Ausnahme bestätigt die Regel

UNTER DIESEM DATUM HATTEN UND HABEN AUSSERDEM GEBURTSTAG:
Elisabeth, „Sisi“, 1837–98 Kaiserin v. Österreich u. Ungarn (1837–1898) – *Cosima Wagner,* leitete nach R. Wagners Tod (–1906) d. Bayreuther Festspiele (1837–1930) – *Thomas Murner,* dtsch. Theologe, Volksprediger u. Satiriker (1475–1537) – *Samuel Fischer,* dtsch. Verleger, gründ. S. Fischer Verlag, förderte Literaten (1859–1934) – *Emanuel Lasker,* dtsch.-amerik. Schachspieler, u. a. 1894–1921 Weltmeister (1868–1941) – *Howard Hughes,* US-Industrieller u. Filmprod., verschrobener Superreicher (1905–1976) – *Joseph Höffner,* dtsch. kath. Theologe, u. a. ab 1969 Erzbischof v. Köln u. Kardinal (1906–1987) – *Adam Rapacki,* entspannungsbereiter poln. Politiker, u. a. 1956–68 Außenmin. (1909–1970) – *Ava Gardner,* US-Hollywoodstar u. Sexsymbol (1922–1990)

25. DEZEMBER
Steinbock

VERANLAGUNG: Sie haben ein ausgeprägtes Mißtrauen gegen alle Zuständigkeitsansprüche der Gesellschaft. Das, was Sie dort an allgemein anerkannten Maßstäben wahrnehmen, entspricht überhaupt nicht Ihren Vorstellungen. Sie folgen dem Bedürfnis, menschlich zu wachsen, indem Sie rastlos unerforschte Wege gehen, fremde Menschen kennenlernen und Erfahrungen machen. Dabei ist es Ihnen egal, ob diese destruktiv oder konstruktiv sind, Hauptsache, sie sind neu. Es entsteht die Gefahr, daß Sie jeweils Ihren ureigensten Augenblicks-Erfahrungsstand zum Maßstab für alle machen wollen und dabei langfristige Perspektiven außer Acht lassen. Ihrer Meinung nach darf niemals Ruhe einkehren, alles muß in Bewegung bleiben. So prägt Sie eine etwas kurzatmige Fortschrittsgläubigkeit und der Eifer, Grundsätzliches schaffen zu wollen, nicht aber wirklich darüber nachzudenken, nach welchen Maßstäben. So bleibt eigentlich nur der eine Grundsatz übrig, daß es eigentlich keinen gibt. Außer vielleicht dem, der Intuition zu vertrauen. So finden Sie immer neue Herausforderungen und wollen sich in ihnen bewähren, mit ihnen wachsen. Was interessiert Sie Ihr Geschwätz von gestern, das Heute zählt und das auch nur kurz. So bleiben Sie innerlich immer ein wenig distanziert und können sich nicht wirklich identifizieren.

HAUPTMERKMAL: Eigensinnig (Egoman)

LEBENSPRINZIP: Sich immer wieder in den mitreißenden Fluß der Herausforderungen werfen und dabei schwimmen lernen

UNTER DIESEM DATUM HATTEN UND HABEN AUSSERDEM GEBURTSTAG:
Sir Isaak Newton, eng. Mathemat. u. Physiker, Begründ. d. klass. theoret. Physik (1642–1727) – *Pius VI.,* 1775–99 Papst v. Rom, bekämpfte aufklärerische Bestrebungen (1717–1799) – *Charlotte v. Stein,* dtsch. Autorin m. großem Einfluß auf u. Modellfigur v. Goethe (1742–1827) – *Anwar Sadat,* intern. geschätzter ägypt. Politiker, u. a. 1970–1981 Staatspräs. (1918–1981) – *Louis Chevrolet,* US-Rennfahrer, Konstrukteur u. Hersteller gleichnamiger Autos (1879–1941) – *Conrad Hilton,* US-Geschäftsmann u. Gründer einer Hotelkette gleichen Namens (1887–1979) – *Humphrey Bogart,* legendärer Hollywoodschauspieler, Mann v. Lauren Bacall (1899–1957)

26. DEZEMBER
Steinbock

VERANLAGUNG: Eigentlich sind Sie bereit, die Regeln des Miteinanderlebens zu akzeptieren, nur müssen diese für Sie einen nachvollziehbaren Grund zur Einhaltung haben. Solange Ihr direktes Umfeld nicht fähig zu sein scheint, wirklich sinnvolle Maßstäbe zu liefern, folgen Sie dem Grundsatz, daß jeder die Freiheit hat, seine ureigensten Werte zu finden. Um auf der Suche nach echten Leitbildern ferne Horizonte zu erreichen und Neues zu erleben, fühlen Sie oft den Drang in sich, die geistige, kulturelle oder gesellschaftliche Herkunft zu verlassen. Im Unbekannten wollen Sie die eigene Heimat finden. Die Erfahrung, daß Wasser einen trägt, macht man nur, indem man in die Fluten springt und sich nicht unterkriegen läßt. Sie wollen sich von Erfahrungen treiben lassen, nicht immer über alles nachdenken, was kommen könnte. Und Sie wollen mit anderen konkret etwas tun: ‚Es gibt nichts Gutes außer man tut es', könnte einer Ihrer Grundsätze sein. Obwohl sehr Ich-bezogen, geben Sie immer und überall und sehr gerne Ihre pure Lebenslust an Zögernde weiter. In Ihrer Unbedingtheit reißen Sie mit und schaffen durch Ihren Mut zum Risiko neue Freiheiten. So sehen andere in Ihnen das Konzentrat eines Mensch-Seins, dessen mitreißenden Charmes Sie sich irgendwann einfach nicht mehr entziehen können.

HAUPTMERKMAL: Pionier

LEBENSPRINZIP: Das Hergebrachte genau hinterfragen und im kreativen Miteinander Neues suchen und dann verwirklichen

UNTER DIESEM DATUM HATTEN UND HABEN AUSSERDEM GEBURTSTAG:
Friedrich II., u. a. 1195–1215 dtsch. König, ab 1220 röm.-dtsch. Kaiser (1194–1250) – *Ernst Moritz Arndt*, dtsch. Schriftsteller u. Publizist, patriotischer Freiheitskämpfer (1769–1869) – *Charles Babbage*, engl. Mathematiker, erfand ersten autom. digitalen Computer (1791–1871) – *Wilhelm Dörpfeld*, dtsch. Archäologe, führte u. a. neue Ausgrabungstechniken ein (1853–1950) – *Henry Miller*, sexuell expliziter US-Autor mit Büchern auf d. Index (1891–1980) – *Mao Tse-tung*, chin. Politiker, ab 1949 Führer d. kommunist. Rotchina (1893–1976) – *Alejo Carpentier*, kuban. Schriftsteller, Mitbegründ. d. mod. lateinamerik. Erzähllit. (1904–1980) – *Richard Artschwager*, US-Künstler, seit d. 60ern Repräsentant d. Designkunst, *1926

27. DEZEMBER
Steinbock

VERANLAGUNG: In Augenblicken der kühlen Überlegung fügen Sie sich in die Einsicht, daß eine Gesellschaft nur mit gemeinsamen Zielen und Grundsätzen überlebensfähig sein wird. Doch überwiegend wehren sich in Ihnen alle Triebe und Sinne gegen jegliche Art von vorgegebenem Maßstab, der die menschliche Entscheidungsfreiheit unter seine Knute zwingt. So kämpfen Sie ständig wachsam, vorauseilend aggressiv und sehr oft aus Begrenzungen fliehend, gegen fremdbestimmte Einflußnahme. Dabei geraten Sie in Gefahr, nur noch kurzatmig zu reagieren und so keine langfristige Lebensperspektive entwickeln zu können. Sie wissen eher, wogegen Sie kämpfen, vermissen aber schmerzlich das, wofür Sie einstehen könnten. Trotzdem fördert Ihr provokativer Lebensstil und Ihr ständiges Aufbegehren das in Ihnen schlummernde Wachstumspotential und läßt Sie gesund bleiben in einer Welt verbreiteter dumpfer Resignation. Sie haben gelernt, sich letztendlich nur auf sich selbst zu verlassen und dabei Ihr eigener Maßstab zu sein, was viele als Anmaßung empfinden. Wirklich schwierig wird Ihr Zusammenleben mit anderen erst, wenn Sie zugeben müssen, innerlich verunsichert zu sein und Hilfe zu brauchen.

HAUPTMERKMAL: Rebellisch

LEBENSPRINZIP: Provokationen fördern Reaktionen und damit das eigene Wachstum und die gesellschaftliche Gesundung

UNTER DIESEM DATUM HATTEN UND HABEN AUSSERDEM GEBURTSTAG:
Johann Kepler, weitsichtiger u. maßgeblicher dtsch. Astronom (1571–1630) – *Louis Pasteur,* franz. Chemiker u. Biologe, erfand d. Pasteurisieren (1822–1895) – *Carl Zuckmayer,* herausragender zeitkrit. dtsch. Schriftsteller u. Drehbuchautor (1896–1977) – *Hans Stuck,* dtsch. Automobilrennfahrer, i. den 30er Jahren einer d. populärsten (1900–1978) – *Marlene Dietrich,* US-Hollywooddiva dtsch. Abst., glühend verehrter Superstar (1901–1992) – *Michel Piccoli,* intern. erfolgreicher franz. Schauspieler v. Weltklasse, *1925 – *Gerard Depardieu,* franz. Schauspieler m. internationaler Karriere, *1948

28. DEZEMBER
Steinbock

VERANLAGUNG: In Ihren Augen sollten sich die Maßstäbe, nach denen das gemeinschaftliche Leben organisiert ist, grundlegend ändern. Um dabei eine maßgebliche Rolle spielen zu können, müssen Sie auch Ihr persönliches Leben neu ausrichten. Dabei können Ihnen beide Prozesse nicht schnell genug gehen. Aber Gesetze der Natur lassen sich nur selten das eigene Zeitgefühl aufzwingen, und so müssen auch Sie schmerzlich erfahren, daß die Mitmenschen noch nicht reif für das sind, was in Ihren Augen notwendig ist. So unternehmen Sie aggressive oder auch nur provokante Schritte, um den scheinbar mühsamen Entwicklungsprozeß voranzutreiben. Sie wollen damit natürlichen Vorgängen abzwingen, was nur sehr schwer möglich ist, und prallen mit voller Geschwindigkeit auf alle Arten von Widerständen. Anstatt eine Pause einzulegen, die Dinge reifen zu lassen, suchen Sie mit manchmal blindem Eifer nach der Möglichkeit oder auch der Macht, doch noch Ihre Vorstellungen vom rechten Weg durchzusetzen. Ihre ständige Abwehrbereitschaft gegen das, was war, und Ihr Kampf für das Neue läßt Sie oft in einer getriebenen Erschöpfung die ursprünglichen Ziele aus den Augen verlieren. Sie wollen geliebt und bewundert werden für Ihre Vorkämpferrolle und spüren dabei nicht immer, daß Sie sich und Ihre Mitmenschen überfordern.

HAUPTMERKMAL: Erzwingen wollen

LEBENSPRINZIP: Man muß mit wirklich allen persönlichen Mitteln versuchen, neuen Maßstäben Wege zu bahnen

UNTER DIESEM DATUM HATTEN UND HABEN AUSSERDEM GEBURTSTAG:
Alexander J. Forsyth, schott. presbyterian. Priester, verbesserte Feuerwaffen (1769–1843) – *Thomas Henderson,* königl. schott. Astronom, ließ ihm gebührenden Ruhm anderen (1798–1844) – *Woodrow Wilson,* 1913–21 d. 28. Präs. d. USA , führte sein Volk i.d. 1. Weltkrieg (1856–1924) – *Friedrich Murnau,* expressionist. dtsch. Regisseur („Nosferatu") d. Stummfilmzeit (1888–1931) – *John Johann Baron v. Neumann,* herausragender US-Mathematiker (1903–1957) – *Apollo Milton Obote,* ugand. Politiker, machte sich u. a. 1966 z. Staatspräs, *1924 – *Hildegard Knef,* kraftvolle dtsch. Chansonsängerin, Schauspielerin u. Autorin, *1925

29. DEZEMBER

Steinbock

VERANLAGUNG: Von jeher hat es besonders offene Menschen gegeben, die sensibel waren für das Empfangen von visionären Bildern. So gehören auch Sie zu diesen wenigen und Sie stellen sich selbst der Gesellschaft zur Verfügung. Sie sehen sich als Mittler zwischen den tiefen Offenbarungen einer kosmisch-mythischen Kraft und Ihren Mitmenschen, die verunsichert auf eine grundsätzliche Richtungsweisung hoffen. Früher nannte man Menschen mit Ihren Fähigkeiten Propheten, Weise oder Seher. In der heutigen, aufgeklärt genannten Zeit, sieht man in Ihnen die ethisch-religiöse Instanz, die sich nicht der vergänglichen Augenblicksmoral verpflichtet fühlt, sondern einer wirklich menschlichen Perspektive für die Zukunft. Für Sie gibt es Grundsätze, die niemals verletzt werden dürfen, wenn das Überleben des Ganzen gesichert sein soll. Aus dem Wissen, wohin der Weg führen muß, warnen Sie, verweigern sich oder geben Hoffnung. Sie trennen das Ablenkende vom Wesentlichen und kämpfen so für die grundsätzliche Weiterentwicklung einer umrißhaft erkennbaren Vision eines menschenwürdigen Miteinanders.

HAUPTMERKMAL: Beharrlich

LEBENSPRINZIP: Die sich einem offenbarende Vision einer zukünftigen Entwicklung den Mitmenschen vermitteln

UNTER DIESEM DATUM HATTEN UND HABEN AUSSERDEM GEBURTSTAG:
Madame de Pompadour, einflußreiche Geliebte König Ludwigs XV. (1721–1764) – *Charles Goodyear,* US-Chemiker u. Untern., Begründ. d. mod. Gummiindustrie (1800–1860) – *Andrew Johnson,* 1865–69 d. 17. Präs. d. USA, Amtsantritt n. Lincolns Ermordung (1808–1875) – *Käthe Dorsch,* dtsch. Bühnenschauspielerin; 1937–40 am Berliner Staatstheater (1890–1957) – *Helmut Gollwitzer,* dtsch. den Dialog zw. Christen u. Juden suchender Theologe (1908–1993) – *Ronald Coase,* herausragender brit.-amerik. Ökonom, Nobelpreisträger, *1910 – *Klaus Fuchs,* dtsch. Physiker u. Spion, an d. Entwicklung d. Atombombe beteiligt (1911–1988) – *Friedrich Jahn,* österr.-schweiz. Unternehmer, Begründ. d. „Wienerwald"-Kette, *1923

30. DEZEMBER

Steinbock

VERANLAGUNG: In Ihren Augen hat nicht nur jedes Biotop das Zusammenwirken von Fauna und Flora, seine voneinander abhängenden Gesetzmäßigkeiten, sondern auch jede menschliche Gruppierung setzt grundsätzliche Rollenverteilungen voraus, die das gemeinschaftliche Wohlergehen erst möglich machen. Sie akzeptieren für sich selbst die Einordnung in die Verhaltensvorgaben der schützenden Gemeinschaft und füllen die Ihnen zugewiesene Aufgabe wie selbstverständlich aus. Sie genießen die Vorteile, die Ihnen die Zugehörigkeit zu einer starken funktionierenden Gemeinschaft bietet, egal, welchen Status Sie in dieser innehaben. Für Sie bietet die maßstabsetzende Ordnung einer Gesellschaft die Sicherheit, die Sie brauchen, um innerhalb fester Grenzen experimentieren zu können. So arbeiten Sie hart an der Erfüllung Ihrer Aufgaben, gleichgültig wie schwer Ihnen das fallen mag. An Ihrem Teil der ineinandergreifenden Zahnräder wird die Gesamtmaschinerie jedenfalls nicht scheitern. Sie empfinden Freude, wenn scheinbar alles funktioniert, und sehen dabei manchmal nur das, was Sie sehen wollen.

HAUPTMERKMAL: Anerkennungsorientiert

LEBENSPRINZIP: Die zugeteilte Aufgabe für eine funktionierende Gemeinschaft mit Genugtuung erfüllen

UNTER DIESEM DATUM HATTEN UND HABEN AUSSERDEM GEBURTSTAG:
Flavius Titus, 79–81 röm. Kaiser, zerstörte 70 Jerusalem, vollendete d. Kolosseum (39–81) – *Theodor Fontane,* dtsch. Romancier, Hauptvertreter d. poetischen Realismus (1819–1898) – *John Milne,* engl. Geologe u. Seismologe, erfand d. Seismographen (1850–1913) – *Rudyard Kipling,* brit. Schriftsteller u. Kinderbuchautor, Literaturnobelpreisträger (1865–1936) – *Ramana Maharshi,* Venkataraman Yiyer, „Großer Meister", „Bhagavan", ind. Guru (1879–1950) – *Carl Hanser,* dtsch. Verleger, gründ. 1928 gleichnamigen Literaturverlag (1901–1985) – *Sir Carol Reed,* einer d. versiertesten brit. Filmregisseure, 1952 geadelt (1906–1970) – *Ken Kaiko,* bedeutender jap. Schriftsteller u. Systemkritiker, *1930 – *William Forsythe,* US-Choreograph u. Ballettdirektor, experimentelles Tanztheater, *1949 – *Ben Johnson,* kanad. Leichtathlet, sorgte bereits 1988 i. Dopingskandal, *1961

31. DEZEMBER
Steinbock

VERANLAGUNG: Für Sie hat wirklich auch noch das kleinste Detail seine Bedeutung für das übergeordnete Ganze. Ihrer Meinung nach geschieht nichts absichtslos, nicht Ihr eigenes Handeln, erst recht nicht die großen Bewegungen des Lebens. Zwar wissen Sie oft nicht, woher und warum Sie Ihre Empfindungen, Eingebungen und Überlegungen empfangen, daß aber eine höhere Ordnung und damit eine tiefere Einsichtsfähigkeit dahinter stehen müssen, ist für Sie unumstößliche Tatsache. Sie wollen offen sein: Diesseits und jenseits, Yin und Yang, Hart und Weich, Aggression und Rückzug, alles hat für Sie einen grundsätzlichen Rhythmus, der nur harmonisch schwingt, wenn scheinbare Gegensätze sich gegenseitig bedingen und so das Ganze voranbringen. Sie selbst können das eine nicht tun, ohne sogleich das andere zu denken und umgekehrt. So wirken Sie auf andere meist sehr rund, überzeugend im Reden und schöpferischen Tun und jede Rolle ausfüllend. Obwohl Sie grundsätzlich der Bestimmende sein wollen, können Sie Ihre ausgeprägte Ich-Bezogenheit meist für die Weiterentwicklung des Ganzen zurücknehmen.

HAUPTMERKMAL: Beherrscht

LEBENSPRINZIP: Die Harmonie des Lebens offenbart sich im rhythmischen Ausgleich der sich bedingenden Gegensätze

UNTER DIESEM DATUM HATTEN UND HABEN AUSSERDEM GEBURTSTAG:
Andreas Vesal, fläm. Mediziner, Leibarzt Karl V. u. Philipp II. v. Spanien (1514–1564) – *Friedrich Becke,* herausragender tschech. Mineraloge (1855–1831) – *Henri Matisse,* franz. Maler, Graphiker, Bildhauer, wichtiger Vertreter d. Fauvismus (1869–1954) – *Ben Jones,* außergewöhnlich erfolgreicher US-Rennpferdtrainer (1882–1961) – *Adolf Grimme,* dtsch. Pädagoge u. Politiker, u. a. 1946–48 Rundfunkintendant (1889–1963) – *Max Pechstein,* expressionist. dtsch. Maler, Mitglied d. Künstlergruppe „Die Brücke“ (1891–1955) – *Simon Wiesenthal,* u. a. seit 1961 Leiter d. Jüd. Dokumentationszentrums in Wien, *1908 – *Jeremy Bernstein,* US-Physiker u. Autor v. auch f. Laien verständl. Bücher z. Thema, *1921 – *Mildred Scheel,* dtsch, Röntgenfachärztin, Mitbegründ. d. Deutschen Krebshilfe (1932–1985) – *Sir Anthony Hopkins,* brillanter engl. Theater- u. Filmschauspieler, 1987 geadelt, *1937

Anmerkungen des Autors
Die ganzheitliche Charaktererkennung

365 auf den Punkt gebrachte Darstellungen
der Bedeutung der jeweiligen Geburtstage

Wie sind die Charakterdarstellungen zu verstehen?

In erster Linie soll dieses Buch auf kurze pointierte Weise die Grundveranlagung eines Menschen darstellen. Das geschieht dadurch, daß an jedem Tag eine andere persönliche Eigenschaft als „Hauptmerkmal" desjenigen genannt wird, der an diesem Tage geboren wurde und die nur für diesen einen Tag typisch und zutreffend ist. Dann habe ich versucht, alle auf die ganzheitliche Sehensweise ausgerichteten charakterprägenden Einflüsse in einem Satz zusammenzufassen, dem hier so genannten „Lebensprinzip".

Was unterscheidet dieses Buch von anderen?

Das Interesse an Horoskopen, Charakteranalysen, Lebensratgebern oder zum Beispiel Wahrsagungen durch das Tarot oder I-Ging beweist sich in den täglich überall erscheinenden Publikationen und an der Fülle der Erfolgsbücher.
Dabei unterscheiden wir auf der einen Seite wissenschaftlich-selbsterkenntnistheoretische Publikationen mit zumeist seitenlangen Abhandlungen über Grundbegriffe, Berechnungen und Klassifizierungen der jeweiligen Autoren.
Diese Arbeiten können nur mit einem abgerundetem Vorwissen verstanden und beurteilt werden und sind für den Alltag eher ungeeignet.
Und auf der anderen Seite finden wir populär-pseudogelehrte Sternzeichenhoroskope, deren Erkenntniswert eher zweifelhaft ist.
Typische Spielarten druckt fast jede Zeitung oder Zeitschrift.
Mit diesem Buch soll eine Brücke zwischen inspirierter Genauigkeit und verständlicher Ansprache geschlagen werden.
Ich selbst habe immer festgestellt, daß ich die Fülle der in den unterschiedlichsten Publikationen veröffentlichten Informationen kaum aufnehmen, geschweige denn mir merken konnte.

So lief ich auch nach einer astrologischen Sitzung oder einer Tarot-Stunde eher verwirrt als aufgeklärt herum. Der Anspruch der Allumfassenheit einer Analyse half mir im Alltag nicht weiter.
Auch weigerten sich alle Bekannten und Verwandten, einen längeren Blick auf die manchmal schriftlich festgehaltenen Analysen zu werfen oder die Tonbandprotokolle in Ruhe anzuhören.
Offensichtlich waren die einerseits-anderseits-geprägten Abhandlungen viel zu ausführlich, als daß sie in einer Gesprächsrunde herangezogen werden konnten.
Auch kam man leicht in den Verdacht, nur aus eitler Selbstverliebtheit ausführlich über seine großartigen Anlagen reden zu wollen.
So blieb ich allein mit der verwirrenden „Wahrheit“ über mich, und genau das wollte ich ja ursprünglich nicht.
Auch ich selbst war nicht besser in meinem schnell erschöpften Interesse.
Auch ich wurde schnell müde, wenn ich über andere seitenlange Horoskope lesen sollte.
Ich wollte in viel kürzerer Zeit wissen, was den Menschen, der mir da seine Analyse gab, grundsätzlich ausmachte.

Warum habe ich dieses Buch geschrieben?

Ich wollte das kennenlernen, was hinter dem äußeren Verhalten die ganzheitliche Veranlagung eines Menschen ist.
Und die, so kam es mir vor, hängt ganz unmittelbar mit einem bestimmten Lebensrhythmus zusammen.
Das meiste, was in meinem Leben geschehen ist, bekam erst rückwirkend betrachtet einen Sinn für meine Weiterentwicklung, oder es sollte mir ganz offensichtlich klarmachen, daß ich von dem Wege abgekommen war, der mir durch meine Grundveranlagung vorgegeben war.

Das Problem war jedoch, daß ich, mitten in der Situation stehend, nicht erkennen konnte, warum ich durch diese oder jene Situation hindurch mußte.
Um die wahre innere Qualität einer Erfahrung erkennen zu können, müßte ich in die Lage versetzt werden, zu sehen, welcher Teil ich in dem Gesamtprozeß bin und was ich dazu beitragen kann.
Je weniger ich einsehen konnte, warum mir „das Schicksal“ so mitspielte, desto unsicherer wurde ich beim Vortasten zum nächsten Schritt.
Wie kann ich wissen, welchen Weg ich einschlagen soll, wenn ich nicht weiß, wohin ich eigentlich will.

Ich fragte mich, ob es nicht etwas ganz Typisches in unserer innersten Veranlagung gibt, das dazu führt, daß wir in unserem Leben immer wieder so und nicht anders reagieren.
Dabei ist mir, wie wohl früher oder später uns allen, aufgefallen, daß wir verschiedenen Tages-, Monats- oder Jahresrhythmen unterliegen.
Und je nachdem, welche Anforderungen an mich zu einem bestimmten Zeitpunkt gestellt wurden, stimmte meine Leistungsbereitschaft und Einsichtsfähigkeit mit dem äußeren Rhythmus überein oder aber nicht.
Wir sagen, der eine sei ein Morgenmuffel, blühe aber nach Sonnenuntergang auf.
Andere können nur sehr früh morgens ihre uneingeschränkte Leistungsfähigkeit erreichen und fallen dafür nachmittags in ein tiefes Energieloch.
So empfinden einige das Bedürfnis, im Sommer alle Viere von sich zu strecken, und andere strotzen in dieser Jahreszeit nur so von Unternehmungslust.

Wir alle haben irgendwann erfahren, daß wir Projekte, Neuanfänge, Veränderungen oft zur gleichen Jahreszeit oder aber in einem bestimmten Jahresabstand angehen. Und wir stellen dabei fest, daß wir dabei manchmal mit unserem Lebensfluß mitschwimmen und das meiste gelingt. Aber auch sehr oft sind wir nicht im Einklang mit unserem Lebenssinn und mühen uns ab und kämpfen gegen alle möglichen Widrigkeiten.
So stehen wir im Leben und verstehen unser Handeln nicht, wir wissen nicht, warum wir dieses tun und jenes lassen.
Wir spüren nur, daß wir in einem ganzheitlichen Prozeß unseren Teil beitragen, sind aber oft weit davon entfernt, zu spüren, welchen Teil wir denn nun übernehmen sollten.

Aus diesem Grundgefühl heraus bin ich an die verschiedenen Lehren gegangen und habe versucht, das Übereinstimmende herauszuarbeiten und eine Veranlagungserkennung aufzuschreiben, die uns unserer Grundidee ein wenig näherbringen könnte.

Bei welchen Gelegenheiten hilft mir das Buch?

Ich dachte, daß mir eine treffende Charakterdarstellung vielleicht auch dazu verhelfen könnte, einem Menschen sein Auftreten leichter zu verzeihen, weil ich plötzlich verstehen lernte, warum er so und nicht anders reagierte.
Vielleicht konnte ich ja sogar Frieden mit meinem eigenen chaotischen Lebensschwankungen schließen, wenn ich sicher wüßte, daß das mir gemäß ist und zu meinem Lebensweg und der Aufgabe darin dazugehörte.

Die Anlagen eines Menschen, die Triebe und Talente, stehen oft im Gegensatz zu dem Verhalten und der alltäglichen Lebensführung.
Jeder von uns kennt es, daß er sagt: „Das habe ich mir so nicht gewünscht oder vorgestellt!" oder „Warum geschieht das immer mir?".
Jede dieser in Krisen ausgesprochenen Fragen hat aber auch die Aufgabe, uns klarzumachen, daß es Zeit ist, nachzuspüren, mit welchen möglichen Veränderungen wir eine uns mehr entsprechende Lebensführung finden können.
Unsere Verhaltensmuster sollen zum Beispiel oft unser inneres Empfinden schützen oder wenigstens verdecken. Im Idealfall dagegen spiegelt unser Verhalten unser inneres Potential wider.
Allzu oft hemmt uns die Angst, mit Vertrauen das zu leben, was wir als das ureigenste Innere erkannt haben. Aber oft erkennen wir eben noch nicht einmal irgendeinen Sinn in unserem Hier-Sein.
Deshalb spielen wir Rollen, die oft nichts mit uns zu tun haben und wundern uns, daß uns keiner wirklich „versteht".
So kann keiner von uns daran vorbeigehen, daß es da irgendein inneres Gewohnheitsmuster gibt, welches uns auf die eine oder andere Weise in Situationen treibt, die diese Anlage zum Ausbruch bringt oder sie weiterhin unterdrückt.
Damit der Leser einen Hinweis bekommt, wann er seiner Anlage gemäß handelt und wann er im Gegensatz zu ihr steht, habe ich dieses Buch vorgelegt.

Es schlägt meiner Meinung nach die Brücke zwischen analytischer Genauigkeit und verständlicher Ansprache.

Jeder Leser kann schnell sehen, ob ein Gegenüber, dem er gerade begegnet ist, sich veranlagungsmäßig als eine Ergänzung erkennt oder nicht. Wir können mit Menschen, die uns nahe stehen, im Gespräch über die Charakterdarstellungen dieses Buches zu mehr Klarheit in unseren Beziehungen finden, ohne uns in oft zu persönlichen Konfrontationen zu verlieren. Es geht mir hierbei um das gemeinsame Erkennen. Nicht um die altbekannten Machtspiele:
Der eine macht dem anderen etwas mit Hilfe von Texten (auch mit Hilfe dieser Charakterdarstellungen) klar. Sie sollen nicht trennen, sondern Interesse für das wahre Sein des anderen schaffen.

Warum geht das Buch weg von den Detailbetrachtungen hin zu der ganzheitlichen Sicht?

Um sich der Sichtweise dieses Buches anzunähern, sollten wir alle zuerst einmal feststellen, daß wir, jeder für sich, denken, als einzelner Mensch etwas ganz Besonderes zu sein.

Wir empfinden unser persönliches Schicksal als einzigartig, oft sogar als unverständlich und finden in dem chaotischen Grundgefühl keine Muster oder gar einen Sinn.
Uns ist im Gestrüpp der unendlich vielen und oft überbewerteten Details der Kontakt zu dem großen Ganzen verlorengegangen.
Und das ist paradoxerweise die erste große Gemeinsamkeit, die wir miteinander teilen:
Denn wir sind nicht wirklich verschieden, sondern erleben nur diese uns allen gemeinsame Kontakt- und Orientierungslosigkeit subjektiv unterschiedlich.

Wenn wir die große Einteilung, die ganzheitliche Ausrichtung unseres Daseins vergessen, geraten wir in Verwirrung.
Manchmal werden wir sogar krank, weil wir uns selbst nicht mehr ganzheitlich sehen und damit den Bezug zu dem verloren haben, was als Grundidee in uns steckt.
Aus diesen Gründen und durch die Erkenntnis meiner eigenen Verwirrung habe ich die durch Lesen, Überlegen, Hineinversetzen und Vertrauen auf kosmische Eingebung in mich hineingeflossene Analyse in zweijähriger Arbeit aufgeschrieben.

Menschen, die wie ich in der westlichen Denktradition aufgewachsen sind, überkommt gewöhnlich das Gefühl, unbegrenzt viele verschiedene Erlebnis- und Erfahrungsmöglichkeiten zu haben.
In jedem Augenblick, so meinen wir üblicherweise, könnte uns etwas völlig Neues widerfahren.
Und doch stellen wir im Laufe der Jahre fest, daß sich viele von diesen „völlig unterschiedlichen Erlebnissen" im Grundprinzip irgendwie doch nur wiederholen.
Und daß sich hinter der äußerlichen Mannigfaltigkeit ein Kreis typischer oder auch charakteristischer Grunderlebnisse verbirgt, den wir mehr oder minder immer klarer erkennen.
Auch wenn wir mehrere Male um die Erde fahren würden, hätten wir das Gefühl, immer etwas Neues zu entdecken und unendlich weit vorwärts zu kommen, um am Ende dann doch festzustellen, daß wir nur Wiederholungen ein und derselben Kreisbewegung erleben.

Was ist in die Charakterdarstellungen eingeflossen?

Jeder von uns ist das vorläufige Ergebnis einer Entwicklungsgeschichte mit und von Millionen anderer Menschen.
Um diese charakteristischen Grunderlebnisse zu definieren, habe ich viele Systeme, die die jeweiligen Tagesenergien auszudrücken vermögen, auf mich wirken lassen.

Mich interessierte das Buch der Wandlungen, das die Chinesen „I-Ging" nennen und das eine Symbolsprache für Zustände beinhaltet.
Ich wurde in den Bann der sabischen Symbolketten der amerikanischen Seherin Elsie Wheeler gezogen, die vor siebzig Jahren in einer sehr komplizierten Symbolsprache zu jedem Tag ein Bild gesehen hat.
Astrologiesätze wie die der Münchner Rhythmenlehre des Wolfgang Döbereiner leuchteten mir dabei genauso ein wie die Möglichkeit, durch Zahlenkombinationen (Kabbala) Verbindungen innerhalb von Gedankensystemen zu schaffen. Auch ließ ich die jeweilige Tagesenergie einiger prominenter Geburtsdaten über die Farbenlehre Goethes (Aurasome) darstellen und habe sie benutzt.

Bei diesen inspirierten Studien wurde mir klar, daß Informationen über das Große und Ganze immer in Form von Symbolen zu uns Menschen kommen.
Aus diesen Symbolen entstehen Konzepte, die zeitlich und kulturell an den jeweiligen Hintergrund gebunden sind. Sie können mich anleiten und mir Zusammenhänge veranschaulichen, aber nie wirklich umfassend sein.

Da aber das Ganzheitliche über den Verstand nicht zu erfassen ist, sollten wir gelassen zu den Erkenntniswegen zurückfinden, die den Menschen in früheren Kulturen wie selbstverständlich zugänglich waren.

Nicht alles, was nicht gleich wissenschaftlich erklärbar ist, ist deswegen schon falsch, nicht vorhanden oder wirkungslos.
Es ist eher so, daß die vielen einzelnen wissenschaftlichen Erklärungen der Naturerscheinungen uns von dem klaren Erkennen des Ganzen entfernt hat.

Wir sollten uns öffnen für andere Wege der Informationsaufnahme: Es bedarf nur einer kleinen Antenne mit Minimalstromausschlägen, um unsichtbare Wellen in Beethovens Neunte im Radio zu verwandeln.

So habe ich wohl während meines Nachdenkens über die vorliegenden Charakterdarstellungen über den Umweg „Sonne" einen Kontakt zur kosmischen Zentralsonne bekommen, durch die alle bisherigen und zukünftigen Informationen zugänglich sind, wenn wir uns denn darauf einlassen.

Ich möchte mich in diesem Zusammenhang für die Unterstützung meiner Ex-Frau Doris Sangmo Pathe bedanken, die mich mit der Energie der Zentralsonne vertraut gemacht hat.

Jeder Tag bekam einen ureigenen Ausdruck, eine besondere Energie und der Mensch, der an dem Tag geboren wurde, eine ihm gemäße Aufgabe.

Die Anführung der prominenten Geburtstagskinder soll dem Leser in diesem Zusammenhang nur zeigen, auf welche unterschiedliche Weise die in einem Menschen fleischgewordene Ur-Veranlagung einen äußerlichen Ausdruck finden kann.
Und zu welchen phantastischen Ergebnissen die manchmal eintretende Übereinstimmung von Veranlagung und äußerer Auslebung führen kann.

Ich hatte durch mein eigenes Gefühl zur Sonne und durch mannigfaltige Untersuchungen bestätigt gesehen, daß alle Ursprungstypisierungen zwar beileibe nicht nur, aber eben auch mit dem Tag unserer Geburt zu tun haben und deshalb mit dem jeweiligen Grad der jährlichen Erdumlaufphase zur Sonne.
Bei näherer Betrachtung wurden meine Zuordnungen immer genauer.
Mir wurde unter anderem klar, daß auch die genaue Position in der Reihenfolge der Grade und das darausfolgende Wechselspiel der Energien der Geburtstage eine überaus wichtige Rolle in der Erkennung spielten.

Wie soll der Leser an die Symbolsprache herangehen?

Beim Aufschreiben meiner Charaktererkennungen versuchte ich in den mir zugeflossenen Analysen Formulierungen anzubieten, die es dem einzelnen Menschen ermöglichen, das Gesagte auf seine jeweilige individuell erlebte Lebenssituation zu beziehen.
Ich wünschte mir, daß der Leser das Grundprinzip seines Hier-Seins und So-Seins in der Formulierung wiederfindet.

Dazu bedarf es des Versuchs des Lesers, sich, innerlich inspiriert, so in die Formulierung hineinzuversetzen, wie ich sie in zweijähriger Bereitschaft („Auf Antenne gestellt") habe empfangen und aufschreiben können.

Mit Hilfe der Analyse sollen wir auch erkennen können, daß nicht eigentlich die Zeit vergeht, sondern daß sich Zeit durch den Lebenden ausdrückt. Deshalb ist es gleichgültig, in welchem Jahr wir geboren wurden. Es ist immer das gleiche Grundmuster, das sich in unterschiedlichen Erdenjahren in dem jeweils Lebenden ausdrückt.
Wir reihen uns in den jeweiligen Evolutionsprozeß ein. Dabei erleben wir eine Reihe von Erfahrungsmöglichkeiten und Lernprozessen so lange und so oft, bis sie verstanden und gemeistert sind.

Wenn dann einer einen Entwicklungsschritt durchlaufen und verstanden hat, kann er diesen weitergeben.
Auch dabei können die vorliegenden Charaktererkennungen helfen.

Immer wieder aber durchliefen die Menschen die Erfahrungsprozesse, auch ohne aus ihnen lernen oder den Sinn erkennen zu können.
Um dabei das Gefühl des Ausgeliefertseins zu überwinden und so wieder eine Orientierung zu finden, haben die Menschen seit Jahrtausenden versucht, Symbole zu finden, die das für unseren Geist nicht zu erfassende Universelle darstellen.

So hat der Mensch nicht nur sinnbildlich über die Figur Gottes auf den Himmel geguckt, sondern auch ganz konkret, um wissen zu können, wann die Aussaat, die Ernte oder das Bereiten eines Nacht- oder Winterlagers angeraten schien. Darüber hinaus wollte der Mensch auf geistig-gedanklicher Ebene verstehen lernen, wie die Rolle des einzelnen Phänomens zum Ganzen erklärbar zu machen wäre.
Ob es nun das Alltägliche zum gesamten eigenen Leben war oder das System Natur in Bezug auf den Gesamtkosmos. Doch oft verwechselte der Mensch die intellektuelle Erkenntnis mit dem umfassenden Verstehen.
So hatten einige uralte Kulturvölker wie die amerikanischen Indianer der Hopi, Navejos oder eben die der südamerikanischen Mayas ein viel entwickelteres Ganzheitsbild als wir heute.
Wissen findet im Kopf statt, Weisheit ist eine Intelligenz des Herzens. Je mehr Herz verlorengeht, desto mehr sucht der Mensch das Erklärbare.
So hoffe ich denn, daß das vorliegende Buch auch dazu beitragen kann, daß dem Leser das intuitive Erfassen seines Seins wieder leichter wird.

Auf welche Grundvorkommnisse beziehen sich die Texte?

Grundsätzlich kamen alle Kulturen irgendwann zu dem Ergebnis, daß zwei Prinzipien unumstößlich sind in der sie umgebenden Natur:
Die materielle (grobstoffliche) Struktur eines Organismus ist begrenzt durch Geburt und Tod, durch Wachsen und Vergehen.
Und der Lebensrhythmus ist bestimmt durch die Umlaufbahn der Erde um die Sonne und die damit zusammenhängende Zu- und Abnahme des Mondes im Verhältnis zur Sonne.
Das ist wohl der Grundrhythmus, dem wir unterliegen. Leben ist in diesem Zusammenhang fleischgewordene Energie, die nach Erfüllung ihrer Aufgabe in anderen Formen (Manifestationen) neu auflebt.
Wir können Energien, die sich in körperlicher, geistiger oder aber gefühlsmäßiger Form ausdrücken, in der Ausstrahlung, in der Aura eines Menschen erkennen.

Charisma ist die Energie, die entsteht, wenn ein Mensch nahe bei sich und seiner Veranlagung ist und sie äußerlich auch leben kann.

Aus der Gesamtansicht der unterschiedlichsten Philosophien, Denkkonzepte und durch inspiriertes Erfühlen folgte für mich, daß auch meine persönlichen Erlebnisse durch ein Entstehen und Vergehen begrenzt und periodisch sind. Daß es wohl nur eine begrenzte Zahl grundsätzlicher Sinninhalte gibt, die es zu erfahren gilt.
So kam ich zu der Erkenntnis, daß ein Leben voller aneinandergereihter Einzelerlebnisse nicht gleich reich an Sinn ist, wenn ich mich nicht in die Lage versetzen könnte, die Symbolsprache der Vorkommnisse besser zu verstehen.
Die Menschheit hat sich in den letzten Evolutionsphasen in ein materiell geprägtes System eingebunden, in dem nur das Anfaßbare wirklich vorhanden und wahr ist. Unser Sein scheint davon abhängig geworden zu sein, was wir materiell haben oder nicht haben.
Unser inneres Sein ist aus den Augen verloren worden. Freude ist dem Vergnügen gewichen und intuitives Erfassen den ewigen leeren Worthülsen, die den Kern nie treffen.

Wie überall in der Natur hat jede Phase des gelebten Lebens einen organischen Einfluß auf das Ganze, ist damit notwendig für den Wachstumsprozeß – auch von dem der gesamten Menschheit. Wir müßten dafür nur den Bezugsrahmen entdecken, der mit der Struktur des Mensch-Seins verbunden ist.
Vielleicht könnten wir sogar ein planetares Bewußtsein entwickeln. Wir müssen Abschied von der Vorstellung nehmen, daß tausende Einzelerlebnisse ein organisches Ganzheitsbild ergeben.

Warum beziehen sich die Texte auch auf die Tierkreiszeichen?

Bei diesem Prozeß unserer Bewußtwerdung, Teil eines größeren Ganzen zu sein, können Symbole, auch die der Tierkreiszeichen, nützlich sein. Sie können das größere Ganze darstellen.
Jedoch nicht ausschließlich und nicht so beliebig alles festlegend, wie sie oft in Zeitschriftenhoroskopen und ähnlichen Publikationen verwendet werden.

Als einleuchtendes Beispiel einer Einteilung in möglichst viele Grundtypen des Menschen liegt es, wie oben schon erwähnt, nahe, den Tag und den Monat seines Geburtstages zugrundezulegen. Das liegt deshalb so nahe, weil jeder Tag des Jahres eine unterschiedliche Position zum Sonnenstand und somit auch zum Gesamtablauf des Jahres hat.

Unter anderem wegen der willkürlich eingeführten Monatslängen habe ich mich in den vorliegenden Charakterdarstellungen auf die ursprünglichen 360 Grad eines Kreises bezogen, was dazu führte, daß einige Grade zwei Tage gleichzeitig beeinflußten.
Das könnte heißen, daß hier zwei Tage die gleichen Veranlagungen hervorrufen würden.
Dem ist nicht so.
Denn dadurch daß alle anderen Faktoren (z. B. durch die dualistische Rhythmenlehre) unterschiedlich sind, ergeben sich vollkommen veränderte Veranlagungen der an dem einen oder anderen Tag geborenen Menschen.

Lebenslauf des Autors

Wieland Vagts war einer der Mitbegründer der „Hamburger Szene“. Nach einem Soziologie- und Psychologiestudium gründete er 1974 den überregional bedeutenden „LOGO Live Club“, wo Leute wie Jango Edwards, die Erste Allgemeine Verunsicherung oder Karl Dall (als Talkmaster) entdeckt wurden.
Nach acht „wilden Jahren“ verkaufte er alles, zog mit seiner Freundin in ein selbstgebautes Wohnmobil, um mit seinen Freunden Dieter Bockhorn und Uschi Obermaier durch die Welt zu fahren.
Zwei Jahre später landete er aber dann allein auf Ibiza, wo er nebenbei als Journalist arbeitete und vom Kunstmalen lebte.
Ende der Achtziger, nach mehreren Jahren auf Sylt, betrieb er zusammen mit seiner Schwester Silke Höllerich, der Ex-Frau von Roy Black, in Hamburg-Rotherbaum das Prominentenlokal LICHTFEST.
Zurück in Spanien, zuerst in Marbella, dann wieder auf Ibiza, schrieb er verschiedene Bücher und verfaßte Artikel zu lebensberatenden Themen.
Nachdem er in zweijähriger Arbeit das vorliegende Buch geschrieben hatte, übernahm er 1997 auf Ibiza das älteste Restaurant der Insel, das „Es Porrons“.
Wieland Vagts ist heute 45 Jahre alt.